Statistiques de l'OCDE sur les investisseurs institutionnels 2018

OCDE

DES POLITIQUES MEILLEURES POUR UNE VIE MEILLEURE

Cet ouvrage est publié sous la responsabilité du Secrétaire général de l'OCDE. Les opinions et les interprétations exprimées ne reflètent pas nécessairement les vues officielles des pays membres de l'OCDE.

Ce document, ainsi que les données et cartes qu'il peut comprendre, sont sans préjudice du statut de tout territoire, de la souveraineté s'exerçant sur ce dernier, du tracé des frontières et limites internationales, et du nom de tout territoire, ville ou région.

Merci de citer cet ouvrage comme suit :
OCDE (2018), *Statistiques de l'OCDE sur les investisseurs institutionnels 2018*, Éditions OCDE, Paris.
https://doi.org/10.1787/instinv-2018-fr

ISBN 978-92-64-30556-4 (imprimé)
ISBN 978-92-64-30557-1 (PDF)

Série : Statistiques de l'OCDE sur les investisseurs institutionnels
ISSN 2225-2088 (imprimé)
ISSN 2225-2096 (en ligne)

Les données statistiques concernant Israël sont fournies par et sous la responsabilité des autorités israéliennes compétentes. L'utilisation de ces données par l'OCDE est sans préjudice du statut des hauteurs du Golan, de Jérusalem-Est et des colonies de peuplement israéliennes en Cisjordanie aux termes du droit international.

Les corrigenda des publications de l'OCDE sont disponibles sur : *www.oecd.org/editions/corrigenda*.

Table des matières

Royaume-Uni

États-Unis

Fédération de Russie

Signes conventionnels et abréviations

Signes et abréviations

.. Non disponible

. Point décimal

0 Nul ou négligeable

Concepts et définitions

Métadonnées (données) :

http://stats.oecd.org/OECDStat_Metadata/ShowMetadata.ashx?Dataset=QASA_7II&lang=fr

Métadonnées (indicateurs) :

http://stats.oecd.org/OECDStat_Metadata/ShowMetadata.ashx?Dataset=QASA_7II_INDIC&lang=fr

Base de données en ligne

Statistiques de l'OCDE sur les investisseurs institutionnels (*http://dx.doi.org/10.1787/instinv-data-fr*).

Système de comptabilité nationale

Commission des Communautés européennes, Fonds monétaire international, Organisation de coopération et de développement économiques, Nations Unies, Banque mondiale, *Système de comptabilité nationale* 1993, Brussels/Luxembourg, New York, Paris, Washington, DC., 1993, *http://unstats.un.org/unsd/nationalaccount/docs/1993sna.pdf* (en anglais seulement).

Commission Européenne, Fonds monétaire international, Organisation de coopération et de développement économiques, Organisation des Nations Unies, Banque mondiale, *Système de comptabilité nationale* 2008, *http://unstats.un.org/unsd/nationalaccount/docs/SNA2008FR.pdf*

Méthodologie

Les données annuelles se réfèrent au 4e trimestre. Les données par trimestre sont disponibles dans la Base de données.

Abréviations monétaires ISO

Abréviation	Pays	Monnaie
AUD	Australie	dollar
EUR	Autriche	euro
EUR	Belgique	euro
CAD	Canada	dollar
CLP	Chili	peso
CZK	République tchèque	couronne
DKK	Danemark	couronne
EUR	Estonie	euro
EUR	Finlande	euro
EUR	France	euro
EUR	Allemagne	euro
EUR	Grèce	euro
HUF	Hongrie	forint
ISK	Islande	couronne
EUR	Irlande	euro
ILS	Israël	nouveau sheqel
EUR	Italie	euro
JPY	Japon	yen
KRW	Corée	won
EUR	Lettonie	euro
EUR	Lituanie	euro
EUR	Luxembourg	euro
MXN	Mexique	peso
EUR	Pays-Bas	euro
NOK	Norvège	couronne
PLN	Pologne	zloty
EUR	Portugal	euro
EUR	République slovaque	euro
EUR	Slovénie	euro
EUR	Espagne	euro
SEK	Suède	couronne
CHF	Suisse	franc
TRY	Turquie	nouvelle livre
GBP	Royaume-Uni	livre sterling
USD	États-Unis	dollar
RUB	Fédération de Russie	rouble

Comparaisons internationales

Tableau 1. Actifs et passifs financiers des fonds d'investissement, en pourcentage du PIB

Pour cent

	2010	2011	2012	2013	2014	2015	2016	2017
Actifs financiers								
Autriche	50.9	44.4	46.3	46.0	48.6	48.3	48.5	48.7
Belgique	26.3	22.0	22.5	26.7	31.2	36.1	35.5	41.3
Canada	57.7	56.1	61.7	71.4	79.8	88.6	97.3	102.6
Chili	..	..	..	..	20.2	22.5	24.7	27.1
République tchèque	4.0	3.7	4.1	4.5	5.1	5.6	6.8	8.1
Danemark	..	..	86.8	97.4	105.5	102.4	106.4	110.7
Estonie	4.0	2.7	2.9	3.3	3.0	2.9	3.4	4.7
Finlande	35.6	30.6	36.4	40.6	46.0	51.9	55.5	59.2
France	74.2	64.4	67.0	66.1	67.6	70.0	74.3	77.5
Allemagne	42.2	40.4	45.7	48.4	52.9	55.6	58.9	61.1
Grèce	3.0	2.1	2.5	2.8	2.7	2.4	2.3	2.4
Hongrie	13.7	11.0	11.4	14.6	16.4	16.1	15.6	15.2
Islande	17.5	21.5	22.8	23.8	24.1	26.8	32.8	31.5
Irlande	..	..	..	..	..	..	..	..
Israël	17.9	15.2	17.1	21.8	23.6	19.6	17.5	19.1
Italie	12.3	9.8	9.8	11.4	13.8	15.3	15.6	16.4
Japon	19.6	18.3	20.6	26.0	29.2	32.4	33.9	38.0
Corée	26.0	21.5	23.0	23.5	25.7	27.2	29.6	31.4
Lettonie	1.5	1.6	1.4	1.3	1.0	..	..	..
Lituanie	0.6	0.5	0.5	0.7	0.8	0.9	1.4	1.7
Luxembourg	6 011.7	5 470.1	6 009.6	6 283.5	6 766.8	7 382.9	7 737.9	8 193.3
Pays-Bas	..	..	..	..	..	..	..	..
Nouvelle-Zélande	..	..	..	..	36.6	41.0	43.9	48.6
Norvège	..	..	..	..	..	..	..	..
Pologne	..	..	..	..	..	..	..	..
Portugal	..	..	..	..	..	..	..	..
République slovaque	..	..	..	..	..	..	..	..
Slovénie	6.3	4.9	5.1	5.1	5.7	6.0	6.1	6.2
Espagne	16.0	14.7	14.4	18.2	22.5	23.7	24.3	25.9
Suède	50.9	44.9	51.5	62.9	76.6	76.2	81.8	87.3
Suisse	..	..	..	..	..	..	..	..
Turquie	..	..	..	..	2.2	1.7	1.8	1.8
Royaume-Uni	..	..	..	..	..	..	..	..
États-Unis	89.2	85.9	94.2	105.3	107.7	102.5	105.9	118.9
Fédération de Russie	1.5	1.4	1.5	1.6	1.7	1.9	2.1	2.6
Passifs financiers								
Autriche	51.3	44.8	46.8	46.5	49.1	49.1	49.5	49.7
Belgique	26.3	22.2	22.6	26.9	31.3	36.2	35.9	41.6
Canada	57.9	56.3	62.0	71.6	80.0	88.9	97.5	102.9
Chili	..	..	..	..	0.3	0.5	0.4	0.3
République tchèque	4.2	4.2	5.5	6.0	6.8	7.3	8.2	9.1
Danemark	..	..	88.5	97.0	104.9	100.6	104.3	108.7
Estonie	4.0	2.7	2.9	3.2	2.9	2.9	3.4	4.7
Finlande	35.6	30.4	36.5	40.7	45.8	51.8	56.0	60.4
France	75.4	65.9	68.9	68.2	70.0	72.8	76.7	80.3
Allemagne	45.8	43.9	49.2	51.9	56.3	59.0	62.3	64.7
Grèce	3.7	2.8	3.3	3.6	3.8	3.5	3.5	3.7
Hongrie	14.6	12.0	12.5	15.7	17.3	17.0	16.8	16.8
Islande	17.5	21.7	22.9	23.8	24.1	26.8	34.4	33.0
Irlande	..	..	..	..	..	..	..	..
Israël	..	..	..	..	..	..	..	..
Italie	14.0	11.4	11.4	12.6	15.6	17.3	17.9	19.1
Japon	19.6	18.3	20.6	26.0	29.2	32.4	33.9	38.0
Corée	26.3	21.6	23.1	23.6	25.9	27.4	29.7	31.4
Lettonie	1.6	1.7	1.5	1.2	1.0	..	..	..
Lituanie	0.6	0.5	0.6	0.7	0.9	1.1	2.1	2.5
Luxembourg	6 040.9	5 488.2	6 027.2	6 300.9	6 788.1	7 401.5	7 758.0	8 212.7
Pays-Bas	..	..	..	..	..	..	..	..
Nouvelle-Zélande	..	..	..	..	..	..	..	..
Norvège	..	..	..	..	..	..	..	..
Pologne	..	..	..	..	..	..	..	..
Portugal	..	..	..	..	..	..	..	..
République slovaque	..	..	..	..	..	..	..	..
Slovénie	6.3	4.9	5.1	5.1	5.7	6.0	6.1	6.2
Espagne	16.7	15.2	14.9	18.8	22.7	24.2	24.7	26.0
Suède	50.9	44.9	51.5	62.9	76.6	76.2	81.8	87.3
Suisse	..	..	..	..	..	..	..	..
Turquie	..	..	..	..	..	..	..	..
Royaume-Uni	..	..	..	..	..	..	..	..
États-Unis	90.6	87.4	95.5	106.8	109.4	104.3	107.7	120.6
Fédération de Russie	2.4	2.3	2.4	2.9	3.1	3.2	3.3	3.6

Note : Voir les métadonnées détaillées sur :

http://metalinks.oecd.org/instinv/20180905/aac5 (actifs financiers et passifs financiers)

Informations sur les données concernant Israël : http://oe.cd/israel-disclaimer.

Informations sur les données concernant le Luxembourg :http://metalinks.oecd.org/instinv/20180905/e8c7 (actifs financiers) et http://metalinks.oecd.org/instinv/20180905/e957 (passifs financiers).

Tableau 2. Actifs et passifs financiers des sociétés d'assurance, en pourcentage du PIB

Pour cent

	2010	2011	2012	2013	2014	2015	2016	2017
Actifs financiers								
Autriche	35.2	33.6	35.5	35.2	36.1	34.9	34.3	32.1
Belgique	68.1	67.4	73.3	72.6	79.3	77.3	74.4	71.0
Canada	38.1	38.7	39.9	40.6	41.9	42.8	44.8	43.9
Chili	..	..	..	..	..	18.8	19.7	19.9
République tchèque	11.6	11.5	11.2	11.5	11.7	10.6	10.7	10.5
Danemark	..	..	98.8	97.7	107.1	104.9	115.0	113.6
Estonie	6.7	5.5	5.6	5.2	5.0	5.2	5.8	6.0
Finlande	28.4	26.7	29.2	30.1	33.2	34.3	34.0	33.6
France	95.0	91.1	99.4	103.1	111.6	112.3	120.6	120.8
Allemagne	57.8	56.5	59.4	60.9	63.0	62.6	62.7	61.8
Grèce	6.5	6.7	7.7	8.5	8.6	8.9	8.9	9.0
Hongrie	8.9	8.1	8.3	8.1	8.0	7.8	7.8	7.6
Islande	8.4	8.4	8.3	8.3	8.0	7.6	7.2	7.2
Irlande	134.2	125.6	125.5	120.2	124.2	99.8	100.0	97.8
Israël	32.4	31.2	33.1	34.4	35.7	35.9	36.3	38.7
Italie	32.0	30.8	32.6	36.0	40.7	45.5	49.0	50.2
Japon	76.2	78.0	81.9	87.1	89.5	87.6	89.8	89.0
Corée	46.2	49.1	55.5	58.4	62.8	64.8	67.7	69.0
Lettonie	..	..	..	..	..	..	..	..
Lituanie	2.8	2.6	2.8	2.5	3.2	3.5	4.5	4.5
Luxembourg	301.2	283.1	303.7	306.8	325.3	337.7	350.4	344.6
Pays-Bas	60.8	63.7	67.9	64.9	71.0	67.2	66.3	61.5
Nouvelle-Zélande	..	..	..	..	..	..	..	..
Norvège	39.6	38.9	40.0	42.2	45.3	48.6	51.6	52.5
Pologne	10.3	9.5	10.3	10.3	10.6	10.4	9.9	..
Portugal	..	..	..	..	..	..	..	..
République slovaque	..	..	8.8	8.1	8.9	8.5	9.2	9.2
Slovénie	14.9	14.9	17.2	17.9	18.7	18.0	18.4	17.9
Espagne	22.6	23.7	25.3	26.5	28.6	28.8	28.0	26.9
Suède	29.7	27.9	29.7	30.9	33.7	32.7	32.5	33.7
Suisse	81.2	83.5	89.3	85.7	88.4	87.4	90.5	..
Turquie	..	..	..	..	2.3	2.3	2.5	2.3
Royaume-Uni	..	..	..	..	..	..	..	..
États-Unis	46.3	46.9	47.3	47.3	47.7	45.5	46.4	47.5
Fédération de Russie	1.7	1.6	1.6	1.7	1.8	1.8	2.1	2.4
Passifs financiers								
Autriche	37.6	35.7	36.3	36.0	35.6	34.1	32.9	30.0
Belgique	68.2	67.6	68.8	69.4	71.0	70.4	75.5	72.5
Canada	39.9	40.5	41.5	41.9	43.4	43.3	46.0	45.3
Chili	..	..	..	..	..	0.6	0.4	0.3
République tchèque	12.0	12.0	12.7	13.0	12.7	11.8	11.5	10.8
Danemark	..	..	98.6	96.7	109.8	108.7	115.8	115.8
Estonie	6.5	5.4	5.3	4.9	4.9	5.3	5.6	5.4
Finlande	26.9	25.2	27.4	28.9	31.3	32.3	33.0	33.3
France	94.3	91.5	93.6	97.0	100.8	102.4	122.4	122.7
Allemagne	58.5	56.2	59.1	61.1	61.7	63.6	62.9	63.0
Grèce	6.9	7.2	8.1	9.0	9.1	9.4	8.9	9.2
Hongrie	9.3	8.6	8.4	8.2	8.1	7.8	7.8	7.5
Islande	8.5	8.5	8.6	8.7	8.3	7.7	7.2	7.3
Irlande	136.6	128.2	129.4	123.2	129.2	103.6	103.2	100.9
Israël	..	..	..	..	..	..	..	..
Italie	35.2	34.0	35.3	38.4	42.0	45.4	48.3	51.6
Japon	72.2	73.7	76.9	79.2	78.7	77.1	78.0	77.9
Corée	47.4	49.9	55.3	58.8	62.3	64.8	66.5	67.4
Lettonie	..	..	..	..	..	..	..	..
Lituanie	3.0	2.7	2.8	2.7	3.2	3.5	4.6	4.6
Luxembourg	300.8	281.6	301.6	304.9	321.2	338.0	350.9	345.1
Pays-Bas	62.6	66.0	68.7	64.8	71.0	70.8	70.5	65.5
Nouvelle-Zélande	..	..	..	..	..	..	..	..
Norvège	37.5	37.2	40.5	43.2	46.4	50.4	52.9	54.1
Pologne	10.4	9.7	10.4	10.5	10.8	10.5	10.0	..
Portugal	..	..	..	..	..	..	..	..
République slovaque	..	..	7.8	7.7	8.2	8.5	8.9	9.2
Slovénie	15.1	15.0	16.7	17.3	18.2	17.9	18.0	17.7
Espagne	22.7	24.2	25.6	27.4	29.6	28.3	27.7	26.9
Suède	27.5	25.6	24.7	24.6	27.1	24.7	24.7	26.3
Suisse	..	..	..	..	..	..	..	..
Turquie	..	..	..	..	2.2	2.3	2.4	2.2
Royaume-Uni	..	..	..	..	..	..	..	..
États-Unis	41.6	40.9	41.3	42.7	42.5	41.1	41.9	42.8
Fédération de Russie	1.9	1.7	1.6	1.9	2.1	2.0	2.2	2.7

Note : Voir les métadonnées détaillées sur :

http://metalinks.oecd.org/instinv/20180905/aac5 (actifs financiers et passifs financiers)

Informations sur les données concernant Israël : http://oe.cd/israel-disclaimer.

Informations sur les données concernant le Luxembourg :http://metalinks.oecd.org/instinv/20180905/e8c7 (actifs financiers) et http://metalinks.oecd.org/instinv/20180905/e957 (passifs financiers).

Tableau 3. Actifs et passifs financiers des fonds de pension, en pourcentage du PIB

Pour cent

	2010	2011	2012	2013	2014	2015	2016	2017
Actifs financiers								
Autriche	5.1	4.8	5.2	5.5	5.8	5.8	6.1	6.2
Belgique	3.9	3.8	4.1	5.0	5.6	5.8	6.9	7.7
Canada	71.6	71.3	75.2	78.4	84.0	90.8	91.7	91.8
Chili	..	..	..	..	67.6	68.6	68.8	72.0
République tchèque	5.7	6.1	7.4	7.5	7.7	7.4	7.9	8.1
Danemark	..	..	73.9	66.5	74.2	73.9	77.3	77.4
Estonie	7.9	7.3	8.7	9.9	11.6	13.3	14.9	15.4
Finlande	2.3	2.0	1.8	1.5	1.4	1.4	1.7	1.5
France	..	..	..	..	..	..	..	..
Allemagne	13.7	13.8	15.6	14.8	17.1	17.1	18.2	18.9
Grèce	..	..	..	0.1	0.2	0.2	0.7	0.7
Hongrie	15.0	3.9	4.0	4.1	4.2	4.2	4.4	4.4
Islande	122.2	127.1	136.5	142.0	145.3	147.0	146.2	152.5
Irlande	44.0	40.9	43.9	50.1	51.6	42.2	42.7	41.6
Israël	70.3	65.6	68.8	71.2	74.4	75.6	76.8	82.4
Italie	1.9	1.9	3.8	4.1	4.9	5.3	4.7	5.0
Japon	28.6	29.2	29.8	30.2	31.2	30.6	29.1	28.8
Corée	3.5	4.3	5.1	6.0	7.7	8.8	9.8	10.9
Lettonie	7.5	7.0	7.6	8.4	9.8	11.0	12.7	14.0
Lituanie	4.1	3.9	4.3	4.6	5.2	5.8	6.7	7.2
Luxembourg	2.2	2.2	2.5	2.5	3.5	3.5	3.7	3.7
Pays-Bas	121.9	130.2	149.7	150.9	179.2	175.3	187.2	191.1
Nouvelle-Zélande	..	..	..	..	21.5	23.1	24.4	26.7
Norvège	7.0	6.6	7.5	8.3	9.2	10.2	10.7	10.7
Pologne	15.6	14.6	16.8	18.3	8.8	7.9	8.4	9.2
Portugal	..	..	..	..	..	..	..	..
République slovaque	..	..	8.8	10.5	10.2	10.0	10.2	10.8
Slovénie	5.4	5.5	5.8	5.9	6.2	6.4	6.4	6.2
Espagne	9.8	9.7	10.4	10.8	11.5	12.0	12.3	12.0
Suède	71.9	68.3	74.2	80.9	90.4	89.4	92.2	96.4
Suisse	92.1	91.3	97.1	102.5	108.5	109.9	114.9	..
Turquie	..	..	..	..	2.8	3.0	3.1	3.1
Royaume-Uni	..	..	..	..	..	..	..	..
États-Unis	97.1	96.0	97.3	101.1	100.4	98.0	99.7	102.0
Fédération de Russie	1.8	2.0	2.3	2.8	2.8	3.4	4.0	4.2
Passifs financiers								
Autriche	4.8	4.8	5.0	5.3	5.6	5.5	5.6	5.7
Belgique	4.2	4.0	4.6	5.1	5.8	5.9	6.9	7.7
Canada	71.6	71.3	75.2	78.4	84.0	90.8	91.7	91.8
Chili	..	..	..	..	0.7	0.8	0.7	0.8
République tchèque	5.9	6.1	6.7	7.1	7.8	8.1	8.4	8.8
Danemark	..	..	71.6	64.7	72.0	71.3	75.9	75.4
Estonie	7.9	7.3	8.7	9.9	11.6	13.3	14.9	15.4
Finlande	2.0	1.8	1.8	1.9	1.8	1.8	1.6	1.6
France	..	..	..	..	..	..	..	..
Allemagne	13.8	13.9	14.6	15.1	15.7	16.2	16.3	16.5
Grèce	..	..	..	0.1	0.2	0.2	0.7	0.7
Hongrie	14.8	4.0	4.1	4.2	4.3	4.3	4.5	4.6
Islande	122.2	127.3	136.8	142.2	145.5	147.1	146.3	152.6
Irlande	44.3	41.2	44.0	48.7	51.5	42.1	42.7	41.6
Israël	..	..	..	..	..	..	..	..
Italie	3.5	3.7	4.3	4.8	5.3	5.4	5.7	5.9
Japon	28.8	29.3	29.9	29.9	30.9	30.2	28.7	28.3
Corée	3.5	4.2	5.1	6.1	7.8	8.7	9.9	10.9
Lettonie	7.5	7.0	7.6	8.4	9.8	11.0	12.7	14.0
Lituanie	4.1	3.9	4.3	4.6	5.2	5.8	6.7	7.2
Luxembourg	2.2	2.2	2.5	2.5	3.5	3.5	3.7	3.7
Pays-Bas	118.7	135.8	150.7	144.0	169.3	173.4	186.4	179.6
Nouvelle-Zélande	..	..	..	..	..	..	..	..
Norvège	8.1	7.6	7.8	8.5	9.2	10.1	10.6	10.5
Pologne	15.6	14.6	16.8	18.3	8.8	7.9	8.4	9.2
Portugal	..	..	..	..	..	..	..	..
République slovaque	..	..	9.3	9.6	10.4	10.0	10.7	11.2
Slovénie	5.4	5.6	5.8	5.9	6.2	6.4	6.4	6.3
Espagne	9.8	9.8	10.5	11.3	12.0	11.9	11.8	12.0
Suède	68.7	71.3	72.4	75.8	85.2	82.8	85.7	88.8
Suisse	100.6	101.6	104.9	107.5	110.2	113.9	118.2	..
Turquie	..	..	..	..	3.1	3.2	3.3	3.3
Royaume-Uni	..	..	..	..	..	..	..	..
États-Unis	98.0	97.0	98.3	102.2	101.5	99.0	100.6	103.0
Fédération de Russie	1.8	2.0	2.3	2.8	2.8	3.5	4.0	4.2

Note : Voir les métadonnées détaillées sur :

http://metalinks.oecd.org/instinv/20180905/4fc0 (actifs financiers et passifs financiers)

Informations sur les données concernant Israël : http://oe.cd/israel-disclaimer.

Informations sur les données concernant le Luxembourg :

http://metalinks.oecd.org/instinv/20180905/8200 (actifs financiers)

http://metalinks.oecd.org/instinv/20180905/d43e (passifs financiers).

Tableaux par pays

AUTRICHE

Tableau 1. Actifs et passifs financiers des investisseurs institutionnels, 2017

Millions EUR (1999 ATS euro)

	Total	Fonds d'investissement : Fonds d'investissement non-monétaire : Total	Fonds d'investissement à capital variable, non monétaire	Fonds d'investissement à capital fixe, non monétaire	Fonds d'investissement monétaires : Total
Actifs financiers	180 087	180 039	180 039	..	48
Numéraire et dépôts	6 818	6 818	6 818	..	0
Titres de dette	82 225	82 177	82 177	..	48
Titres de dette à court terme	421	421	421	..	0
Titres de dette à long terme	81 803	81 755	81 755	..	48
Titres de dette émis par les résidents	11 876	11 876	11 876	..	0
Titres de dette émis par les non-résidents	70 349	70 301	70 301	..	48
Crédits	201	201	201	..	0
Crédits à court terme	3	3	3	..	0
Crédits à long terme	197	197	197	..	0
Crédits accordés aux résidents	190	190	190	..	0
Crédits accordés aux non-résidents	10	10	10	..	0
Actions et parts de fonds d'investissement	90 832	90 832	90 832	..	0
Actions et parts de fonds d'investissements émises par les résidents	31 882	31 882	31 882	..	0
Actions et part de fonds d'investissements émises par les non-résidents	58 950	58 950	58 950	..	0
Autres comptes à recevoir	0	0	0	..	0

	Total	Fonds d'investissement : Fonds d'investissement non-monétaire : Total	Fonds d'investissement à capital variable, non monétaire	Fonds d'investissement à capital fixe, non monétaire	Fonds d'investissement monétaires : Total
Pasifs financiers	183 827	183 773	183 773	..	54
Numéraire et dépôts	0	0	0	..	0
Titres de dette	0	0	0	..	0
Titres de dette à court terme	0	0	0	..	0
Titres de dette à long terme	0	0	0	..	0
Crédits	455	455	455	..	0
Crédits à court terme	219	219	219	..	0
Crédits à long terme	236	236	236	..	0
Actions et parts de fonds d'investissement	183 373	183 319	183 319	..	54
Systèmes d'assurance, de pensions et garanties standard	0	0	0	..	0
Produits financiers dérivés et options sur titres des salariés	0	0	0	..	0
Autres comptes à payer	0	0	0	..	0

	Total	Sociétés d'assurance et fonds de pension autonomes : Sociétés d'assurance : Total	Sociétés d'assurance vie	Sociétés d'assurance non-vie	Fonds de pension autonomes : Total
Actifs financiers	141 560	118 470	..	..	23 090
Numéraire et dépôts	3 872	3 058	..	..	815
Titres de dette	55 940	55 549	..	..	391
Titres de dette à court terme	0	0	..	..	0
Titres de dette à long terme	55 939	55 548	..	..	391
Titres de dette émis par les résidents	16 119	15 961	..	..	159
Titres de dette émis par les non-résidents	39 820	39 588	..	..	232
Crédits	5 923	5 908	..	..	15
Crédits à court terme	919	919	..	..	0
Crédits à long terme	5 004	4 989	..	..	15
Crédits accordés aux résidents	4 490	4 490	..	..	0
Crédits accordés aux non-résidents	1 433	1 418	..	..	15
Actions et parts de fonds d'investissement	70 761	48 992	..	..	21 769
Actions et parts de fonds d'investissement émises par les résidents	57 603	38 904	..	..	18 699
Actions et parts de fonds d'investissement émises par les non-résidents	13 158	10 088	..	..	3 070
Autrescomptes à recevoir	1 427	1 327	..	..	100

	Total	Sociétés d'assurance et fonds de pension autonomes : Sociétés d'assurance : Total	Sociétés d'assurance vie	Sociétés d'assurance non-vie	Fonds de pension autonomes : Total
Pasifs financiers	132 036	110 858	..	..	21 178
Numéraire et dépôts	0	0	..	..	0
Titres de dette	4 161	4 161	..	..	0
Titres de dette à court terme	0	0	..	..	0
Titres de dette à long terme	4 161	4 161	..	..	0
Crédits	2 888	2 879	..	..	9
Crédits à court terme	1 669	1 662	..	..	7
Crédits à long terme	1 219	1 217	..	..	2
Actions et parts de fonds d'investissement	13 587	13 417	..	..	170
Systèmes d'assurance, de pensions et garanties standard	110 096	89 097	..	..	20 999
Produits financiers dérivés et options sur titres des salariés	0	0	..	..	0
Autres comptes à payer	1 304	1 304	..	..	0

Note : Voir les métadonnées détaillées sur : http://metalinks.oecd.org/instinv/20180905/e532

Tableau 2. Actifs et passifs financiers des fonds d'investissement

Millions EUR

	2010	2011	2012	2013	2014	2015	2016	2017
Fonds d'investissement								
Valeur nette financière	-1 088	-1 274	-1 703	-1 895	-1 900	-2 575	-3 397	-3 740
Actifs financiers	150 643	137 655	147 507	148 852	161 753	166 436	171 373	180 087
Numéraire et dépôts	10 102	9 409	8 083	8 038	8 116	9 302	7 627	6 818
Titres de dette	77 731	75 377	81 185	79 164	85 113	83 937	83 180	82 225
Crédits	14	14	79	158	143	216	194	201
Actions et parts de fonds d'investissement	62 576	52 660	57 950	61 455	68 350	72 933	80 363	90 832
Actions	20 168	16 402	19 207	21 330	22 904	23 568	25 729	29 407
Parts de fonds d'investissement	42 408	36 258	38 744	40 126	45 446	49 365	54 635	61 425
Parts de fonds d'investissement monétaires	680	1 035	123	135	313	304	309	333
Parts de fonds d'investissement non monétaires	41 728	35 223	38 621	39 991	45 133	49 062	54 325	61 093
Systèmes d'assurance, de pensions et garanties standard	0	0	0	0	0	0	0	0
Produits financiers dérivés et options sur titres des salariés	221	193	209	38	32	49	8	12
Autres comptes à recevoir	0	0	0	0	0	0	0	0
Passifs financiers	151 731	138 929	149 210	150 747	163 654	169 011	174 770	183 827
Titres de dette	0	0	0	0	8	8	0	0
Titres de dette à court terme	0	0	0	0	0	0	0	0
Titres de dette à long terme	0	0	0	0	8	8	0	0
Crédits	4 006	1 372	1 399	1 310	946	706	474	455
Crédits à court terme	3 782	1 153	1 210	1 124	786	622	99	219
Crédits à long terme	224	220	190	185	159	85	375	236
Actions et parts de fonds d'investissement	147 701	137 509	147 805	149 435	162 677	168 293	174 280	183 373
Systèmes d'assurance, de pensions et garanties standard	0	0	0	0	0	0	0	0
Produits financiers dérivés et options sur titres des salariés	24	48	6	3	24	4	16	0
Autres comptes à payer	0	0	0	0	0	0	0	0
Actifs non financiers	2 268	2 873	3 195	3 377	3 832	4 364	4 969	5 762
Fonds d'investissement monéaires								
Valeur nette financière	-180	-98	-50	-28	-11	-5	0	-6
Actifs financiers	2 400	1 196	400	188	145	80	73	48
Numéraire et dépôts	0	0	0	0	0	8	3	0
Titres de dette	2 330	1 179	397	188	145	72	70	48
Crédits	0	0	0	0	0	0	0	0
Actions et parts de fonds d'investissement	70	17	3	0	0	0	0	0
Actions	0	0	0	0	0	0	0	0
Parts de fonds d'investissement	70	17	3	0	0	0	0	0
Parts de fonds d'investissement monétaires	17	6	0	0	0	0	0	0
Parts de fonds d'investissement non monétaires	53	11	3	0	0	0	0	0
Systèmes d'assurance, de pensions et garanties standard	0	0	0	0	0	0	0	0
Produits financiers dérivés et options sur titres des salariés	0	0	0	0	0	0	0	0
Autres comptes à recevoir	0	0	0	0	0	0	0	0
Passifs financiers	2 581	1 294	450	216	156	85	73	54
Titres de dette	0	0	0	0	0	0	0	0
Titres de dette à court terme	0	0	0	0	0	0	0	0
Titres de dette à long terme	0	0	0	0	0	0	0	0
Crédits	0	0	0	0	0	0	0	0
Crédits à court terme	0	0	0	0	0	0	0	0
Crédits à long terme	0	0	0	0	0	0	0	0
Actions et parts de fonds d'investissement	2 581	1 294	450	216	156	85	73	54
Systèmes d'assurance, de pensions et garanties standard	0	0	0	0	0	0	0	0
Produits financiers dérivés et options sur titres des salariés	0	0	0	0	0	0	0	0
Autres comptes à payer	0	0	0	0	0	0	0	0
Actifs non financiers	..	..	..	..	..	..	..	..
Fonds d'investissement non monéaires								
Valeur nette financière	-908	-1 176	-1 653	-1 867	-1 890	-2 570	-3 397	-3 734
Actifs financiers	148 243	136 459	147 107	148 664	161 608	166 357	171 300	180 039
Numéraire et dépôts	10 102	9 409	8 083	8 038	8 116	9 294	7 624	6 818
Titres de dette	75 401	74 199	80 788	78 976	84 968	83 865	83 110	82 177
Crédits	14	14	79	158	143	216	194	201
Actions et parts de fonds d'investissement	62 506	52 643	57 948	61 455	68 350	72 933	80 363	90 832
Actions	20 168	16 402	19 207	21 330	22 904	23 568	25 729	29 407
Parts de fonds d'investissement	42 338	36 241	38 741	40 126	45 446	49 365	54 635	61 425
Parts de fonds d'investissement monétaires	663	1 028	123	135	313	304	309	333
Parts de fonds d'investissement non monétaires	41 675	35 213	38 618	39 991	45 133	49 062	54 325	61 093
Systèmes d'assurance, de pensions et garanties standard	0	0	0	0	0	0	0	0
Produits financiers dérivés et options sur titres des salariés	221	193	209	38	32	49	8	12
Autres comptes à recevoir	0	0	0	0	0	0	0	0
Passifs financiers	149 150	137 635	148 760	150 531	163 498	168 926	174 696	183 773
Titres de dette	0	0	0	0	8	8	0	0
Titres de dette à court terme	0	0	0	0	0	0	0	0
Titres de dette à long terme	0	0	0	0	8	8	0	0
Crédits	4 006	1 372	1 399	1 310	946	706	474	455
Crédits à court terme	3 782	1 153	1 210	1 124	786	622	99	219
Crédits à long terme	224	220	190	185	159	85	375	236
Actions et parts de fonds d'investissement	145 120	136 215	147 355	149 218	162 520	168 208	174 207	183 319
Systèmes d'assurance, de pensions et garanties standard	0	0	0	0	0	0	0	0
Produits financiers dérivés et options sur titres des salariés	24	48	6	3	24	4	16	0
Autres comptes à payer	0	0	0	0	0	0	0	0
Actifs non financiers	..	..	..	..	..	..	..	..
Fonds d'investissement non monéaires à capital variable								
Valeur nette financière	-908	-1 176	-1 653	-1 867	-1 890	-2 570	-3 397	-3 734
Actifs financiers	148 243	136 459	147 107	148 664	161 608	166 357	171 300	180 039

Tableau 2. Actifs et passifs financiers des fonds d'investissement *(suite)*

Millions EUR

	2010	2011	2012	2013	2014	2015	2016	2017
Numéraire et dépôts	10 102	9 409	8 083	8 038	8 116	9 294	7 624	6 818
Titres de dette	75 401	74 199	80 788	78 976	84 968	83 865	83 110	82 177
Crédits	14	14	79	158	143	216	194	201
Actions et parts de fonds d'investissement	62 506	52 643	57 948	61 455	68 350	72 933	80 363	90 832
Actions	20 168	16 402	19 207	21 330	22 904	23 568	25 729	29 407
Parts de fonds d'investissement	42 338	36 241	38 741	40 126	45 446	49 365	54 635	61 425
Parts de fonds d'investissement monétaires	663	1 028	123	135	313	304	309	333
Parts de fonds d'investissement non monétaires	41 675	35 213	38 618	39 991	45 133	49 062	54 325	61 093
Systèmes d'assurance, de pensions et garanties standard	0	0	0	0	0	0	0	0
Produits financiers dérivés et options sur titres des salariés	221	193	209	38	32	49	8	12
Autres comptes à recevoir	0	0	0	0	0	0	0	0
Passifs financiers	149 150	137 635	148 760	150 531	163 498	168 926	174 696	183 773
Titres de dette	0	0	0	0	8	8	0	0
Titres de dette à court terme	0	0	0	0	0	0	0	0
Titres de dette à long terme	0	0	0	0	8	8	0	0
Crédits	4 006	1 372	1 399	1 310	946	706	474	455
Crédits à court terme	3 782	1 153	1 210	1 124	786	622	99	219
Crédits à long terme	224	220	190	185	159	85	375	236
Actions et parts de fonds d'investissement	145 120	136 215	147 355	149 218	162 520	168 208	174 207	183 319
Systèmes d'assurance, de pensions et garanties standard	0	0	0	0	0	0	0	0
Produits financiers dérivés et options sur titres des salariés	24	48	6	3	24	4	16	0
Autres comptes à payer	0	0	0	0	0	0	0	0
Actifs non financiers	2 268	2 873	3 195	3 377	3 832	4 364	4 969	5 762
Fonds d'investissement à capital variable								
Valeur nette financière	-1 088	-1 274	-1 703	-1 895	-1 901	-2 575	-3 397	-3 740
Actifs financiers	150 643	137 655	147 507	148 852	161 753	166 437	171 373	180 087
Numéraire et dépôts	10 102	9 409	8 083	8 038	8 116	9 302	7 627	6 818
Titres de dette	77 731	75 378	81 185	79 164	85 113	83 937	83 180	82 225
Crédits	14	14	79	158	143	216	194	201
Actions et parts de fonds d'investissement	62 576	52 660	57 951	61 455	68 350	72 933	80 363	90 832
Actions	20 168	16 402	19 207	21 330	22 904	23 568	25 729	29 407
Parts de fonds d'investissement	42 408	36 258	38 744	40 126	45 446	49 365	54 635	61 425
Parts de fonds d'investissement monétaires	680	1 034	123	135	313	304	309	333
Parts de fonds d'investissement non monétaires	41 728	35 224	38 621	39 991	45 133	49 062	54 325	61 093
Systèmes d'assurance, de pensions et garanties standard	0	0	0	0	0	0	0	0
Produits financiers dérivés et options sur titres des salariés	221	193	209	38	32	49	8	12
Autres comptes à recevoir	0	0	0	0	0	0	0	0
Passifs financiers	151 731	138 929	149 210	150 747	163 654	169 011	174 769	183 827
Titres de dette	0	0	0	0	8	8	0	0
Titres de dette à court terme	0	0	0	0	0	0	0	0
Titres de dette à long terme	0	0	0	0	8	8	0	0
Crédits	4 006	1 372	1 399	1 310	946	706	474	455
Crédits à court terme	3 782	1 153	1 210	1 124	786	622	99	219
Crédits à long terme	224	220	190	185	159	85	375	236
Actions et parts de fonds d'investissement	147 701	137 509	147 805	149 434	162 676	168 293	174 280	183 373
Systèmes d'assurance, de pensions et garanties standard	0	0	0	0	0	0	0	0
Produits financiers dérivés et options sur titres des salariés	24	48	6	3	24	4	16	0
Autres comptes à payer	0	0	0	0	0	0	0	0
Actifs non financiers	..	..	..	..	..	..	..	..

Note : Voir les métadonnées détaillées sur : http://metalinks.oecd.org/instinv/20180905/e532

Tableau 3. Actifs et passifs financiers des sociétés d'assurance et fonds de pension

Millions EUR

	2010	2011	2012	2013	2014	2015	2016	2017
Sociétés d'assurance et fonds de pension								
Valeur nette financière	-6 206	-6 810	-2 044	-1 950	2 076	3 528	6 557	9 524
Actifs financiers	119 266	118 938	129 457	131 705	139 426	140 062	142 653	141 560
Numéraire et dépôts	3 085	4 288	4 264	5 455	4 496	5 421	4 065	3 872
Titres de dette	43 456	43 306	47 163	49 162	55 185	53 952	56 117	55 940
Crédits	7 256	7 024	7 370	6 142	6 643	6 308	6 488	5 923
Actions et parts de fonds d'investissement	57 478	56 362	62 213	63 129	65 682	67 191	69 006	70 761
Actions	15 120	14 720	14 695	14 885	14 527	14 693	14 508	13 776
Parts de fonds d'investissement	42 358	41 642	47 518	48 243	51 155	52 498	54 498	56 985
Parts de fonds d'investissement monétaires	268	165	76	44	105	240	133	81
Parts de fonds d'investissement non monétaires	42 089	41 478	47 443	48 200	51 050	52 258	54 365	56 904
Systèmes d'assurance, de pensions et garanties standard	6 353	6 610	6 997	6 283	5 683	5 535	5 409	3 637
Produits financiers dérivés et options sur titres des salariés	69	66	48	13	30	24	0	0
Autres comptes à recevoir	1 568	1 283	1 402	1 521	1 707	1 633	1 568	1 427
Passifs financiers	125 472	125 748	131 501	133 655	137 350	136 534	136 095	132 036
Titres de dette	2 532	2 529	2 510	3 300	3 239	4 039	3 662	4 161
Titres de dette à court terme	0	0	0	0	0	0	0	0
Titres de dette à long terme	2 532	2 529	2 510	3 300	3 239	4 039	3 662	4 161
Crédits	4 446	4 587	4 701	3 266	2 820	2 918	3 214	2 888
Crédits à court terme	3 469	3 381	3 688	2 374	1 988	1 809	1 962	1 669
Crédits à long terme	978	1 206	1 013	892	831	1 109	1 251	1 219
Actions et parts de fonds d'investissement	16 306	14 373	16 125	17 645	16 467	14 813	13 410	13 587
Systèmes d'assurance, de pensions et garanties standard	100 848	103 104	107 095	108 525	113 167	113 279	114 407	110 096
Produits financiers dérivés et options sur titres des salariés	0	0	0	0	0	0	0	0
Autres comptes à payer	1 340	1 155	1 070	919	1 658	1 484	1 403	1 304
Actifs non financiers	..	..	..	..	..	..	..	..
Sociétés d'assurance								
Valeur nette financière	-7 052	-6 621	-2 516	-2 625	1 466	2 715	4 759	7 612
Actifs financiers	104 246	104 124	113 045	114 005	120 103	120 138	121 023	118 470
Numéraire et dépôts	2 663	3 644	3 689	4 205	3 886	4 866	3 164	3 058
Titres de dette	43 005	42 854	46 787	48 707	54 735	53 516	55 710	55 549
Crédits	7 256	7 024	7 339	6 098	6 643	6 299	6 488	5 908
Actions et parts de fonds d'investissement	43 407	42 714	46 840	47 222	47 458	48 305	48 792	48 992
Actions	15 097	14 699	14 655	14 825	14 495	14 661	14 467	13 708
Parts de fonds d'investissement	28 310	28 014	32 185	32 397	32 963	33 644	34 325	35 283
Parts de fonds d'investissement monétaires	256	142	76	44	105	233	115	64
Parts de fonds d'investissement non monétaires	28 054	27 872	32 109	32 353	32 858	33 411	34 209	35 219
Systèmes d'assurance, de pensions et garanties standard	6 353	6 610	6 997	6 283	5 683	5 535	5 409	3 637
Produits financiers dérivés et options sur titres des salariés	69	66	48	13	30	24	0	0
Autres comptes à recevoir	1 492	1 213	1 345	1 476	1 668	1 593	1 460	1 327
Passifs financiers	111 297	110 744	115 561	116 630	118 637	117 423	116 265	110 858
Titres de dette	2 520	2 518	2 499	3 289	3 239	4 039	3 662	4 161
Titres de dette à court terme	0	0	0	0	0	0	0	0
Titres de dette à long terme	2 520	2 518	2 499	3 289	3 239	4 039	3 662	4 161
Crédits	4 446	4 587	4 701	3 266	2 811	2 910	3 201	2 879
Crédits à court terme	3 469	3 381	3 688	2 374	1 981	1 808	1 951	1 662
Crédits à long terme	978	1 206	1 013	892	830	1 102	1 250	1 217
Actions et parts de fonds d'investissement	16 110	14 177	15 929	17 463	16 284	14 630	13 240	13 417
Systèmes d'assurance, de pensions et garanties standard	86 881	88 308	91 362	91 693	94 645	94 360	94 759	89 097
Produits financiers dérivés et options sur titres des salariés	0	0	0	0	0	0	0	0
Autres comptes à payer	1 340	1 155	1 070	919	1 658	1 484	1 403	1 304
Actifs non financiers	3 689	3 735	3 792	3 983	4 199	4 260	4 401	8 346
Fonds de pension								
Valeur nette financière	846	-189	472	675	610	813	1 799	1 912
Actifs financiers	15 020	14 815	16 412	17 700	19 323	19 924	21 629	23 090
Numéraire et dépôts	422	644	575	1 250	610	555	901	815
Titres de dette	451	452	375	455	450	435	407	391
Crédits	0	0	31	44	0	9	0	15
Actions et parts de fonds d'investissement	14 070	13 649	15 373	15 907	18 224	18 886	20 214	21 769
Actions	23	21	40	60	31	32	41	68
Parts de fonds d'investissement	14 048	13 628	15 333	15 847	18 192	18 854	20 173	21 702
Parts de fonds d'investissement monétaires	13	23	0	0	0	7	17	17
Parts de fonds d'investissement non monétaires	14 035	13 605	15 333	15 847	18 192	18 847	20 156	21 685
Systèmes d'assurance, de pensions et garanties standard	0	0	0	0	0	0	0	0
Produits financiers dérivés et options sur titres des salariés	1	0	0	0	0	0	0	0
Autres comptes à recevoir	76	70	58	44	39	40	108	100
Passifs financiers	14 174	15 004	15 941	17 025	18 713	19 111	19 831	21 178
Titres de dette	11	11	11	11	0	0	0	0
Titres de dette à court terme	0	0	0	0	0	0	0	0
Titres de dette à long terme	11	11	11	11	0	0	0	0
Crédits	0	0	0	0	8	9	13	9
Crédits à court terme	0	0	0	0	7	1	11	7
Crédits à long terme	0	0	0	0	1	7	2	2
Actions et parts de fonds d'investissement	196	196	196	182	183	183	170	170
Systèmes d'assurance, de pensions et garanties standard	13 967	14 796	15 733	16 831	18 521	18 920	19 648	20 999
Produits financiers dérivés et options sur titres des salariés	0	0	0	0	0	0	0	0
Autres comptes à payer	0	0	0	0	0	0	0	0
Actifs non financiers	..	..	..	..	..	..	..	..

Note : Voir les métadonnées détaillées sur : http://metalinks.oecd.org/instinv/20180905/e532

Tableau 4. Composition du portefeuille par type d'investisseur

En pourcentage des actifs financiers et des passifs financiers

Pour cent

	2010	2011	2012	2013	2014	2015	2016	2017
Fonds d'investissement								
Actifs financiers	100.0	100.0	100.0	100.0	100.0	100.0	100.0	100.0
Numéraire et dépôts	6.7	6.8	5.5	5.4	5.0	5.6	4.5	3.8
Titres de dettes	51.6	54.8	55.0	53.2	52.6	50.4	48.5	45.7
Crédits	0.0	0.0	0.1	0.1	0.1	0.1	0.1	0.1
Actions et parts de fonds d'investissement	41.5	38.3	39.3	41.3	42.3	43.8	46.9	50.4
Systèmes d'assurance de pensions et garanties standard	0.0	0.0	0.0	0.0	0.0	0.0	0.0	0.0
Produits financiers dérivés et options sur titres des salariés	0.1	0.1	0.1	0.0	0.0	0.0	0.0	0.0
Autres comptes à recevoir	0.0	0.0	0.0	0.0	0.0	0.0	0.0	0.0
Passifs financiers	100.0	100.0	100.0	100.0	100.0	100.0	100.0	100.0
Numéraire et dépôts	0.0	0.0	0.0	0.0	0.0	0.0	0.0	0.0
Titres de dettes	0.0	0.0	0.0	0.0	0.0	0.0	0.0	0.0
Crédits	2.6	1.0	0.9	0.9	0.6	0.4	0.3	0.2
Actions et parts de fonds d'investissement	97.3	99.0	99.1	99.1	99.4	99.6	99.7	99.8
Systèmes d'assurance de pensions et garanties standard	0.0	0.0	0.0	0.0	0.0	0.0	0.0	0.0
Produits financiers dérivés et options sur titres des salariés	0.0	0.0	0.0	0.0	0.0	0.0	0.0	0.0
Autres comptes à recevoir	0.0	0.0	0.0	0.0	0.0	0.0	0.0	0.0
Sociétés d'assurance								
Actifs financiers	100.0	100.0	100.0	100.0	100.0	100.0	100.0	100.0
Numéraire et dépôts	2.6	3.5	3.3	3.7	3.2	4.1	2.6	2.6
Titres de dettes	41.3	41.2	41.4	42.7	45.6	44.5	46.0	46.9
Crédits	7.0	6.7	6.5	5.3	5.5	5.2	5.4	5.0
Actions et parts de fonds d'investissement	41.6	41.0	41.4	41.4	39.5	40.2	40.3	41.4
Systèmes d'assurance de pensions et garanties standard	6.1	6.3	6.2	5.5	4.7	4.6	4.5	3.1
Produits financiers dérivés et options sur titres des salariés	0.1	0.1	0.0	0.0	0.0	0.0	0.0	0.0
Autres comptes à recevoir	1.4	1.2	1.2	1.3	1.4	1.3	1.2	1.1
Passifs financiers	100.0	100.0	100.0	100.0	100.0	100.0	100.0	100.0
Numéraire et dépôts	0.0	0.0	0.0	0.0	0.0	0.0	0.0	0.0
Titres de dettes	2.3	2.3	2.2	2.8	2.7	3.4	3.1	3.8
Crédits	4.0	4.1	4.1	2.8	2.4	2.5	2.8	2.6
Actions et parts de fonds d'investissement	14.5	12.8	13.8	15.0	13.7	12.5	11.4	12.1
Systèmes d'assurance de pensions et garanties standard	78.1	79.7	79.1	78.6	79.8	80.4	81.5	80.4
Produits financiers dérivés et options sur titres des salariés	0.0	0.0	0.0	0.0	0.0	0.0	0.0	0.0
Autres comptes à recevoir	1.2	1.0	0.9	0.8	1.4	1.3	1.2	1.2
Fonds de pension								
Actifs financiers	100.0	100.0	100.0	100.0	100.0	100.0	100.0	100.0
Numéraire et dépôts	2.8	4.3	3.5	7.1	3.2	2.8	4.2	3.5
Titres de dettes	3.0	3.1	2.3	2.6	2.3	2.2	1.9	1.7
Crédits	0.0	0.0	0.2	0.2	0.0	0.0	0.0	0.1
Actions et parts de fonds d'investissement	93.7	92.1	93.7	89.9	94.3	94.8	93.5	94.3
Systèmes d'assurance de pensions et garanties standard	0.0	0.0	0.0	0.0	0.0	0.0	0.0	0.0
Produits financiers dérivés et options sur titres des salariés	0.0	0.0	0.0	0.0	0.0	0.0	0.0	0.0
Autres comptes à recevoir	0.5	0.5	0.4	0.2	0.2	0.2	0.5	0.4
Passifs financiers	100.0	100.0	100.0	100.0	100.0	100.0	100.0	100.0
Numéraire et dépôts	0.0	0.0	0.0	0.0	0.0	0.0	0.0	0.0
Titres de dettes	0.1	0.1	0.1	0.1	0.0	0.0	0.0	0.0
Crédits	0.0	0.0	0.0	0.0	0.0	0.0	0.1	0.0
Actions et parts de fonds d'investissement	1.4	1.3	1.2	1.1	1.0	1.0	0.9	0.8
Systèmes d'assurance de pensions et garanties standard	98.5	98.6	98.7	98.9	99.0	99.0	99.1	99.2
Produits financiers dérivés et options sur titres des salariés	0.0	0.0	0.0	0.0	0.0	0.0	0.0	0.0
Autres comptes à recevoir	0.0	0.0	0.0	0.0	0.0	0.0	0.0	0.0

Note : Voir les métadonnées détaillées sur : http://metalinks.oecd.org/instinv/20180905/af01

BELGIQUE

Tableau 1. Actifs et passifs financiers des investisseurs institutionnels, 2017

Millions EUR (1999 BEF euro)

	Fonds d'investissement				
	Total	Fonds d'investissement non-monétaire			Fonds d'investissement monétaires
		Total	Fonds d'investissement à capital variable, non monétaire	Fonds d'investissement à capital fixe, non monétaire	Total
Actifs financiers	180 492	177 902	177 902	..	2 590
Numéraire et dépôts	5 632	5 497	5 497	..	135
Titres de dette	32 387	29 950	29 950	..	2 437
Titres de dette à court terme	3 116	933	933	..	2 183
Titres de dette à long terme	29 271	29 017	29 017	..	255
Titres de dette émis par les résidents	2 492	1 638	1 638	..	853
Titres de dette émis par les non-résidents	29 895	28 311	28 311	..	1 584
Crédits	0	0	0	..	0
Crédits à court terme	0	0	0	..	0
Crédits à long terme	0	0	0	..	0
Crédits accordés aux résidents	0	0	0	..	0
Crédits accordés aux non-résidents	0	0	0	..	0
Actions et parts de fonds d'investissement	138 618	138 618	138 618	..	0
Actions et parts de fonds d'investissements émises par les résidents	23 032	23 032	23 032	..	0
Actions et part de fonds d'investissements émises par les non-résidents	115 585	115 585	115 585	..	0
Autres comptes à recevoir	2 969	2 952	2 952	..	17

	Fonds d'investissement				
	Total	Fonds d'investissement non-monétaire			Fonds d'investissement monétaires
		Total	Fonds d'investissement à capital variable, non monétaire	Fonds d'investissement à capital fixe, non monétaire	Total
Pasifs financiers	182 077	179 485	179 485	..	2 592
Numéraire et dépôts	0	0	0	..	0
Titres de dette	0	0	0	..	0
Titres de dette à court terme	0	0	0	..	0
Titres de dette à long terme	0	0	0	..	0
Crédits	62	62	62	..	0
Crédits à court terme	1	1	1	..	0
Crédits à long terme	60	60	60	..	0
Actions et parts de fonds d'investissement	178 910	176 390	176 390	..	2 519
Systèmes d'assurance, de pensions et garanties standard	0	0	0	..	0
Produits financiers dérivés et options sur titres des salariés	2	2	2	..	0
Autres comptes à payer	3 104	3 031	3 031	..	73

	Sociétés d'assurance et fonds de pension autonomes				
	Total	Sociétés d'assurance			Fonds de pension autonomes
		Total	Sociétés d'assurance vie	Sociétés d'assurance non-vie	Total
Actifs financiers	343 976	310 454	..	..	33 522
Numéraire et dépôts	9 710	8 819	..	..	891
Titres de dette	205 151	199 671	..	..	5 481
Titres de dette à court terme	608	608	..	..	0
Titres de dette à long terme	204 543	199 062	..	..	5 481
Titres de dette émis par les résidents	81 994	80 378	..	..	1 616
Titres de dette émis par les non-résidents	123 158	119 293	..	..	3 865
Crédits	29 536	28 875	..	..	661
Crédits à court terme	769	769	..	..	0
Crédits à long terme	28 767	28 106	..	..	661
Crédits accordés aux résidents	22 939	22 277	..	..	661
Crédits accordés aux non-résidents	6 597	6 597	..	..	0
Actions et parts de fonds d'investissement	84 762	58 771	..	..	25 990
Actions et parts de fonds d'investissement émises par les résidents	26 359	16 450	..	..	9 909
Actions et parts de fonds d'investissement émises par les non-résidents	58 403	42 321	..	..	16 082
Autrescomptes à recevoir	8 675	8 517	..	..	158

	Sociétés d'assurance et fonds de pension autonomes				
	Total	Sociétés d'assurance			Fonds de pension autonomes
		Total	Sociétés d'assurance vie	Sociétés d'assurance non-vie	Total
Pasifs financiers	350 450	316 893	..	..	33 557
Numéraire et dépôts	0	0	..	..	0
Titres de dette	4 028	4 028	..	..	0
Titres de dette à court terme	0	0	..	..	0
Titres de dette à long terme	4 028	4 028	..	..	0
Crédits	12 997	12 665	..	..	333
Crédits à court terme	5 176	4 843	..	..	333
Crédits à long terme	7 821	7 821	..	..	0
Actions et parts de fonds d'investissement	31 086	31 086	..	..	0
Systèmes d'assurance, de pensions et garanties standard	294 963	261 739	..	..	33 224
Produits financiers dérivés et options sur titres des salariés	877	877	..	..	0
Autres comptes à payer	6 498	6 498	..	..	0

Note : Voir les métadonnées détaillées sur : http://metalinks.oecd.org/instinv/20180905/e532

BELGIQUE

Tableau 2. Actifs et passifs financiers des fonds d'investissement

Millions EUR

	2010	2011	2012	2013	2014	2015	2016	2017
Fonds d'investissement								
Valeur nette financière	33	-604	-575	-624	-481	-431	-1 444	-1 586
Actifs financiers	96 163	83 424	87 177	104 774	124 918	148 177	150 138	180 492
Numéraire et dépôts	11 621	9 936	7 804	6 786	6 665	9 153	6 092	5 632
Titres de dette	31 617	30 112	25 492	25 895	28 318	40 030	31 036	32 387
Crédits	0	0	0	0	0	0	0	0
Actions et parts de fonds d'investissement	47 438	38 711	49 400	67 552	84 484	94 423	108 865	138 618
Actions	28 772	20 412	28 073	34 533	41 579	39 006	49 665	60 939
Parts de fonds d'investissement	18 666	18 299	21 327	33 020	42 905	55 416	59 200	77 679
Parts de fonds d'investissement monétaires	504	789	312	284	714	10 717	3 213	4 224
Parts de fonds d'investissement non monétaires	18 162	17 510	21 015	32 735	42 191	44 699	55 987	73 455
Systèmes d'assurance, de pensions et garanties standard	0	0	0	0	0	0	0	0
Produits financiers dérivés et options sur titres des salariés	2 247	1 914	2 057	1 678	1 598	1 059	949	886
Autres comptes à recevoir	3 240	2 751	2 424	2 863	3 854	3 512	3 198	2 969
Passifs financiers	96 129	84 028	87 752	105 398	125 399	148 608	151 582	182 077
Titres de dette	0	0	0	0	0	0	0	0
Titres de dette à court terme	0	0	0	0	0	0	0	0
Titres de dette à long terme	0	0	0	0	0	0	0	0
Crédits	90	78	90	89	150	181	132	62
Crédits à court terme	0	0	0	0	2	3	1	1
Crédits à long terme	90	78	90	89	149	178	131	60
Actions et parts de fonds d'investissement	94 258	82 483	86 345	103 240	122 795	145 805	148 185	178 910
Systèmes d'assurance, de pensions et garanties standard	0	0	0	0	0	0	0	0
Produits financiers dérivés et options sur titres des salariés	13	53	0	4	14	12	29	2
Autres comptes à payer	1 768	1 415	1 317	2 065	2 440	2 611	3 236	3 104
Actifs non financiers	..	..	..	..	..	..	..	..
Fonds d'investissement monéaires								
Valeur nette financière	0	0	0	0	0	0	0	-2
Actifs financiers	1 917	4 373	996	1 016	800	12 273	1 974	2 590
Numéraire et dépôts	250	535	147	142	147	2 025	229	135
Titres de dette	1 627	3 755	829	869	650	10 216	1 745	2 437
Crédits	0	0	0	0	0	0	0	0
Actions et parts de fonds d'investissement	21	0	5	0	0	0	0	0
Actions	0	0	0	0	0	0	0	0
Parts de fonds d'investissement	21	0	5	0	0	0	0	0
Parts de fonds d'investissement monétaires	9	0	2	0	0	0	0	0
Parts de fonds d'investissement non monétaires	12	0	3	0	0	0	0	0
Systèmes d'assurance, de pensions et garanties standard	0	0	0	0	0	0	0	0
Produits financiers dérivés et options sur titres des salariés	0	0	0	0	0	0	0	0
Autres comptes à recevoir	19	83	14	5	3	33	0	17
Passifs financiers	1 917	4 373	996	1 016	800	12 273	1 974	2 592
Titres de dette	0	0	0	0	0	0	0	0
Titres de dette à court terme	0	0	0	0	0	0	0	0
Titres de dette à long terme	0	0	0	0	0	0	0	0
Crédits	14	0	0	1	19	0	0	0
Crédits à court terme	0	0	0	0	0	0	0	0
Crédits à long terme	14	0	0	1	19	0	0	0
Actions et parts de fonds d'investissement	1 902	4 366	991	1 012	780	12 255	1 940	2 519
Systèmes d'assurance, de pensions et garanties standard	0	0	0	0	0	0	0	0
Produits financiers dérivés et options sur titres des salariés	0	0	0	2	0	0	0	0
Autres comptes à payer	2	6	5	1	0	19	33	73
Actifs non financiers	..	..	..	..	..	..	..	..
Fonds d'investissement non monéaires								
Valeur nette financière	33	-604	-575	-624	-481	-431	-1 444	-1 583
Actifs financiers	94 245	79 052	86 181	103 759	124 118	135 904	148 165	177 902
Numéraire et dépôts	11 371	9 402	7 656	6 644	6 517	7 129	5 863	5 497
Titres de dette	29 990	26 356	24 662	25 026	27 668	29 814	29 291	29 950
Crédits	0	0	0	0	0	0	0	0
Actions et parts de fonds d'investissement	47 417	38 711	49 395	67 552	84 484	94 423	108 865	138 618
Actions	28 772	20 412	28 073	34 533	41 579	39 006	49 665	60 939
Parts de fonds d'investissement	18 645	18 299	21 322	33 020	42 905	55 416	59 200	77 679
Parts de fonds d'investissement monétaires	495	789	310	284	714	10 717	3 213	4 224
Parts de fonds d'investissement non monétaires	18 150	17 510	21 012	32 735	42 191	44 699	55 987	73 455
Systèmes d'assurance, de pensions et garanties standard	0	0	0	0	0	0	0	0
Produits financiers dérivés et options sur titres des salariés	2 247	1 914	2 057	1 678	1 598	1 059	949	886
Autres comptes à recevoir	3 221	2 669	2 410	2 858	3 851	3 479	3 198	2 952
Passifs financiers	94 212	79 656	86 756	104 382	124 599	136 335	149 608	179 485
Titres de dette	0	0	0	0	0	0	0	0
Titres de dette à court terme	0	0	0	0	0	0	0	0
Titres de dette à long terme	0	0	0	0	0	0	0	0
Crédits	76	78	90	88	131	181	132	62
Crédits à court terme	0	0	0	0	2	3	1	1
Crédits à long terme	76	78	90	88	129	178	131	60
Actions et parts de fonds d'investissement	92 357	78 118	85 354	102 228	122 014	133 550	146 245	176 390
Systèmes d'assurance, de pensions et garanties standard	0	0	0	0	0	0	0	0
Produits financiers dérivés et options sur titres des salariés	13	52	0	2	14	12	29	2
Autres comptes à payer	1 767	1 409	1 312	2 064	2 440	2 592	3 202	3 031
Actifs non financiers	..	..	..	..	..	..	..	..
Fonds d'investissement non monéaires à capital variable								
Valeur nette financière	33	-604	-575	-624	-481	-431	-1 444	-1 583
Actifs financiers	94 245	79 052	86 181	103 759	124 118	135 904	148 165	177 902

Tableau 2. Actifs et passifs financiers des fonds d'investissement *(suite)*

Millions EUR

	2010	2011	2012	2013	2014	2015	2016	2017
Numéraire et dépôts	11 371	9 402	7 656	6 644	6 517	7 129	5 863	5 497
Titres de dette	29 990	26 356	24 662	25 026	27 668	29 814	29 291	29 950
Crédits	0	0	0	0	0	0	0	0
Actions et parts de fonds d'investissement	47 417	38 711	49 395	67 552	84 484	94 423	108 865	138 618
Actions	28 772	20 412	28 073	34 533	41 579	39 006	49 665	60 939
Parts de fonds d'investissement	18 645	18 299	21 322	33 020	42 905	55 416	59 200	77 679
Parts de fonds d'investissement monétaires	495	789	310	284	714	10 717	3 213	4 224
Parts de fonds d'investissement non monétaires	18 150	17 510	21 012	32 735	42 191	44 699	55 987	73 455
Systèmes d'assurance, de pensions et garanties standard	0	0	0	0	0	0	0	0
Produits financiers dérivés et options sur titres des salariés	2 247	1 914	2 057	1 678	1 598	1 059	949	886
Autres comptes à recevoir	3 221	2 669	2 410	2 858	3 851	3 479	3 198	2 952
Passifs financiers	94 212	79 656	86 756	104 382	124 599	136 335	149 608	179 485
Titres de dette	0	0	0	0	0	0	0	0
Titres de dette à court terme	0	0	0	0	0	0	0	0
Titres de dette à long terme	0	0	0	0	0	0	0	0
Crédits	76	78	90	88	131	181	132	62
Crédits à court terme	0	0	0	0	2	3	1	1
Crédits à long terme	76	78	90	88	129	178	131	60
Actions et parts de fonds d'investissement	92 357	78 118	85 354	102 228	122 014	133 550	146 245	176 390
Systèmes d'assurance, de pensions et garanties standard	0	0	0	0	0	0	0	0
Produits financiers dérivés et options sur titres des salariés	13	52	0	2	14	12	29	2
Autres comptes à payer	1 767	1 409	1 312	2 064	2 440	2 592	3 202	3 031
Actifs non financiers	..	..	..	..	..	..	..	..
Fonds d'investissement à capital variable								
Valeur nette financière	33	-604	-575	-624	-481	-431	-1 444	-1 586
Actifs financiers	96 163	83 424	87 177	104 774	124 918	148 177	150 138	180 492
Numéraire et dépôts	11 621	9 936	7 804	6 786	6 665	9 153	6 092	5 632
Titres de dette	31 617	30 112	25 492	25 895	28 318	40 030	31 036	32 387
Crédits	0	0	0	0	0	0	0	0
Actions et parts de fonds d'investissement	47 438	38 711	49 400	67 552	84 484	94 423	108 865	138 618
Actions	28 772	20 412	28 073	34 533	41 579	39 006	49 665	60 939
Parts de fonds d'investissement	18 666	18 299	21 327	33 020	42 905	55 416	59 200	77 679
Parts de fonds d'investissement monétaires	504	789	312	284	714	10 717	3 213	4 224
Parts de fonds d'investissement non monétaires	18 162	17 510	21 015	32 735	42 191	44 699	55 987	73 455
Systèmes d'assurance, de pensions et garanties standard	0	0	0	0	0	0	0	0
Produits financiers dérivés et options sur titres des salariés	2 247	1 914	2 057	1 678	1 598	1 059	949	886
Autres comptes à recevoir	3 240	2 751	2 424	2 863	3 854	3 512	3 198	2 969
Passifs financiers	96 129	84 028	87 752	105 398	125 399	148 608	151 582	182 077
Titres de dette	0	0	0	0	0	0	0	0
Titres de dette à court terme	0	0	0	0	0	0	0	0
Titres de dette à long terme	0	0	0	0	0	0	0	0
Crédits	90	78	90	89	150	181	132	62
Crédits à court terme	0	0	0	0	2	3	1	1
Crédits à long terme	90	78	90	89	149	178	131	60
Actions et parts de fonds d'investissement	94 258	82 483	86 345	103 240	122 795	145 805	148 185	178 910
Systèmes d'assurance, de pensions et garanties standard	0	0	0	0	0	0	0	0
Produits financiers dérivés et options sur titres des salariés	13	53	0	4	14	12	29	2
Autres comptes à payer	1 768	1 415	1 317	2 065	2 440	2 611	3 236	3 104
Actifs non financiers	..	..	..	..	..	..	..	..

Note : Voir les métadonnées détaillées sur : http://metalinks.oecd.org/instinv/20180905/e532

BELGIQUE

Tableau 3. Actifs et passifs financiers des sociétés d'assurance et fonds de pension

Millions EUR

	2010	2011	2012	2013	2014	2015	2016	2017
Sociétés d'assurance et fonds de pension								
Valeur nette financière	-1 691	-1 712	15 518	11 928	32 364	27 723	-4 728	-6 474
Actifs financiers	262 678	269 800	299 788	304 391	339 351	340 948	343 516	343 976
Numéraire et dépôts	8 505	11 191	9 569	8 658	9 899	10 067	10 573	9 710
Titres de dette	174 908	182 196	203 027	196 077	217 785	210 821	208 933	205 151
Crédits	13 186	13 665	18 024	22 092	26 035	27 975	30 100	29 536
Actions et parts de fonds d'investissement	55 692	50 442	57 352	66 204	73 954	77 489	79 504	84 762
Actions	20 118	18 760	22 941	27 428	28 736	29 572	22 167	22 759
Parts de fonds d'investissement	35 574	31 681	34 411	38 776	45 218	47 917	57 337	62 003
Parts de fonds d'investissement monétaires	611	486	373	482	481	985	3 434	3 602
Parts de fonds d'investissement non monétaires	34 963	31 195	34 038	38 295	44 737	46 931	53 903	58 401
Systèmes d'assurance, de pensions et garanties standard	6 204	6 823	7 368	6 465	7 241	9 911	6 007	4 972
Produits financiers dérivés et options sur titres des salariés	173	169	242	157	219	190	1 273	1 170
Autres comptes à recevoir	4 011	5 313	4 206	4 738	4 218	4 496	7 126	8 675
Passifs financiers	264 369	271 512	284 270	292 463	306 987	313 224	348 244	350 450
Titres de dette	1 971	2 156	2 290	2 551	2 999	3 997	4 085	4 028
Titres de dette à court terme	0	0	0	0	0	0	0	0
Titres de dette à long terme	1 971	2 156	2 290	2 551	2 999	3 997	4 085	4 028
Crédits	13 310	15 912	15 064	16 466	17 000	19 589	15 238	12 997
Crédits à court terme	8 057	9 383	8 406	10 142	10 718	10 899	7 039	5 176
Crédits à long terme	5 254	6 529	6 658	6 323	6 282	8 690	8 198	7 821
Actions et parts de fonds d'investissement	18 012	15 598	17 347	15 940	17 884	16 369	29 094	31 086
Systèmes d'assurance, de pensions et garanties standard	226 555	232 833	244 380	251 603	263 263	267 082	293 114	294 963
Produits financiers dérivés et options sur titres des salariés	0	0	0	0	0	0	1 072	877
Autres comptes à payer	4 520	5 012	5 188	5 904	5 840	6 188	5 642	6 498
Actifs non financiers	3 400	3 571	3 776	3 522	3 672	3 636	8 832	8 680
Sociétés d'assurance								
Valeur nette financière	-594	-729	17 336	12 392	33 181	28 350	-4 695	-6 439
Actifs financiers	248 565	255 547	283 940	284 806	317 141	317 355	314 444	310 454
Numéraire et dépôts	7 974	10 845	9 049	8 143	9 274	9 385	9 674	8 819
Titres de dette	173 291	180 160	201 043	193 863	215 202	208 174	205 192	199 671
Crédits	13 075	13 543	17 902	21 932	25 828	27 720	29 453	28 875
Actions et parts de fonds d'investissement	43 910	38 950	44 189	50 397	56 010	58 259	56 267	58 771
Actions	18 835	17 373	21 463	25 567	27 160	27 234	19 460	19 132
Parts de fonds d'investissement	25 075	21 577	22 726	24 829	28 851	31 026	36 807	39 639
Parts de fonds d'investissement monétaires	235	190	206	233	217	618	2 990	3 119
Parts de fonds d'investissement non monétaires	24 840	21 387	22 521	24 596	28 633	30 408	33 817	36 520
Systèmes d'assurance, de pensions et garanties standard	6 204	6 823	7 368	6 047	6 646	9 365	5 567	4 632
Produits financiers dérivés et options sur titres des salariés	173	169	242	157	219	190	1 273	1 170
Autres comptes à recevoir	3 937	5 058	4 146	4 269	3 963	4 263	7 018	8 517
Passifs financiers	249 159	256 276	266 604	272 414	283 960	289 005	319 139	316 893
Titres de dette	1 971	2 156	2 290	2 551	2 999	3 997	4 085	4 028
Titres de dette à court terme	0	0	0	0	0	0	0	0
Titres de dette à long terme	1 971	2 156	2 290	2 551	2 999	3 997	4 085	4 028
Crédits	13 310	15 912	15 064	16 466	17 000	19 589	14 923	12 665
Crédits à court terme	8 057	9 383	8 406	10 142	10 718	10 899	6 725	4 843
Crédits à long terme	5 254	6 529	6 658	6 323	6 282	8 690	8 198	7 821
Actions et parts de fonds d'investissement	18 012	15 598	17 347	15 940	17 884	16 369	29 094	31 086
Systèmes d'assurance, de pensions et garanties standard	211 345	217 597	226 714	231 554	240 236	242 863	264 323	261 739
Produits financiers dérivés et options sur titres des salariés	0	0	0	0	0	0	1 072	877
Autres comptes à payer	4 520	5 012	5 188	5 904	5 840	6 188	5 642	6 498
Actifs non financiers	3 338	3 505	3 715	3 461	3 598	3 559	8 761	8 609
Fonds de pension								
Valeur nette financière	-1 097	-983	-1 818	-464	-817	-627	-32	-35
Actifs financiers	14 113	14 252	15 848	19 585	22 210	23 592	29 073	33 522
Numéraire et dépôts	531	347	520	515	625	682	899	891
Titres de dette	1 617	2 036	1 984	2 214	2 583	2 647	3 740	5 481
Crédits	111	122	122	160	207	255	647	661
Actions et parts de fonds d'investissement	11 782	11 492	13 163	15 808	17 944	19 229	23 237	25 990
Actions	1 283	1 387	1 478	1 861	1 577	2 338	2 707	3 627
Parts de fonds d'investissement	10 499	10 105	11 685	13 947	16 367	16 891	20 530	22 364
Parts de fonds d'investissement monétaires	376	296	167	249	263	368	444	483
Parts de fonds d'investissement non monétaires	10 123	9 808	11 517	13 698	16 104	16 523	20 086	21 881
Systèmes d'assurance, de pensions et garanties standard	0	0	0	419	595	545	441	340
Produits financiers dérivés et options sur titres des salariés	0	0	0	0	0	0	0	0
Autres comptes à recevoir	73	255	60	469	255	233	108	158
Passifs financiers	15 210	15 235	17 666	20 049	23 027	24 219	29 105	33 557
Titres de dette	0	0	0	0	0	0	0	0
Titres de dette à court terme	0	0	0	0	0	0	0	0
Titres de dette à long terme	0	0	0	0	0	0	0	0
Crédits	0	0	0	0	0	0	314	333
Crédits à court terme	0	0	0	0	0	0	314	333
Crédits à long terme	0	0	0	0	0	0	0	0
Actions et parts de fonds d'investissement	0	0	0	0	0	0	0	0
Systèmes d'assurance, de pensions et garanties standard	15 210	15 235	17 666	20 049	23 027	24 219	28 791	33 224
Produits financiers dérivés et options sur titres des salariés	0	0	0	0	0	0	0	0
Autres comptes à payer	0	0	0	0	0	0	0	0
Actifs non financiers	62	66	61	61	74	77	71	71

Note : Voir les métadonnées détaillées sur : http://metalinks.oecd.org/instinv/20180905/e532

Tableau 4. Composition du portefeuille par type d'investisseur

En pourcentage des actifs financiers et des passifs financiers

Pour cent

	2010	2011	2012	2013	2014	2015	2016	2017
Fonds d'investissement								
Actifs financiers	100.0	100.0	100.0	100.0	100.0	100.0	100.0	100.0
Numéraire et dépôts	12.1	11.9	9.0	6.5	5.3	6.2	4.1	3.1
Titres de dettes	32.9	36.1	29.2	24.7	22.7	27.0	20.7	17.9
Crédits	0.0	0.0	0.0	0.0	0.0	0.0	0.0	0.0
Actions et parts de fonds d'investissement	49.3	46.4	56.7	64.5	67.6	63.7	72.5	76.8
Systèmes d'assurance de pensions et garanties standard	0.0	0.0	0.0	0.0	0.0	0.0	0.0	0.0
Produits financiers dérivés et options sur titres des salariés	2.3	2.3	2.4	1.6	1.3	0.7	0.6	0.5
Autres comptes à recevoir	3.4	3.3	2.8	2.7	3.1	2.4	2.1	1.6
Passifs financiers	100.0	100.0	100.0	100.0	100.0	100.0	100.0	100.0
Numéraire et dépôts	0.0	0.0	0.0	0.0	0.0	0.0	0.0	0.0
Titres de dettes	0.0	0.0	0.0	0.0	0.0	0.0	0.0	0.0
Crédits	0.1	0.1	0.1	0.1	0.1	0.1	0.1	0.0
Actions et parts de fonds d'investissement	98.1	98.2	98.4	98.0	97.9	98.1	97.8	98.3
Systèmes d'assurance de pensions et garanties standard	0.0	0.0	0.0	0.0	0.0	0.0	0.0	0.0
Produits financiers dérivés et options sur titres des salariés	0.0	0.1	0.0	0.0	0.0	0.0	0.0	0.0
Autres comptes à recevoir	1.8	1.7	1.5	2.0	1.9	1.8	2.1	1.7
Sociétés d'assurance								
Actifs financiers	100.0	100.0	100.0	100.0	100.0	100.0	100.0	100.0
Numéraire et dépôts	3.2	4.2	3.2	2.9	2.9	3.0	3.1	2.8
Titres de dettes	69.7	70.5	70.8	68.1	67.9	65.6	65.3	64.3
Crédits	5.3	5.3	6.3	7.7	8.1	8.7	9.4	9.3
Actions et parts de fonds d'investissement	17.7	15.2	15.6	17.7	17.7	18.4	17.9	18.9
Systèmes d'assurance de pensions et garanties standard	2.5	2.7	2.6	2.1	2.1	3.0	1.8	1.5
Produits financiers dérivés et options sur titres des salariés	0.1	0.1	0.1	0.1	0.1	0.1	0.4	0.4
Autres comptes à recevoir	1.6	2.0	1.5	1.5	1.2	1.3	2.2	2.7
Passifs financiers	100.0	100.0	100.0	100.0	100.0	100.0	100.0	100.0
Numéraire et dépôts	0.0	0.0	0.0	0.0	0.0	0.0	0.0	0.0
Titres de dettes	0.8	0.8	0.9	0.9	1.1	1.4	1.3	1.3
Crédits	5.3	6.2	5.7	6.0	6.0	6.8	4.7	4.0
Actions et parts de fonds d'investissement	7.2	6.1	6.5	5.9	6.3	5.7	9.1	9.8
Systèmes d'assurance de pensions et garanties standard	84.8	84.9	85.0	85.0	84.6	84.0	82.8	82.6
Produits financiers dérivés et options sur titres des salariés	0.0	0.0	0.0	0.0	0.0	0.0	0.3	0.3
Autres comptes à recevoir	1.8	2.0	1.9	2.2	2.1	2.1	1.8	2.1
Fonds de pension								
Actifs financiers	100.0	100.0	100.0	100.0	100.0	100.0	100.0	100.0
Numéraire et dépôts	3.8	2.4	3.3	2.6	2.8	2.9	3.1	2.7
Titres de dettes	11.5	14.3	12.5	11.3	11.6	11.2	12.9	16.3
Crédits	0.8	0.9	0.8	0.8	0.9	1.1	2.2	2.0
Actions et parts de fonds d'investissement	83.5	80.6	83.1	80.7	80.8	81.5	79.9	77.5
Systèmes d'assurance de pensions et garanties standard	0.0	0.0	0.0	2.1	2.7	2.3	1.5	1.0
Produits financiers dérivés et options sur titres des salariés	0.0	0.0	0.0	0.0	0.0	0.0	0.0	0.0
Autres comptes à recevoir	0.5	1.8	0.4	2.4	1.2	1.0	0.4	0.5
Passifs financiers	100.0	100.0	100.0	100.0	100.0	100.0	100.0	100.0
Numéraire et dépôts	0.0	0.0	0.0	0.0	0.0	0.0	0.0	0.0
Titres de dettes	0.0	0.0	0.0	0.0	0.0	0.0	0.0	0.0
Crédits	0.0	0.0	0.0	0.0	0.0	0.0	1.1	1.0
Actions et parts de fonds d'investissement	0.0	0.0	0.0	0.0	0.0	0.0	0.0	0.0
Systèmes d'assurance de pensions et garanties standard	100.0	100.0	100.0	100.0	100.0	100.0	98.9	99.0
Produits financiers dérivés et options sur titres des salariés	0.0	0.0	0.0	0.0	0.0	0.0	0.0	0.0
Autres comptes à recevoir	0.0	0.0	0.0	0.0	0.0	0.0	0.0	0.0

Note : Voir les métadonnées détaillées sur : http://metalinks.oecd.org/instinv/20180905/af01

CANADA

Tableau 1. Actifs et passifs financiers des investisseurs institutionnels, 2017

Millions CAD

	Total	Fonds d'investissement			
		Fonds d'investissement non-monétaire			Fonds d'investissement monétaires
		Total	Fonds d'investissement à capital variable, non monétaire	Fonds d'investissement à capital fixe, non monétaire	Total
Actifs financiers	2 202 028	2 171 844	..	..	30 184
Numéraire et dépôts	44 093	38 729	..	..	5 364
Titres de dette	489 858	469 402	..	..	20 456
Titres de dette à court terme	32 505	17 644	..	..	14 861
Titres de dette à long terme	457 353	451 758	..	..	5 595
Titres de dette émis par les résidents	311 320	291 738	..	..	19 582
Titres de dette émis par les non-résidents	178 538	177 664	..	..	874
Crédits	5 212	5 212	..	..	0
Crédits à court terme	..	..	..	..	..
Crédits à long terme	..	..	..	..	..
Crédits accordés aux résidents	..	..	..	..	..
Crédits accordés aux non-résidents	..	..	..	..	..
Actions et parts de fonds d'investissement	1 539 230	1 538 495	..	..	735
Actions et parts de fonds d'investissements émises par les résidents	986 700	985 966	..	..	734
Actions et part de fonds d'investissements émises par les non-résidents	552 530	552 529	..	..	1
Autres comptes à recevoir	123 635	120 006	..	..	3 629

	Total	Fonds d'investissement			
		Fonds d'investissement non-monétaire			Fonds d'investissement monétaires
		Total	Fonds d'investissement à capital variable, non monétaire	Fonds d'investissement à capital fixe, non monétaire	Total
Pasifs financiers	2 207 037	2 176 853	..	..	30 184
Numéraire et dépôts	..	..	..	..	..
Titres de dette	..	..	..	..	..
Titres de dette à court terme	..	..	..	..	..
Titres de dette à long terme	..	..	..	..	..
Crédits	0	0	..	..	0
Crédits à court terme	..	..	..	..	..
Crédits à long terme	..	..	..	..	..
Actions et parts de fonds d'investissement	2 191 190	2 161 171	..	..	30 019
Systèmes d'assurance, de pensions et garanties standard	..	..	..	..	..
Produits financiers dérivés et options sur titres des salariés	..	..	..	..	..
Autres comptes à payer	15 847	15 682	..	..	165

	Total	Sociétés d'assurance et fonds de pension autonomes			
		Sociétés d'assurance			Fonds de pension autonomes
		Total	Sociétés d'assurance vie	Sociétés d'assurance non-vie	Total
Actifs financiers	2 910 697	941 118	778 463	162 655	1 969 579
Numéraire et dépôts	45 834	10 441	5 824	4 617	35 393
Titres de dette	990 474	378 909	287 691	91 218	611 565
Titres de dette à court terme	67 025	17 390	15 759	1 631	49 635
Titres de dette à long terme	923 449	361 519	271 932	89 587	561 930
Titres de dette émis par les résidents	912 873	360 394	271 481	88 913	552 479
Titres de dette émis par les non-résidents	77 601	18 515	16 210	2 305	59 086
Crédits	156 574	70 151	68 774	1 377	86 423
Crédits à court terme	..	..	..	..	..
Crédits à long terme	..	..	..	..	..
Crédits accordés aux résidents	..	..	..	..	..
Crédits accordés aux non-résidents	..	..	..	..	..
Actions et parts de fonds d'investissement	1 403 685	370 485	343 126	27 359	1 033 200
Actions et parts de fonds d'investissement émises par les résidents	869 610	345 931	321 544	24 387	523 679
Actions et parts de fonds d'investissement émises par les non-résidents	534 075	24 554	21 582	2 972	509 521
Autrescomptes à recevoir	204 111	111 132	73 048	38 084	92 979

	Total	Sociétés d'assurance et fonds de pension autonomes			
		Sociétés d'assurance			Fonds de pension autonomes
		Total	Sociétés d'assurance vie	Sociétés d'assurance non-vie	Total
Pasifs financiers	2 941 185	971 606	784 634	186 972	1 969 579
Numéraire et dépôts	..	..	..	..	..
Titres de dette	10 565	10 565	10 565	..	..
Titres de dette à court terme	..	..	..	..	..
Titres de dette à long terme	10 565	10 565	10 565	..	..
Crédits	19 407	17 291	13 742	3 549	2 116
Crédits à court terme	..	..	..	..	..
Crédits à long terme	..	..	..	..	..
Actions et parts de fonds d'investissement	317 902	317 902	241 876	76 026	..
Systèmes d'assurance, de pensions et garanties standard	2 320 310	484 726	484 726	..	1 835 584
Produits financiers dérivés et options sur titres des salariés	..	..	..	..	..
Autres comptes à payer	273 001	141 122	33 725	107 397	131 879

Note : Voir les métadonnées détaillées sur : http://metalinks.oecd.org/instinv/20180905/1355

Tableau 2. Actifs et passifs financiers des fonds d'investissement

Millions CAD

	2010	2011	2012	2013	2014	2015	2016	2017
Fonds d'investissement								
Valeur nette financière	-2 846	-3 670	-5 506	-4 111	-3 738	-4 436	-3 918	-5 009
Actifs financiers	959 644	993 599	1 124 756	1 354 351	1 588 225	1 768 061	1 980 067	2 202 028
Numéraire et dépôts	19 069	21 104	28 911	29 535	37 883	40 829	49 386	44 093
Titres de dette	244 988	284 649	325 679	352 176	413 553	432 315	474 149	489 858
Crédits	5 380	5 407	5 275	5 114	5 499	5 117	4 999	5 212
Actions et parts de fonds d'investissement	670 176	654 132	738 967	923 098	1 089 996	1 216 302	1 350 634	1 539 230
Actions	507 226	469 580	515 368	622 452	722 937	766 964	849 603	978 819
Parts de fonds d'investissement	162 950	184 552	223 599	300 646	367 059	449 338	501 031	560 411
Parts de fonds d'investissement monétaires	..	..	..	..	..	..	..	..
Parts de fonds d'investissement non monétaires	..	..	..	..	..	..	..	..
Systèmes d'assurance, de pensions et garanties standard	..	..	..	..	..	..	..	..
Produits financiers dérivés et options sur titres des salariés	..	..	..	..	..	..	..	..
Autres comptes à recevoir	20 031	28 307	25 924	44 428	41 294	73 498	100 899	123 635
Passifs financiers	962 490	997 269	1 130 262	1 358 462	1 591 963	1 772 497	1 983 985	2 207 037
Titres de dette	..	..	..	..	..	..	..	..
Titres de dette à court terme	..	..	..	..	..	..	..	..
Titres de dette à long terme	..	..	..	..	..	..	..	..
Crédits	0	0	0	0	0	0	0	0
Crédits à court terme	..	..	..	..	..	..	..	..
Crédits à long terme	..	..	..	..	..	..	..	..
Actions et parts de fonds d'investissement	959 109	991 637	1 122 100	1 348 995	1 580 464	1 759 828	1 969 448	2 191 190
Systèmes d'assurance, de pensions et garanties standard	..	..	..	..	..	..	..	..
Produits financiers dérivés et options sur titres des salariés	..	..	..	..	..	..	..	..
Autres comptes à payer	3 381	5 632	8 162	9 467	11 499	12 669	14 537	15 847
Actifs non financiers	2 846	3 670	5 506	4 111	3 738	4 436	3 918	5 009
Fonds d'investissement monéaires								
Valeur nette financière	0	0	0	0	0	0	0	0
Actifs financiers	42 135	39 620	33 331	30 532	28 115	29 485	29 591	30 184
Numéraire et dépôts	4 122	3 895	2 661	2 717	2 127	3 222	4 820	5 364
Titres de dette	35 747	33 813	28 485	26 402	24 299	24 694	20 806	20 456
Crédits	0	0	0	0	0	0	0	0
Actions et parts de fonds d'investissement	1 568	1 351	1 225	1 141	973	940	865	735
Actions	1 369	1 130	986	899	627	528	537	579
Parts de fonds d'investissement	199	221	239	242	346	412	328	156
Parts de fonds d'investissement monétaires	..	..	..	..	..	..	..	..
Parts de fonds d'investissement non monétaires	..	..	..	..	..	..	..	..
Systèmes d'assurance, de pensions et garanties standard	..	..	..	..	..	..	..	..
Produits financiers dérivés et options sur titres des salariés	..	..	..	..	..	..	..	..
Autres comptes à recevoir	698	561	960	272	716	629	3 100	3 629
Passifs financiers	42 135	39 620	33 331	30 532	28 115	29 485	29 591	30 184
Titres de dette	..	..	..	..	..	..	..	..
Titres de dette à court terme	..	..	..	..	..	..	..	..
Titres de dette à long terme	..	..	..	..	..	..	..	..
Crédits	0	0	0	0	0	0	0	0
Crédits à court terme	..	..	..	..	..	..	..	..
Crédits à long terme	..	..	..	..	..	..	..	..
Actions et parts de fonds d'investissement	41 974	39 372	33 124	30 346	27 938	29 305	29 415	30 019
Systèmes d'assurance, de pensions et garanties standard	..	..	..	..	..	..	..	..
Produits financiers dérivés et options sur titres des salariés	..	..	..	..	..	..	..	..
Autres comptes à payer	161	248	207	186	177	180	176	165
Actifs non financiers	0	0	0	0	0	0	0	0
Fonds d'investissement non monéaires								
Valeur nette financière	-2 846	-3 670	-5 506	-4 111	-3 738	-4 436	-3 918	-5 009
Actifs financiers	917 509	953 979	1 091 425	1 323 819	1 560 110	1 738 576	1 950 476	2 171 844
Numéraire et dépôts	14 947	17 209	26 250	26 818	35 756	37 607	44 566	38 729
Titres de dette	209 241	250 836	297 194	325 774	389 254	407 621	453 343	469 402
Crédits	5 380	5 407	5 275	5 114	5 499	5 117	4 999	5 212
Actions et parts de fonds d'investissement	668 608	652 781	737 742	921 957	1 089 023	1 215 362	1 349 769	1 538 495
Actions	505 857	468 450	514 382	621 553	722 310	766 436	849 066	978 240
Parts de fonds d'investissement	162 751	184 331	223 360	300 404	366 713	448 926	500 703	560 255
Parts de fonds d'investissement monétaires	..	..	..	..	..	..	..	..
Parts de fonds d'investissement non monétaires	..	..	..	..	..	..	..	..
Systèmes d'assurance, de pensions et garanties standard	..	..	..	..	..	..	..	..
Produits financiers dérivés et options sur titres des salariés	..	..	..	..	..	..	..	..
Autres comptes à recevoir	19 333	27 746	24 964	44 156	40 578	72 869	97 799	120 006
Passifs financiers	920 355	957 649	1 096 931	1 327 930	1 563 848	1 743 012	1 954 394	2 176 853
Titres de dette	..	..	..	..	..	..	..	..
Titres de dette à court terme	..	..	..	..	..	..	..	..
Titres de dette à long terme	..	..	..	..	..	..	..	..
Crédits	0	0	0	0	0	0	0	0
Crédits à court terme	..	..	..	..	..	..	..	..
Crédits à long terme	..	..	..	..	..	..	..	..
Actions et parts de fonds d'investissement	917 135	952 265	1 088 976	1 318 649	1 552 526	1 730 523	1 940 033	2 161 171
Systèmes d'assurance, de pensions et garanties standard	..	..	..	..	..	..	..	..
Produits financiers dérivés et options sur titres des salariés	..	..	..	..	..	..	..	..
Autres comptes à payer	3 220	5 384	7 955	9 281	11 322	12 489	14 361	15 682
Actifs non financiers	2 846	3 670	5 506	4 111	3 738	4 436	3 918	5 009
Fonds d'investissement non monéaires à capital variable								
Valeur nette financière	..	..	..	..	..	..	..	..
Actifs financiers	..	..	..	..	..	..	..	..

CANADA

Tableau 2. Actifs et passifs financiers des fonds d'investissement *(suite)*

Millions CAD

	2010	2011	2012	2013	2014	2015	2016	2017
Numéraire et dépôts	..	..	..	..	..	..	..	..
Titres de dette	..	..	..	..	..	..	..	..
Crédits	..	..	..	..	..	..	..	..
Actions et parts de fonds d'investissement	..	..	..	..	..	..	..	..
Actions	..	..	..	..	..	..	..	..
Parts de fonds d'investissement	..	..	..	..	..	..	..	..
Parts de fonds d'investissement monétaires	..	..	..	..	..	..	..	..
Parts de fonds d'investissement non monétaires	..	..	..	..	..	..	..	..
Systèmes d'assurance, de pensions et garanties standard	..	..	..	..	..	..	..	..
Produits financiers dérivés et options sur titres des salariés	..	..	..	..	..	..	..	..
Autres comptes à recevoir	..	..	..	..	..	..	..	..
Passifs financiers	..	..	..	..	..	..	..	..
Titres de dette	..	..	..	..	..	..	..	..
Titres de dette à court terme	..	..	..	..	..	..	..	..
Titres de dette à long terme	..	..	..	..	..	..	..	..
Crédits	..	..	..	..	..	..	..	..
Crédits à court terme	..	..	..	..	..	..	..	..
Crédits à long terme	..	..	..	..	..	..	..	..
Actions et parts de fonds d'investissement	..	..	..	..	..	..	..	..
Systèmes d'assurance, de pensions et garanties standard	..	..	..	..	..	..	..	..
Produits financiers dérivés et options sur titres des salariés	..	..	..	..	..	..	..	..
Autres comptes à payer	..	..	..	..	..	..	..	..
Actifs non financiers	..	..	..	..	..	..	..	..
Fonds d'investissement à capital variable								
Valeur nette financière	..	..	..	..	..	..	..	..
Actifs financiers	..	..	..	..	..	..	..	..
Numéraire et dépôts	..	..	..	..	..	..	..	..
Titres de dette	..	..	..	..	..	..	..	..
Crédits	..	..	..	..	..	..	..	..
Actions et parts de fonds d'investissement	..	..	..	..	..	..	..	..
Actions	..	..	..	..	..	..	..	..
Parts de fonds d'investissement	..	..	..	..	..	..	..	..
Parts de fonds d'investissement monétaires	..	..	..	..	..	..	..	..
Parts de fonds d'investissement non monétaires	..	..	..	..	..	..	..	..
Systèmes d'assurance, de pensions et garanties standard	..	..	..	..	..	..	..	..
Produits financiers dérivés et options sur titres des salariés	..	..	..	..	..	..	..	..
Autres comptes à recevoir	..	..	..	..	..	..	..	..
Passifs financiers	..	..	..	..	..	..	..	..
Titres de dette	..	..	..	..	..	..	..	..
Titres de dette à court terme	..	..	..	..	..	..	..	..
Titres de dette à long terme	..	..	..	..	..	..	..	..
Crédits	..	..	..	..	..	..	..	..
Crédits à court terme	..	..	..	..	..	..	..	..
Crédits à long terme	..	..	..	..	..	..	..	..
Actions et parts de fonds d'investissement	..	..	..	..	..	..	..	..
Systèmes d'assurance, de pensions et garanties standard	..	..	..	..	..	..	..	..
Produits financiers dérivés et options sur titres des salariés	..	..	..	..	..	..	..	..
Autres comptes à payer	..	..	..	..	..	..	..	..
Actifs non financiers	..	..	..	..	..	..	..	..

Note : Voir les métadonnées détaillées sur : http://metalinks.oecd.org/instinv/20180905/1355

CANADA

Tableau 3. Actifs et passifs financiers des sociétés d'assurance et fonds de pension

Millions CAD

	2010	2011	2012	2013	2014	2015	2016	2017
Sociétés d'assurance et fonds de pension								
Valeur nette financière	-30 848	-32 640	-29 971	-24 963	-28 839	-9 221	-26 083	-30 488
Actifs financiers	1 823 024	1 947 639	2 097 822	2 257 319	2 504 821	2 666 515	2 777 956	2 910 697
Numéraire et dépôts	18 373	24 123	27 429	32 455	38 978	47 004	43 535	45 834
Titres de dette	711 286	797 149	843 612	848 209	937 339	985 207	1 010 920	990 474
Crédits	102 127	102 133	103 921	106 274	114 104	124 321	133 060	156 574
Actions et parts de fonds d'investissement	756 040	746 373	834 180	989 550	1 096 338	1 194 972	1 287 751	1 403 685
Actions	629 629	617 210	693 019	823 485	906 615	995 461	1 069 533	1 166 826
Parts de fonds d'investissement	126 411	129 163	141 161	166 065	189 723	199 511	218 218	236 859
Parts de fonds d'investissement monétaires	..	..	..	..	..	..	..	..
Parts de fonds d'investissement non monétaires	..	..	..	..	..	..	..	..
Systèmes d'assurance, de pensions et garanties standard	..	..	..	..	..	..	..	..
Produits financiers dérivés et options sur titres des salariés	..	..	..	..	..	..	..	..
Autres comptes à recevoir	91 252	106 610	115 525	133 534	169 964	154 432	166 895	204 111
Passifs financiers	1 853 872	1 980 279	2 127 793	2 282 282	2 533 660	2 675 736	2 804 039	2 941 185
Titres de dette	7 281	7 778	7 879	8 008	9 225	10 945	12 084	10 565
Titres de dette à court terme	..	..	..	..	..	..	..	..
Titres de dette à long terme	7 281	7 778	7 879	8 008	9 225	10 945	12 084	10 565
Crédits	21 610	20 061	20 581	16 108	19 500	15 624	18 472	19 407
Crédits à court terme	..	..	..	..	..	..	..	..
Crédits à long terme	..	..	..	..	..	..	..	..
Actions et parts de fonds d'investissement	235 614	220 915	238 979	253 787	275 059	236 680	302 235	317 902
Systèmes d'assurance, de pensions et garanties standard	1 401 859	1 534 807	1 658 872	1 793 212	1 992 137	2 132 634	2 192 430	2 320 310
Produits financiers dérivés et options sur titres des salariés	..	..	..	..	..	..	..	..
Autres comptes à payer	187 508	196 718	201 482	211 167	237 739	279 853	278 818	273 001
Actifs non financiers	6 991	7 401	7 924	8 026	7 943	7 960	8 141	8 447
Sociétés d'assurance								
Valeur nette financière	-30 848	-32 640	-29 971	-24 963	-28 839	-9 221	-26 083	-30 488
Actifs financiers	632 609	684 881	727 377	769 782	833 967	854 206	910 934	941 118
Numéraire et dépôts	7 285	7 795	9 478	7 889	10 126	11 200	8 832	10 441
Titres de dette	299 695	309 937	339 086	340 133	367 670	372 958	387 402	378 909
Crédits	70 348	72 718	71 993	68 205	73 991	70 363	69 210	70 151
Actions et parts de fonds d'investissement	222 639	222 067	246 484	282 804	298 654	307 295	343 365	370 485
Actions	96 228	92 904	105 323	116 739	108 931	107 784	125 147	133 626
Parts de fonds d'investissement	126 411	129 163	141 161	166 065	189 723	199 511	218 218	236 859
Parts de fonds d'investissement monétaires	..	..	..	..	..	..	..	..
Parts de fonds d'investissement non monétaires	..	..	..	..	..	..	..	..
Systèmes d'assurance, de pensions et garanties standard	..	..	..	..	..	..	..	..
Produits financiers dérivés et options sur titres des salariés	..	..	..	..	..	..	..	..
Autres comptes à recevoir	32 642	72 364	60 336	70 751	83 526	92 390	102 125	111 132
Passifs financiers	663 457	717 521	757 348	794 745	862 806	863 427	937 017	971 606
Titres de dette	7 281	7 778	7 879	8 008	9 225	10 945	12 084	10 565
Titres de dette à court terme	..	..	..	..	..	..	..	..
Titres de dette à long terme	7 281	7 778	7 879	8 008	9 225	10 945	12 084	10 565
Crédits	21 499	19 979	20 494	16 075	18 633	14 669	15 921	17 291
Crédits à court terme	..	..	..	..	..	..	..	..
Crédits à long terme	..	..	..	..	..	..	..	..
Actions et parts de fonds d'investissement	235 614	220 915	238 979	253 787	275 059	236 680	302 235	317 902
Systèmes d'assurance, de pensions et garanties standard	296 726	362 661	381 982	401 819	436 576	467 284	468 325	484 726
Produits financiers dérivés et options sur titres des salariés	..	..	..	..	..	..	..	..
Autres comptes à payer	102 337	106 188	108 014	115 056	123 313	133 849	138 452	141 122
Actifs non financiers	6 991	7 401	7 924	8 026	7 943	7 960	8 141	8 447
Fonds de pension								
Valeur nette financière	0	0	0	0	0	0	0	0
Actifs financiers	1 190 415	1 262 758	1 370 445	1 487 537	1 670 854	1 812 309	1 867 022	1 969 579
Numéraire et dépôts	11 088	16 328	17 951	24 566	28 852	35 804	34 703	35 393
Titres de dette	411 591	487 212	504 526	508 076	569 669	612 249	623 518	611 565
Crédits	31 779	29 415	31 928	38 069	40 113	53 958	63 850	86 423
Actions et parts de fonds d'investissement	533 401	524 306	587 696	706 746	797 684	887 677	944 386	1 033 200
Actions	533 401	524 306	587 696	706 746	797 684	887 677	944 386	1 033 200
Parts de fonds d'investissement	..	..	..	..	..	..	..	..
Parts de fonds d'investissement monétaires	..	..	..	..	..	..	..	..
Parts de fonds d'investissement non monétaires	..	..	..	..	..	..	..	..
Systèmes d'assurance, de pensions et garanties standard	..	..	..	..	..	..	..	..
Produits financiers dérivés et options sur titres des salariés	..	..	..	..	..	..	..	..
Autres comptes à recevoir	58 610	34 246	55 189	62 783	86 438	62 042	64 770	92 979
Passifs financiers	1 190 415	1 262 758	1 370 445	1 487 537	1 670 854	1 812 309	1 867 022	1 969 579
Titres de dette	..	..	..	..	..	..	..	..
Titres de dette à court terme	..	..	..	..	..	..	..	..
Titres de dette à long terme	..	..	..	..	..	..	..	..
Crédits	111	82	87	33	867	955	2 551	2 116
Crédits à court terme	..	..	..	..	..	..	..	..
Crédits à long terme	..	..	..	..	..	..	..	..
Actions et parts de fonds d'investissement	0	0	0	..	..	..	..	..
Systèmes d'assurance, de pensions et garanties standard	1 105 133	1 172 146	1 276 890	1 391 393	1 555 561	1 665 350	1 724 105	1 835 584
Produits financiers dérivés et options sur titres des salariés	..	..	..	..	..	..	..	..
Autres comptes à payer	85 171	90 530	93 468	96 111	114 426	146 004	140 366	131 879
Actifs non financiers	0	0	0	0	0	0	0	0

Note : Voir les métadonnées détaillées sur : http://metalinks.oecd.org/instinv/20180905/1355

CANADA

Tableau 4. Composition du portefeuille par type d'investisseur

En pourcentage des actifs financiers et des passifs financiers

Pour cent

	2010	2011	2012	2013	2014	2015	2016	2017
Fonds d'investissement								
Actifs financiers	100.0	100.0	100.0	100.0	100.0	100.0	100.0	100.0
Numéraire et dépôts	2.0	2.1	2.6	2.2	2.4	2.3	2.5	2.0
Titres de dettes	25.5	28.6	29.0	26.0	26.0	24.5	23.9	22.2
Crédits	0.6	0.5	0.5	0.4	0.3	0.3	0.3	0.2
Actions et parts de fonds d'investissement	69.8	65.8	65.7	68.2	68.6	68.8	68.2	69.9
Systèmes d'assurance de pensions et garanties standard	0.0	0.0	0.0	0.0	0.0	0.0	0.0	0.0
Produits financiers dérivés et options sur titres des salariés	0.0	0.0	0.0	0.0	0.0	0.0	0.0	0.0
Autres comptes à recevoir	2.1	2.8	2.3	3.3	2.6	4.2	5.1	5.6
Passifs financiers	100.0	100.0	100.0	100.0	100.0	100.0	100.0	100.0
Numéraire et dépôts	0.0	0.0	0.0	0.0	0.0	0.0	0.0	0.0
Titres de dettes	0.0	0.0	0.0	0.0	0.0	0.0	0.0	0.0
Crédits	0.0	0.0	0.0	0.0	0.0	0.0	0.0	0.0
Actions et parts de fonds d'investissement	99.6	99.4	99.3	99.3	99.3	99.3	99.3	99.3
Systèmes d'assurance de pensions et garanties standard	0.0	0.0	0.0	0.0	0.0	0.0	0.0	0.0
Produits financiers dérivés et options sur titres des salariés	0.0	0.0	0.0	0.0	0.0	0.0	0.0	0.0
Autres comptes à recevoir	0.4	0.6	0.7	0.7	0.7	0.7	0.7	0.7
Sociétés d'assurance								
Actifs financiers	100.0	100.0	100.0	100.0	100.0	100.0	100.0	100.0
Numéraire et dépôts	1.2	1.1	1.3	1.0	1.2	1.3	1.0	1.1
Titres de dettes	47.4	45.3	46.6	44.2	44.1	43.7	42.5	40.3
Crédits	11.1	10.6	9.9	8.9	8.9	8.2	7.6	7.5
Actions et parts de fonds d'investissement	35.2	32.4	33.9	36.7	35.8	36.0	37.7	39.4
Systèmes d'assurance de pensions et garanties standard	0.0	0.0	0.0	0.0	0.0	0.0	0.0	0.0
Produits financiers dérivés et options sur titres des salariés	0.0	0.0	0.0	0.0	0.0	0.0	0.0	0.0
Autres comptes à recevoir	5.2	10.6	8.3	9.2	10.0	10.8	11.2	11.8
Passifs financiers	100.0	100.0	100.0	100.0	100.0	100.0	100.0	100.0
Numéraire et dépôts	0.0	0.0	0.0	0.0	0.0	0.0	0.0	0.0
Titres de dettes	1.1	1.1	1.0	1.0	1.1	1.3	1.3	1.1
Crédits	3.2	2.8	2.7	2.0	2.2	1.7	1.7	1.8
Actions et parts de fonds d'investissement	35.5	30.8	31.6	31.9	31.9	27.4	32.3	32.7
Systèmes d'assurance de pensions et garanties standard	44.7	50.5	50.4	50.6	50.6	54.1	50.0	49.9
Produits financiers dérivés et options sur titres des salariés	0.0	0.0	0.0	0.0	0.0	0.0	0.0	0.0
Autres comptes à recevoir	15.4	14.8	14.3	14.5	14.3	15.5	14.8	14.5
Fonds de pension								
Actifs financiers	100.0	100.0	100.0	100.0	100.0	100.0	100.0	100.0
Numéraire et dépôts	0.9	1.3	1.3	1.7	1.7	2.0	1.9	1.8
Titres de dettes	34.6	38.6	36.8	34.2	34.1	33.8	33.4	31.1
Crédits	2.7	2.3	2.3	2.6	2.4	3.0	3.4	4.4
Actions et parts de fonds d'investissement	44.8	41.5	42.9	47.5	47.7	49.0	50.6	52.5
Systèmes d'assurance de pensions et garanties standard	..	..	..	..	..	..	..	..
Produits financiers dérivés et options sur titres des salariés	..	..	..	..	..	..	..	..
Autres comptes à recevoir	4.9	2.7	4.0	4.2	5.2	3.4	3.5	4.7
Passifs financiers	100.0	100.0	100.0	100.0	100.0	100.0	100.0	100.0
Numéraire et dépôts	0.0	0.0	0.0	0.0	0.0	0.0	0.0	0.0
Titres de dettes	0.0	0.0	0.0	0.0	0.0	0.0	0.0	0.0
Crédits	0.0	0.0	0.0	0.0	0.1	0.1	0.1	0.1
Actions et parts de fonds d'investissement	0.0	0.0	0.0	0.0	0.0	0.0	0.0	0.0
Systèmes d'assurance de pensions et garanties standard	92.8	92.8	93.2	93.5	93.1	91.9	92.3	93.2
Produits financiers dérivés et options sur titres des salariés	0.0	0.0	0.0	0.0	0.0	0.0	0.0	0.0
Autres comptes à recevoir	7.2	7.2	6.8	6.5	6.8	8.1	7.5	6.7

Note : Voir les métadonnées détaillées sur : http://metalinks.oecd.org/instinv/20180905/af01

CHILI

Tableau 1. Actifs et passifs financiers des investisseurs institutionnels, 2017

Millions CLP

	Fonds d'investissement				
	Total	Fonds d'investissement non-monétaire			Fonds d'investissement monétaires
		Total	Fonds d'investissement à capital variable, non monétaire	Fonds d'investissement à capital fixe, non monétaire	Total
Actifs financiers	48 671 506	34 710 364	20 351 474	14 358 890	13 961 142
Numéraire et dépôts	..	..	208 494	..	118 164
Titres de dette	..	..	13 480 298	..	13 842 978
Titres de dette à court terme	..	..	2 624 233	..	13 246 851
Titres de dette à long terme	..	..	10 856 065	..	596 127
Titres de dette émis par les résidents	..	..	12 883 942	..	13 839 876
Titres de dette émis par les non-résidents	..	..	596 357	..	3 101
Crédits	..	..	..	..	..
Crédits à court terme	..	..	..	..	..
Crédits à long terme	..	..	..	..	..
Crédits accordés aux résidents	..	..	..	..	..
Crédits accordés aux non-résidents	..	..	..	..	..
Actions et parts de fonds d'investissement	..	..	6 662 681	..	..
Actions et parts de fonds d'investissements émises par les résidents	..	..	2 877 576	..	..
Actions et part de fonds d'investissements émises par les non-résidents	..	..	3 785 106	..	..
Autres comptes à recevoir	..	..	..	..	..

	Fonds d'investissement				
	Total	Fonds d'investissement non-monétaire			Fonds d'investissement monétaires
		Total	Fonds d'investissement à capital variable, non monétaire	Fonds d'investissement à capital fixe, non monétaire	Total
Pasifs financiers	627 289	625 695	5 575	620 120	1 594
Numéraire et dépôts	..	..	..	..	..
Titres de dette	..	..	..	..	..
Titres de dette à court terme	..	..	..	..	..
Titres de dette à long terme	..	..	..	..	..
Crédits	..	..	..	..	..
Crédits à court terme	..	..	..	..	..
Crédits à long terme	..	..	..	..	..
Actions et parts de fonds d'investissement	..	..	..	..	..
Systèmes d'assurance, de pensions et garanties standard	..	..	..	..	..
Produits financiers dérivés et options sur titres des salariés	..	..	..	..	..
Autres comptes à payer	..	..	..	..	..

	Sociétés d'assurance et fonds de pension autonomes				
	Total	Sociétés d'assurance			Fonds de pension autonomes
		Total	Sociétés d'assurance vie	Sociétés d'assurance non-vie	Total
Actifs financiers	165 305 809	35 794 447	34 483 804	1 310 643	129 511 362
Numéraire et dépôts	8 383 350	334 225	205 949	128 276	8 049 125
Titres de dette	76 318 336	24 155 623	23 131 833	1 023 790	52 162 713
Titres de dette à court terme	..	..	..	..	1 742 392
Titres de dette à long terme	..	..	..	..	50 420 321
Titres de dette émis par les résidents	70 594 568	20 433 050	19 412 696	1 020 354	50 161 517
Titres de dette émis par les non-résidents	5 723 768	3 722 573	3 719 138	3 435	2 001 195
Crédits	4 361 615	3 953 391	3 948 663	4 727	408 224
Crédits à court terme	518 276	502 613	502 613	..	15 663
Crédits à long terme	3 843 339	3 450 777	3 446 050	4 727	392 561
Crédits accordés aux résidents	..	..	..	..	408 224
Crédits accordés aux non-résidents	..	..	..	..	..
Actions et parts de fonds d'investissement	73 197 957	4 676 310	4 620 022	56 288	68 521 647
Actions et parts de fonds d'investissement émises par les résidents	21 965 695	4 029 011	3 972 849	56 162	17 936 684
Actions et parts de fonds d'investissement émises par les non-résidents	51 232 262	647 299	647 173	126	50 584 963
Autrescomptes à recevoir	..	2 303 419	2 207 285	96 134	..

	Sociétés d'assurance et fonds de pension autonomes				
	Total	Sociétés d'assurance			Fonds de pension autonomes
		Total	Sociétés d'assurance vie	Sociétés d'assurance non-vie	Total
Pasifs financiers	1 929 654	527 336	518 718	8 618	1 402 318
Numéraire et dépôts	..	..	..	..	..
Titres de dette	..	..	..	..	..
Titres de dette à court terme	..	..	..	..	..
Titres de dette à long terme	..	..	..	..	..
Crédits	..	..	..	..	..
Crédits à court terme	..	..	..	..	..
Crédits à long terme	..	..	..	..	..
Actions et parts de fonds d'investissement	..	..	..	..	..
Systèmes d'assurance, de pensions et garanties standard	..	..	..	..	..
Produits financiers dérivés et options sur titres des salariés	..	..	..	..	..
Autres comptes à payer	..	..	..	..	1 402 318

Note : Voir les métadonnées détaillées sur : http://metalinks.oecd.org/instinv/20180905/2ab8

Tableau 2. Actifs et passifs financiers des fonds d'investissement

Millions CLP

	2010	2011	2012	2013	2014	2015	2016	2017
Fonds d'investissement								
Valeur nette financière	..	..	..	..	29 674 533	35 146 289	41 204 198	48 044 217
Actifs financiers	..	..	..	..	30 064 645	35 899 029	41 868 819	48 671 506
Numéraire et dépôts	..	..	..	..	..	..	..	..
Titres de dette	..	..	..	..	..	..	..	..
Crédits	..	..	..	..	..	..	..	..
Actions et parts de fonds d'investissement	..	..	..	..	..	..	..	..
Actions	..	..	..	..	..	..	..	..
Parts de fonds d'investissement	..	..	..	..	..	..	..	..
Parts de fonds d'investissement monétaires	..	..	..	..	..	..	..	..
Parts de fonds d'investissement non monétaires	..	..	..	..	..	..	..	..
Systèmes d'assurance, de pensions et garanties standard	..	..	..	..	..	..	..	..
Produits financiers dérivés et options sur titres des salariés	..	..	..	..	..	..	..	..
Autres comptes à recevoir	..	..	..	..	..	..	..	..
Passifs financiers	..	..	..	..	390 112	752 740	664 621	627 289
Titres de dette	..	..	..	..	..	..	..	..
Titres de dette à court terme	..	..	..	..	..	..	..	..
Titres de dette à long terme	..	..	..	..	..	..	..	..
Crédits	..	..	..	..	..	..	..	..
Crédits à court terme	..	..	..	..	..	..	..	..
Crédits à long terme	..	..	..	..	..	..	..	..
Actions et parts de fonds d'investissement	..	..	..	..	..	..	..	..
Systèmes d'assurance, de pensions et garanties standard	..	..	..	..	..	..	..	..
Produits financiers dérivés et options sur titres des salariés	..	..	..	..	..	..	..	..
Autres comptes à payer	..	..	..	..	..	..	..	..
Actifs non financiers	..	..	..	..	724 733	930 968	964 306	920 240
Fonds d'investissement monéaires								
Valeur nette financière	..	..	..	..	11 944 590	12 440 235	13 214 106	13 959 548
Actifs financiers	..	..	..	..	11 997 453	12 440 963	13 214 133	13 961 142
Numéraire et dépôts	..	..	..	..	44 011	171 670	157 913	118 164
Titres de dette	..	..	..	..	11 953 443	12 269 294	13 056 220	13 842 978
Crédits	..	..	..	..	..	..	..	..
Actions et parts de fonds d'investissement	..	..	..	..	..	..	..	..
Actions	..	..	..	..	..	..	..	..
Parts de fonds d'investissement	..	..	..	..	..	..	..	..
Parts de fonds d'investissement monétaires	..	..	..	..	..	..	..	..
Parts de fonds d'investissement non monétaires	..	..	..	..	..	..	..	..
Systèmes d'assurance, de pensions et garanties standard	..	..	..	..	..	..	..	..
Produits financiers dérivés et options sur titres des salariés	..	..	..	..	..	..	..	..
Autres comptes à recevoir	..	..	..	..	..	..	..	..
Passifs financiers	..	..	..	..	52 863	728	27	1 594
Titres de dette	..	..	..	..	..	..	..	..
Titres de dette à court terme	..	..	..	..	..	..	..	..
Titres de dette à long terme	..	..	..	..	..	..	..	..
Crédits	..	..	..	..	..	..	..	..
Crédits à court terme	..	..	..	..	..	..	..	..
Crédits à long terme	..	..	..	..	..	..	..	..
Actions et parts de fonds d'investissement	..	..	..	..	..	..	..	..
Systèmes d'assurance, de pensions et garanties standard	..	..	..	..	..	..	..	..
Produits financiers dérivés et options sur titres des salariés	..	..	..	..	..	..	..	..
Autres comptes à payer	..	..	..	..	..	..	..	..
Actifs non financiers	..	..	..	..	32 443	46 078	66 109	61 494
Fonds d'investissement non monéaires								
Valeur nette financière	..	..	..	..	17 729 943	22 706 054	27 990 092	34 084 669
Actifs financiers	..	..	..	..	18 067 192	23 458 066	28 654 686	34 710 364
Numéraire et dépôts	..	..	..	..	..	..	..	..
Titres de dette	..	..	..	..	..	..	..	..
Crédits	..	..	..	..	..	..	..	..
Actions et parts de fonds d'investissement	..	..	..	..	..	..	..	..
Actions	..	..	..	..	..	..	..	..
Parts de fonds d'investissement	..	..	..	..	..	..	..	..
Parts de fonds d'investissement monétaires	..	..	..	..	..	..	..	..
Parts de fonds d'investissement non monétaires	..	..	..	..	..	..	..	..
Systèmes d'assurance, de pensions et garanties standard	..	..	..	..	..	..	..	..
Produits financiers dérivés et options sur titres des salariés	..	..	..	..	..	..	..	..
Autres comptes à recevoir	..	..	..	..	..	..	..	..
Passifs financiers	..	..	..	..	337 249	752 012	664 594	625 695
Titres de dette	..	..	..	..	..	..	..	..
Titres de dette à court terme	..	..	..	..	..	..	..	..
Titres de dette à long terme	..	..	..	..	..	..	..	..
Crédits	..	..	..	..	..	..	..	..
Crédits à court terme	..	..	..	..	..	..	..	..
Crédits à long terme	..	..	..	..	..	..	..	..
Actions et parts de fonds d'investissement	..	..	..	..	..	..	..	..
Systèmes d'assurance, de pensions et garanties standard	..	..	..	..	..	..	..	..
Produits financiers dérivés et options sur titres des salariés	..	..	..	..	..	..	..	..
Autres comptes à payer	..	..	..	..	..	..	..	..
Actifs non financiers	..	..	..	..	692 290	884 890	898 197	858 746
Fonds d'investissement non monéaires à capital variable								
Valeur nette financière	..	..	..	..	14 715 745	15 857 438	17 689 459	20 345 899
Actifs financiers	..	..	..	..	14 721 708	15 865 375	17 693 316	20 351 474

CHILI

Tableau 2. Actifs et passifs financiers des fonds d'investissement *(suite)*

Millions CLP

	2010	2011	2012	2013	2014	2015	2016	2017
Numéraire et dépôts	..	..	..	..	110 748	144 172	124 345	208 494
Titres de dette	..	..	..	..	11 439 233	11 662 315	14 279 311	13 480 298
Crédits	..	..	..	..	..	..	..	..
Actions et parts de fonds d'investissement	..	..	..	..	3 171 727	4 058 888	3 289 660	6 662 681
Actions	..	..	..	..	883 211	821 190	892 043	1 950 460
Parts de fonds d'investissement	..	..	..	..	2 288 515	3 237 698	2 397 618	4 712 221
Parts de fonds d'investissement monétaires	..	..	..	..	..	..	..	..
Parts de fonds d'investissement non monétaires	..	..	..	..	..	..	..	..
Systèmes d'assurance, de pensions et garanties standard	..	..	..	..	..	..	..	..
Produits financiers dérivés et options sur titres des salariés	..	..	..	..	..	..	..	..
Autres comptes à recevoir	..	..	..	..	..	..	..	..
Passifs financiers	..	..	..	..	5 963	7 938	3 857	5 575
Titres de dette	..	..	..	..	..	..	..	..
Titres de dette à court terme	..	..	..	..	..	..	..	..
Titres de dette à long terme	..	..	..	..	..	..	..	..
Crédits	..	..	..	..	..	..	..	..
Crédits à court terme	..	..	..	..	..	..	..	..
Crédits à long terme	..	..	..	..	..	..	..	..
Actions et parts de fonds d'investissement	..	..	..	..	..	..	..	..
Systèmes d'assurance, de pensions et garanties standard	..	..	..	..	..	..	..	..
Produits financiers dérivés et options sur titres des salariés	..	..	..	..	..	..	..	..
Autres comptes à payer	..	..	..	..	..	..	..	..
Actifs non financiers	..	..	..	..	20 814	52 727	46 863	103 507
Fonds d'investissement à capital variable								
Valeur nette financière	..	..	..	..	26 660 335	28 297 673	30 903 565	34 305 447
Actifs financiers	..	..	..	..	26 719 161	28 306 339	30 907 449	34 312 616
Numéraire et dépôts	..	..	..	..	154 759	315 842	282 258	326 658
Titres de dette	..	..	..	..	23 392 675	23 931 609	27 335 531	27 323 276
Crédits	..	..	..	..	..	..	..	..
Actions et parts de fonds d'investissement	..	..	..	..	3 171 727	4 058 888	3 289 660	6 662 681
Actions	..	..	..	..	883 211	821 190	892 043	1 950 460
Parts de fonds d'investissement	..	..	..	..	2 288 515	3 237 698	2 397 618	4 712 221
Parts de fonds d'investissement monétaires	..	..	..	..	..	..	..	..
Parts de fonds d'investissement non monétaires	..	..	..	..	..	..	..	..
Systèmes d'assurance, de pensions et garanties standard	..	..	..	..	..	..	..	..
Produits financiers dérivés et options sur titres des salariés	..	..	..	..	..	..	..	..
Autres comptes à recevoir	..	..	..	..	..	..	..	..
Passifs financiers	..	..	..	..	58 826	8 666	3 884	7 169
Titres de dette	..	..	..	..	..	..	..	..
Titres de dette à court terme	..	..	..	..	..	..	..	..
Titres de dette à long terme	..	..	..	..	..	..	..	..
Crédits	..	..	..	..	..	..	..	..
Crédits à court terme	..	..	..	..	..	..	..	..
Crédits à long terme	..	..	..	..	..	..	..	..
Actions et parts de fonds d'investissement	..	..	..	..	..	..	..	..
Systèmes d'assurance, de pensions et garanties standard	..	..	..	..	..	..	..	..
Produits financiers dérivés et options sur titres des salariés	..	..	..	..	..	..	..	..
Autres comptes à payer	..	..	..	..	..	..	..	..
Actifs non financiers	..	..	..	..	53 257	98 805	112 972	165 001

Note : Voir les métadonnées détaillées sur : http://metalinks.oecd.org/instinv/20180905/2ab8

Tableau 3. Actifs et passifs financiers des sociétés d'assurance et fonds de pension

Millions CLP

	2010	2011	2012	2013	2014	2015	2016	2017
Sociétés d'assurance et fonds de pension								
Valeur nette financière	..	..	..	..	125 953 303	137 263 750	147 852 040	163 376 156
Actifs financiers	..	..	..	..	127 702 283	139 498 064	149 722 473	165 305 809
Numéraire et dépôts	..	..	..	..	7 423 782	8 668 098	7 571 956	8 383 350
Titres de dette	..	..	..	..	58 422 149	66 300 575	78 879 795	76 318 336
Crédits	..	..	..	..	3 622 921	3 718 752	4 064 950	4 361 615
Actions et parts de fonds d'investissement	..	..	..	..	56 235 414	59 196 576	56 770 438	73 197 957
Actions	..	..	..	..	8 954 179	8 399 011	9 694 054	12 910 163
Parts de fonds d'investissement	..	..	..	..	47 281 235	50 797 565	47 076 383	60 287 794
Parts de fonds d'investissement monétaires	..	..	..	..	..	..	..	..
Parts de fonds d'investissement non monétaires	..	..	..	..	..	..	..	..
Systèmes d'assurance, de pensions et garanties standard	..	..	..	..	..	..	..	..
Produits financiers dérivés et options sur titres des salariés	..	..	..	..	-195 142	-407 146	86 163	741 133
Autres comptes à recevoir	..	..	..	..	..	..	..	..
Passifs financiers	..	..	..	..	1 748 980	2 234 314	1 870 432	1 929 654
Titres de dette	..	..	..	..	..	..	..	..
Titres de dette à court terme	..	..	..	..	..	..	..	..
Titres de dette à long terme	..	..	..	..	..	..	..	..
Crédits	..	..	..	..	..	..	..	..
Crédits à court terme	..	..	..	..	..	..	..	..
Crédits à long terme	..	..	..	..	..	..	..	..
Actions et parts de fonds d'investissement	..	..	..	..	..	..	..	..
Systèmes d'assurance, de pensions et garanties standard	..	..	..	..	..	..	..	..
Produits financiers dérivés et options sur titres des salariés	..	..	..	..	..	..	..	..
Autres comptes à payer	..	..	..	..	..	..	..	..
Actifs non financiers	..	..	..	..	..	3 791 125	..	..
Sociétés d'assurance								
Valeur nette financière	..	..	..	..	..	29 060 184	32 675 179	35 267 112
Actifs financiers	..	..	..	..	..	30 064 643	33 293 844	35 794 447
Numéraire et dépôts	..	..	..	..	..	401 273	354 607	334 225
Titres de dette	..	..	..	..	..	21 727 444	23 337 925	24 155 623
Crédits	..	..	..	..	..	3 139 873	3 574 454	3 953 391
Actions et parts de fonds d'investissement	..	..	..	..	..	3 261 873	3 730 615	4 676 310
Actions	..	..	..	..	..	367 160	414 182	466 107
Parts de fonds d'investissement	..	..	..	..	..	2 894 713	3 316 432	4 210 203
Parts de fonds d'investissement monétaires	..	..	..	..	..	..	..	..
Parts de fonds d'investissement non monétaires	..	..	..	..	..	..	..	..
Systèmes d'assurance, de pensions et garanties standard	..	..	..	..	..	0	0	..
Produits financiers dérivés et options sur titres des salariés	..	..	..	..	..	-487 029	-52 927	371 480
Autres comptes à recevoir	..	..	..	..	..	2 021 209	2 349 170	2 303 419
Passifs financiers	..	..	..	..	..	1 004 459	618 665	527 336
Titres de dette	..	..	..	..	..	..	..	..
Titres de dette à court terme	..	..	..	..	..	..	..	..
Titres de dette à long terme	..	..	..	..	..	..	..	..
Crédits	..	..	..	..	..	..	..	..
Crédits à court terme	..	..	..	..	..	..	..	..
Crédits à long terme	..	..	..	..	..	..	..	..
Actions et parts de fonds d'investissement	..	..	..	..	..	..	..	..
Systèmes d'assurance, de pensions et garanties standard	..	..	..	..	..	..	..	..
Produits financiers dérivés et options sur titres des salariés	..	..	..	..	..	..	..	..
Autres comptes à payer	..	..	..	..	..	..	..	..
Actifs non financiers	..	..	..	..	..	3 791 125	4 103 190	4 313 130
Fonds de pension								
Valeur nette financière	..	..	..	..	99 398 595	108 203 566	115 176 862	128 109 044
Actifs financiers	..	..	..	..	100 479 815	109 433 421	116 428 629	129 511 362
Numéraire et dépôts	..	..	..	..	6 966 076	8 266 825	7 217 349	8 049 125
Titres de dette	..	..	..	..	39 455 648	44 573 132	55 541 871	52 162 713
Crédits	..	..	..	..	676 402	578 879	490 496	408 224
Actions et parts de fonds d'investissement	..	..	..	..	53 385 885	55 934 703	53 039 823	68 521 647
Actions	..	..	..	..	8 520 602	8 031 851	9 279 872	12 444 056
Parts de fonds d'investissement	..	..	..	..	44 865 284	47 902 852	43 759 951	56 077 591
Parts de fonds d'investissement monétaires	..	..	..	..	..	..	..	..
Parts de fonds d'investissement non monétaires	..	..	..	..	..	..	..	..
Systèmes d'assurance, de pensions et garanties standard	..	..	..	..	..	..	..	..
Produits financiers dérivés et options sur titres des salariés	..	..	..	..	-4 196	79 882	139 090	369 653
Autres comptes à recevoir	..	..	..	..	..	..	..	..
Passifs financiers	..	..	..	..	1 081 220	1 229 855	1 251 767	1 402 318
Titres de dette	..	..	..	..	..	..	..	..
Titres de dette à court terme	..	..	..	..	..	..	..	..
Titres de dette à long terme	..	..	..	..	..	..	..	..
Crédits	..	..	..	..	..	..	..	..
Crédits à court terme	..	..	..	..	..	..	..	..
Crédits à long terme	..	..	..	..	..	..	..	..
Actions et parts de fonds d'investissement	..	..	..	..	..	..	..	..
Systèmes d'assurance, de pensions et garanties standard	..	..	..	..	..	..	..	..
Produits financiers dérivés et options sur titres des salariés	..	..	..	..	..	..	..	..
Autres comptes à payer	..	..	..	..	1 081 220	1 229 855	1 251 767	1 402 318
Actifs non financiers	..	..	..	..	..	..	..	..

Note : Voir les métadonnées détaillées sur : http://metalinks.oecd.org/instinv/20180905/2ab8

Tableau 4. Composition du portefeuille par type d'investisseur

En pourcentage des actifs financiers et des passifs financiers

Pour cent

	2010	2011	2012	2013	2014	2015	2016	2017
Fonds d'investissement								
Actifs financiers	..	..	..	..	100.0	100.0	100.0	100.0
Numéraire et dépôts	..	..	..	..	..	..	..	..
Titres de dettes	..	..	..	..	..	..	..	..
Crédits	..	..	..	..	..	..	..	..
Actions et parts de fonds d'investissement	..	..	..	..	..	..	..	..
Systèmes d'assurance de pensions et garanties standard	..	..	..	..	..	..	..	..
Produits financiers dérivés et options sur titres des salariés	..	..	..	..	..	..	..	..
Autres comptes à recevoir	..	..	..	..	..	..	..	..
Passifs financiers	..	..	..	..	100.0	100.0	100.0	100.0
Numéraire et dépôts	..	..	..	..	..	..	..	..
Titres de dettes	..	..	..	..	..	..	..	..
Crédits	..	..	..	..	..	..	..	..
Actions et parts de fonds d'investissement	..	..	..	..	..	..	..	..
Systèmes d'assurance de pensions et garanties standard	..	..	..	..	..	..	..	..
Produits financiers dérivés et options sur titres des salariés	..	..	..	..	..	..	..	..
Autres comptes à recevoir	..	..	..	..	..	..	..	..
Sociétés d'assurance								
Actifs financiers	..	..	..	..	..	100.0	100.0	100.0
Numéraire et dépôts	..	..	..	..	..	1.3	1.1	0.9
Titres de dettes	..	..	..	..	..	72.3	70.1	67.5
Crédits	..	..	..	..	..	10.4	10.7	11.0
Actions et parts de fonds d'investissement	..	..	..	..	..	10.8	11.2	13.1
Systèmes d'assurance de pensions et garanties standard	..	..	..	..	..	0.0	0.0	0.0
Produits financiers dérivés et options sur titres des salariés	..	..	..	..	..	-1.6	-0.2	1.0
Autres comptes à recevoir	..	..	..	..	..	6.7	7.1	6.4
Passifs financiers	..	..	..	..	..	100.0	100.0	100.0
Numéraire et dépôts	..	..	..	..	..	..	..	..
Titres de dettes	..	..	..	..	..	..	..	..
Crédits	..	..	..	..	..	..	..	..
Actions et parts de fonds d'investissement	..	..	..	..	..	..	..	..
Systèmes d'assurance de pensions et garanties standard	..	..	..	..	..	..	..	..
Produits financiers dérivés et options sur titres des salariés	..	..	..	..	..	..	..	..
Autres comptes à recevoir	..	..	..	..	..	..	..	..
Fonds de pension								
Actifs financiers	..	..	..	..	100.0	100.0	100.0	100.0
Numéraire et dépôts	..	..	..	..	6.9	7.6	6.2	6.2
Titres de dettes	..	..	..	..	39.3	40.7	47.7	40.3
Crédits	..	..	..	..	0.7	0.5	0.4	0.3
Actions et parts de fonds d'investissement	..	..	..	..	53.1	51.1	45.6	52.9
Systèmes d'assurance de pensions et garanties standard	..	..	..	..	0.0	0.0	0.0	0.0
Produits financiers dérivés et options sur titres des salariés	..	..	..	..	0.0	0.1	0.1	0.3
Autres comptes à recevoir	..	..	..	..	0.0	0.0	0.0	0.0
Passifs financiers	..	..	..	..	100.0	100.0	100.0	100.0
Numéraire et dépôts	..	..	..	..	0.0	0.0	0.0	0.0
Titres de dettes	..	..	..	..	0.0	0.0	0.0	0.0
Crédits	..	..	..	..	0.0	0.0	0.0	0.0
Actions et parts de fonds d'investissement	..	..	..	..	0.0	0.0	0.0	0.0
Systèmes d'assurance de pensions et garanties standard	..	..	..	..	0.0	0.0	0.0	0.0
Produits financiers dérivés et options sur titres des salariés	..	..	..	..	0.0	0.0	0.0	0.0
Autres comptes à recevoir	..	..	..	..	100.0	100.0	100.0	100.0

Note : Voir les métadonnées détaillées sur : http://metalinks.oecd.org/instinv/20180905/af01

RÉPUBLIQUE TCHÈQUE

Tableau 1. Actifs et passifs financiers des investisseurs institutionnels, 2017

Millions CZK

	Fonds d'investissement				
	Total	Fonds d'investissement non-monétaire			Fonds d'investissement monétaires
		Total	Fonds d'investissement à capital variable, non monétaire	Fonds d'investissement à capital fixe, non monétaire	Total
Actifs financiers	407 696	406 239	406 239	..	1 457
Numéraire et dépôts	67 951	66 986	66 986	..	965
Titres de dette	112 849	112 358	112 358	..	491
Titres de dette à court terme	1 703	1 538	1 538	..	165
Titres de dette à long terme	111 146	110 820	110 820	..	326
Titres de dette émis par les résidents	58 465	57 991	57 991	..	474
Titres de dette émis par les non-résidents	54 384	54 367	54 367	..	17
Crédits	36 060	36 060	36 060	..	0
Crédits à court terme	3 008	3 008	3 008	..	0
Crédits à long terme	33 052	33 052	33 052	..	0
Crédits accordés aux résidents	26 400	26 400	26 400	..	0
Crédits accordés aux non-résidents	9 660	9 660	9 660	..	0
Actions et parts de fonds d'investissement	181 427	181 427	181 427	..	0
Actions et parts de fonds d'investissements émises par les résidents	31 459	31 459	31 459	..	0
Actions et part de fonds d'investissements émises par les non-résidents	149 968	149 968	149 968	..	0
Autres comptes à recevoir	8 067	8 067	8 067	..	0

	Fonds d'investissement				
	Total	Fonds d'investissement non-monétaire			Fonds d'investissement monétaires
		Total	Fonds d'investissement à capital variable, non monétaire	Fonds d'investissement à capital fixe, non monétaire	Total
Pasifs financiers	457 821	456 275	456 275	..	1 546
Numéraire et dépôts	0	0	0	..	0
Titres de dette	0	0	0	..	0
Titres de dette à court terme	0	0	0	..	0
Titres de dette à long terme	0	0	0	..	0
Crédits	10 759	10 759	10 759	..	0
Crédits à court terme	2 294	2 294	2 294	..	0
Crédits à long terme	8 465	8 465	8 465	..	0
Actions et parts de fonds d'investissement	426 296	424 751	424 751	..	1 545
Systèmes d'assurance, de pensions et garanties standard	0	0	0	..	0
Produits financiers dérivés et options sur titres des salariés	361	361	361	..	0
Autres comptes à payer	20 405	20 404	20 404	..	1

	Sociétés d'assurance et fonds de pension autonomes				
	Total	Sociétés d'assurance			Fonds de pension autonomes
		Total	Sociétés d'assurance vie	Sociétés d'assurance non-vie	Total
Actifs financiers	940 883	530 124	..	..	410 759
Numéraire et dépôts	110 211	60 429	..	..	49 782
Titres de dette	625 881	277 975	..	..	347 906
Titres de dette à court terme	8 647	4 746	..	..	3 901
Titres de dette à long terme	617 234	273 229	..	..	344 005
Titres de dette émis par les résidents	501 422	207 306	..	..	294 116
Titres de dette émis par les non-résidents	124 459	70 669	..	..	53 790
Crédits	9 010	9 010	..	..	0
Crédits à court terme	6 636	6 636	..	..	0
Crédits à long terme	2 374	2 374	..	..	0
Crédits accordés aux résidents	9 005	9 005	..	..	0
Crédits accordés aux non-résidents	5	5	..	..	0
Actions et parts de fonds d'investissement	118 999	107 543	..	..	11 456
Actions et parts de fonds d'investissement émises par les résidents	46 473	45 841	..	..	632
Actions et parts de fonds d'investissement émises par les non-résidents	72 526	61 702	..	..	10 824
Autrescomptes à recevoir	35 382	34 861	..	..	521

	Sociétés d'assurance et fonds de pension autonomes				
	Total	Sociétés d'assurance			Fonds de pension autonomes
		Total	Sociétés d'assurance vie	Sociétés d'assurance non-vie	Total
Pasifs financiers	992 417	546 561	..	..	445 856
Numéraire et dépôts	0	0	..	..	0
Titres de dette	0	0	..	..	0
Titres de dette à court terme	0	0	..	..	0
Titres de dette à long terme	0	0	..	..	0
Crédits	9 110	6 236	..	..	2 874
Crédits à court terme	9 110	6 236	..	..	2 874
Crédits à long terme	0	0	..	..	0
Actions et parts de fonds d'investissement	91 989	81 358	..	..	10 631
Systèmes d'assurance, de pensions et garanties standard	826 055	412 245	..	..	413 810
Produits financiers dérivés et options sur titres des salariés	1 755	980	..	..	775
Autres comptes à payer	63 508	45 742	..	..	17 766

Note : Voir les métadonnées détaillées sur : http://metalinks.oecd.org/instinv/20180905/e532

Tableau 2. Actifs et passifs financiers des fonds d'investissement

Millions CZK

	2010	2011	2012	2013	2014	2015	2016	2017
Fonds d'investissement								
Valeur nette financière	-11 244	-20 830	-54 341	-62 184	-73 829	-78 284	-67 401	-50 125
Actifs financiers	157 157	147 549	168 404	185 676	219 628	255 947	323 682	407 696
Numéraire et dépôts	23 806	26 539	32 135	32 867	25 835	24 122	36 542	67 951
Titres de dette	80 141	71 824	77 389	80 477	90 156	96 493	109 848	112 849
Crédits	1 888	3 848	7 667	11 335	17 097	21 001	30 754	36 060
Actions et parts de fonds d'investissement	49 014	41 725	45 337	56 293	80 961	107 555	141 798	181 427
Actions	29 562	24 396	26 537	27 063	31 029	39 403	54 012	72 475
Parts de fonds d'investissement	19 452	17 329	18 800	29 230	49 932	68 152	87 786	108 952
Parts de fonds d'investissement monétaires	4 150	2 775	362	594	791	246	921	1 267
Parts de fonds d'investissement non monétaires	15 302	14 554	18 438	28 636	49 141	67 906	86 865	107 685
Systèmes d'assurance, de pensions et garanties standard	12	15	14	17	20	16	7	12
Produits financiers dérivés et options sur titres des salariés	575	189	513	387	101	496	163	1 330
Autres comptes à recevoir	1 721	3 409	5 349	4 300	5 458	6 264	4 570	8 067
Passifs financiers	168 401	168 379	222 745	247 860	293 457	334 231	391 083	457 821
Titres de dette	0	0	0	0	6	173	213	0
Titres de dette à court terme	0	0	0	0	0	0	0	0
Titres de dette à long terme	0	0	0	0	6	173	213	0
Crédits	1 672	4 217	25 359	13 918	15 594	9 210	11 003	10 759
Crédits à court terme	0	0	5 448	0	1 137	587	603	2 294
Crédits à long terme	1 672	4 217	19 911	13 918	14 457	8 623	10 400	8 465
Actions et parts de fonds d'investissement	160 194	156 181	182 784	220 210	261 745	307 657	355 487	426 296
Systèmes d'assurance, de pensions et garanties standard	0	0	0	0	0	0	0	0
Produits financiers dérivés et options sur titres des salariés	620	1 497	414	1 041	1 275	528	1 268	361
Autres comptes à payer	5 915	6 484	14 188	12 691	14 837	16 663	23 112	20 405
Actifs non financiers	..	..	..	..	..	..	..	..
Fonds d'investissement monéaires								
Valeur nette financière	121	98	1 152	-60	-103	35	-219	-89
Actifs financiers	43 684	12 468	3 940	1 779	1 226	855	647	1 457
Numéraire et dépôts	13 716	3 801	1 566	875	495	455	324	965
Titres de dette	29 550	8 666	2 226	902	730	399	284	491
Crédits	0	0	146	0	0	0	0	0
Actions et parts de fonds d'investissement	313	0	0	0	0	0	38	0
Actions	0	0	0	0	0	0	0	0
Parts de fonds d'investissement	313	0	0	0	0	0	38	0
Parts de fonds d'investissement monétaires	68	0	0	0	0	0	38	0
Parts de fonds d'investissement non monétaires	245	0	0	0	0	0	0	0
Systèmes d'assurance, de pensions et garanties standard	1	1	1	1	1	1	1	1
Produits financiers dérivés et options sur titres des salariés	104	0	1	1	0	0	0	0
Autres comptes à recevoir	0	0	0	0	0	0	0	0
Passifs financiers	43 563	12 370	2 788	1 839	1 329	820	866	1 546
Titres de dette	0	0	0	0	0	0	0	0
Titres de dette à court terme	0	0	0	0	0	0	0	0
Titres de dette à long terme	0	0	0	0	0	0	0	0
Crédits	0	0	0	0	44	121	158	0
Crédits à court terme	0	0	0	0	31	2	6	0
Crédits à long terme	0	0	0	0	13	119	152	0
Actions et parts de fonds d'investissement	43 232	12 343	2 786	1 829	1 283	699	708	1 545
Systèmes d'assurance, de pensions et garanties standard	0	0	0	0	0	0	0	0
Produits financiers dérivés et options sur titres des salariés	331	27	2	10	1	0	0	0
Autres comptes à payer	0	0	0	0	1	0	0	1
Actifs non financiers	..	..	..	..	..	..	..	..
Fonds d'investissement non monéaires								
Valeur nette financière	-11 365	-20 928	-55 493	-62 124	-73 726	-78 319	-67 182	-50 036
Actifs financiers	113 473	135 081	164 464	183 897	218 402	255 092	323 035	406 239
Numéraire et dépôts	10 090	22 738	30 569	31 992	25 340	23 667	36 218	66 986
Titres de dette	50 591	63 158	75 163	79 575	89 426	96 094	109 564	112 358
Crédits	1 888	3 848	7 521	11 335	17 097	21 001	30 754	36 060
Actions et parts de fonds d'investissement	48 701	41 725	45 337	56 293	80 961	107 555	141 760	181 427
Actions	29 562	24 396	26 537	27 063	31 029	39 403	54 012	72 475
Parts de fonds d'investissement	19 139	17 329	18 800	29 230	49 932	68 152	87 748	108 952
Parts de fonds d'investissement monétaires	4 082	2 775	362	594	791	246	883	1 267
Parts de fonds d'investissement non monétaires	15 057	14 554	18 438	28 636	49 141	67 906	86 865	107 685
Systèmes d'assurance, de pensions et garanties standard	11	14	13	16	19	15	6	11
Produits financiers dérivés et options sur titres des salariés	471	189	512	386	101	496	163	1 330
Autres comptes à recevoir	1 721	3 409	5 349	4 300	5 458	6 264	4 570	8 067
Passifs financiers	124 838	156 009	219 957	246 021	292 128	333 411	390 217	456 275
Titres de dette	0	0	0	0	6	173	213	0
Titres de dette à court terme	0	0	0	0	0	0	0	0
Titres de dette à long terme	0	0	0	0	6	173	213	0
Crédits	1 672	4 217	25 359	13 918	15 550	9 089	10 845	10 759
Crédits à court terme	0	0	5 448	0	1 106	585	597	2 294
Crédits à long terme	1 672	4 217	19 911	13 918	14 444	8 504	10 248	8 465
Actions et parts de fonds d'investissement	116 962	143 838	179 998	218 381	260 462	306 958	354 779	424 751
Systèmes d'assurance, de pensions et garanties standard	0	0	0	0	0	0	0	0
Produits financiers dérivés et options sur titres des salariés	289	1 470	412	1 031	1 274	528	1 268	361
Autres comptes à payer	5 915	6 484	14 188	12 691	14 836	16 663	23 112	20 404
Actifs non financiers	..	..	..	..	..	..	..	..
Fonds d'investissement non monéaires à capital variable								
Valeur nette financière	-11 365	-20 928	-55 493	-62 124	-73 726	-78 319	-67 182	-50 036
Actifs financiers	113 473	135 081	164 464	183 897	218 402	255 092	323 035	406 239

Tableau 2. Actifs et passifs financiers des fonds d'investissement *(suite)*

Millions CZK

	2010	2011	2012	2013	2014	2015	2016	2017
Numéraire et dépôts	10 090	22 738	30 569	31 992	25 340	23 667	36 218	66 986
Titres de dette	50 591	63 158	75 163	79 575	89 426	96 094	109 564	112 358
Crédits	1 888	3 848	7 521	11 335	17 097	21 001	30 754	36 060
Actions et parts de fonds d'investissement	48 701	41 725	45 337	56 293	80 961	107 555	141 760	181 427
Actions	29 562	24 396	26 537	27 063	31 029	39 403	54 012	72 475
Parts de fonds d'investissement	19 139	17 329	18 800	29 230	49 932	68 152	87 748	108 952
Parts de fonds d'investissement monétaires	4 082	2 775	362	594	791	246	883	1 267
Parts de fonds d'investissement non monétaires	15 057	14 554	18 438	28 636	49 141	67 906	86 865	107 685
Systèmes d'assurance, de pensions et garanties standard	11	14	13	16	19	15	6	11
Produits financiers dérivés et options sur titres des salariés	471	189	512	386	101	496	163	1 330
Autres comptes à recevoir	1 721	3 409	5 349	4 300	5 458	6 264	4 570	8 067
Passifs financiers	124 838	156 009	219 957	246 021	292 128	333 411	390 217	456 275
Titres de dette	0	0	0	0	6	173	213	0
Titres de dette à court terme	0	0	0	0	0	0	0	0
Titres de dette à long terme	0	0	0	0	6	173	213	0
Crédits	1 672	4 217	25 359	13 918	15 550	9 089	10 845	10 759
Crédits à court terme	0	0	5 448	0	1 106	585	597	2 294
Crédits à long terme	1 672	4 217	19 911	13 918	14 444	8 504	10 248	8 465
Actions et parts de fonds d'investissement	116 962	143 838	179 998	218 381	260 462	306 958	354 779	424 751
Systèmes d'assurance, de pensions et garanties standard	0	0	0	0	0	0	0	0
Produits financiers dérivés et options sur titres des salariés	289	1 470	412	1 031	1 274	528	1 268	361
Autres comptes à payer	5 915	6 484	14 188	12 691	14 836	16 663	23 112	20 404
Actifs non financiers	..	..	..	..	..	..	..	..
Fonds d'investissement à capital variable								
Valeur nette financière	-11 244	-20 830	-54 341	-62 184	-73 829	-78 284	-67 401	-50 125
Actifs financiers	157 157	147 549	168 404	185 676	219 628	255 947	323 682	407 696
Numéraire et dépôts	23 806	26 539	32 135	32 867	25 835	24 122	36 542	67 951
Titres de dette	80 141	71 824	77 389	80 477	90 156	96 493	109 848	112 849
Crédits	1 888	3 848	7 667	11 335	17 097	21 001	30 754	36 060
Actions et parts de fonds d'investissement	49 014	41 725	45 337	56 293	80 961	107 555	141 798	181 427
Actions	29 562	24 396	26 537	27 063	31 029	39 403	54 012	72 475
Parts de fonds d'investissement	19 452	17 329	18 800	29 230	49 932	68 152	87 786	108 952
Parts de fonds d'investissement monétaires	4 150	2 775	362	594	791	246	921	1 267
Parts de fonds d'investissement non monétaires	15 302	14 554	18 438	28 636	49 141	67 906	86 865	107 685
Systèmes d'assurance, de pensions et garanties standard	12	15	14	17	20	16	7	12
Produits financiers dérivés et options sur titres des salariés	575	189	513	387	101	496	163	1 330
Autres comptes à recevoir	1 721	3 409	5 349	4 300	5 458	6 264	4 570	8 067
Passifs financiers	168 401	168 379	222 745	247 860	293 457	334 231	391 083	457 821
Titres de dette	0	0	0	0	6	173	213	0
Titres de dette à court terme	0	0	0	0	0	0	0	0
Titres de dette à long terme	0	0	0	0	6	173	213	0
Crédits	1 672	4 217	25 359	13 918	15 594	9 210	11 003	10 759
Crédits à court terme	0	0	5 448	0	1 137	587	603	2 294
Crédits à long terme	1 672	4 217	19 911	13 918	14 457	8 623	10 400	8 465
Actions et parts de fonds d'investissement	160 194	156 181	182 784	220 210	261 745	307 657	355 487	426 296
Systèmes d'assurance, de pensions et garanties standard	0	0	0	0	0	0	0	0
Produits financiers dérivés et options sur titres des salariés	620	1 497	414	1 041	1 275	528	1 268	361
Autres comptes à payer	5 915	6 484	14 188	12 691	14 837	16 663	23 112	20 405
Actifs non financiers	..	..	..	..	..	..	..	..

Note : Voir les métadonnées détaillées sur : http://metalinks.oecd.org/instinv/20180905/e532

RÉPUBLIQUE TCHÈQUE

Tableau 3. Actifs et passifs financiers des sociétés d'assurance et fonds de pension

Millions CZK

	2010	2011	2012	2013	2014	2015	2016	2017
Sociétés d'assurance et fonds de pension								
Valeur nette financière	-20 616	-23 519	-36 767	-45 086	-48 806	-85 128	-64 554	-51 534
Actifs financiers	685 951	706 725	753 855	780 495	836 881	830 656	884 383	940 883
Numéraire et dépôts	50 542	48 750	60 860	67 832	54 507	55 120	58 755	110 211
Titres de dette	468 042	494 643	524 794	531 454	597 189	588 813	624 656	625 881
Crédits	2 707	828	763	644	753	1 398	6 233	9 010
Actions et parts de fonds d'investissement	87 012	87 910	98 590	105 806	107 927	110 508	118 031	118 999
Actions	26 080	23 313	22 139	19 542	23 385	19 132	23 606	21 201
Parts de fonds d'investissement	60 932	64 597	76 451	86 264	84 542	91 376	94 425	97 798
Parts de fonds d'investissement monétaires	12 145	1 406	1 545	1 126	645	1 167	452	506
Parts de fonds d'investissement non monétaires	48 787	63 191	74 906	85 138	83 897	90 209	93 973	97 292
Systèmes d'assurance, de pensions et garanties standard	36 861	35 948	32 037	36 797	37 853	38 936	38 507	39 490
Produits financiers dérivés et options sur titres des salariés	936	447	754	636	394	717	492	1 910
Autres comptes à recevoir	39 851	38 199	36 057	37 326	38 258	35 164	37 709	35 382
Passifs financiers	706 567	730 244	790 622	825 581	885 687	915 784	948 937	992 417
Titres de dette	521	511	261	368	521	700	653	0
Titres de dette à court terme	0	0	0	0	0	0	0	0
Titres de dette à long terme	521	511	261	368	521	700	653	0
Crédits	143	119	107	1 280	575	576	1 582	9 110
Crédits à court terme	89	79	78	972	1	1	1 556	9 110
Crédits à long terme	54	40	29	308	574	575	26	0
Actions et parts de fonds d'investissement	99 339	90 950	111 490	89 743	101 058	105 128	101 420	91 989
Systèmes d'assurance, de pensions et garanties standard	576 781	605 323	641 036	689 110	733 586	760 083	792 355	826 055
Produits financiers dérivés et options sur titres des salariés	1 519	4 243	3 086	3 195	8 128	6 488	7 212	1 755
Autres comptes à payer	28 264	29 098	34 642	41 885	41 819	42 809	45 715	63 508
Actifs non financiers	..	..	..	..	..	..	..	..
Sociétés d'assurance								
Valeur nette financière	-15 824	-19 998	-62 339	-61 876	-43 881	-54 226	-37 934	-16 437
Actifs financiers	458 227	462 621	455 031	471 915	503 888	488 489	508 883	530 124
Numéraire et dépôts	32 814	29 375	34 198	33 234	31 098	31 237	36 832	60 429
Titres de dette	271 732	280 312	259 797	267 117	295 227	279 100	281 946	277 975
Crédits	2 707	828	763	644	753	1 373	6 207	9 010
Actions et parts de fonds d'investissement	77 151	81 349	95 311	101 060	102 085	103 238	107 847	107 543
Actions	24 206	22 308	21 552	18 237	22 168	17 737	21 584	18 502
Parts de fonds d'investissement	52 945	59 041	73 759	82 823	79 917	85 501	86 263	89 041
Parts de fonds d'investissement monétaires	11 160	1 406	1 545	1 126	640	1 165	452	506
Parts de fonds d'investissement non monétaires	41 785	57 635	72 214	81 697	79 277	84 336	85 811	88 535
Systèmes d'assurance, de pensions et garanties standard	36 859	35 946	32 035	36 795	37 850	38 933	38 504	39 487
Produits financiers dérivés et options sur titres des salariés	697	353	541	358	327	565	315	819
Autres comptes à recevoir	36 267	34 458	32 386	32 707	36 548	34 043	37 232	34 861
Passifs financiers	474 051	482 619	517 370	533 791	547 769	542 715	546 817	546 561
Titres de dette	521	511	261	368	521	700	653	0
Titres de dette à court terme	0	0	0	0	0	0	0	0
Titres de dette à long terme	521	511	261	368	521	700	653	0
Crédits	143	119	107	1 280	575	576	1 582	6 236
Crédits à court terme	89	79	78	972	1	1	1 556	6 236
Crédits à long terme	54	40	29	308	574	575	26	0
Actions et parts de fonds d'investissement	84 871	78 306	88 468	86 142	85 739	87 251	85 793	81 358
Systèmes d'assurance, de pensions et garanties standard	360 556	373 152	394 298	405 867	415 540	408 985	410 671	412 245
Produits financiers dérivés et options sur titres des salariés	620	2 233	1 929	1 546	5 149	3 906	4 009	980
Autres comptes à payer	27 340	28 298	32 307	38 588	40 245	41 297	44 109	45 742
Actifs non financiers	..	..	..	..	..	..	..	..
Fonds de pension								
Valeur nette financière	-4 792	-3 521	25 572	16 790	-4 925	-30 902	-26 620	-35 097
Actifs financiers	227 724	244 104	298 824	308 580	332 993	342 167	375 500	410 759
Numéraire et dépôts	17 728	19 375	26 662	34 598	23 409	23 883	21 923	49 782
Titres de dette	196 310	214 331	264 997	264 337	301 962	309 713	342 710	347 906
Crédits	0	0	0	0	0	25	26	0
Actions et parts de fonds d'investissement	9 861	6 561	3 279	4 746	5 842	7 270	10 184	11 456
Actions	1 874	1 005	587	1 305	1 217	1 395	2 022	2 699
Parts de fonds d'investissement	7 987	5 556	2 692	3 441	4 625	5 875	8 162	8 757
Parts de fonds d'investissement monétaires	985	0	0	0	5	2	0	0
Parts de fonds d'investissement non monétaires	7 002	5 556	2 692	3 441	4 620	5 873	8 162	8 757
Systèmes d'assurance, de pensions et garanties standard	2	2	2	2	3	3	3	3
Produits financiers dérivés et options sur titres des salariés	239	94	213	278	67	152	177	1 091
Autres comptes à recevoir	3 584	3 741	3 671	4 619	1 710	1 121	477	521
Passifs financiers	232 516	247 625	273 252	291 790	337 918	373 069	402 120	445 856
Titres de dette	0	0	0	0	0	0	0	0
Titres de dette à court terme	0	0	0	0	0	0	0	0
Titres de dette à long terme	0	0	0	0	0	0	0	0
Crédits	0	0	0	0	0	0	0	2 874
Crédits à court terme	0	0	0	0	0	0	0	2 874
Crédits à long terme	0	0	0	0	0	0	0	0
Actions et parts de fonds d'investissement	14 468	12 644	23 022	3 601	15 319	17 877	15 627	10 631
Systèmes d'assurance, de pensions et garanties standard	216 225	232 171	246 738	283 243	318 046	351 098	381 684	413 810
Produits financiers dérivés et options sur titres des salariés	899	2 010	1 157	1 649	2 979	2 582	3 203	775
Autres comptes à payer	924	800	2 335	3 297	1 574	1 512	1 606	17 766
Actifs non financiers	..	..	..	..	..	..	..	..

Note : Voir les métadonnées détaillées sur : http://metalinks.oecd.org/instinv/20180905/e532

Tableau 4. Composition du portefeuille par type d'investisseur

En pourcentage des actifs financiers et des passifs financiers

Pour cent

	2010	2011	2012	2013	2014	2015	2016	2017
Fonds d'investissement								
Actifs financiers	100.0	100.0	100.0	100.0	100.0	100.0	100.0	100.0
Numéraire et dépôts	15.1	18.0	19.1	17.7	11.8	9.4	11.3	16.7
Titres de dettes	51.0	48.7	46.0	43.3	41.0	37.7	33.9	27.7
Crédits	1.2	2.6	4.6	6.1	7.8	8.2	9.5	8.8
Actions et parts de fonds d'investissement	31.2	28.3	26.9	30.3	36.9	42.0	43.8	44.5
Systèmes d'assurance de pensions et garanties standard	0.0	0.0	0.0	0.0	0.0	0.0	0.0	0.0
Produits financiers dérivés et options sur titres des salariés	0.4	0.1	0.3	0.2	0.0	0.2	0.1	0.3
Autres comptes à recevoir	1.1	2.3	3.2	2.3	2.5	2.4	1.4	2.0
Passifs financiers	100.0	100.0	100.0	100.0	100.0	100.0	100.0	100.0
Numéraire et dépôts	0.0	0.0	0.0	0.0	0.0	0.0	0.0	0.0
Titres de dettes	0.0	0.0	0.0	0.0	0.0	0.1	0.1	0.0
Crédits	1.0	2.5	11.4	5.6	5.3	2.8	2.8	2.4
Actions et parts de fonds d'investissement	95.1	92.8	82.1	88.8	89.2	92.0	90.9	93.1
Systèmes d'assurance de pensions et garanties standard	0.0	0.0	0.0	0.0	0.0	0.0	0.0	0.0
Produits financiers dérivés et options sur titres des salariés	0.4	0.9	0.2	0.4	0.4	0.2	0.3	0.1
Autres comptes à recevoir	3.5	3.9	6.4	5.1	5.1	5.0	5.9	4.5
Sociétés d'assurance								
Actifs financiers	100.0	100.0	100.0	100.0	100.0	100.0	100.0	100.0
Numéraire et dépôts	7.2	6.3	7.5	7.0	6.2	6.4	7.2	11.4
Titres de dettes	59.3	60.6	57.1	56.6	58.6	57.1	55.4	52.4
Crédits	0.6	0.2	0.2	0.1	0.1	0.3	1.2	1.7
Actions et parts de fonds d'investissement	16.8	17.6	20.9	21.4	20.3	21.1	21.2	20.3
Systèmes d'assurance de pensions et garanties standard	8.0	7.8	7.0	7.8	7.5	8.0	7.6	7.4
Produits financiers dérivés et options sur titres des salariés	0.2	0.1	0.1	0.1	0.1	0.1	0.1	0.2
Autres comptes à recevoir	7.9	7.4	7.1	6.9	7.3	7.0	7.3	6.6
Passifs financiers	100.0	100.0	100.0	100.0	100.0	100.0	100.0	100.0
Numéraire et dépôts	0.0	0.0	0.0	0.0	0.0	0.0	0.0	0.0
Titres de dettes	0.1	0.1	0.1	0.1	0.1	0.1	0.1	0.0
Crédits	0.0	0.0	0.0	0.2	0.1	0.1	0.3	1.1
Actions et parts de fonds d'investissement	17.9	16.2	17.1	16.1	15.7	16.1	15.7	14.9
Systèmes d'assurance de pensions et garanties standard	76.1	77.3	76.2	76.0	75.9	75.4	75.1	75.4
Produits financiers dérivés et options sur titres des salariés	0.1	0.5	0.4	0.3	0.9	0.7	0.7	0.2
Autres comptes à recevoir	5.8	5.9	6.2	7.2	7.3	7.6	8.1	8.4
Fonds de pension								
Actifs financiers	100.0	100.0	100.0	100.0	100.0	100.0	100.0	100.0
Numéraire et dépôts	7.8	7.9	8.9	11.2	7.0	7.0	5.8	12.1
Titres de dettes	86.2	87.8	88.7	85.7	90.7	90.5	91.3	84.7
Crédits	0.0	0.0	0.0	0.0	0.0	0.0	0.0	0.0
Actions et parts de fonds d'investissement	4.3	2.7	1.1	1.5	1.8	2.1	2.7	2.8
Systèmes d'assurance de pensions et garanties standard	0.0	0.0	0.0	0.0	0.0	0.0	0.0	0.0
Produits financiers dérivés et options sur titres des salariés	0.1	0.0	0.1	0.1	0.0	0.0	0.0	0.3
Autres comptes à recevoir	1.6	1.5	1.2	1.5	0.5	0.3	0.1	0.1
Passifs financiers	100.0	100.0	100.0	100.0	100.0	100.0	100.0	100.0
Numéraire et dépôts	0.0	0.0	0.0	0.0	0.0	0.0	0.0	0.0
Titres de dettes	0.0	0.0	0.0	0.0	0.0	0.0	0.0	0.0
Crédits	0.0	0.0	0.0	0.0	0.0	0.0	0.0	0.6
Actions et parts de fonds d'investissement	6.2	5.1	8.4	1.2	4.5	4.8	3.9	2.4
Systèmes d'assurance de pensions et garanties standard	93.0	93.8	90.3	97.1	94.1	94.1	94.9	92.8
Produits financiers dérivés et options sur titres des salariés	0.4	0.8	0.4	0.6	0.9	0.7	0.8	0.2
Autres comptes à recevoir	0.4	0.3	0.9	1.1	0.5	0.4	0.4	4.0

Note : Voir les métadonnées détaillées sur : http://metalinks.oecd.org/instinv/20180905/af01

DANEMARK

Tableau 1. Actifs et passifs financiers des investisseurs institutionnels, 2017

Millions DKK

	Fonds d'investissement				
	Total	Fonds d'investissement non-monétaire			Fonds d'investissement monétaires
		Total	Fonds d'investissement à capital variable, non monétaire	Fonds d'investissement à capital fixe, non monétaire	Total
Actifs financiers	2 380 125	2 380 125	2 380 125	..	..
Numéraire et dépôts	55 590	55 590	55 590	..	..
Titres de dette	1 139 501	1 139 501	1 139 501	..	..
Titres de dette à court terme	888	888	888	..	..
Titres de dette à long terme	1 138 613	1 138 613	1 138 613	..	..
Titres de dette émis par les résidents	621 693	621 693	621 693	..	..
Titres de dette émis par les non-résidents	517 808	517 808	517 808	..	..
Crédits	43	43	43	..	..
Crédits à court terme	38	38	38	..	..
Crédits à long terme	5	5	5	..	..
Crédits accordés aux résidents	0	0	0	..	..
Crédits accordés aux non-résidents	43	43	43	..	..
Actions et parts de fonds d'investissement	1 178 155	1 178 155	1 178 155	..	..
Actions et parts de fonds d'investissements émises par les résidents	293 050	293 050	293 050	..	..
Actions et part de fonds d'investissements émises par les non-résidents	885 105	885 105	885 105	..	..
Autres comptes à recevoir	..	..	..	..	..

	Fonds d'investissement				
	Total	Fonds d'investissement non-monétaire			Fonds d'investissement monétaires
		Total	Fonds d'investissement à capital variable, non monétaire	Fonds d'investissement à capital fixe, non monétaire	Total
Pasifs financiers	2 336 908	2 336 908	2 336 908	..	..
Numéraire et dépôts	..	..	..	..	..
Titres de dette	..	..	..	..	..
Titres de dette à court terme	..	..	..	..	..
Titres de dette à long terme	..	..	..	..	..
Crédits	84 919	84 919	84 919	..	..
Crédits à court terme	81 812	81 812	81 812	..	..
Crédits à long terme	3 107	3 107	3 107	..	..
Actions et parts de fonds d'investissement	2 244 568	2 244 568	2 244 568	..	..
Systèmes d'assurance, de pensions et garanties standard	..	..	..	..	..
Produits financiers dérivés et options sur titres des salariés	7 421	7 421	7 421	..	..
Autres comptes à payer	..	..	..	..	..

	Sociétés d'assurance et fonds de pension autonomes				
	Total	Sociétés d'assurance			Fonds de pension autonomes
		Total	Sociétés d'assurance vie	Sociétés d'assurance non-vie	Total
Actifs financiers	4 104 823	2 441 990	..	..	1 662 833
Numéraire et dépôts	127 850	51 232	..	..	76 618
Titres de dette	1 572 705	809 342	..	..	763 363
Titres de dette à court terme	17 935	6 983	..	..	10 952
Titres de dette à long terme	1 554 770	802 359	..	..	752 411
Titres de dette émis par les résidents	1 067 364	593 773	..	..	473 591
Titres de dette émis par les non-résidents	505 341	215 569	..	..	289 772
Crédits	43 937	30 436	..	..	13 501
Crédits à court terme	21 377	7 880	..	..	13 497
Crédits à long terme	22 560	22 556	..	..	4
Crédits accordés aux résidents	30 729	26 903	..	..	3 826
Crédits accordés aux non-résidents	13 208	3 533	..	..	9 675
Actions et parts de fonds d'investissement	2 147 673	1 422 993	..	..	724 680
Actions et parts de fonds d'investissement émises par les résidents	1 477 061	934 598	..	..	542 463
Actions et parts de fonds d'investissement émises par les non-résidents	670 612	488 395	..	..	182 217
Autrescomptes à recevoir	77 467	48 158	..	..	29 309

	Sociétés d'assurance et fonds de pension autonomes				
	Total	Sociétés d'assurance			Fonds de pension autonomes
		Total	Sociétés d'assurance vie	Sociétés d'assurance non-vie	Total
Pasifs financiers	4 108 249	2 488 180	..	..	1 620 069
Numéraire et dépôts	..	..	..	..	..
Titres de dette	6 888	6 888	..	..	0
Titres de dette à court terme	..	..	..	..	..
Titres de dette à long terme	6 888	6 888	..	..	0
Crédits	189 302	129 106	..	..	60 196
Crédits à court terme	173 545	113 444	..	..	60 101
Crédits à long terme	15 757	15 662	..	..	95
Actions et parts de fonds d'investissement	287 768	181 529	..	..	106 239
Systèmes d'assurance, de pensions et garanties standard	3 494 791	2 101 359	..	..	1 393 432
Produits financiers dérivés et options sur titres des salariés	55 243	23 887	..	..	31 356
Autres comptes à payer	74 257	45 411	..	..	28 846

Note : Voir les métadonnées détaillées sur : http://metalinks.oecd.org/instinv/20180905/e532

DANEMARK

Tableau 2. Actifs et passifs financiers des fonds d'investissement

Millions DKK

	2010	2011	2012	2013	2014	2015	2016	2017
Fonds d'investissement								
Valeur nette financière	..	..	-32 803	7 118	10 371	35 935	41 804	43 217
Actifs financiers	..	..	1 644 027	1 878 676	2 089 153	2 075 680	2 197 260	2 380 125
Numéraire et dépôts	..	..	22 945	34 293	42 277	42 594	50 050	55 590
Titres de dette	..	..	907 515	1 039 189	1 113 337	1 049 477	1 131 502	1 139 501
Crédits	..	..	370	598	43	43	43	43
Actions et parts de fonds d'investissement	..	..	708 507	794 073	916 214	971 633	1 008 367	1 178 155
Actions	..	..	566 677	635 182	739 152	780 167	823 647	928 894
Parts de fonds d'investissement	..	..	141 830	158 891	177 062	191 466	184 720	249 261
Parts de fonds d'investissement monétaires	..	..	..	..	..	..	..	..
Parts de fonds d'investissement non monétaires	..	..	141 830	158 891	177 062	191 466	184 720	249 261
Systèmes d'assurance, de pensions et garanties standard	..	..	..	..	..	..	..	..
Produits financiers dérivés et options sur titres des salariés	..	..	4 690	10 523	17 282	11 933	7 298	6 836
Autres comptes à recevoir	..	..	..	..	..	..	..	..
Passifs financiers	..	..	1 676 830	1 871 558	2 078 782	2 039 745	2 155 456	2 336 908
Titres de dette	..	..	..	..	..	..	..	..
Titres de dette à court terme	..	..	..	..	..	..	..	..
Titres de dette à long terme	..	..	..	..	..	..	..	..
Crédits	..	..	107 373	127 320	134 209	100 405	93 974	84 919
Crédits à court terme	..	..	106 921	126 754	132 920	99 336	92 942	81 812
Crédits à long terme	..	..	452	566	1 289	1 069	1 032	3 107
Actions et parts de fonds d'investissement	..	..	1 565 247	1 737 799	1 918 762	1 926 079	2 050 004	2 244 568
Systèmes d'assurance, de pensions et garanties standard	..	..	..	..	..	..	..	..
Produits financiers dérivés et options sur titres des salariés	..	..	4 210	6 439	25 811	13 261	11 478	7 421
Autres comptes à payer	..	..	..	..	..	..	..	..
Actifs non financiers	..	..	0	0	0	0	0	0
Fonds d'investissement monéaires								
Valeur nette financière	..	..	..	..	..	..	..	..
Actifs financiers	..	..	..	..	..	..	..	..
Numéraire et dépôts	..	..	..	..	..	..	..	..
Titres de dette	..	..	..	..	..	..	..	..
Crédits	..	..	..	..	..	..	..	..
Actions et parts de fonds d'investissement	..	..	..	..	..	..	..	..
Actions	..	..	..	..	..	..	..	..
Parts de fonds d'investissement	..	..	..	..	..	..	..	..
Parts de fonds d'investissement monétaires	..	..	..	..	..	..	..	..
Parts de fonds d'investissement non monétaires	..	..	..	..	..	..	..	..
Systèmes d'assurance, de pensions et garanties standard	..	..	..	..	..	..	..	..
Produits financiers dérivés et options sur titres des salariés	..	..	..	..	..	..	..	..
Autres comptes à recevoir	..	..	..	..	..	..	..	..
Passifs financiers	..	..	..	..	..	..	..	..
Titres de dette	..	..	..	..	..	..	..	..
Titres de dette à court terme	..	..	..	..	..	..	..	..
Titres de dette à long terme	..	..	..	..	..	..	..	..
Crédits	..	..	..	..	..	..	..	..
Crédits à court terme	..	..	..	..	..	..	..	..
Crédits à long terme	..	..	..	..	..	..	..	..
Actions et parts de fonds d'investissement	..	..	..	..	..	..	..	..
Systèmes d'assurance, de pensions et garanties standard	..	..	..	..	..	..	..	..
Produits financiers dérivés et options sur titres des salariés	..	..	..	..	..	..	..	..
Autres comptes à payer	..	..	..	..	..	..	..	..
Actifs non financiers	..	..	..	..	..	..	..	..
Fonds d'investissement non monéaires								
Valeur nette financière	..	..	-32 803	7 118	10 371	35 935	41 804	43 217
Actifs financiers	..	..	1 644 027	1 878 676	2 089 153	2 075 680	2 197 260	2 380 125
Numéraire et dépôts	..	..	22 945	34 293	42 277	42 594	50 050	55 590
Titres de dette	..	..	907 515	1 039 189	1 113 337	1 049 477	1 131 502	1 139 501
Crédits	..	..	370	598	43	43	43	43
Actions et parts de fonds d'investissement	..	..	708 507	794 073	916 214	971 633	1 008 367	1 178 155
Actions	..	..	566 677	635 182	739 152	780 167	823 647	928 894
Parts de fonds d'investissement	..	..	141 830	158 891	177 062	191 466	184 720	249 261
Parts de fonds d'investissement monétaires	..	..	..	..	..	..	..	..
Parts de fonds d'investissement non monétaires	..	..	141 830	158 891	177 062	191 466	184 720	249 261
Systèmes d'assurance, de pensions et garanties standard	..	..	..	..	..	..	..	..
Produits financiers dérivés et options sur titres des salariés	..	..	4 690	10 523	17 282	11 933	7 298	6 836
Autres comptes à recevoir	..	..	..	..	..	..	..	..
Passifs financiers	..	..	1 676 830	1 871 558	2 078 782	2 039 745	2 155 456	2 336 908
Titres de dette	..	..	..	..	..	..	..	..
Titres de dette à court terme	..	..	..	..	..	..	..	..
Titres de dette à long terme	..	..	..	..	..	..	..	..
Crédits	..	..	107 373	127 320	134 209	100 405	93 974	84 919
Crédits à court terme	..	..	106 921	126 754	132 920	99 336	92 942	81 812
Crédits à long terme	..	..	452	566	1 289	1 069	1 032	3 107
Actions et parts de fonds d'investissement	..	..	1 565 247	1 737 799	1 918 762	1 926 079	2 050 004	2 244 568
Systèmes d'assurance, de pensions et garanties standard	..	..	..	..	..	..	..	..
Produits financiers dérivés et options sur titres des salariés	..	..	4 210	6 439	25 811	13 261	11 478	7 421
Autres comptes à payer	..	..	..	..	..	..	..	..
Actifs non financiers	..	..	0	0	0	0	0	0
Fonds d'investissement non monéaires à capital variable								
Valeur nette financière	..	..	-32 803	7 118	10 371	35 935	41 804	43 217
Actifs financiers	..	..	1 644 027	1 878 676	2 089 153	2 075 680	2 197 260	2 380 125

Tableau 2. Actifs et passifs financiers des fonds d'investissement *(suite)*

Millions DKK

	2010	2011	2012	2013	2014	2015	2016	2017
Numéraire et dépôts	..	..	22 945	34 293	42 277	42 594	50 050	55 590
Titres de dette	..	..	907 515	1 039 189	1 113 337	1 049 477	1 131 502	1 139 501
Crédits	..	..	370	598	43	43	43	43
Actions et parts de fonds d'investissement	..	..	708 507	794 073	916 214	971 633	1 008 367	1 178 155
Actions	..	..	566 677	635 182	739 152	780 167	823 647	928 894
Parts de fonds d'investissement	..	..	141 830	158 891	177 062	191 466	184 720	249 261
Parts de fonds d'investissement monétaires	..	..	..	..	..	..	..	..
Parts de fonds d'investissement non monétaires	..	..	141 830	158 891	177 062	191 466	184 720	249 261
Systèmes d'assurance, de pensions et garanties standard	..	..	..	..	..	..	..	..
Produits financiers dérivés et options sur titres des salariés	..	..	4 690	10 523	17 282	11 933	7 298	6 836
Autres comptes à recevoir	..	..	..	..	..	..	..	..
Passifs financiers	..	..	1 676 830	1 871 558	2 078 782	2 039 745	2 155 456	2 336 908
Titres de dette	..	..	..	..	..	..	..	..
Titres de dette à court terme	..	..	..	..	..	..	..	..
Titres de dette à long terme	..	..	..	..	..	..	..	..
Crédits	..	..	107 373	127 320	134 209	100 405	93 974	84 919
Crédits à court terme	..	..	106 921	126 754	132 920	99 336	92 942	81 812
Crédits à long terme	..	..	452	566	1 289	1 069	1 032	3 107
Actions et parts de fonds d'investissement	..	..	1 565 247	1 737 799	1 918 762	1 926 079	2 050 004	2 244 568
Systèmes d'assurance, de pensions et garanties standard	..	..	..	..	..	..	..	..
Produits financiers dérivés et options sur titres des salariés	..	..	4 210	6 439	25 811	13 261	11 478	7 421
Autres comptes à payer	..	..	..	..	..	..	..	..
Actifs non financiers	..	..	0	0	0	0	0	0
Fonds d'investissement à capital variable								
Valeur nette financière	..	..	-32 803	7 118	10 371	35 935	41 804	43 217
Actifs financiers	..	..	1 644 027	1 878 676	2 089 153	2 075 680	2 197 260	2 380 125
Numéraire et dépôts	..	..	22 945	34 293	42 277	42 594	50 050	55 590
Titres de dette	..	..	907 515	1 039 189	1 113 337	1 049 477	1 131 502	1 139 501
Crédits	..	..	370	598	43	43	43	43
Actions et parts de fonds d'investissement	..	..	708 507	794 073	916 214	971 633	1 008 367	1 178 155
Actions	..	..	566 677	635 182	739 152	780 167	823 647	928 894
Parts de fonds d'investissement	..	..	141 830	158 891	177 062	191 466	184 720	249 261
Parts de fonds d'investissement monétaires	..	..	..	..	..	..	..	..
Parts de fonds d'investissement non monétaires	..	..	141 830	158 891	177 062	191 466	184 720	249 261
Systèmes d'assurance, de pensions et garanties standard	..	..	..	..	..	..	..	..
Produits financiers dérivés et options sur titres des salariés	..	..	4 690	10 523	17 282	11 933	7 298	6 836
Autres comptes à recevoir	..	..	..	..	..	..	..	..
Passifs financiers	..	..	1 676 830	1 871 558	2 078 782	2 039 745	2 155 456	2 336 908
Titres de dette	..	..	..	..	..	..	..	..
Titres de dette à court terme	..	..	..	..	..	..	..	..
Titres de dette à long terme	..	..	..	..	..	..	..	..
Crédits	..	..	107 373	127 320	134 209	100 405	93 974	84 919
Crédits à court terme	..	..	106 921	126 754	132 920	99 336	92 942	81 812
Crédits à long terme	..	..	452	566	1 289	1 069	1 032	3 107
Actions et parts de fonds d'investissement	..	..	1 565 247	1 737 799	1 918 762	1 926 079	2 050 004	2 244 568
Systèmes d'assurance, de pensions et garanties standard	..	..	..	..	..	..	..	..
Produits financiers dérivés et options sur titres des salariés	..	..	4 210	6 439	25 811	13 261	11 478	7 421
Autres comptes à payer	..	..	..	..	..	..	..	..
Actifs non financiers	..	..	0	0	0	0	0	0

Note : Voir les métadonnées détaillées sur : http://metalinks.oecd.org/instinv/20180905/e532

DANEMARK

Tableau 3. Actifs et passifs financiers des sociétés d'assurance et fonds de pension

Millions DKK

	2010	2011	2012	2013	2014	2015	2016	2017
Sociétés d'assurance et fonds de pension								
Valeur nette financière	..	..	46 877	54 564	-11 732	-21 995	13 156	-3 426
Actifs financiers	..	..	3 271 576	3 168 016	3 591 731	3 625 301	3 973 049	4 104 823
Numéraire et dépôts	..	..	93 246	82 199	94 078	74 185	96 330	127 850
Titres de dette	..	..	1 435 972	1 301 071	1 426 896	1 529 325	1 579 865	1 572 705
Crédits	..	..	32 861	30 041	49 012	53 204	41 271	43 937
Actions et parts de fonds d'investissement	..	..	1 591 070	1 635 225	1 746 842	1 750 900	2 013 861	2 147 673
Actions	..	..	672 509	604 643	622 285	642 948	822 782	919 809
Parts de fonds d'investissement	..	..	917 986	1 030 582	1 124 557	1 107 952	1 191 079	1 227 864
Parts de fonds d'investissement monétaires	..	..	..	..	..	..	..	..
Parts de fonds d'investissement non monétaires	..	..	917 986	1 030 582	1 124 557	1 107 952	1 191 079	1 227 864
Systèmes d'assurance, de pensions et garanties standard	..	..	11 536	13 827	7 955	8 759	7 206	7 818
Produits financiers dérivés et options sur titres des salariés	..	..	51 627	35 379	200 057	149 467	160 491	127 373
Autres comptes à recevoir	..	..	55 264	70 274	66 891	59 461	74 025	77 467
Passifs financiers	..	..	3 224 699	3 113 452	3 603 463	3 647 296	3 959 893	4 108 249
Titres de dette	..	..	47	38	2 323	6 012	6 894	6 888
Titres de dette à court terme	..	..	..	..	..	..	..	..
Titres de dette à long terme	..	..	47	38	2 323	6 012	6 894	6 888
Crédits	..	..	178 808	127 552	160 296	212 144	205 986	189 302
Crédits à court terme	..	..	161 793	113 783	139 482	192 567	194 236	173 545
Crédits à long terme	..	..	17 015	13 769	20 814	19 577	11 750	15 757
Actions et parts de fonds d'investissement	..	..	215 947	214 640	257 894	279 261	280 088	287 768
Systèmes d'assurance, de pensions et garanties standard	..	..	2 641 379	2 616 151	2 978 935	3 019 379	3 289 761	3 494 791
Produits financiers dérivés et options sur titres des salariés	..	..	33 003	24 616	86 861	68 180	92 286	55 243
Autres comptes à payer	..	..	155 515	130 455	117 154	62 320	84 878	74 257
Actifs non financiers	..	..	0	0	0	0	0	0
Sociétés d'assurance								
Valeur nette financière	..	..	3 684	19 564	-54 101	-75 173	-16 490	-46 190
Actifs financiers	..	..	1 871 613	1 884 628	2 121 959	2 127 343	2 376 232	2 441 990
Numéraire et dépôts	..	..	38 520	37 419	33 372	29 464	32 851	51 232
Titres de dette	..	..	647 317	635 347	682 005	791 234	823 327	809 342
Crédits	..	..	23 560	19 945	22 522	21 450	22 581	30 436
Actions et parts de fonds d'investissement	..	..	1 069 237	1 111 096	1 199 890	1 157 962	1 349 599	1 422 993
Actions	..	..	426 857	370 320	394 451	422 982	574 368	587 533
Parts de fonds d'investissement	..	..	641 805	740 776	805 439	734 980	775 231	835 460
Parts de fonds d'investissement monétaires	..	..	..	..	..	..	..	..
Parts de fonds d'investissement non monétaires	..	..	641 805	740 776	805 439	734 980	775 231	835 460
Systèmes d'assurance, de pensions et garanties standard	..	..	11 248	13 539	7 955	8 759	7 206	7 818
Produits financiers dérivés et options sur titres des salariés	..	..	47 485	32 541	136 563	83 080	89 118	72 011
Autres comptes à recevoir	..	..	34 246	34 741	39 652	35 394	51 550	48 158
Passifs financiers	..	..	1 867 929	1 865 064	2 176 060	2 202 516	2 392 722	2 488 180
Titres de dette	..	..	47	38	2 323	6 012	6 894	6 888
Titres de dette à court terme	..	..	..	..	..	..	..	..
Titres de dette à long terme	..	..	47	38	2 323	6 012	6 894	6 888
Crédits	..	..	71 940	91 612	124 775	182 266	172 529	129 106
Crédits à court terme	..	..	57 285	79 609	109 696	164 632	160 874	113 444
Crédits à long terme	..	..	14 655	12 003	15 079	17 634	11 655	15 662
Actions et parts de fonds d'investissement	..	..	136 586	132 677	176 897	195 015	173 498	181 529
Systèmes d'assurance, de pensions et garanties standard	..	..	1 533 703	1 537 489	1 721 879	1 747 153	1 941 616	2 101 359
Produits financiers dérivés et options sur titres des salariés	..	..	29 384	21 916	66 698	27 255	42 651	23 887
Autres comptes à payer	..	..	96 269	81 332	83 488	44 815	55 534	45 411
Actifs non financiers	..	..	0	0	0	0	0	0
Fonds de pension								
Valeur nette financière	..	..	43 193	35 000	42 369	53 178	29 646	42 764
Actifs financiers	..	..	1 399 963	1 283 388	1 469 772	1 497 958	1 596 817	1 662 833
Numéraire et dépôts	..	..	54 726	44 780	60 706	44 721	63 479	76 618
Titres de dette	..	..	788 655	665 724	744 891	738 091	756 538	763 363
Crédits	..	..	9 301	10 096	26 490	31 754	18 690	13 501
Actions et parts de fonds d'investissement	..	..	521 833	524 129	546 952	592 938	664 262	724 680
Actions	..	..	245 652	234 323	227 834	219 966	248 414	332 276
Parts de fonds d'investissement	..	..	276 181	289 806	319 118	372 972	415 848	392 404
Parts de fonds d'investissement monétaires	..	..	..	..	..	..	..	..
Parts de fonds d'investissement non monétaires	..	..	276 181	289 806	319 118	372 972	415 848	392 404
Systèmes d'assurance, de pensions et garanties standard	..	..	288	288	0	0	0	0
Produits financiers dérivés et options sur titres des salariés	..	..	4 142	2 838	63 494	66 387	71 373	55 362
Autres comptes à recevoir	..	..	21 018	35 533	27 239	24 067	22 475	29 309
Passifs financiers	..	..	1 356 770	1 248 388	1 427 403	1 444 780	1 567 171	1 620 069
Titres de dette	..	..	0	0	0	0	0	0
Titres de dette à court terme	..	..	..	..	..	..	..	..
Titres de dette à long terme	..	..	0	0	0	0	0	0
Crédits	..	..	106 868	35 940	35 521	29 878	33 457	60 196
Crédits à court terme	..	..	104 508	34 174	29 786	27 935	33 362	60 101
Crédits à long terme	..	..	2 360	1 766	5 735	1 943	95	95
Actions et parts de fonds d'investissement	..	..	79 361	81 963	80 997	84 246	106 590	106 239
Systèmes d'assurance, de pensions et garanties standard	..	..	1 107 676	1 078 662	1 257 056	1 272 226	1 348 145	1 393 432
Produits financiers dérivés et options sur titres des salariés	..	..	3 619	2 700	20 163	40 925	49 635	31 356
Autres comptes à payer	..	..	59 246	49 123	33 666	17 505	29 344	28 846
Actifs non financiers	..	..	0	0	0	0	0	0

Note : Voir les métadonnées détaillées sur : http://metalinks.oecd.org/instinv/20180905/e532

Tableau 4. Composition du portefeuille par type d'investisseur

En pourcentage des actifs financiers et des passifs financiers

Pour cent

	2010	2011	2012	2013	2014	2015	2016	2017
Fonds d'investissement								
Actifs financiers	..	..	100.0	100.0	100.0	100.0	100.0	100.0
Numéraire et dépôts	..	..	1.4	1.8	2.0	2.1	2.3	2.3
Titres de dettes	..	..	55.2	55.3	53.3	50.6	51.5	47.9
Crédits	..	..	0.0	0.0	0.0	0.0	0.0	0.0
Actions et parts de fonds d'investissement	..	..	43.1	42.3	43.9	46.8	45.9	49.5
Systèmes d'assurance de pensions et garanties standard	..	..	0.0	0.0	0.0	0.0	0.0	0.0
Produits financiers dérivés et options sur titres des salariés	..	..	0.3	0.6	0.8	0.6	0.3	0.3
Autres comptes à recevoir	..	..	0.0	0.0	0.0	0.0	0.0	0.0
Passifs financiers	..	..	100.0	100.0	100.0	100.0	100.0	100.0
Numéraire et dépôts	..	..	0.0	0.0	0.0	0.0	0.0	0.0
Titres de dettes	..	..	0.0	0.0	0.0	0.0	0.0	0.0
Crédits	..	..	6.4	6.8	6.5	4.9	4.4	3.6
Actions et parts de fonds d'investissement	..	..	93.3	92.9	92.3	94.4	95.1	96.0
Systèmes d'assurance de pensions et garanties standard	..	..	0.0	0.0	0.0	0.0	0.0	0.0
Produits financiers dérivés et options sur titres des salariés	..	..	0.3	0.3	1.2	0.7	0.5	0.3
Autres comptes à recevoir	..	..	0.0	0.0	0.0	0.0	0.0	0.0
Sociétés d'assurance								
Actifs financiers	..	..	100.0	100.0	100.0	100.0	100.0	100.0
Numéraire et dépôts	..	..	2.1	2.0	1.6	1.4	1.4	2.1
Titres de dettes	..	..	34.6	33.7	32.1	37.2	34.6	33.1
Crédits	..	..	1.3	1.1	1.1	1.0	1.0	1.2
Actions et parts de fonds d'investissement	..	..	57.1	59.0	56.5	54.4	56.8	58.3
Systèmes d'assurance de pensions et garanties standard	..	..	0.6	0.7	0.4	0.4	0.3	0.3
Produits financiers dérivés et options sur titres des salariés	..	..	2.5	1.7	6.4	3.9	3.8	2.9
Autres comptes à recevoir	..	..	1.8	1.8	1.9	1.7	2.2	2.0
Passifs financiers	..	..	100.0	100.0	100.0	100.0	100.0	100.0
Numéraire et dépôts	..	..	0.0	0.0	0.0	0.0	0.0	0.0
Titres de dettes	..	..	0.0	0.0	0.1	0.3	0.3	0.3
Crédits	..	..	3.9	4.9	5.7	8.3	7.2	5.2
Actions et parts de fonds d'investissement	..	..	7.3	7.1	8.1	8.9	7.3	7.3
Systèmes d'assurance de pensions et garanties standard	..	..	82.1	82.4	79.1	79.3	81.1	84.5
Produits financiers dérivés et options sur titres des salariés	..	..	1.6	1.2	3.1	1.2	1.8	1.0
Autres comptes à recevoir	..	..	5.2	4.4	3.8	2.0	2.3	1.8
Fonds de pension								
Actifs financiers	..	..	100.0	100.0	100.0	100.0	100.0	100.0
Numéraire et dépôts	..	..	3.9	3.5	4.1	3.0	4.0	4.6
Titres de dettes	..	..	56.3	51.9	50.7	49.3	47.4	45.9
Crédits	..	..	0.7	0.8	1.8	2.1	1.2	0.8
Actions et parts de fonds d'investissement	..	..	37.3	40.8	37.2	39.6	41.6	43.6
Systèmes d'assurance de pensions et garanties standard	..	..	0.0	0.0	0.0	0.0	0.0	0.0
Produits financiers dérivés et options sur titres des salariés	..	..	0.3	0.2	4.3	4.4	4.5	3.3
Autres comptes à recevoir	..	..	1.5	2.8	1.9	1.6	1.4	1.8
Passifs financiers	..	..	100.0	100.0	100.0	100.0	100.0	100.0
Numéraire et dépôts	..	..	0.0	0.0	0.0	0.0	0.0	0.0
Titres de dettes	..	..	0.0	0.0	0.0	0.0	0.0	0.0
Crédits	..	..	7.9	2.9	2.5	2.1	2.1	3.7
Actions et parts de fonds d'investissement	..	..	5.8	6.6	5.7	5.8	6.8	6.6
Systèmes d'assurance de pensions et garanties standard	..	..	81.6	86.4	88.1	88.1	86.0	86.0
Produits financiers dérivés et options sur titres des salariés	..	..	0.3	0.2	1.4	2.8	3.2	1.9
Autres comptes à recevoir	..	..	4.4	3.9	2.4	1.2	1.9	1.8

Note : Voir les métadonnées détaillées sur : http://metalinks.oecd.org/instinv/20180905/af01

ESTONIE

Tableau 1. Actifs et passifs financiers des investisseurs institutionnels, 2017

Millions EUR (2011 EEK euro)

	Fonds d'investissement				
	Total	Fonds d'investissement non-monétaire			Fonds d'investissement monétaires
		Total	Fonds d'investissement à capital variable, non monétaire	Fonds d'investissement à capital fixe, non monétaire	Total
Actifs financiers	1 103	1 103	402	701	0
Numéraire et dépôts	99	99	30	68	0
Titres de dette	27	27	0	27	0
Titres de dette à court terme	1	1	0	1	0
Titres de dette à long terme	26	26	0	25	0
Titres de dette émis par les résidents	10	10	0	10	0
Titres de dette émis par les non-résidents	17	17	0	17	0
Crédits	80	80	0	80	0
Crédits à court terme	8	8	0	8	0
Crédits à long terme	72	72	0	72	0
Crédits accordés aux résidents	47	47	0	47	0
Crédits accordés aux non-résidents	34	34	0	34	0
Actions et parts de fonds d'investissement	871	871	370	501	0
Actions et parts de fonds d'investissements émises par les résidents	216	216	9	207	0
Actions et part de fonds d'investissements émises par les non-résidents	655	655	361	293	0
Autres comptes à recevoir	27	27	2	25	0

	Fonds d'investissement				
	Total	Fonds d'investissement non-monétaire			Fonds d'investissement monétaires
		Total	Fonds d'investissement à capital variable, non monétaire	Fonds d'investissement à capital fixe, non monétaire	Total
Pasifs financiers	1 103	1 103	402	701	0
Numéraire et dépôts	0	0	0	0	0
Titres de dette	0	0	0	0	0
Titres de dette à court terme	0	0	..	..	0
Titres de dette à long terme	0	0	..	..	0
Crédits	38	38	0	38	0
Crédits à court terme	20	20	..	..	0
Crédits à long terme	19	19	..	..	0
Actions et parts de fonds d'investissement	1 054	1 054	401	653	0
Systèmes d'assurance, de pensions et garanties standard	0	0	0	0	0
Produits financiers dérivés et options sur titres des salariés	0	0	0	0	0
Autres comptes à payer	11	11	1	10	0

	Sociétés d'assurance et fonds de pension autonomes				
	Total	Sociétés d'assurance			Fonds de pension autonomes
		Total	Sociétés d'assurance vie	Sociétés d'assurance non-vie	Total
Actifs financiers	5 057	1 428	..	..	3 629
Numéraire et dépôts	296	148	..	..	148
Titres de dette	2 329	587	..	..	1 742
Titres de dette à court terme	0	0	..	..	0
Titres de dette à long terme	2 329	587	..	..	1 742
Titres de dette émis par les résidents	258	44	..	..	214
Titres de dette émis par les non-résidents	2 071	543	..	..	1 528
Crédits	3	3	..	..	0
Crédits à court terme	0	0	..	..	0
Crédits à long terme	3	3	..	..	0
Crédits accordés aux résidents	0	0	..	..	0
Crédits accordés aux non-résidents	3	3	..	..	0
Actions et parts de fonds d'investissement	2 240	504	..	..	1 736
Actions et parts de fonds d'investissement émises par les résidents	206	51	..	..	155
Actions et parts de fonds d'investissement émises par les non-résidents	2 034	453	..	..	1 581
Autrescomptes à recevoir	165	162	..	..	2

	Sociétés d'assurance et fonds de pension autonomes				
	Total	Sociétés d'assurance			Fonds de pension autonomes
		Total	Sociétés d'assurance vie	Sociétés d'assurance non-vie	Total
Pasifs financiers	4 926	1 286	..	..	3 640
Numéraire et dépôts	0	0	..	..	0
Titres de dette	0	0	..	..	0
Titres de dette à court terme	0	0	..	..	0
Titres de dette à long terme	0	0	..	..	0
Crédits	21	21	..	..	0
Crédits à court terme	0	0	..	..	0
Crédits à long terme	21	21	..	..	0
Actions et parts de fonds d'investissement	437	437	..	..	0
Systèmes d'assurance, de pensions et garanties standard	4 311	678	..	..	3 633
Produits financiers dérivés et options sur titres des salariés	0	0	..	..	0
Autres comptes à payer	157	150	..	..	6

Note : Voir les métadonnées détaillées sur : http://metalinks.oecd.org/instinv/20180905/30de

Tableau 2. Actifs et passifs financiers des fonds d'investissement

Millions EUR

	2010	2011	2012	2013	2014	2015	2016	2017
Fonds d'investissement								
Valeur nette financière	2	-9	-1	19	25	2	-15	0
Actifs financiers	585	448	514	631	603	607	728	1 103
Numéraire et dépôts	27	22	48	56	53	46	66	99
Titres de dette	67	67	75	70	70	62	17	27
Crédits	20	18	14	32	27	33	69	80
Actions et parts de fonds d'investissement	462	339	369	460	435	464	573	871
Actions	315	209	224	314	287	323	443	569
Parts de fonds d'investissement	147	130	144	147	148	140	130	302
Parts de fonds d'investissement monétaires	..	..	..	..	..	..	..	..
Parts de fonds d'investissement non monétaires	..	..	..	..	..	..	..	..
Systèmes d'assurance, de pensions et garanties standard	0	0	0	0	0	0	0	0
Produits financiers dérivés et options sur titres des salariés	4	0	1	4	6	0	0	0
Autres comptes à recevoir	5	2	6	10	11	2	3	27
Passifs financiers	583	457	514	612	578	605	743	1 103
Titres de dette	19	12	0	0	0	0	0	0
Titres de dette à court terme	0	0	0	0	0	0	0	0
Titres de dette à long terme	19	12	0	0	0	0	0	0
Crédits	4	13	26	24	32	21	21	38
Crédits à court terme	1	1	1	0	5	8	8	20
Crédits à long terme	3	12	25	24	27	14	13	19
Actions et parts de fonds d'investissement	557	429	485	583	538	580	715	1 054
Systèmes d'assurance, de pensions et garanties standard	0	0	0	0	0	0	0	0
Produits financiers dérivés et options sur titres des salariés	0	0	0	0	1	0	0	0
Autres comptes à payer	4	3	3	5	7	3	7	11
Actifs non financiers	12	13	14	0	0	0	18	0
Fonds d'investissement monéaires								
Valeur nette financière	0	0	0	0	0	0	0	0
Actifs financiers	0	0	0	0	0	0	0	0
Numéraire et dépôts	0	0	0	0	0	0	0	0
Titres de dette	0	0	0	0	0	0	0	0
Crédits	0	0	0	0	0	0	0	0
Actions et parts de fonds d'investissement	0	0	0	0	0	0	0	0
Actions	0	0	0	0	0	0	0	0
Parts de fonds d'investissement	0	0	0	0	0	0	0	0
Parts de fonds d'investissement monétaires	..	..	..	..	..	..	..	..
Parts de fonds d'investissement non monétaires	..	..	..	..	..	..	..	..
Systèmes d'assurance, de pensions et garanties standard	0	0	0	0	0	0	0	0
Produits financiers dérivés et options sur titres des salariés	0	0	0	0	0	0	0	0
Autres comptes à recevoir	0	0	0	0	0	0	0	0
Passifs financiers	0	0	0	0	0	0	0	0
Titres de dette	0	0	0	0	0	0	0	0
Titres de dette à court terme	0	0	0	0	0	0	0	0
Titres de dette à long terme	0	0	0	0	0	0	0	0
Crédits	0	0	0	0	0	0	0	0
Crédits à court terme	0	0	0	0	0	0	0	0
Crédits à long terme	0	0	0	0	0	0	0	0
Actions et parts de fonds d'investissement	0	0	0	0	0	0	0	0
Systèmes d'assurance, de pensions et garanties standard	0	0	0	0	0	0	0	0
Produits financiers dérivés et options sur titres des salariés	0	0	0	0	0	0	0	0
Autres comptes à payer	0	0	0	0	0	0	0	0
Actifs non financiers	0	0	0	0	0	0	0	0
Fonds d'investissement non monéaires								
Valeur nette financière	2	-9	-1	19	25	2	-15	0
Actifs financiers	585	448	514	631	603	607	728	1 103
Numéraire et dépôts	27	22	48	56	53	46	66	99
Titres de dette	67	67	75	70	70	62	17	27
Crédits	20	18	14	32	27	33	69	80
Actions et parts de fonds d'investissement	462	339	369	460	435	464	573	871
Actions	315	209	224	314	287	323	443	569
Parts de fonds d'investissement	147	130	144	147	148	140	130	302
Parts de fonds d'investissement monétaires	0	0	0	0	0	0	0	0
Parts de fonds d'investissement non monétaires	147	130	144	147	148	140	130	302
Systèmes d'assurance, de pensions et garanties standard	0	0	0	0	0	0	0	0
Produits financiers dérivés et options sur titres des salariés	4	0	1	4	6	0	0	0
Autres comptes à recevoir	5	2	6	10	11	2	3	27
Passifs financiers	583	457	514	612	578	605	743	1 103
Titres de dette	19	12	0	0	0	0	0	0
Titres de dette à court terme	0	0	0	0	0	0	0	0
Titres de dette à long terme	19	12	0	0	0	0	0	0
Crédits	4	13	26	24	32	21	21	38
Crédits à court terme	1	1	1	0	5	8	8	20
Crédits à long terme	3	12	25	24	27	14	13	19
Actions et parts de fonds d'investissement	557	429	485	583	538	580	715	1 054
Systèmes d'assurance, de pensions et garanties standard	0	0	0	0	0	0	0	0
Produits financiers dérivés et options sur titres des salariés	0	0	0	0	1	0	0	0
Autres comptes à payer	4	3	3	5	7	3	7	11
Actifs non financiers	12	13	14	0	0	0	18	0
Fonds d'investissement non monéaires à capital variable								
Valeur nette financière	0	0	-1	-1	0	0	0	0
Actifs financiers	506	362	384	438	389	341	336	402

Tableau 2. Actifs et passifs financiers des fonds d'investissement *(suite)*

Millions EUR

	2010	2011	2012	2013	2014	2015	2016	2017
Numéraire et dépôts	19	13	12	21	32	24	33	30
Titres de dette	58	59	72	68	64	54	9	0
Crédits	0	0	0	0	0	0	0	0
Actions et parts de fonds d'investissement	424	288	297	344	288	263	292	370
Actions	277	159	159	206	151	131	176	233
Parts de fonds d'investissement	147	129	137	138	138	131	116	137
Parts de fonds d'investissement monétaires	..	..	..	..	..	..	..	..
Parts de fonds d'investissement non monétaires	..	..	..	..	..	..	..	..
Systèmes d'assurance, de pensions et garanties standard	0	0	0	0	0	0	0	0
Produits financiers dérivés et options sur titres des salariés	2	0	1	4	4	0	0	0
Autres comptes à recevoir	3	2	1	1	1	0	2	2
Passifs financiers	506	362	384	439	389	341	336	402
Titres de dette	0	0	0	0	0	0	0	0
Titres de dette à court terme	..	..	..	..	..	..	..	..
Titres de dette à long terme	..	..	..	..	..	..	..	..
Crédits	0	0	0	0	0	0	0	0
Crédits à court terme	..	..	..	..	..	..	..	..
Crédits à long terme	..	..	..	..	..	..	..	..
Actions et parts de fonds d'investissement	501	360	383	435	383	339	331	401
Systèmes d'assurance, de pensions et garanties standard	0	0	0	0	0	0	0	0
Produits financiers dérivés et options sur titres des salariés	0	0	0	0	0	0	0	0
Autres comptes à payer	4	2	1	4	6	2	5	1
Actifs non financiers	0	0	0	0	0	0	0	0
Fonds d'investissement à capital variable								
Valeur nette financière	0	0	-1	-1	0	0	0	0
Actifs financiers	506	362	384	438	389	341	336	402
Numéraire et dépôts	19	13	12	21	32	24	33	30
Titres de dette	58	59	72	68	64	54	9	0
Crédits	0	0	0	0	0	0	0	0
Actions et parts de fonds d'investissement	424	288	297	344	288	263	292	370
Actions	277	159	159	206	151	131	176	233
Parts de fonds d'investissement	147	129	137	138	138	131	116	137
Parts de fonds d'investissement monétaires	..	..	..	..	..	..	..	..
Parts de fonds d'investissement non monétaires	..	..	..	..	..	..	..	..
Systèmes d'assurance, de pensions et garanties standard	0	0	0	0	0	0	0	0
Produits financiers dérivés et options sur titres des salariés	2	0	1	4	4	0	0	0
Autres comptes à recevoir	3	2	1	1	1	0	2	2
Passifs financiers	506	362	384	439	389	341	336	402
Titres de dette	0	0	0	0	0	0	0	0
Titres de dette à court terme	..	..	..	..	..	..	..	..
Titres de dette à long terme	..	..	..	..	..	..	..	..
Crédits	0	0	0	0	0	0	0	0
Crédits à court terme	..	..	..	..	..	..	..	..
Crédits à long terme	..	..	..	..	..	..	..	..
Actions et parts de fonds d'investissement	501	360	383	435	383	339	331	401
Systèmes d'assurance, de pensions et garanties standard	0	0	0	0	0	0	0	0
Produits financiers dérivés et options sur titres des salariés	0	0	0	0	0	0	0	0
Autres comptes à payer	4	2	1	4	6	2	5	1
Actifs non financiers	0	0	0	0	0	0	0	0

Note : Voir les métadonnées détaillées sur : http://metalinks.oecd.org/instinv/20180905/30de

Tableau 3. Actifs et passifs financiers des sociétés d'assurance et fonds de pension

Millions EUR

	2010	2011	2012	2013	2014	2015	2016	2017
Sociétés d'assurance et fonds de pension								
Valeur nette financière	28	21	41	61	21	-11	46	131
Actifs financiers	2 146	2 137	2 564	2 855	3 336	3 814	4 501	5 057
Numéraire et dépôts	285	347	420	475	498	651	901	296
Titres de dette	532	631	689	688	890	1 031	1 115	2 329
Crédits	1	17	1	4	2	3	3	3
Actions et parts de fonds d'investissement	1 212	1 081	1 407	1 628	1 894	2 073	2 408	2 240
Actions	211	216	325	314	300	287	290	845
Parts de fonds d'investissement	1 001	865	1 082	1 314	1 594	1 786	2 117	1 395
Parts de fonds d'investissement monétaires	0	0	0	0	0	0	0	0
Parts de fonds d'investissement non monétaires	1 001	865	1 082	1 314	1 594	1 786	2 117	1 395
Systèmes d'assurance, de pensions et garanties standard	26	23	16	14	16	20	22	25
Produits financiers dérivés et options sur titres des salariés	1	0	0	1	0	1	1	0
Autres comptes à recevoir	88	39	30	46	35	36	50	165
Passifs financiers	2 118	2 116	2 523	2 795	3 315	3 825	4 455	4 926
Titres de dette	0	0	0	0	0	0	0	0
Titres de dette à court terme	0	0	0	0	0	0	0	0
Titres de dette à long terme	0	0	0	0	0	0	0	0
Crédits	4	4	16	13	4	4	11	21
Crédits à court terme	0	0	0	0	0	0	0	0
Crédits à long terme	4	4	16	13	4	4	11	21
Actions et parts de fonds d'investissement	332	361	364	286	302	360	408	437
Systèmes d'assurance, de pensions et garanties standard	1 673	1 711	2 089	2 436	2 937	3 403	3 876	4 311
Produits financiers dérivés et options sur titres des salariés	0	1	0	0	1	0	0	0
Autres comptes à payer	109	40	54	60	72	58	160	157
Actifs non financiers	19	18	19	19	13	13	7	6
Sociétés d'assurance								
Valeur nette financière	30	21	43	62	20	-10	43	142
Actifs financiers	988	918	1 002	981	1 012	1 075	1 259	1 428
Numéraire et dépôts	179	153	178	158	114	102	163	148
Titres de dette	335	325	296	302	391	433	533	587
Crédits	1	17	1	4	2	3	3	3
Actions et parts de fonds d'investissement	400	368	481	458	456	483	493	504
Actions	167	174	250	193	178	192	193	224
Parts de fonds d'investissement	233	194	231	265	278	291	300	280
Parts de fonds d'investissement monétaires	0	0	0	0	0	0	0	0
Parts de fonds d'investissement non monétaires	233	194	231	265	278	291	300	280
Systèmes d'assurance, de pensions et garanties standard	26	23	16	14	16	20	22	25
Produits financiers dérivés et options sur titres des salariés	0	0	0	0	0	0	0	0
Autres comptes à recevoir	46	31	30	45	33	35	46	162
Passifs financiers	958	896	958	919	993	1 085	1 217	1 286
Titres de dette	0	0	0	0	0	0	0	0
Titres de dette à court terme	0	0	0	0	0	0	0	0
Titres de dette à long terme	0	0	0	0	0	0	0	0
Crédits	4	4	16	13	4	4	11	21
Crédits à court terme	0	0	0	0	0	0	0	0
Crédits à long terme	4	4	16	13	4	4	11	21
Actions et parts de fonds d'investissement	332	361	364	286	302	360	408	437
Systèmes d'assurance, de pensions et garanties standard	519	496	527	562	624	666	641	678
Produits financiers dérivés et options sur titres des salariés	0	0	0	0	0	0	0	0
Autres comptes à payer	102	36	51	57	63	55	157	150
Actifs non financiers	18	18	19	19	13	13	7	6
Fonds de pension								
Valeur nette financière	-2	0	-2	-2	1	-1	3	-11
Actifs financiers	1 158	1 219	1 562	1 875	2 324	2 739	3 241	3 629
Numéraire et dépôts	106	193	242	317	384	549	738	148
Titres de dette	197	305	393	386	499	599	582	1 742
Crédits	0	0	0	0	0	0	0	0
Actions et parts de fonds d'investissement	812	713	927	1 170	1 438	1 590	1 915	1 736
Actions	44	42	75	121	122	95	97	621
Parts de fonds d'investissement	768	671	852	1 049	1 317	1 495	1 818	1 115
Parts de fonds d'investissement monétaires	0	0	0	0	0	0	0	0
Parts de fonds d'investissement non monétaires	768	671	852	1 049	1 317	1 495	1 818	1 115
Systèmes d'assurance, de pensions et garanties standard	0	0	0	0	0	0	0	0
Produits financiers dérivés et options sur titres des salariés	1	0	0	1	0	1	1	0
Autres comptes à recevoir	42	8	0	1	3	2	5	2
Passifs financiers	1 161	1 219	1 564	1 876	2 323	2 740	3 238	3 640
Titres de dette	0	0	0	0	0	0	0	0
Titres de dette à court terme	0	0	0	0	0	0	0	0
Titres de dette à long terme	0	0	0	0	0	0	0	0
Crédits	0	0	0	0	0	0	0	0
Crédits à court terme	0	0	0	0	0	0	0	0
Crédits à long terme	0	0	0	0	0	0	0	0
Actions et parts de fonds d'investissement	0	0	0	0	0	0	0	0
Systèmes d'assurance, de pensions et garanties standard	1 154	1 215	1 562	1 873	2 314	2 737	3 235	3 633
Produits financiers dérivés et options sur titres des salariés	0	1	0	0	1	0	0	0
Autres comptes à payer	6	4	2	3	9	3	3	6
Actifs non financiers	1	0	0	0	0	0	0	0

Note : Voir les métadonnées détaillées sur : http://metalinks.oecd.org/instinv/20180905/30de

Tableau 4. Composition du portefeuille par type d'investisseur

En pourcentage des actifs financiers et des passifs financiers

Pour cent

	2010	2011	2012	2013	2014	2015	2016	2017
Fonds d'investissement								
Actifs financiers	100.0	100.0	100.0	100.0	100.0	100.0	100.0	100.0
Numéraire et dépôts	4.7	5.0	9.4	8.8	8.8	7.6	9.0	8.9
Titres de dettes	11.5	14.9	14.7	11.1	11.7	10.2	2.3	2.4
Crédits	3.5	4.1	2.7	5.0	4.5	5.4	9.4	7.3
Actions et parts de fonds d'investissement	78.9	75.5	71.8	72.9	72.2	76.4	78.8	79.0
Systèmes d'assurance de pensions et garanties standard	0.0	0.0	0.0	0.0	0.0	0.0	0.0	0.0
Produits financiers dérivés et options sur titres des salariés	0.6	0.0	0.2	0.6	1.0	0.0	0.0	0.0
Autres comptes à recevoir	0.8	0.5	1.2	1.5	1.9	0.3	0.4	2.4
Passifs financiers	100.0	100.0	100.0	100.0	100.0	100.0	100.0	100.0
Numéraire et dépôts	0.0	0.0	0.0	0.0	0.0	0.0	0.0	0.0
Titres de dettes	3.2	2.7	0.0	0.0	0.0	0.0	0.0	0.0
Crédits	0.7	2.9	5.1	3.9	5.5	3.5	2.8	3.5
Actions et parts de fonds d'investissement	95.5	93.8	94.4	95.3	93.1	95.9	96.2	95.5
Systèmes d'assurance de pensions et garanties standard	0.0	0.0	0.0	0.0	0.0	0.0	0.0	0.0
Produits financiers dérivés et options sur titres des salariés	0.0	0.0	0.0	0.0	0.2	0.0	0.0	0.0
Autres comptes à recevoir	0.6	0.6	0.5	0.8	1.2	0.5	0.9	1.0
Sociétés d'assurance								
Actifs financiers	100.0	100.0	100.0	100.0	100.0	100.0	100.0	100.0
Numéraire et dépôts	18.1	16.7	17.8	16.1	11.3	9.5	12.9	10.4
Titres de dettes	34.0	35.5	29.6	30.8	38.7	40.2	42.3	41.1
Crédits	0.1	1.9	0.1	0.4	0.2	0.3	0.2	0.2
Actions et parts de fonds d'investissement	40.5	40.1	48.0	46.7	45.0	44.9	39.1	35.3
Systèmes d'assurance de pensions et garanties standard	2.6	2.5	1.6	1.4	1.6	1.9	1.8	1.7
Produits financiers dérivés et options sur titres des salariés	0.0	0.0	0.0	0.0	0.0	0.0	0.0	0.0
Autres comptes à recevoir	4.7	3.4	3.0	4.6	3.2	3.2	3.6	11.4
Passifs financiers	100.0	100.0	100.0	100.0	100.0	100.0	100.0	100.0
Numéraire et dépôts	0.0	0.0	0.0	0.0	0.0	0.0	0.0	0.0
Titres de dettes	0.0	0.0	0.0	0.0	0.0	0.0	0.0	0.0
Crédits	0.4	0.4	1.7	1.5	0.4	0.3	0.9	1.6
Actions et parts de fonds d'investissement	34.7	40.2	37.9	31.1	30.4	33.2	33.5	34.0
Systèmes d'assurance de pensions et garanties standard	54.2	55.4	55.0	61.2	62.8	61.4	52.7	52.7
Produits financiers dérivés et options sur titres des salariés	0.0	0.0	0.0	0.0	0.0	0.0	0.0	0.0
Autres comptes à recevoir	10.7	4.0	5.4	6.2	6.4	5.1	12.9	11.7
Fonds de pension								
Actifs financiers	100.0	100.0	100.0	100.0	100.0	100.0	100.0	100.0
Numéraire et dépôts	9.2	15.9	15.5	16.9	16.5	20.0	22.8	4.1
Titres de dettes	17.0	25.0	25.2	20.6	21.5	21.9	18.0	48.0
Crédits	0.0	0.0	0.0	0.0	0.0	0.0	0.0	0.0
Actions et parts de fonds d'investissement	70.1	58.5	59.3	62.4	61.9	58.0	59.1	47.8
Systèmes d'assurance de pensions et garanties standard	0.0	0.0	0.0	0.0	0.0	0.0	0.0	0.0
Produits financiers dérivés et options sur titres des salariés	0.1	0.0	0.0	0.0	0.0	0.0	0.0	0.0
Autres comptes à recevoir	3.6	0.6	0.0	0.1	0.1	0.1	0.1	0.1
Passifs financiers	100.0	100.0	100.0	100.0	100.0	100.0	100.0	100.0
Numéraire et dépôts	0.0	0.0	0.0	0.0	0.0	0.0	0.0	0.0
Titres de dettes	0.0	0.0	0.0	0.0	0.0	0.0	0.0	0.0
Crédits	0.0	0.0	0.0	0.0	0.0	0.0	0.0	0.0
Actions et parts de fonds d'investissement	0.0	0.0	0.0	0.0	0.0	0.0	0.0	0.0
Systèmes d'assurance de pensions et garanties standard	99.5	99.6	99.9	99.9	99.6	99.9	99.9	99.8
Produits financiers dérivés et options sur titres des salariés	0.0	0.0	0.0	0.0	0.0	0.0	0.0	0.0
Autres comptes à recevoir	0.5	0.3	0.1	0.1	0.4	0.1	0.1	0.2

Note : Voir les métadonnées détaillées sur : http://metalinks.oecd.org/instinv/20180905/af01

FINLANDE

Tableau 1. Actifs et passifs financiers des investisseurs institutionnels, 2017

Millions EUR (1999 FIM euro)

	Total	Fonds d'investissement			
		Fonds d'investissement non-monétaire			Fonds d'investissement monétaires
		Total	Fonds d'investissement à capital variable, non monétaire	Fonds d'investissement à capital fixe, non monétaire	Total
Actifs financiers	132 449	128 994	..	..	3 455
Numéraire et dépôts	5 672	5 259	..	..	413
Titres de dette	39 073	36 048	..	..	3 025
Titres de dette à court terme	2 357	1 915	..	..	442
Titres de dette à long terme	36 716	34 133	..	..	2 583
Titres de dette émis par les résidents	5 930	5 460	..	..	470
Titres de dette émis par les non-résidents	33 143	30 588	..	..	2 555
Crédits	1 979	1 979	..	..	0
Crédits à court terme	15	15	..	..	0
Crédits à long terme	1 964	1 964	..	..	0
Crédits accordés aux résidents	1 758	1 758	..	..	0
Crédits accordés aux non-résidents	221	221	..	..	0
Actions et parts de fonds d'investissement	81 970	81 970	..	..	0
Actions et parts de fonds d'investissements émises par les résidents	32 377	32 377	..	..	0
Actions et part de fonds d'investissements émises par les non-résidents	49 593	49 593	..	..	0
Autres comptes à recevoir	906	889	..	..	17

	Total	Fonds d'investissement			
		Fonds d'investissement non-monétaire			Fonds d'investissement monétaires
		Total	Fonds d'investissement à capital variable, non monétaire	Fonds d'investissement à capital fixe, non monétaire	Total
Pasifs financiers	135 134	131 782	..	..	3 352
Numéraire et dépôts	..	..	..	..	..
Titres de dette	327	327	..	..	0
Titres de dette à court terme	0	0	..	..	..
Titres de dette à long terme	327	327	..	..	0
Crédits	2 767	2 767	..	..	0
Crédits à court terme	51	51	..	..	0
Crédits à long terme	2 716	2 716	..	..	0
Actions et parts de fonds d'investissement	128 213	124 891	..	..	3 322
Systèmes d'assurance, de pensions et garanties standard	..	..	..	..	..
Produits financiers dérivés et options sur titres des salariés	2 683	2 683	..	..	0
Autres comptes à payer	1 144	1 114	..	..	30

	Total	Sociétés d'assurance et fonds de pension autonomes			
		Sociétés d'assurance			Fonds de pension autonomes
		Total	Sociétés d'assurance vie	Sociétés d'assurance non-vie	Total
Actifs financiers	78 707	75 295	..	..	3 412
Numéraire et dépôts	3 920	3 864	..	..	56
Titres de dette	17 775	17 071	..	..	704
Titres de dette à court terme	288	288	..	..	0
Titres de dette à long terme	17 487	16 783	..	..	704
Titres de dette émis par les résidents	4 739	4 274	..	..	465
Titres de dette émis par les non-résidents	13 036	12 797	..	..	239
Crédits	1 902	1 707	..	..	195
Crédits à court terme	15	15	..	..	0
Crédits à long terme	1 887	1 692	..	..	195
Crédits accordés aux résidents	1 625	1 430	..	..	195
Crédits accordés aux non-résidents	277	277	..	..	0
Actions et parts de fonds d'investissement	52 676	50 241	..	..	2 435
Actions et parts de fonds d'investissement émises par les résidents	35 905	34 518	..	..	1 387
Actions et parts de fonds d'investissement émises par les non-résidents	16 771	15 723	..	..	1 048
Autrescomptes à recevoir	2 253	2 231	..	..	22

	Total	Sociétés d'assurance et fonds de pension autonomes			
		Sociétés d'assurance			Fonds de pension autonomes
		Total	Sociétés d'assurance vie	Sociétés d'assurance non-vie	Total
Pasifs financiers	78 068	74 554	..	..	3 514
Numéraire et dépôts	0	0	..	..	..
Titres de dette	379	379	..	..	0
Titres de dette à court terme	0	0	..	..	0
Titres de dette à long terme	379	379	..	..	0
Crédits	110	109	..	..	1
Crédits à court terme	16	16	..	..	0
Crédits à long terme	94	93	..	..	1
Actions et parts de fonds d'investissement	6 507	6 507	..	..	..
Systèmes d'assurance, de pensions et garanties standard	69 733	66 307	..	..	3 426
Produits financiers dérivés et options sur titres des salariés	10	10	..	..	0
Autres comptes à payer	1 329	1 242	..	..	87

Note : Voir les métadonnées détaillées sur : http://metalinks.oecd.org/instinv/20180905/e532

FINLANDE

Tableau 2. Actifs et passifs financiers des fonds d'investissement

Millions EUR

	2010	2011	2012	2013	2014	2015	2016	2017
Fonds d'investissement								
Valeur nette financière	35	369	-81	-273	430	318	-1 119	-2 685
Actifs financiers	66 600	60 223	72 745	82 503	94 435	108 876	119 903	132 449
Numéraire et dépôts	2 154	2 430	2 905	4 544	4 003	4 135	5 050	5 672
Titres de dette	25 281	25 684	28 865	30 822	34 447	35 811	37 731	39 073
Crédits	1 250	1 356	1 403	1 385	1 643	1 045	1 277	1 979
Actions et parts de fonds d'investissement	36 679	29 569	37 988	43 956	51 962	64 623	72 600	81 970
Actions	23 773	17 884	21 864	27 083	32 155	38 499	43 512	48 385
Parts de fonds d'investissement	12 906	11 685	16 124	16 873	19 807	26 124	29 088	33 585
Parts de fonds d'investissement monétaires	1 092	1 147	577	834	772	657	606	708
Parts de fonds d'investissement non monétaires	11 814	10 538	15 547	16 039	19 035	25 467	28 482	32 877
Systèmes d'assurance, de pensions et garanties standard	..	..	..	..	..	..	..	..
Produits financiers dérivés et options sur titres des salariés	387	713	1 048	1 256	1 704	2 353	2 455	2 849
Autres comptes à recevoir	849	471	536	540	676	909	790	906
Passifs financiers	66 565	59 854	72 826	82 776	94 005	108 558	121 022	135 134
Titres de dette	0	0	0	0	0	0	0	327
Titres de dette à court terme	0	0	0	0	0	0	0	0
Titres de dette à long terme	0	0	0	0	0	0	0	327
Crédits	3	8	6	1 921	1 331	2 012	2 497	2 767
Crédits à court terme	0	0	0	0	16	42	46	51
Crédits à long terme	3	8	6	1 921	1 315	1 970	2 451	2 716
Actions et parts de fonds d'investissement	64 973	58 475	70 447	79 022	90 132	103 926	115 195	128 213
Systèmes d'assurance, de pensions et garanties standard	..	..	..	..	..	..	..	..
Produits financiers dérivés et options sur titres des salariés	615	885	1 793	1 228	1 968	2 154	2 358	2 683
Autres comptes à payer	974	486	580	605	574	466	972	1 144
Actifs non financiers	..	..	..	..	..	..	..	..
Fonds d'investissement monéaires								
Valeur nette financière	180	0	-250	-564	113	304	356	103
Actifs financiers	10 480	11 418	3 244	3 546	3 450	3 458	3 580	3 455
Numéraire et dépôts	331	401	293	335	412	353	454	413
Titres de dette	9 942	10 849	2 844	3 105	3 020	3 089	3 120	3 025
Crédits	0	0	0	0	0	0	0	0
Actions et parts de fonds d'investissement	178	14	12	2	2	0	0	0
Actions	0	0	0	0	0	0	0	0
Parts de fonds d'investissement	178	14	12	2	2	0	0	0
Parts de fonds d'investissement monétaires	0	14	12	2	2	0	0	0
Parts de fonds d'investissement non monétaires	178	0	0	0	0	0	0	0
Systèmes d'assurance, de pensions et garanties standard	..	..	..	..	..	..	..	..
Produits financiers dérivés et options sur titres des salariés	0	0	25	0	0	0	0	0
Autres comptes à recevoir	29	154	70	104	16	16	6	17
Passifs financiers	10 300	11 418	3 494	4 110	3 337	3 154	3 224	3 352
Titres de dette	0	0	0	0	0	0	0	0
Titres de dette à court terme	..	..	..	..	..	..	..	..
Titres de dette à long terme	0	0	0	0	0	0	0	0
Crédits	0	0	0	136	0	0	0	0
Crédits à court terme	0	0	0	0	0	0	0	0
Crédits à long terme	0	0	0	136	0	0	0	0
Actions et parts de fonds d'investissement	10 222	11 347	3 494	3 974	3 246	3 121	3 173	3 322
Systèmes d'assurance, de pensions et garanties standard	..	..	..	..	..	..	..	..
Produits financiers dérivés et options sur titres des salariés	0	0	0	0	0	0	0	0
Autres comptes à payer	78	71	0	0	91	33	51	30
Actifs non financiers	0	0	0	0	0	0	0	0
Fonds d'investissement non monéaires								
Valeur nette financière	-145	369	169	291	317	14	-1 475	-2 788
Actifs financiers	56 120	48 805	69 501	78 957	90 985	105 418	116 323	128 994
Numéraire et dépôts	1 823	2 029	2 612	4 209	3 591	3 782	4 596	5 259
Titres de dette	15 339	14 835	26 021	27 717	31 427	32 722	34 611	36 048
Crédits	1 250	1 356	1 403	1 385	1 643	1 045	1 277	1 979
Actions et parts de fonds d'investissement	36 501	29 555	37 976	43 954	51 960	64 623	72 600	81 970
Actions	23 773	17 884	21 864	27 083	32 155	38 499	43 512	48 385
Parts de fonds d'investissement	12 728	11 671	16 112	16 871	19 805	26 124	29 088	33 585
Parts de fonds d'investissement monétaires	1 092	1 133	565	832	770	657	606	708
Parts de fonds d'investissement non monétaires	11 636	10 538	15 547	16 039	19 035	25 467	28 482	32 877
Systèmes d'assurance, de pensions et garanties standard	..	..	..	..	..	..	..	..
Produits financiers dérivés et options sur titres des salariés	387	713	1 023	1 256	1 704	2 353	2 455	2 849
Autres comptes à recevoir	820	317	466	436	660	893	784	889
Passifs financiers	56 265	48 436	69 332	78 666	90 668	105 404	117 798	131 782
Titres de dette	0	0	0	..	0	0	0	327
Titres de dette à court terme	0	0	0	..	0	0	0	0
Titres de dette à long terme	0	0	0	..	..	..	0	327
Crédits	3	8	6	1 785	1 331	2 012	2 497	2 767
Crédits à court terme	0	0	0	0	16	42	46	51
Crédits à long terme	3	8	6	1 785	1 315	1 970	2 451	2 716
Actions et parts de fonds d'investissement	54 751	47 128	66 953	75 048	86 886	100 805	112 022	124 891
Systèmes d'assurance, de pensions et garanties standard	..	..	..	..	..	..	..	..
Produits financiers dérivés et options sur titres des salariés	615	885	1 793	1 228	1 968	2 154	2 358	2 683
Autres comptes à payer	896	415	580	605	483	433	921	1 114
Actifs non financiers	0	0	0	0	0	0	0	0
Fonds d'investissement non monéaires à capital variable								
Valeur nette financière	..	..	..	..	..	..	..	..
Actifs financiers	..	..	..	..	..	..	..	..

FINLANDE

Tableau 2. Actifs et passifs financiers des fonds d'investissement *(suite)*

Millions EUR

	2010	2011	2012	2013	2014	2015	2016	2017
Numéraire et dépôts	..	..	..	..	..	..	..	..
Titres de dette	..	..	..	..	..	..	..	..
Crédits	..	..	..	..	..	..	..	..
Actions et parts de fonds d'investissement	..	..	..	..	..	..	..	..
Actions	..	..	..	..	..	..	..	..
Parts de fonds d'investissement	..	..	..	..	..	..	..	..
Parts de fonds d'investissement monétaires	..	..	..	..	..	..	..	..
Parts de fonds d'investissement non monétaires	..	..	..	..	..	..	..	..
Systèmes d'assurance, de pensions et garanties standard	..	..	..	..	..	..	..	..
Produits financiers dérivés et options sur titres des salariés	..	..	..	..	..	..	..	..
Autres comptes à recevoir	..	..	..	..	..	..	..	..
Passifs financiers	..	..	..	..	..	..	..	..
Titres de dette	..	..	..	..	..	..	..	..
Titres de dette à court terme	..	..	..	..	..	..	..	..
Titres de dette à long terme	..	..	..	..	..	..	..	..
Crédits	..	..	..	..	..	..	..	..
Crédits à court terme	..	..	..	..	..	..	..	..
Crédits à long terme	..	..	..	..	..	..	..	..
Actions et parts de fonds d'investissement	..	..	..	..	..	..	..	..
Systèmes d'assurance, de pensions et garanties standard	..	..	..	..	..	..	..	..
Produits financiers dérivés et options sur titres des salariés	..	..	..	..	..	..	..	..
Autres comptes à payer	..	..	..	..	..	..	..	..
Actifs non financiers	..	..	..	..	..	..	..	..
Fonds d'investissement à capital variable								
Valeur nette financière	..	..	..	..	..	..	..	..
Actifs financiers	..	..	..	..	..	..	..	..
Numéraire et dépôts	..	..	..	..	..	..	..	..
Titres de dette	..	..	..	..	..	..	..	..
Crédits	..	..	..	..	..	..	..	..
Actions et parts de fonds d'investissement	..	..	..	..	..	..	..	..
Actions	..	..	..	..	..	..	..	..
Parts de fonds d'investissement	..	..	..	..	..	..	..	..
Parts de fonds d'investissement monétaires	..	..	..	..	..	..	..	..
Parts de fonds d'investissement non monétaires	..	..	..	..	..	..	..	..
Systèmes d'assurance, de pensions et garanties standard	..	..	..	..	..	..	..	..
Produits financiers dérivés et options sur titres des salariés	..	..	..	..	..	..	..	..
Autres comptes à recevoir	..	..	..	..	..	..	..	..
Passifs financiers	..	..	..	..	..	..	..	..
Titres de dette	..	..	..	..	..	..	..	..
Titres de dette à court terme	..	..	..	..	..	..	..	..
Titres de dette à long terme	..	..	..	..	..	..	..	..
Crédits	..	..	..	..	..	..	..	..
Crédits à court terme	..	..	..	..	..	..	..	..
Crédits à long terme	..	..	..	..	..	..	..	..
Actions et parts de fonds d'investissement	..	..	..	..	..	..	..	..
Systèmes d'assurance, de pensions et garanties standard	..	..	..	..	..	..	..	..
Produits financiers dérivés et options sur titres des salariés	..	..	..	..	..	..	..	..
Autres comptes à payer	..	..	..	..	..	..	..	..
Actifs non financiers	..	..	..	..	..	..	..	..

Note : Voir les métadonnées détaillées sur : http://metalinks.oecd.org/instinv/20180905/e532

FINLANDE

Tableau 3. Actifs et passifs financiers des sociétés d'assurance et fonds de pension

Millions EUR

	2010	2011	2012	2013	2014	2015	2016	2017
Sociétés d'assurance et fonds de pension								
Valeur nette financière	3 224	3 160	3 415	1 553	3 148	3 310	2 099	639
Actifs financiers	57 381	56 438	61 770	64 156	71 096	74 792	77 062	78 707
Numéraire et dépôts	2 238	2 108	2 497	2 818	3 498	3 524	3 142	3 920
Titres de dette	22 245	21 177	23 505	24 582	24 852	24 473	23 066	17 775
Crédits	1 816	1 824	1 680	1 667	1 584	1 941	2 289	1 902
Actions et parts de fonds d'investissement	29 211	29 524	31 919	33 479	38 641	42 527	45 578	52 676
Actions	5 155	5 027	4 877	4 870	4 945	5 386	6 936	6 957
Parts de fonds d'investissement	24 056	24 497	27 042	28 609	33 696	37 141	38 642	45 719
Parts de fonds d'investissement monétaires	1 268	2 532	966	1 188	1 511	1 521	926	968
Parts de fonds d'investissement non monétaires	22 788	21 965	26 076	27 421	32 185	35 620	37 716	44 751
Systèmes d'assurance, de pensions et garanties standard	0	0	0	0	0	0	338	0
Produits financiers dérivés et options sur titres des salariés	173	46	310	132	145	80	126	181
Autres comptes à recevoir	1 698	1 759	1 859	1 478	2 376	2 247	2 523	2 253
Passifs financiers	54 157	53 278	58 355	62 603	67 948	71 482	74 963	78 068
Titres de dette	315	273	280	210	554	515	509	379
Titres de dette à court terme	9	17	13	5	24	19	17	0
Titres de dette à long terme	306	256	267	205	530	496	492	379
Crédits	362	452	182	106	286	124	110	110
Crédits à court terme	1	1	44	23	65	20	19	16
Crédits à long terme	361	451	138	83	221	104	91	94
Actions et parts de fonds d'investissement	4 640	4 380	5 162	5 447	5 510	5 335	5 885	6 507
Systèmes d'assurance, de pensions et garanties standard	47 651	46 957	51 347	55 448	59 665	64 321	67 182	69 733
Produits financiers dérivés et options sur titres des salariés	128	316	66	91	290	138	62	10
Autres comptes à payer	1 061	900	1 318	1 301	1 643	1 049	1 215	1 329
Actifs non financiers	..	..	..	..	..	..	..	..
Sociétés d'assurance								
Valeur nette financière	2 716	2 903	3 525	2 381	3 960	4 068	2 011	741
Actifs financiers	53 120	52 543	58 247	61 194	68 175	71 832	73 413	75 295
Numéraire et dépôts	2 142	1 893	2 372	2 604	3 439	3 467	3 066	3 864
Titres de dette	21 403	20 211	22 707	23 720	23 971	23 743	22 296	17 071
Crédits	1 518	1 514	1 428	1 502	1 426	1 769	2 106	1 707
Actions et parts de fonds d'investissement	26 221	27 178	29 688	31 799	36 853	40 558	42 996	50 241
Actions	4 232	4 144	4 332	4 360	4 262	4 798	5 835	6 179
Parts de fonds d'investissement	21 989	23 034	25 356	27 439	32 591	35 760	37 161	44 062
Parts de fonds d'investissement monétaires	1 207	2 439	864	1 066	1 435	1 415	791	833
Parts de fonds d'investissement non monétaires	20 782	20 595	24 492	26 373	31 156	34 345	36 370	43 229
Systèmes d'assurance, de pensions et garanties standard	0	0	0	0	0	0	338	0
Produits financiers dérivés et options sur titres des salariés	173	46	308	130	145	80	126	181
Autres comptes à recevoir	1 663	1 701	1 744	1 439	2 341	2 215	2 485	2 231
Passifs financiers	50 404	49 640	54 722	58 813	64 215	67 764	71 402	74 554
Titres de dette	315	273	280	210	554	515	509	379
Titres de dette à court terme	9	17	13	5	24	19	17	0
Titres de dette à long terme	306	256	267	205	530	496	492	379
Crédits	362	426	182	106	286	124	110	109
Crédits à court terme	1	1	44	23	65	20	19	16
Crédits à long terme	361	425	138	83	221	104	91	93
Actions et parts de fonds d'investissement	4 640	4 380	5 162	5 447	5 510	5 335	5 885	6 507
Systèmes d'assurance, de pensions et garanties standard	43 924	43 370	47 739	51 684	55 980	60 636	63 640	66 307
Produits financiers dérivés et options sur titres des salariés	128	316	66	91	290	138	62	10
Autres comptes à payer	1 035	875	1 293	1 275	1 595	1 016	1 196	1 242
Actifs non financiers	894	877	881	851	836	810	795	0
Fonds de pension								
Valeur nette financière	508	257	-110	-828	-812	-758	88	-102
Actifs financiers	4 261	3 895	3 523	2 962	2 921	2 960	3 649	3 412
Numéraire et dépôts	96	215	125	214	59	57	76	56
Titres de dette	842	966	798	862	881	730	770	704
Crédits	298	310	252	165	158	172	183	195
Actions et parts de fonds d'investissement	2 990	2 346	2 231	1 680	1 788	1 969	2 582	2 435
Actions	923	883	545	510	683	588	1 101	778
Parts de fonds d'investissement	2 067	1 463	1 686	1 170	1 105	1 381	1 481	1 657
Parts de fonds d'investissement monétaires	61	93	102	122	76	106	135	135
Parts de fonds d'investissement non monétaires	2 006	1 370	1 584	1 048	1 029	1 275	1 346	1 522
Systèmes d'assurance, de pensions et garanties standard	..	..	..	..	..	..	..	..
Produits financiers dérivés et options sur titres des salariés	0	0	2	2	0	0	0	0
Autres comptes à recevoir	35	58	115	39	35	32	38	22
Passifs financiers	3 753	3 638	3 633	3 790	3 733	3 718	3 561	3 514
Titres de dette	0	0	0	0	0	0	0	0
Titres de dette à court terme	0	0	0	0	0	0	0	0
Titres de dette à long terme	0	0	0	0	0	0	0	0
Crédits	0	26	0	0	0	0	0	1
Crédits à court terme	0	0	0	0	0	0	0	0
Crédits à long terme	0	26	0	0	0	0	0	1
Actions et parts de fonds d'investissement	..	..	..	..	..	..	..	..
Systèmes d'assurance, de pensions et garanties standard	3 727	3 587	3 608	3 764	3 685	3 685	3 542	3 426
Produits financiers dérivés et options sur titres des salariés	0	0	0	0	0	0	0	0
Autres comptes à payer	26	25	25	26	48	33	19	87
Actifs non financiers	0	0	0	0	0	0	0	0

Note : Voir les métadonnées détaillées sur : http://metalinks.oecd.org/instinv/20180905/e532

Tableau 4. Composition du portefeuille par type d'investisseur

En pourcentage des actifs financiers et des passifs financiers

Pour cent

	2010	2011	2012	2013	2014	2015	2016	2017
Fonds d'investissement								
Actifs financiers	100.0	100.0	100.0	100.0	100.0	100.0	100.0	100.0
Numéraire et dépôts	3.2	4.0	4.0	5.5	4.2	3.8	4.2	4.3
Titres de dettes	38.0	42.6	39.7	37.4	36.5	32.9	31.5	29.5
Crédits	1.9	2.3	1.9	1.7	1.7	1.0	1.1	1.5
Actions et parts de fonds d'investissement	55.1	49.1	52.2	53.3	55.0	59.4	60.5	61.9
Systèmes d'assurance de pensions et garanties standard	0.0	0.0	0.0	0.0	0.0	0.0	0.0	0.0
Produits financiers dérivés et options sur titres des salariés	0.6	1.2	1.4	1.5	1.8	2.2	2.0	2.2
Autres comptes à recevoir	1.3	0.8	0.7	0.7	0.7	0.8	0.7	0.7
Passifs financiers	100.0	100.0	100.0	100.0	100.0	100.0	100.0	100.0
Numéraire et dépôts	0.0	0.0	0.0	0.0	0.0	0.0	0.0	0.0
Titres de dettes	0.0	0.0	0.0	0.0	0.0	0.0	0.0	0.2
Crédits	0.0	0.0	0.0	2.3	1.4	1.9	2.1	2.0
Actions et parts de fonds d'investissement	97.6	97.7	96.7	95.5	95.9	95.7	95.2	94.9
Systèmes d'assurance de pensions et garanties standard	0.0	0.0	0.0	0.0	0.0	0.0	0.0	0.0
Produits financiers dérivés et options sur titres des salariés	0.9	1.5	2.5	1.5	2.1	2.0	1.9	2.0
Autres comptes à recevoir	1.5	0.8	0.8	0.7	0.6	0.4	0.8	0.8
Sociétés d'assurance								
Actifs financiers	100.0	100.0	100.0	100.0	100.0	100.0	100.0	100.0
Numéraire et dépôts	4.0	3.6	4.1	4.3	5.0	4.8	4.2	5.1
Titres de dettes	40.3	38.5	39.0	38.8	35.2	33.1	30.4	22.7
Crédits	2.9	2.9	2.5	2.5	2.1	2.5	2.9	2.3
Actions et parts de fonds d'investissement	49.4	51.7	51.0	52.0	54.1	56.5	58.6	66.7
Systèmes d'assurance de pensions et garanties standard	0.0	0.0	0.0	0.0	0.0	0.0	0.5	0.0
Produits financiers dérivés et options sur titres des salariés	0.3	0.1	0.5	0.2	0.2	0.1	0.2	0.2
Autres comptes à recevoir	3.1	3.2	3.0	2.4	3.4	3.1	3.4	3.0
Passifs financiers	100.0	100.0	100.0	100.0	100.0	100.0	100.0	100.0
Numéraire et dépôts	0.0	0.0	0.0	0.0	0.0	0.0	0.0	0.0
Titres de dettes	0.6	0.5	0.5	0.4	0.9	0.8	0.7	0.5
Crédits	0.7	0.9	0.3	0.2	0.4	0.2	0.2	0.1
Actions et parts de fonds d'investissement	9.2	8.8	9.4	9.3	8.6	7.9	8.2	8.7
Systèmes d'assurance de pensions et garanties standard	87.1	87.4	87.2	87.9	87.2	89.5	89.1	88.9
Produits financiers dérivés et options sur titres des salariés	0.3	0.6	0.1	0.2	0.5	0.2	0.1	0.0
Autres comptes à recevoir	2.1	1.8	2.4	2.2	2.5	1.5	1.7	1.7
Fonds de pension								
Actifs financiers	100.0	100.0	100.0	100.0	100.0	100.0	100.0	100.0
Numéraire et dépôts	2.3	5.5	3.5	7.2	2.0	1.9	2.1	1.6
Titres de dettes	19.8	24.8	22.7	29.1	30.2	24.7	21.1	20.6
Crédits	7.0	8.0	7.2	5.6	5.4	5.8	5.0	5.7
Actions et parts de fonds d'investissement	70.2	60.2	63.3	56.7	61.2	66.5	70.8	71.4
Systèmes d'assurance de pensions et garanties standard	0.0	0.0	0.0	0.0	0.0	0.0	0.0	0.0
Produits financiers dérivés et options sur titres des salariés	0.0	0.0	0.1	0.1	0.0	0.0	0.0	0.0
Autres comptes à recevoir	0.8	1.5	3.3	1.3	1.2	1.1	1.0	0.6
Passifs financiers	100.0	100.0	100.0	100.0	100.0	100.0	100.0	100.0
Numéraire et dépôts	0.0	0.0	0.0	0.0	0.0	0.0	0.0	0.0
Titres de dettes	0.0	0.0	0.0	0.0	0.0	0.0	0.0	0.0
Crédits	0.0	0.7	0.0	0.0	0.0	0.0	0.0	0.0
Actions et parts de fonds d'investissement	0.0	0.0	0.0	0.0	0.0	0.0	0.0	0.0
Systèmes d'assurance de pensions et garanties standard	99.3	98.6	99.3	99.3	98.7	99.1	99.5	97.5
Produits financiers dérivés et options sur titres des salariés	0.0	0.0	0.0	0.0	0.0	0.0	0.0	0.0
Autres comptes à recevoir	0.7	0.7	0.7	0.7	1.3	0.9	0.5	2.5

Note : Voir les métadonnées détaillées sur : http://metalinks.oecd.org/instinv/20180905/af01

FRANCE

Tableau 1. Actifs et passifs financiers des investisseurs institutionnels, 2017

Millions EUR (1999 FRF euro)

	Fonds d'investissement				
	Total	Fonds d'investissement non-monétaire			Fonds d'investissement monétaires
		Total	Fonds d'investissement à capital variable, non monétaire	Fonds d'investissement à capital fixe, non monétaire	Total
Actifs financiers	1 777 124	1 426 227	1 426 227	0	350 898
Numéraire et dépôts	80 917	44 929	44 929	0	35 988
Titres de dette	676 443	398 241	398 241	0	278 202
Titres de dette à court terme	219 216	27 271	27 271	0	191 946
Titres de dette à long terme	457 227	370 971	370 971	0	86 256
Titres de dette émis par les résidents	240 913	117 553	117 553	0	123 359
Titres de dette émis par les non-résidents	435 531	280 688	280 688	0	154 843
Crédits	4 343	4 193	4 193	0	150
Crédits à court terme	3 888	3 739	3 739	0	149
Crédits à long terme	455	455	455	0	1
Crédits accordés aux résidents	3 982	3 832	3 832	0	149
Crédits accordés aux non-résidents	362	361	361	0	1
Actions et parts de fonds d'investissement	842 015	809 153	809 153	0	32 862
Actions et parts de fonds d'investissements émises par les résidents	490 808	458 454	458 454	0	32 354
Actions et part de fonds d'investissements émises par les non-résidents	351 206	350 698	350 698	0	508
Autres comptes à recevoir	130 522	128 169	128 169	0	2 353

	Fonds d'investissement				
	Total	Fonds d'investissement non-monétaire			Fonds d'investissement monétaires
		Total	Fonds d'investissement à capital variable, non monétaire	Fonds d'investissement à capital fixe, non monétaire	Total
Pasifs financiers	1 840 346	1 489 448	1 489 448	0	350 898
Numéraire et dépôts	12 151	11 480	11 480	0	671
Titres de dette	0	0	0	0	0
Titres de dette à court terme	0	0	0	0	0
Titres de dette à long terme	0	0	0	0	0
Crédits	7 249	7 194	7 194	0	55
Crédits à court terme	4 505	4 454	4 454	0	51
Crédits à long terme	2 744	2 741	2 741	0	3
Actions et parts de fonds d'investissement	1 646 404	1 301 132	1 301 132	0	345 271
Systèmes d'assurance, de pensions et garanties standard	0	0	0	0	0
Produits financiers dérivés et options sur titres des salariés	43 307	41 950	41 950	0	1 358
Autres comptes à payer	131 236	127 692	127 692	0	3 543

	Sociétés d'assurance et fonds de pension autonomes				
	Total	Sociétés d'assurance			Fonds de pension autonomes
		Total	Sociétés d'assurance vie	Sociétés d'assurance non-vie	Total
Actifs financiers	2 768 564	2 768 564	2 415 831	352 733	..
Numéraire et dépôts	38 974	38 974	27 190	11 784	..
Titres de dette	1 530 818	1 530 818	1 411 187	119 631	..
Titres de dette à court terme	19 916	19 916	19 489	427	..
Titres de dette à long terme	1 510 902	1 510 902	1 391 698	119 204	..
Titres de dette émis par les résidents	825 347	825 347	762 246	63 101	..
Titres de dette émis par les non-résidents	705 471	705 471	648 941	56 530	..
Crédits	58 723	58 723	37 050	21 673	..
Crédits à court terme	33 579	33 579	19 908	13 671	..
Crédits à long terme	25 144	25 144	17 142	8 002	..
Crédits accordés aux résidents	49 319	49 319	35 075	14 244	..
Crédits accordés aux non-résidents	9 404	9 404	1 975	7 429	..
Actions et parts de fonds d'investissement	940 104	940 104	795 765	144 339	..
Actions et parts de fonds d'investissement émises par les résidents	771 734	771 734	650 648	121 086	..
Actions et parts de fonds d'investissement émises par les non-résidents	168 370	168 370	145 117	23 253	..
Autrescomptes à recevoir	83 590	83 590	57 756	25 834	..

	Sociétés d'assurance et fonds de pension autonomes				
	Total	Sociétés d'assurance			Fonds de pension autonomes
		Total	Sociétés d'assurance vie	Sociétés d'assurance non-vie	Total
Pasifs financiers	2 811 825	2 811 825	2 448 567	363 258	..
Numéraire et dépôts	..	..	..	..	..
Titres de dette	63 075	63 075	52 557	10 518	..
Titres de dette à court terme	..	..	..	..	..
Titres de dette à long terme	..	..	..	..	..
Crédits	87 691	87 691	74 396	13 295	..
Crédits à court terme	..	..	..	..	..
Crédits à long terme	..	..	..	..	..
Actions et parts de fonds d'investissement	312 872	312 872	166 657	146 215	..
Systèmes d'assurance, de pensions et garanties standard	2 216 606	2 216 606	2 061 249	155 357	..
Produits financiers dérivés et options sur titres des salariés	2 815	2 815	2 560	255	..
Autres comptes à payer	128 766	128 766	91 148	37 618	..

Note : Voir les métadonnées détaillées sur : http://metalinks.oecd.org/instinv/20180905/e532

Tableau 2. Actifs et passifs financiers des fonds d'investissement

Millions EUR

	2010	2011	2012	2013	2014	2015	2016	2017
Fonds d'investissement								
Valeur nette financière	-23 789	-30 834	-38 900	-43 614	-51 435	-60 968	-55 168	-63 222
Actifs financiers	1 479 830	1 326 157	1 399 454	1 399 994	1 454 248	1 539 889	1 654 798	1 777 124
Numéraire et dépôts	83 360	84 017	86 872	83 589	85 309	87 221	87 825	80 917
Titres de dette	595 379	558 349	590 121	552 979	575 387	601 667	638 663	676 443
Crédits	5 746	1 600	1 439	2 331	2 362	2 301	4 687	4 343
Actions et parts de fonds d'investissement	656 077	556 097	595 237	640 391	650 694	701 899	760 199	842 015
Actions	376 584	312 815	332 447	375 711	385 051	413 225	441 745	496 129
Parts de fonds d'investissement	279 493	243 282	262 789	264 681	265 643	288 674	318 454	345 886
Parts de fonds d'investissement monétaires	97 541	91 967	98 446	87 471	75 992	84 530	100 541	99 358
Parts de fonds d'investissement non monétaires	181 952	151 315	164 343	177 210	189 651	204 144	217 914	246 528
Systèmes d'assurance, de pensions et garanties standard	0	0	0	0	0	0	0	0
Produits financiers dérivés et options sur titres des salariés	13 481	25 137	25 916	26 096	27 903	26 878	36 761	42 884
Autres comptes à recevoir	125 786	100 956	99 870	94 608	112 593	119 923	126 662	130 522
Passifs financiers	1 503 620	1 356 990	1 438 354	1 443 608	1 505 683	1 600 857	1 709 965	1 840 346
Titres de dette	0	0	0	0	0	0	0	0
Titres de dette à court terme	0	0	0	0	0	0	0	0
Titres de dette à long terme	0	0	0	0	0	0	0	0
Crédits	4 170	588	3 912	3 020	4 050	4 190	7 784	7 249
Crédits à court terme	4 167	584	2 300	1 466	2 491	1 930	4 844	4 505
Crédits à long terme	3	4	1 612	1 555	1 559	2 260	2 940	2 744
Actions et parts de fonds d'investissement	1 357 039	1 220 785	1 293 864	1 307 054	1 349 244	1 441 675	1 523 164	1 646 404
Systèmes d'assurance, de pensions et garanties standard	0	0	0	0	0	0	0	0
Produits financiers dérivés et options sur titres des salariés	8 685	24 275	26 667	28 154	31 214	30 534	41 582	43 307
Autres comptes à payer	124 820	100 643	101 346	96 127	113 677	118 049	125 624	131 236
Actifs non financiers	23 790	30 837	38 903	43 614	51 435	60 970	55 168	63 222
Fonds d'investissement monéaires								
Valeur nette financière	0	0	0	0	0	0	0	0
Actifs financiers	413 885	369 359	370 535	324 945	294 317	318 661	351 695	350 898
Numéraire et dépôts	47 050	41 234	40 832	46 812	43 546	43 930	44 319	35 988
Titres de dette	295 112	273 595	277 341	237 529	220 601	239 966	264 669	278 202
Crédits	1 048	487	758	795	891	1 041	583	150
Actions et parts de fonds d'investissement	53 389	38 223	48 547	35 595	26 317	28 004	38 365	32 862
Actions	1 942	63	0	0	0	0	0	0
Parts de fonds d'investissement	51 447	38 160	48 547	35 595	26 317	28 004	38 365	32 862
Parts de fonds d'investissement monétaires	48 598	37 055	48 127	35 232	25 949	27 898	38 017	32 622
Parts de fonds d'investissement non monétaires	2 849	1 105	420	363	368	106	347	240
Systèmes d'assurance, de pensions et garanties standard	0	0	0	0	0	0	0	0
Produits financiers dérivés et options sur titres des salariés	787	371	729	703	935	2 499	1 923	1 343
Autres comptes à recevoir	16 499	15 449	2 328	3 510	2 027	3 221	1 836	2 353
Passifs financiers	413 885	369 359	370 535	324 945	294 317	318 661	351 695	350 898
Titres de dette	0	0	0	0	0	0	0	0
Titres de dette à court terme	0	0	0	0	0	0	0	0
Titres de dette à long terme	0	0	0	0	0	0	0	0
Crédits	3	96	140	0	1	0	3	55
Crédits à court terme	3	96	140	0	1	0	0	51
Crédits à long terme	0	0	0	0	0	0	3	3
Actions et parts de fonds d'investissement	394 337	351 070	365 755	318 228	288 903	311 674	346 276	345 271
Systèmes d'assurance, de pensions et garanties standard	0	0	0	0	0	0	0	0
Produits financiers dérivés et options sur titres des salariés	705	461	515	781	992	2 580	2 047	1 358
Autres comptes à payer	17 279	16 917	3 213	4 897	2 704	3 673	2 704	3 543
Actifs non financiers	0	0	0	0	0	0	0	0
Fonds d'investissement non monéaires								
Valeur nette financière	-23 789	-30 834	-38 900	-43 614	-51 435	-60 968	-55 168	-63 222
Actifs financiers	1 065 945	956 798	1 028 920	1 075 049	1 159 930	1 221 229	1 303 103	1 426 227
Numéraire et dépôts	36 310	42 783	46 040	36 777	41 764	43 291	43 506	44 929
Titres de dette	300 267	284 754	312 780	315 450	354 785	361 702	373 994	398 241
Crédits	4 698	1 113	681	1 536	1 471	1 261	4 104	4 193
Actions et parts de fonds d'investissement	602 688	517 874	546 690	604 796	624 377	673 894	721 835	809 153
Actions	374 643	312 752	332 447	375 711	385 051	413 225	441 745	496 129
Parts de fonds d'investissement	228 046	205 122	214 243	229 086	239 326	260 670	280 090	313 024
Parts de fonds d'investissement monétaires	48 943	54 912	50 319	52 239	50 043	56 632	62 523	66 736
Parts de fonds d'investissement non monétaires	179 103	150 210	163 923	176 846	189 283	204 037	217 566	246 288
Systèmes d'assurance, de pensions et garanties standard	0	0	0	0	0	0	0	0
Produits financiers dérivés et options sur titres des salariés	12 695	24 766	25 187	25 392	26 968	24 379	34 838	41 541
Autres comptes à recevoir	109 288	85 507	97 542	91 098	110 566	116 702	124 827	128 169
Passifs financiers	1 089 735	987 631	1 067 819	1 118 664	1 211 365	1 282 196	1 358 270	1 489 448
Titres de dette	0	0	0	0	0	0	0	0
Titres de dette à court terme	0	0	0	0	0	0	0	0
Titres de dette à long terme	0	0	0	0	0	0	0	0
Crédits	4 167	492	3 772	3 020	4 049	4 190	7 781	7 194
Crédits à court terme	4 164	488	2 160	1 466	2 490	1 930	4 844	4 454
Crédits à long terme	3	4	1 612	1 555	1 559	2 260	2 937	2 741
Actions et parts de fonds d'investissement	962 702	869 715	928 109	988 826	1 060 342	1 130 001	1 176 888	1 301 132
Systèmes d'assurance, de pensions et garanties standard	0	0	0	0	0	0	0	0
Produits financiers dérivés et options sur titres des salariés	7 980	23 814	26 152	27 373	30 222	27 954	39 535	41 950
Autres comptes à payer	107 541	83 726	98 133	91 230	110 973	114 376	122 920	127 692
Actifs non financiers	23 790	30 837	38 903	43 614	51 435	60 970	55 168	63 222
Fonds d'investissement non monéaires à capital variable								
Valeur nette financière	-23 789	-30 834	-38 900	-43 614	-51 435	-60 968	-55 168	-63 222
Actifs financiers	1 065 945	956 798	1 028 920	1 075 049	1 159 930	1 221 229	1 303 103	1 426 227

Tableau 2. Actifs et passifs financiers des fonds d'investissement *(suite)*

Millions EUR

	2010	2011	2012	2013	2014	2015	2016	2017
Numéraire et dépôts	36 310	42 783	46 040	36 777	41 764	43 291	43 506	44 929
Titres de dette	300 267	284 754	312 780	315 450	354 785	361 702	373 994	398 241
Crédits	4 698	1 113	681	1 536	1 471	1 261	4 104	4 193
Actions et parts de fonds d'investissement	602 688	517 874	546 690	604 796	624 377	673 894	721 835	809 153
Actions	374 643	312 752	332 447	375 711	385 051	413 225	441 745	496 129
Parts de fonds d'investissement	228 046	205 122	214 243	229 086	239 326	260 670	280 090	313 024
Parts de fonds d'investissement monétaires	48 943	54 912	50 319	52 239	50 043	56 632	62 523	66 736
Parts de fonds d'investissement non monétaires	179 103	150 210	163 923	176 846	189 283	204 037	217 566	246 288
Systèmes d'assurance, de pensions et garanties standard	0	0	0	0	0	0	0	0
Produits financiers dérivés et options sur titres des salariés	12 695	24 766	25 187	25 392	26 968	24 379	34 838	41 541
Autres comptes à recevoir	109 288	85 507	97 542	91 098	110 566	116 702	124 827	128 169
Passifs financiers	1 089 735	987 631	1 067 819	1 118 664	1 211 365	1 282 196	1 358 270	1 489 448
Titres de dette	0	0	0	0	0	0	0	0
Titres de dette à court terme	0	0	0	0	0	0	0	0
Titres de dette à long terme	0	0	0	0	0	0	0	0
Crédits	4 167	492	3 772	3 020	4 049	4 190	7 781	7 194
Crédits à court terme	4 164	488	2 160	1 466	2 490	1 930	4 844	4 454
Crédits à long terme	3	4	1 612	1 555	1 559	2 260	2 937	2 741
Actions et parts de fonds d'investissement	962 702	869 715	928 109	988 826	1 060 342	1 130 001	1 176 888	1 301 132
Systèmes d'assurance, de pensions et garanties standard	0	0	0	0	0	0	0	0
Produits financiers dérivés et options sur titres des salariés	7 980	23 814	26 152	27 373	30 222	27 954	39 535	41 950
Autres comptes à payer	107 541	83 726	98 133	91 230	110 973	114 376	122 920	127 692
Actifs non financiers	23 790	30 837	38 903	43 614	51 435	60 970	55 168	63 222
Fonds d'investissement à capital variable								
Valeur nette financière	-23 789	-30 834	-38 900	-43 614	-51 435	-60 968	-55 168	-63 222
Actifs financiers	1 479 830	1 326 157	1 399 454	1 399 994	1 454 248	1 539 889	1 654 798	1 777 124
Numéraire et dépôts	83 360	84 017	86 872	83 589	85 309	87 221	87 825	80 917
Titres de dette	595 379	558 349	590 121	552 979	575 387	601 667	638 663	676 443
Crédits	5 746	1 600	1 439	2 331	2 362	2 301	4 687	4 343
Actions et parts de fonds d'investissement	656 077	556 097	595 237	640 391	650 694	701 899	760 199	842 015
Actions	376 584	312 815	332 447	375 711	385 051	413 225	441 745	496 129
Parts de fonds d'investissement	279 493	243 282	262 789	264 681	265 643	288 674	318 454	345 886
Parts de fonds d'investissement monétaires	97 541	91 967	98 446	87 471	75 992	84 530	100 541	99 358
Parts de fonds d'investissement non monétaires	181 952	151 315	164 343	177 210	189 651	204 144	217 914	246 528
Systèmes d'assurance, de pensions et garanties standard	0	0	0	0	0	0	0	0
Produits financiers dérivés et options sur titres des salariés	13 481	25 137	25 916	26 096	27 903	26 878	36 761	42 884
Autres comptes à recevoir	125 786	100 956	99 870	94 608	112 593	119 923	126 662	130 522
Passifs financiers	1 503 620	1 356 990	1 438 354	1 443 608	1 505 683	1 600 857	1 709 965	1 840 346
Titres de dette	0	0	0	0	0	0	0	0
Titres de dette à court terme	0	0	0	0	0	0	0	0
Titres de dette à long terme	0	0	0	0	0	0	0	0
Crédits	4 170	588	3 912	3 020	4 050	4 190	7 784	7 249
Crédits à court terme	4 167	584	2 300	1 466	2 491	1 930	4 844	4 505
Crédits à long terme	3	4	1 612	1 555	1 559	2 260	2 940	2 744
Actions et parts de fonds d'investissement	1 357 039	1 220 785	1 293 864	1 307 054	1 349 244	1 441 675	1 523 164	1 646 404
Systèmes d'assurance, de pensions et garanties standard	0	0	0	0	0	0	0	0
Produits financiers dérivés et options sur titres des salariés	8 685	24 275	26 667	28 154	31 214	30 534	41 582	43 307
Autres comptes à payer	124 820	100 643	101 346	96 127	113 677	118 049	125 624	131 236
Actifs non financiers	23 790	30 837	38 903	43 614	51 435	60 970	55 168	63 222

Note : Voir les métadonnées détaillées sur : http://metalinks.oecd.org/instinv/20180905/e532

Tableau 3. Actifs et passifs financiers des sociétés d'assurance et fonds de pension

Millions EUR

	2010	2011	2012	2013	2014	2015	2016	2017
Sociétés d'assurance et fonds de pension								
Valeur nette financière	14 353	-9 339	120 316	128 281	231 981	218 294	-41 501	-43 261
Actifs financiers	1 895 553	1 874 710	2 076 202	2 182 607	2 398 823	2 469 679	2 687 180	2 768 564
Numéraire et dépôts	17 513	19 010	24 992	29 306	34 039	36 878	37 878	38 974
Titres de dette	1 147 206	1 139 217	1 275 546	1 319 433	1 461 006	1 464 553	1 556 526	1 530 818
Crédits	35 546	37 501	35 278	36 169	37 266	38 632	61 646	58 723
Actions et parts de fonds d'investissement	610 397	584 317	642 192	682 792	746 752	806 263	842 797	940 104
Actions	211 909	205 339	208 716	232 519	252 642	281 492	215 350	227 843
Parts de fonds d'investissement	398 487	378 979	433 476	450 273	494 110	524 771	627 447	712 261
Parts de fonds d'investissement monétaires	50 769	64 562	84 812	61 604	66 067	65 965	74 536	90 693
Parts de fonds d'investissement non monétaires	347 719	314 416	348 664	388 669	428 043	458 806	552 911	621 568
Systèmes d'assurance, de pensions et garanties standard	80 196	86 621	92 866	111 346	115 443	119 887	102 353	111 988
Produits financiers dérivés et options sur titres des salariés	4 642	7 994	5 276	3 507	4 263	3 412	4 977	4 367
Autres comptes à recevoir	54	51	53	54	54	54	81 003	83 590
Passifs financiers	1 881 201	1 884 050	1 955 886	2 054 326	2 166 842	2 251 385	2 728 681	2 811 825
Titres de dette	6 603	8 522	9 335	11 235	15 892	17 338	61 202	63 075
Titres de dette à court terme	673	215	237	107	107	123	..	..
Titres de dette à long terme	5 930	8 307	9 098	11 128	15 785	17 215	..	..
Crédits	76 284	70 690	77 126	88 206	99 616	104 029	79 900	87 691
Crédits à court terme	45 246	36 843	43 042	53 029	63 907	66 476	..	..
Crédits à long terme	31 038	33 846	34 084	35 177	35 709	37 552	..	..
Actions et parts de fonds d'investissement	107 449	96 243	99 615	109 596	117 869	118 884	289 185	312 872
Systèmes d'assurance, de pensions et garanties standard	1 655 957	1 680 705	1 735 678	1 811 041	1 897 780	1 976 939	2 170 754	2 216 606
Produits financiers dérivés et options sur titres des salariés	225	324	138	426	1 895	386	2 842	2 815
Autres comptes à payer	34 682	27 566	33 995	33 822	33 790	33 809	124 798	128 766
Actifs non financiers	25 683	25 225	26 309	27 356	27 785	28 618	41 504	43 250
Sociétés d'assurance								
Valeur nette financière	14 353	-9 339	120 316	128 281	231 981	218 294	-41 501	-43 261
Actifs financiers	1 895 553	1 874 710	2 076 202	2 182 607	2 398 823	2 469 679	2 687 180	2 768 564
Numéraire et dépôts	17 513	19 010	24 992	29 306	34 039	36 878	37 878	38 974
Titres de dette	1 147 206	1 139 217	1 275 546	1 319 433	1 461 006	1 464 553	1 556 526	1 530 818
Crédits	35 546	37 501	35 278	36 169	37 266	38 632	61 646	58 723
Actions et parts de fonds d'investissement	610 397	584 317	642 192	682 792	746 752	806 263	842 797	940 104
Actions	211 909	205 339	208 716	232 519	252 642	281 492	215 350	227 843
Parts de fonds d'investissement	398 487	378 979	433 476	450 273	494 110	524 771	627 447	712 261
Parts de fonds d'investissement monétaires	50 769	64 562	84 812	61 604	66 067	65 965	74 536	90 693
Parts de fonds d'investissement non monétaires	347 719	314 416	348 664	388 669	428 043	458 806	552 911	621 568
Systèmes d'assurance, de pensions et garanties standard	80 196	86 621	92 866	111 346	115 443	119 887	102 353	111 988
Produits financiers dérivés et options sur titres des salariés	4 642	7 994	5 276	3 507	4 263	3 412	4 977	4 367
Autres comptes à recevoir	54	51	53	54	54	54	81 003	83 590
Passifs financiers	1 881 201	1 884 050	1 955 886	2 054 326	2 166 842	2 251 385	2 728 681	2 811 825
Titres de dette	6 603	8 522	9 335	11 235	15 892	17 338	61 202	63 075
Titres de dette à court terme	673	215	237	107	107	123	..	..
Titres de dette à long terme	5 930	8 307	9 098	11 128	15 785	17 215	..	..
Crédits	76 284	70 690	77 126	88 206	99 616	104 029	79 900	87 691
Crédits à court terme	45 246	36 843	43 042	53 029	63 907	66 476	..	..
Crédits à long terme	31 038	33 846	34 084	35 177	35 709	37 552	..	..
Actions et parts de fonds d'investissement	107 449	96 243	99 615	109 596	117 869	118 884	289 185	312 872
Systèmes d'assurance, de pensions et garanties standard	1 655 957	1 680 705	1 735 678	1 811 041	1 897 780	1 976 939	2 170 754	2 216 606
Produits financiers dérivés et options sur titres des salariés	225	324	138	426	1 895	386	2 842	2 815
Autres comptes à payer	34 682	27 566	33 995	33 822	33 790	33 809	124 798	128 766
Actifs non financiers	25 683	25 225	26 309	27 356	27 785	28 618	41 504	43 250
Fonds de pension								
Valeur nette financière	..	..	..	..	..	..	..	..
Actifs financiers	..	..	..	..	..	..	..	..
Numéraire et dépôts	..	..	..	..	..	..	..	..
Titres de dette	..	..	..	..	..	..	..	..
Crédits	..	..	..	..	..	..	..	..
Actions et parts de fonds d'investissement	..	..	..	..	..	..	..	..
Actions	..	..	..	..	..	..	..	..
Parts de fonds d'investissement	..	..	..	..	..	..	..	..
Parts de fonds d'investissement monétaires	..	..	..	..	..	..	..	..
Parts de fonds d'investissement non monétaires	..	..	..	..	..	..	..	..
Systèmes d'assurance, de pensions et garanties standard	..	..	..	..	..	..	..	..
Produits financiers dérivés et options sur titres des salariés	..	..	..	..	..	..	..	..
Autres comptes à recevoir	..	..	..	..	..	..	..	..
Passifs financiers	..	..	..	..	..	..	..	..
Titres de dette	..	..	..	..	..	..	..	..
Titres de dette à court terme	..	..	..	..	..	..	..	..
Titres de dette à long terme	..	..	..	..	..	..	..	..
Crédits	..	..	..	..	..	..	..	..
Crédits à court terme	..	..	..	..	..	..	..	..
Crédits à long terme	..	..	..	..	..	..	..	..
Actions et parts de fonds d'investissement	..	..	..	..	..	..	..	..
Systèmes d'assurance, de pensions et garanties standard	..	..	..	..	..	..	..	..
Produits financiers dérivés et options sur titres des salariés	..	..	..	..	..	..	..	..
Autres comptes à payer	..	..	..	..	..	..	..	..
Actifs non financiers	..	..	..	..	..	..	..	..

Note : Voir les métadonnées détaillées sur : http://metalinks.oecd.org/instinv/20180905/e532

Tableau 4. Composition du portefeuille par type d'investisseur

En pourcentage des actifs financiers et des passifs financiers

Pour cent

	2010	2011	2012	2013	2014	2015	2016	2017
Fonds d'investissement								
Actifs financiers	100.0	100.0	100.0	100.0	100.0	100.0	100.0	100.0
Numéraire et dépôts	5.6	6.3	6.2	6.0	5.9	5.7	5.3	4.6
Titres de dettes	40.2	42.1	42.2	39.5	39.6	39.1	38.6	38.1
Crédits	0.4	0.1	0.1	0.2	0.2	0.1	0.3	0.2
Actions et parts de fonds d'investissement	44.3	41.9	42.5	45.7	44.7	45.6	45.9	47.4
Systèmes d'assurance de pensions et garanties standard	0.0	0.0	0.0	0.0	0.0	0.0	0.0	0.0
Produits financiers dérivés et options sur titres des salariés	0.9	1.9	1.9	1.9	1.9	1.7	2.2	2.4
Autres comptes à recevoir	8.5	7.6	7.1	6.8	7.7	7.8	7.7	7.3
Passifs financiers	100.0	100.0	100.0	100.0	100.0	100.0	100.0	100.0
Numéraire et dépôts	0.6	0.8	0.9	0.6	0.5	0.4	0.7	0.7
Titres de dettes	0.0	0.0	0.0	0.0	0.0	0.0	0.0	0.0
Crédits	0.3	0.0	0.3	0.2	0.3	0.3	0.5	0.4
Actions et parts de fonds d'investissement	90.3	90.0	90.0	90.5	89.6	90.1	89.1	89.5
Systèmes d'assurance de pensions et garanties standard	0.0	0.0	0.0	0.0	0.0	0.0	0.0	0.0
Produits financiers dérivés et options sur titres des salariés	0.6	1.8	1.9	2.0	2.1	1.9	2.4	2.4
Autres comptes à recevoir	8.3	7.4	7.0	6.7	7.5	7.4	7.3	7.1
Sociétés d'assurance								
Actifs financiers	100.0	100.0	100.0	100.0	100.0	100.0	100.0	100.0
Numéraire et dépôts	0.9	1.0	1.2	1.3	1.4	1.5	1.4	1.4
Titres de dettes	60.5	60.8	61.4	60.5	60.9	59.3	57.9	55.3
Crédits	1.9	2.0	1.7	1.7	1.6	1.6	2.3	2.1
Actions et parts de fonds d'investissement	32.2	31.2	30.9	31.3	31.1	32.6	31.4	34.0
Systèmes d'assurance de pensions et garanties standard	4.2	4.6	4.5	5.1	4.8	4.9	3.8	4.0
Produits financiers dérivés et options sur titres des salariés	0.2	0.4	0.3	0.2	0.2	0.1	0.2	0.2
Autres comptes à recevoir	0.0	0.0	0.0	0.0	0.0	0.0	3.0	3.0
Passifs financiers	100.0	100.0	100.0	100.0	100.0	100.0	100.0	100.0
Numéraire et dépôts	0.0	0.0	0.0	0.0	0.0	0.0	0.0	0.0
Titres de dettes	0.4	0.5	0.5	0.5	0.7	0.8	2.2	2.2
Crédits	4.1	3.8	3.9	4.3	4.6	4.6	2.9	3.1
Actions et parts de fonds d'investissement	5.7	5.1	5.1	5.3	5.4	5.3	10.6	11.1
Systèmes d'assurance de pensions et garanties standard	88.0	89.2	88.7	88.2	87.6	87.8	79.6	78.8
Produits financiers dérivés et options sur titres des salariés	0.0	0.0	0.0	0.0	0.1	0.0	0.1	0.1
Autres comptes à recevoir	1.8	1.5	1.7	1.6	1.6	1.5	4.6	4.6
Fonds de pension								
Actifs financiers	..	..	..	..	..	..	..	..
Numéraire et dépôts	..	..	..	..	..	..	..	..
Titres de dettes	..	..	..	..	..	..	..	..
Crédits	..	..	..	..	..	..	..	..
Actions et parts de fonds d'investissement	..	..	..	..	..	..	..	..
Systèmes d'assurance de pensions et garanties standard	..	..	..	..	..	..	..	..
Produits financiers dérivés et options sur titres des salariés	..	..	..	..	..	..	..	..
Autres comptes à recevoir	..	..	..	..	..	..	..	..
Passifs financiers	..	..	..	..	..	..	..	..
Numéraire et dépôts	..	..	..	..	..	..	..	..
Titres de dettes	..	..	..	..	..	..	..	..
Crédits	..	..	..	..	..	..	..	..
Actions et parts de fonds d'investissement	..	..	..	..	..	..	..	..
Systèmes d'assurance de pensions et garanties standard	..	..	..	..	..	..	..	..
Produits financiers dérivés et options sur titres des salariés	..	..	..	..	..	..	..	..
Autres comptes à recevoir	..	..	..	..	..	..	..	..

Note : Voir les métadonnées détaillées sur : http://metalinks.oecd.org/instinv/20180905/af01

ALLEMAGNE

Tableau 1. Actifs et passifs financiers des investisseurs institutionnels, 2017

Millions EUR (1999 DEM euro)

	Total	Fonds d'investissement – Fonds d'investissement non-monétaire – Total	Fonds d'investissement – Fonds d'investissement non-monétaire – Fonds d'investissement à capital variable, non monétaire	Fonds d'investissement – Fonds d'investissement non-monétaire – Fonds d'investissement à capital fixe, non monétaire	Fonds d'investissement – Fonds d'investissement monétaires – Total
Actifs financiers	2 001 783	1 999 428	..	..	2 355
Numéraire et dépôts	86 956	86 726	..	..	230
Titres de dette	939 075	937 023	..	..	2 052
Titres de dette à court terme	5 848	5 490	..	..	358
Titres de dette à long terme	933 227	931 533	..	..	1 694
Titres de dette émis par les résidents	137 713	137 205	..	..	508
Titres de dette émis par les non-résidents	801 362	799 819	..	..	1 543
Crédits	22 722	22 707	..	..	15
Crédits à court terme	15	0	..	..	15
Crédits à long terme	22 707	22 707	..	..	0
Crédits accordés aux résidents	2 231	2 216	..	..	15
Crédits accordés aux non-résidents	20 491	20 491	..	..	0
Actions et parts de fonds d'investissement	904 836	904 787	..	..	49
Actions et parts de fonds d'investissements émises par les résidents	..	..	..	..	..
Actions et part de fonds d'investissements émises par les non-résidents	..	..	..	..	..
Autres comptes à recevoir	30 736	30 727	..	..	9

	Total	Fonds d'investissement – Fonds d'investissement non-monétaire – Total	Fonds d'investissement – Fonds d'investissement non-monétaire – Fonds d'investissement à capital variable, non monétaire	Fonds d'investissement – Fonds d'investissement non-monétaire – Fonds d'investissement à capital fixe, non monétaire	Fonds d'investissement – Fonds d'investissement monétaires – Total
Pasifs financiers	2 119 089	2 116 734	..	..	2 355
Numéraire et dépôts	..	..	..	..	..
Titres de dette	..	0	..	..	..
Titres de dette à court terme	..	0	..	..	..
Titres de dette à long terme	..	0	..	..	..
Crédits	35 043	35 043	..	..	..
Crédits à court terme	188	188	..	..	..
Crédits à long terme	34 855	34 855	..	..	..
Actions et parts de fonds d'investissement	2 061 922	2 059 570	..	..	2 352
Systèmes d'assurance, de pensions et garanties standard	..	0	..	..	..
Produits financiers dérivés et options sur titres des salariés	9 130	9 130	..	..	0
Autres comptes à payer	12 994	12 991	..	..	3

	Total	Sociétés d'assurance et fonds de pension autonomes – Sociétés d'assurance – Total	Sociétés d'assurance et fonds de pension autonomes – Sociétés d'assurance – Sociétés d'assurance vie	Sociétés d'assurance et fonds de pension autonomes – Sociétés d'assurance – Sociétés d'assurance non-vie	Sociétés d'assurance et fonds de pension autonomes – Fonds de pension autonomes – Total
Actifs financiers	2 643 528	2 024 618	..	..	618 910
Numéraire et dépôts	423 360	323 618	..	..	99 742
Titres de dette	450 812	406 918	..	..	43 894
Titres de dette à court terme	5 233	5 169	..	..	64
Titres de dette à long terme	445 579	401 749	..	..	43 830
Titres de dette émis par les résidents	117 220	109 719	..	..	7 501
Titres de dette émis par les non-résidents	333 592	297 199	..	..	36 393
Crédits	333 021	301 477	..	..	31 544
Crédits à court terme	56 146	55 458	..	..	688
Crédits à long terme	276 875	246 019	..	..	30 856
Crédits accordés aux résidents	275 136	245 592	..	..	29 544
Crédits accordés aux non-résidents	57 886	55 886	..	..	2 000
Actions et parts de fonds d'investissement	1 289 353	873 387	..	..	415 966
Actions et parts de fonds d'investissement émises par les résidents	..	..	..	..	..
Actions et parts de fonds d'investissement émises par les non-résidents	..	..	..	..	..
Autrescomptes à recevoir	70 963	50 214	..	..	20 749

	Total	Sociétés d'assurance et fonds de pension autonomes – Sociétés d'assurance – Total	Sociétés d'assurance et fonds de pension autonomes – Sociétés d'assurance – Sociétés d'assurance vie	Sociétés d'assurance et fonds de pension autonomes – Sociétés d'assurance – Sociétés d'assurance non-vie	Sociétés d'assurance et fonds de pension autonomes – Fonds de pension autonomes – Total
Pasifs financiers	2 603 808	2 063 828	..	..	539 979
Numéraire et dépôts	..	..	..	..	..
Titres de dette	19 655	19 631	..	..	24
Titres de dette à court terme	897	897	..	..	0
Titres de dette à long terme	18 758	18 734	..	..	24
Crédits	79 178	72 422	..	..	6 755
Crédits à court terme	41 901	36 473	..	..	5 427
Crédits à long terme	37 277	35 949	..	..	1 328
Actions et parts de fonds d'investissement	279 862	279 862	..	..	0
Systèmes d'assurance, de pensions et garanties standard	2 106 594	1 574 853	..	..	531 741
Produits financiers dérivés et options sur titres des salariés	794	794	..	..	0
Autres comptes à payer	117 725	116 266	..	..	1 459

Note : Voir les métadonnées détaillées sur : http://metalinks.oecd.org/instinv/20180905/dd15

Tableau 2. Actifs et passifs financiers des fonds d'investissement

Millions EUR

	2010	2011	2012	2013	2014	2015	2016	2017
Fonds d'investissement								
Valeur nette financière	-94 051	-95 013	-96 695	-97 653	-98 073	-103 253	-107 977	-117 306
Actifs financiers	1 088 601	1 091 094	1 261 524	1 368 048	1 555 370	1 695 238	1 859 528	2 001 783
Numéraire et dépôts	56 311	74 226	68 417	70 050	70 131	81 075	75 557	86 956
Titres de dette	599 292	607 744	693 135	715 174	824 795	845 544	914 143	939 075
Crédits	9 813	9 677	11 773	12 082	13 905	15 551	18 634	22 722
Actions et parts de fonds d'investissement	397 787	372 637	458 300	541 704	606 113	708 259	799 202	904 836
Actions	253 168	222 201	252 403	307 204	329 351	388 457	421 523	476 286
Parts de fonds d'investissement	144 619	150 436	205 897	234 500	276 762	319 802	377 679	428 549
Parts de fonds d'investissement monétaires	145	72	2 025	1 671	1 894	3 152	4 837	8 171
Parts de fonds d'investissement non monétaires	144 474	150 364	203 872	232 830	274 867	316 650	372 842	420 379
Systèmes d'assurance, de pensions et garanties standard	0	0	0	0	0	0	0	0
Produits financiers dérivés et options sur titres des salariés	6 727	8 008	10 889	9 256	14 586	15 504	19 228	17 459
Autres comptes à recevoir	18 671	18 801	19 009	19 782	25 840	29 306	32 764	30 736
Passifs financiers	1 182 652	1 186 107	1 358 219	1 465 700	1 653 443	1 798 491	1 967 505	2 119 089
Titres de dette	..	..	..	..	..	..	..	..
Titres de dette à court terme	..	..	..	..	..	..	..	..
Titres de dette à long terme	..	..	..	..	..	..	..	..
Crédits	30 037	29 447	32 143	29 222	30 753	30 197	30 583	35 043
Crédits à court terme	0	0	0	0	0	0	0	188
Crédits à long terme	30 037	29 447	32 143	29 222	30 753	30 197	30 583	34 855
Actions et parts de fonds d'investissement	1 136 949	1 138 726	1 309 466	1 421 288	1 597 283	1 743 031	1 907 878	2 061 922
Systèmes d'assurance, de pensions et garanties standard	..	..	..	..	..	..	..	..
Produits financiers dérivés et options sur titres des salariés	6 086	8 794	4 647	4 175	12 041	12 469	16 445	9 130
Autres comptes à payer	9 581	9 139	11 963	11 017	13 367	12 794	12 599	12 994
Actifs non financiers	..	..	..	..	..	..	..	..
Fonds d'investissement moneaires								
Valeur nette financière	0	0	0	0	0	0	0	0
Actifs financiers	10 376	6 622	7 824	4 516	3 895	3 836	2 648	2 355
Numéraire et dépôts	2 286	544	322	315	240	355	152	230
Titres de dette	7 880	5 927	5 414	4 129	3 633	3 462	2 410	2 052
Crédits	..	..	..	10	0	0	13	15
Actions et parts de fonds d'investissement	145	72	2 025	24	9	7	61	49
Actions	..	..	..	..	..	..	..	..
Parts de fonds d'investissement	145	72	2 025	24	9	7	61	49
Parts de fonds d'investissement monétaires	145	72	2 025	5	9	7	61	49
Parts de fonds d'investissement non monétaires	0	0	0	19	0	0	0	0
Systèmes d'assurance, de pensions et garanties standard	..	..	..	..	..	..	..	..
Produits financiers dérivés et options sur titres des salariés	0	2	1	0	0	0	0	0
Autres comptes à recevoir	66	76	37	38	13	12	12	9
Passifs financiers	10 376	6 622	7 824	4 515	3 895	3 836	2 648	2 355
Titres de dette	..	..	..	..	..	..	..	..
Titres de dette à court terme	..	..	..	..	..	..	..	..
Titres de dette à long terme	..	..	..	..	..	..	..	..
Crédits	..	..	..	..	..	..	..	..
Crédits à court terme	..	..	..	..	..	..	..	..
Crédits à long terme	..	..	..	..	..	..	..	..
Actions et parts de fonds d'investissement	10 274	6 577	7 703	4 510	3 884	3 834	2 645	2 352
Systèmes d'assurance, de pensions et garanties standard	..	..	..	..	..	..	..	..
Produits financiers dérivés et options sur titres des salariés	2	1	0	0	0	0	0	0
Autres comptes à payer	100	44	121	6	12	2	3	3
Actifs non financiers	..	..	..	..	..	..	..	..
Fonds d'investissement non moneaires								
Valeur nette financière	-94 051	-95 013	-96 695	-97 653	-98 073	-103 253	-107 977	-117 306
Actifs financiers	1 078 225	1 084 472	1 253 700	1 363 532	1 551 475	1 691 402	1 856 880	1 999 428
Numéraire et dépôts	54 025	73 682	68 095	69 735	69 891	80 720	75 405	86 726
Titres de dette	591 412	601 817	687 721	711 045	821 162	842 082	911 733	937 023
Crédits	9 813	9 677	11 749	12 072	13 905	15 551	18 621	22 707
Actions et parts de fonds d'investissement	397 642	372 565	456 275	541 680	606 104	708 252	799 141	904 787
Actions	253 168	222 201	252 403	307 204	329 351	388 457	421 523	476 286
Parts de fonds d'investissement	144 474	150 364	203 872	234 476	276 753	319 795	377 618	428 500
Parts de fonds d'investissement monétaires	0	0	0	1 666	1 885	3 145	4 776	8 122
Parts de fonds d'investissement non monétaires	144 474	150 364	203 872	232 811	274 867	316 650	372 842	420 379
Systèmes d'assurance, de pensions et garanties standard	0	0	0	0	0	0	0	0
Produits financiers dérivés et options sur titres des salariés	6 727	8 006	10 888	9 256	14 586	15 504	19 228	17 459
Autres comptes à recevoir	18 605	18 725	18 972	19 744	25 827	29 294	32 752	30 727
Passifs financiers	1 172 276	1 179 485	1 350 395	1 461 185	1 649 548	1 794 655	1 964 857	2 116 734
Titres de dette	0	0	0	0	0	0	0	0
Titres de dette à court terme	0	0	0	0	0	0	0	0
Titres de dette à long terme	0	0	0	0	0	0	0	0
Crédits	30 037	29 447	32 143	29 222	30 753	30 197	30 583	35 043
Crédits à court terme	0	0	0	0	0	0	0	188
Crédits à long terme	30 037	29 447	32 143	29 222	30 753	30 197	30 583	34 855
Actions et parts de fonds d'investissement	1 126 675	1 132 149	1 301 763	1 416 778	1 593 399	1 739 197	1 905 233	2 059 570
Systèmes d'assurance, de pensions et garanties standard	0	0	0	0	0	0	0	0
Produits financiers dérivés et options sur titres des salariés	6 084	8 793	4 647	4 175	12 041	12 469	16 445	9 130
Autres comptes à payer	9 481	9 095	11 842	11 011	13 355	12 792	12 596	12 991
Actifs non financiers	..	..	..	..	..	..	..	..
Fonds d'investissement non moneaires à capital variable								
Valeur nette financière	..	..	..	..	..	..	..	..
Actifs financiers	..	..	..	..	..	..	..	..

ALLEMAGNE

Tableau 2. Actifs et passifs financiers des fonds d'investissement *(suite)*

Millions EUR

	2010	2011	2012	2013	2014	2015	2016	2017
Numéraire et dépôts	..	..	..	..	..	..	..	..
Titres de dette	..	..	..	..	..	..	..	..
Crédits	..	..	..	..	..	..	..	..
Actions et parts de fonds d'investissement	..	..	..	..	..	..	..	..
Actions	..	..	..	..	..	..	..	..
Parts de fonds d'investissement	..	..	..	..	..	..	..	..
Parts de fonds d'investissement monétaires	..	..	..	..	..	..	..	..
Parts de fonds d'investissement non monétaires	..	..	..	..	..	..	..	..
Systèmes d'assurance, de pensions et garanties standard	..	..	..	..	..	..	..	..
Produits financiers dérivés et options sur titres des salariés	..	..	..	..	..	..	..	..
Autres comptes à recevoir	..	..	..	..	..	..	..	..
Passifs financiers	..	..	..	..	..	..	..	..
Titres de dette	..	..	..	..	..	..	..	..
Titres de dette à court terme	..	..	..	..	..	..	..	..
Titres de dette à long terme	..	..	..	..	..	..	..	..
Crédits	..	..	..	..	..	..	..	..
Crédits à court terme	..	..	..	..	..	..	..	..
Crédits à long terme	..	..	..	..	..	..	..	..
Actions et parts de fonds d'investissement	..	..	..	..	..	..	..	..
Systèmes d'assurance, de pensions et garanties standard	..	..	..	..	..	..	..	..
Produits financiers dérivés et options sur titres des salariés	..	..	..	..	..	..	..	..
Autres comptes à payer	..	..	..	..	..	..	..	..
Actifs non financiers	..	..	..	..	..	..	..	..
Fonds d'investissement à capital variable								
Valeur nette financière	..	..	..	..	..	..	..	..
Actifs financiers	..	..	..	..	..	..	..	..
Numéraire et dépôts	..	..	..	..	..	..	..	..
Titres de dette	..	..	..	..	..	..	..	..
Crédits	..	..	..	..	..	..	..	..
Actions et parts de fonds d'investissement	..	..	..	..	..	..	..	..
Actions	..	..	..	..	..	..	..	..
Parts de fonds d'investissement	..	..	..	..	..	..	..	..
Parts de fonds d'investissement monétaires	..	..	..	..	..	..	..	..
Parts de fonds d'investissement non monétaires	..	..	..	..	..	..	..	..
Systèmes d'assurance, de pensions et garanties standard	..	..	..	..	..	..	..	..
Produits financiers dérivés et options sur titres des salariés	..	..	..	..	..	..	..	..
Autres comptes à recevoir	..	..	..	..	..	..	..	..
Passifs financiers	..	..	..	..	..	..	..	..
Titres de dette	..	..	..	..	..	..	..	..
Titres de dette à court terme	..	..	..	..	..	..	..	..
Titres de dette à long terme	..	..	..	..	..	..	..	..
Crédits	..	..	..	..	..	..	..	..
Crédits à court terme	..	..	..	..	..	..	..	..
Crédits à long terme	..	..	..	..	..	..	..	..
Actions et parts de fonds d'investissement	..	..	..	..	..	..	..	..
Systèmes d'assurance, de pensions et garanties standard	..	..	..	..	..	..	..	..
Produits financiers dérivés et options sur titres des salariés	..	..	..	..	..	..	..	..
Autres comptes à payer	..	..	..	..	..	..	..	..
Actifs non financiers	..	..	..	..	..	..	..	..

Note : Voir les métadonnées détaillées sur : http://metalinks.oecd.org/instinv/20180905/dd15

Tableau 3. Actifs et passifs financiers des sociétés d'assurance et fonds de pension

Millions EUR

	2010	2011	2012	2013	2014	2015	2016	2017
Sociétés d'assurance et fonds de pension								
Valeur nette financière	-20 078	5 843	35 412	-13 710	79 752	-1 536	51 842	39 720
Actifs financiers	1 845 571	1 899 067	2 068 570	2 139 327	2 354 528	2 430 118	2 555 380	2 643 528
Numéraire et dépôts	570 834	576 218	560 467	541 268	523 691	488 492	458 202	423 360
Titres de dette	203 255	218 696	281 003	303 382	372 741	382 802	424 659	450 812
Crédits	276 338	282 144	288 668	294 355	310 521	322 455	325 345	333 021
Actions et parts de fonds d'investissement	668 535	694 381	808 638	870 968	1 007 538	1 086 858	1 203 728	1 289 353
Actions	202 594	197 270	205 400	196 041	201 679	213 146	236 280	240 125
Parts de fonds d'investissement	465 941	497 111	603 238	674 927	805 859	873 712	967 448	1 049 228
Parts de fonds d'investissement monétaires	8	8	1 986	614	702	1 443	1 796	3 983
Parts de fonds d'investissement non monétaires	465 933	497 103	601 252	674 313	805 158	872 269	965 652	1 045 245
Systèmes d'assurance, de pensions et garanties standard	59 930	62 247	63 082	64 175	68 801	77 304	70 107	71 845
Produits financiers dérivés et options sur titres des salariés	4 936	5 366	6 138	5 979	6 417	4 520	4 372	4 174
Autres comptes à recevoir	61 743	60 015	60 574	59 200	64 819	67 687	68 967	70 963
Passifs financiers	1 865 649	1 893 224	2 033 158	2 153 037	2 274 776	2 431 654	2 503 538	2 603 808
Titres de dette	18 771	19 527	24 361	17 635	18 511	20 138	20 409	19 655
Titres de dette à court terme	1 894	767	1 404	598	686	1 558	994	897
Titres de dette à long terme	16 877	18 760	22 957	17 037	17 825	18 580	19 415	18 758
Crédits	66 081	64 289	67 923	66 031	72 228	81 055	77 479	79 178
Crédits à court terme	40 599	38 384	40 862	36 487	41 117	47 967	40 503	41 901
Crédits à long terme	25 482	25 905	27 061	29 544	31 111	33 088	36 976	37 277
Actions et parts de fonds d'investissement	137 616	111 799	158 942	197 652	202 695	255 480	249 908	279 862
Systèmes d'assurance, de pensions et garanties standard	1 552 555	1 605 346	1 688 032	1 772 406	1 878 720	1 969 470	2 038 209	2 106 594
Produits financiers dérivés et options sur titres des salariés	1 073	1 045	789	924	1 110	1 142	1 153	794
Autres comptes à payer	89 553	91 218	93 111	98 389	101 512	104 369	116 380	117 725
Actifs non financiers	..	..	..	..	..	..	..	..
Sociétés d'assurance								
Valeur nette financière	-18 410	8 620	7 013	-5 158	39 271	-30 506	-7 760	-39 210
Actifs financiers	1 491 692	1 526 640	1 637 864	1 721 787	1 851 829	1 908 279	1 979 957	2 024 618
Numéraire et dépôts	431 593	437 875	427 202	407 563	388 655	370 668	347 523	323 618
Titres de dette	173 816	185 244	238 228	280 251	340 530	346 906	382 813	406 918
Crédits	252 735	256 599	262 728	266 264	280 662	293 014	294 789	301 477
Actions et parts de fonds d'investissement	518 705	532 244	593 685	652 551	723 016	772 133	837 739	873 387
Actions	190 431	185 358	191 386	186 376	189 863	198 704	218 296	218 556
Parts de fonds d'investissement	328 274	346 886	402 299	466 175	533 153	573 429	619 443	654 831
Parts de fonds d'investissement monétaires	0	0	0	543	601	1 327	1 636	2 758
Parts de fonds d'investissement non monétaires	328 274	346 886	402 299	465 632	532 552	572 102	617 807	652 073
Systèmes d'assurance, de pensions et garanties standard	56 473	58 424	58 984	59 802	63 942	71 897	63 450	64 830
Produits financiers dérivés et options sur titres des salariés	4 936	5 366	6 138	5 979	6 417	4 520	4 372	4 174
Autres comptes à recevoir	53 434	50 888	50 899	49 377	48 607	49 141	49 271	50 214
Passifs financiers	1 510 102	1 518 020	1 630 851	1 726 945	1 812 558	1 938 785	1 987 717	2 063 828
Titres de dette	18 771	19 527	24 361	17 635	18 490	20 116	20 384	19 631
Titres de dette à court terme	1 894	767	1 404	598	686	1 558	994	897
Titres de dette à long terme	16 877	18 760	22 957	17 037	17 804	18 558	19 390	18 734
Crédits	62 322	60 261	63 682	61 605	67 359	75 827	71 014	72 422
Crédits à court terme	37 755	35 308	37 602	33 029	37 291	43 941	35 346	36 473
Crédits à long terme	24 567	24 954	26 080	28 576	30 068	31 886	35 668	35 949
Actions et parts de fonds d'investissement	137 616	111 799	158 942	197 652	202 695	255 480	249 908	279 862
Systèmes d'assurance, de pensions et garanties standard	1 201 983	1 235 237	1 291 113	1 351 920	1 422 747	1 485 970	1 530 271	1 574 853
Produits financiers dérivés et options sur titres des salariés	1 073	1 045	789	924	1 110	1 142	1 153	794
Autres comptes à payer	88 337	90 151	91 964	97 209	100 157	100 250	114 987	116 266
Actifs non financiers	..	..	..	..	..	..	..	..
Fonds de pension								
Valeur nette financière	-1 668	-2 774	28 399	-8 553	40 482	28 970	59 601	78 931
Actifs financiers	353 879	372 428	430 706	417 540	502 700	521 839	575 423	618 910
Numéraire et dépôts	139 241	138 344	133 265	133 704	135 036	117 824	110 679	99 742
Titres de dette	29 439	33 452	42 775	23 131	32 211	35 896	41 846	43 894
Crédits	23 603	25 545	25 940	28 091	29 859	29 441	30 556	31 544
Actions et parts de fonds d'investissement	149 830	162 137	214 953	218 417	284 523	314 725	365 989	415 966
Actions	12 163	11 912	14 014	9 665	11 816	14 442	17 984	21 569
Parts de fonds d'investissement	137 667	150 225	200 939	208 752	272 707	300 283	348 005	394 397
Parts de fonds d'investissement monétaires	8	8	1 986	71	100	115	161	1 225
Parts de fonds d'investissement non monétaires	137 659	150 217	198 953	208 681	272 606	300 167	347 845	393 172
Systèmes d'assurance, de pensions et garanties standard	3 457	3 823	4 098	4 374	4 859	5 407	6 657	7 015
Produits financiers dérivés et options sur titres des salariés	0	0	0	0	0	0	0	0
Autres comptes à recevoir	8 309	9 127	9 675	9 823	16 212	18 546	19 696	20 749
Passifs financiers	355 547	375 202	402 307	426 093	462 218	492 869	515 822	539 979
Titres de dette	0	0	0	0	21	22	25	24
Titres de dette à court terme	0	0	0	0	0	0	0	0
Titres de dette à long terme	0	0	0	0	21	22	25	24
Crédits	3 759	4 026	4 241	4 427	4 869	5 228	6 466	6 755
Crédits à court terme	2 844	3 076	3 260	3 459	3 827	4 026	5 157	5 427
Crédits à long terme	915	950	981	968	1 042	1 202	1 309	1 328
Actions et parts de fonds d'investissement	0	0	0	0	0	0	0	0
Systèmes d'assurance, de pensions et garanties standard	350 572	370 109	396 919	420 486	455 973	483 500	507 938	531 741
Produits financiers dérivés et options sur titres des salariés	0	0	0	0	0	0	0	0
Autres comptes à payer	1 216	1 067	1 147	1 180	1 355	4 119	1 393	1 459
Actifs non financiers	..	..	..	..	..	..	..	..

Note : Voir les métadonnées détaillées sur : http://metalinks.oecd.org/instinv/20180905/dd15

Tableau 4. Composition du portefeuille par type d'investisseur

En pourcentage des actifs financiers et des passifs financiers

Pour cent

	2010	2011	2012	2013	2014	2015	2016	2017
Fonds d'investissement								
Actifs financiers	100.0	100.0	100.0	100.0	100.0	100.0	100.0	100.0
Numéraire et dépôts	5.2	6.8	5.4	5.1	4.5	4.8	4.1	4.3
Titres de dettes	55.1	55.7	54.9	52.3	53.0	49.9	49.2	46.9
Crédits	0.9	0.9	0.9	0.9	0.9	0.9	1.0	1.1
Actions et parts de fonds d'investissement	36.5	34.2	36.3	39.6	39.0	41.8	43.0	45.2
Systèmes d'assurance de pensions et garanties standard	0.0	0.0	0.0	0.0	0.0	0.0	0.0	0.0
Produits financiers dérivés et options sur titres des salariés	0.6	0.7	0.9	0.7	0.9	0.9	1.0	0.9
Autres comptes à recevoir	1.7	1.7	1.5	1.4	1.7	1.7	1.8	1.5
Passifs financiers	100.0	100.0	100.0	100.0	100.0	100.0	100.0	100.0
Numéraire et dépôts	0.0	0.0	0.0	0.0	0.0	0.0	0.0	0.0
Titres de dettes	0.0	0.0	0.0	0.0	0.0	0.0	0.0	0.0
Crédits	2.5	2.5	2.4	2.0	1.9	1.7	1.6	1.7
Actions et parts de fonds d'investissement	96.1	96.0	96.4	97.0	96.6	96.9	97.0	97.3
Systèmes d'assurance de pensions et garanties standard	0.0	0.0	0.0	0.0	0.0	0.0	0.0	0.0
Produits financiers dérivés et options sur titres des salariés	0.5	0.7	0.3	0.3	0.7	0.7	0.8	0.4
Autres comptes à recevoir	0.8	0.8	0.9	0.8	0.8	0.7	0.6	0.6
Sociétés d'assurance								
Actifs financiers	100.0	100.0	100.0	100.0	100.0	100.0	100.0	100.0
Numéraire et dépôts	28.9	28.7	26.1	23.7	21.0	19.4	17.6	16.0
Titres de dettes	11.7	12.1	14.5	16.3	18.4	18.2	19.3	20.1
Crédits	16.9	16.8	16.0	15.5	15.2	15.4	14.9	14.9
Actions et parts de fonds d'investissement	34.8	34.9	36.2	37.9	39.0	40.5	42.3	43.1
Systèmes d'assurance de pensions et garanties standard	3.8	3.8	3.6	3.5	3.5	3.8	3.2	3.2
Produits financiers dérivés et options sur titres des salariés	0.3	0.4	0.4	0.3	0.3	0.2	0.2	0.2
Autres comptes à recevoir	3.6	3.3	3.1	2.9	2.6	2.6	2.5	2.5
Passifs financiers	100.0	100.0	100.0	100.0	100.0	100.0	100.0	100.0
Numéraire et dépôts	0.0	0.0	0.0	0.0	0.0	0.0	0.0	0.0
Titres de dettes	1.2	1.3	1.5	1.0	1.0	1.0	1.0	1.0
Crédits	4.1	4.0	3.9	3.6	3.7	3.9	3.6	3.5
Actions et parts de fonds d'investissement	9.1	7.4	9.7	11.4	11.2	13.2	12.6	13.6
Systèmes d'assurance de pensions et garanties standard	79.6	81.4	79.2	78.3	78.5	76.6	77.0	76.3
Produits financiers dérivés et options sur titres des salariés	0.1	0.1	0.0	0.1	0.1	0.1	0.1	0.0
Autres comptes à recevoir	5.8	5.9	5.6	5.6	5.5	5.2	5.8	5.6
Fonds de pension								
Actifs financiers	100.0	100.0	100.0	100.0	100.0	100.0	100.0	100.0
Numéraire et dépôts	39.3	37.1	30.9	32.0	26.9	22.6	19.2	16.1
Titres de dettes	8.3	9.0	9.9	5.5	6.4	6.9	7.3	7.1
Crédits	6.7	6.9	6.0	6.7	5.9	5.6	5.3	5.1
Actions et parts de fonds d'investissement	42.3	43.5	49.9	52.3	56.6	60.3	63.6	67.2
Systèmes d'assurance de pensions et garanties standard	1.0	1.0	1.0	1.0	1.0	1.0	1.2	1.1
Produits financiers dérivés et options sur titres des salariés	0.0	0.0	0.0	0.0	0.0	0.0	0.0	0.0
Autres comptes à recevoir	2.3	2.5	2.2	2.4	3.2	3.6	3.4	3.4
Passifs financiers	100.0	100.0	100.0	100.0	100.0	100.0	100.0	100.0
Numéraire et dépôts	0.0	0.0	0.0	0.0	0.0	0.0	0.0	0.0
Titres de dettes	0.0	0.0	0.0	0.0	0.0	0.0	0.0	0.0
Crédits	1.1	1.1	1.1	1.0	1.1	1.1	1.3	1.3
Actions et parts de fonds d'investissement	0.0	0.0	0.0	0.0	0.0	0.0	0.0	0.0
Systèmes d'assurance de pensions et garanties standard	98.6	98.6	98.7	98.7	98.6	98.1	98.5	98.5
Produits financiers dérivés et options sur titres des salariés	0.0	0.0	0.0	0.0	0.0	0.0	0.0	0.0
Autres comptes à recevoir	0.3	0.3	0.3	0.3	0.3	0.8	0.3	0.3

Note : Voir les métadonnées détaillées sur : http://metalinks.oecd.org/instinv/20180905/af01

Tableau 1. Actifs et passifs financiers des investisseurs institutionnels, 2017

Millions EUR (2001 GRD euro)

	Fonds d'investissement				
	Total	Fonds d'investissement non-monétaire			Fonds d'investissement monétaires
		Total	Fonds d'investissement à capital variable, non monétaire	Fonds d'investissement à capital fixe, non monétaire	Total
Actifs financiers	4 317	3 711	3 188	523	606
Numéraire et dépôts	357	260	158	102	97
Titres de dette	1 988	1 479	1 469	10	509
Titres de dette à court terme	622	142	136	6	480
Titres de dette à long terme	1 366	1 337	1 333	4	29
Titres de dette émis par les résidents	1 387	888	881	7	499
Titres de dette émis par les non-résidents	601	591	588	3	10
Crédits	..	..	..	..	..
Crédits à court terme	..	..	..	..	..
Crédits à long terme	..	..	..	..	..
Crédits accordés aux résidents	..	..	..	..	..
Crédits accordés aux non-résidents	..	..	..	..	..
Actions et parts de fonds d'investissement	1 859	1 859	1 540	319	0
Actions et parts de fonds d'investissements émises par les résidents	894	894	833	61	0
Actions et part de fonds d'investissements émises par les non-résidents	964	964	707	257	0
Autres comptes à recevoir	..	..	..	..	0

	Fonds d'investissement				
	Total	Fonds d'investissement non-monétaire			Fonds d'investissement monétaires
		Total	Fonds d'investissement à capital variable, non monétaire	Fonds d'investissement à capital fixe, non monétaire	Total
Pasifs financiers	6 653	6 047	3 188	2 859	606
Numéraire et dépôts	..	..	..	..	..
Titres de dette	..	..	..	..	..
Titres de dette à court terme	..	..	..	..	..
Titres de dette à long terme	..	..	..	..	..
Crédits	..	..	..	..	..
Crédits à court terme	..	..	..	..	..
Crédits à long terme	..	..	..	..	..
Actions et parts de fonds d'investissement	..	..	..	..	603
Systèmes d'assurance, de pensions et garanties standard	..	..	..	..	..
Produits financiers dérivés et options sur titres des salariés	..	..	..	..	0
Autres comptes à payer	..	..	..	..	3

	Sociétés d'assurance et fonds de pension autonomes				
	Total	Sociétés d'assurance			Fonds de pension autonomes
		Total	Sociétés d'assurance vie	Sociétés d'assurance non-vie	Total
Actifs financiers	17 373	16 074	13 284	2 790	1 299
Numéraire et dépôts	1 293	1 190	983	207	103
Titres de dette	10 911	10 125	8 367	1 758	786
Titres de dette à court terme	1 819	1 723	1 424	299	96
Titres de dette à long terme	9 092	8 402	6 944	1 459	689
Titres de dette émis par les résidents	4 159	3 830	3 166	665	329
Titres de dette émis par les non-résidents	6 751	6 295	5 202	1 093	457
Crédits	137	137	113	24	0
Crédits à court terme	7	7	6	1	0
Crédits à long terme	130	130	107	22	0
Crédits accordés aux résidents	131	131	108	23	0
Crédits accordés aux non-résidents	6	6	5	1	0
Actions et parts de fonds d'investissement	3 531	3 160	2 611	548	371
Actions et parts de fonds d'investissement émises par les résidents	1 317	1 204	995	209	113
Actions et parts de fonds d'investissement émises par les non-résidents	2 213	1 956	1 616	339	258
Autrescomptes à recevoir	1 096	1 056	873	183	40

	Sociétés d'assurance et fonds de pension autonomes				
	Total	Sociétés d'assurance			Fonds de pension autonomes
		Total	Sociétés d'assurance vie	Sociétés d'assurance non-vie	Total
Pasifs financiers	17 603	16 288	13 460	2 828	1 315
Numéraire et dépôts	..	..	..	..	..
Titres de dette	2	2	1	0	..
Titres de dette à court terme	0	0	0	0	..
Titres de dette à long terme	2	2	1	0	..
Crédits	143	143	118	25	..
Crédits à court terme	28	28	23	5	..
Crédits à long terme	116	116	95	20	..
Actions et parts de fonds d'investissement	2 875	2 875	2 376	499	..
Systèmes d'assurance, de pensions et garanties standard	13 457	12 216	10 095	2 121	1 241
Produits financiers dérivés et options sur titres des salariés	6	6	5	1	..
Autres comptes à payer	1 120	1 047	865	182	74

Note : Voir les métadonnées détaillées sur : http://metalinks.oecd.org/instinv/20180905/1f33

Tableau 2. Actifs et passifs financiers des fonds d'investissement

Millions EUR

	2010	2011	2012	2013	2014	2015	2016	2017
Fonds d'investissement								
Valeur nette financière	-1 535	-1 466	-1 399	-1 325	-1 849	-1 906	-2 081	-2 336
Actifs financiers	6 879	4 380	4 866	5 129	4 868	4 235	3 983	4 317
Numéraire et dépôts	1 706	1 304	1 534	1 099	1 332	595	446	357
Titres de dette	2 279	1 471	1 465	1 768	1 382	1 671	1 752	1 988
Crédits	..	..	..	..	..	..	..	..
Actions et parts de fonds d'investissement	2 468	1 435	1 695	2 097	1 827	1 821	1 641	1 859
Actions	1 882	1 037	1 322	1 748	1 328	1 288	1 129	1 348
Parts de fonds d'investissement	586	398	373	349	499	533	512	511
Parts de fonds d'investissement monétaires	3	9	21	16	15	10	13	21
Parts de fonds d'investissement non monétaires	583	389	352	333	484	523	499	490
Systèmes d'assurance, de pensions et garanties standard	..	..	..	..	..	..	..	..
Produits financiers dérivés et options sur titres des salariés	0	77	78	75	69	..	..	..
Autres comptes à recevoir	426	93	94	90	258	..	..	..
Passifs financiers	8 414	5 846	6 265	6 454	6 717	6 141	6 064	6 653
Titres de dette	..	..	..	..	..	..	..	..
Titres de dette à court terme	..	..	..	..	..	..	..	..
Titres de dette à long terme	..	..	..	..	..	..	..	..
Crédits	16	59	86	81	312	..	..	..
Crédits à court terme	0	0	0	0	2	..	..	..
Crédits à long terme	16	59	86	81	310	..	..	..
Actions et parts de fonds d'investissement	7 760	5 133	5 641	6 234	6 261	..	..	..
Systèmes d'assurance, de pensions et garanties standard	..	..	..	..	..	..	..	..
Produits financiers dérivés et options sur titres des salariés	0	0	0	0	0	..	..	..
Autres comptes à payer	638	654	538	139	144	..	..	..
Actifs non financiers	1 536	1 462	1 397	1 322	1 845	1 905	2 081	2 337
Fonds d'investissement monéaires								
Valeur nette financière	-2	-1	0	0	-1	-1	2	0
Actifs financiers	1 183	744	840	719	773	512	543	606
Numéraire et dépôts	1 013	627	772	365	539	161	119	97
Titres de dette	167	108	61	346	228	351	423	509
Crédits	..	..	..	..	..	..	..	..
Actions et parts de fonds d'investissement	0	5	2	2	2	0	0	0
Actions	0	0	0	0	0	0	0	0
Parts de fonds d'investissement	0	5	2	2	2	0	0	0
Parts de fonds d'investissement monétaires	0	5	2	2	2	0	0	0
Parts de fonds d'investissement non monétaires	0	0	0	0	0	0	0	0
Systèmes d'assurance, de pensions et garanties standard	..	..	..	..	..	..	..	..
Produits financiers dérivés et options sur titres des salariés	0	0	0	0	0	0	0	0
Autres comptes à recevoir	3	4	5	6	4	0	1	0
Passifs financiers	1 185	745	840	719	774	513	541	606
Titres de dette	..	..	..	..	..	..	..	..
Titres de dette à court terme	..	..	..	..	..	..	..	..
Titres de dette à long terme	..	..	..	..	..	..	..	..
Crédits	..	..	..	..	..	..	..	..
Crédits à court terme	..	..	..	..	..	..	..	..
Crédits à long terme	..	..	..	..	..	..	..	..
Actions et parts de fonds d'investissement	1 182	739	835	711	762	513	540	603
Systèmes d'assurance, de pensions et garanties standard	..	..	..	..	..	..	..	..
Produits financiers dérivés et options sur titres des salariés	0	0	0	0	0	0	0	0
Autres comptes à payer	3	6	5	8	12	0	1	3
Actifs non financiers	..	..	..	..	..	..	..	..
Fonds d'investissement non monéaires								
Valeur nette financière	-1 533	-1 465	-1 399	-1 325	-1 848	-1 905	-2 083	-2 336
Actifs financiers	5 696	3 636	4 026	4 410	4 095	3 723	3 440	3 711
Numéraire et dépôts	693	677	762	734	793	434	327	260
Titres de dette	2 112	1 363	1 404	1 422	1 154	1 320	1 329	1 479
Crédits	..	..	..	..	..	..	..	..
Actions et parts de fonds d'investissement	2 468	1 430	1 693	2 095	1 825	1 821	1 641	1 859
Actions	1 882	1 037	1 322	1 748	1 328	1 288	1 129	1 348
Parts de fonds d'investissement	586	393	371	347	497	533	512	511
Parts de fonds d'investissement monétaires	3	4	19	14	13	10	13	21
Parts de fonds d'investissement non monétaires	583	389	352	333	484	523	499	490
Systèmes d'assurance, de pensions et garanties standard	..	..	..	..	..	..	..	..
Produits financiers dérivés et options sur titres des salariés	0	77	78	75	69	..	..	..
Autres comptes à recevoir	423	89	89	84	254	..	..	..
Passifs financiers	7 229	5 101	5 425	5 735	5 943	5 628	5 523	6 047
Titres de dette	..	..	..	..	..	..	..	..
Titres de dette à court terme	..	..	..	..	..	..	..	..
Titres de dette à long terme	..	..	..	..	..	..	..	..
Crédits	16	59	86	81	312	..	..	..
Crédits à court terme	0	0	0	0	2	..	..	..
Crédits à long terme	16	59	86	81	310	..	..	..
Actions et parts de fonds d'investissement	6 578	4 394	4 806	5 523	5 499	..	..	..
Systèmes d'assurance, de pensions et garanties standard	..	..	..	..	..	..	..	..
Produits financiers dérivés et options sur titres des salariés	0	0	0	0	0	..	..	..
Autres comptes à payer	635	648	533	131	132	..	..	..
Actifs non financiers	1 536	1 462	1 397	1 322	1 845	1 905	2 081	2 337
Fonds d'investissement non monéaires à capital variable								
Valeur nette financière	2	-2	-2	-2	-2	-1	-2	0
Actifs financiers	5 190	3 262	3 572	3 797	3 344	3 138	2 931	3 188

Tableau 2. Actifs et passifs financiers des fonds d'investissement *(suite)*

Millions EUR

	2010	2011	2012	2013	2014	2015	2016	2017
Numéraire et dépôts	478	392	405	363	580	254	187	158
Titres de dette	2 112	1 363	1 404	1 420	1 151	1 319	1 323	1 469
Crédits	..	..	..	..	..	..	..	..
Actions et parts de fonds d'investissement	2 355	1 372	1 635	1 890	1 499	1 486	1 375	1 540
Actions	1 769	979	1 264	1 544	1 083	1 033	944	1 110
Parts de fonds d'investissement	586	393	371	346	416	453	431	430
Parts de fonds d'investissement monétaires	3	4	19	14	13	10	13	21
Parts de fonds d'investissement non monétaires	583	389	352	332	403	443	418	409
Systèmes d'assurance, de pensions et garanties standard	..	..	..	..	..	..	..	..
Produits financiers dérivés et options sur titres des salariés	..	..	..	..	..	..	..	..
Autres comptes à recevoir	..	..	..	..	..	..	..	..
Passifs financiers	5 188	3 264	3 574	3 799	3 346	3 139	2 933	3 188
Titres de dette	..	..	..	..	..	..	..	..
Titres de dette à court terme	..	..	..	..	..	..	..	..
Titres de dette à long terme	..	..	..	..	..	..	..	..
Crédits	0	0	0	0	0	..	..	..
Crédits à court terme	0	0	0	0	0	..	..	..
Crédits à long terme	0	0	0	0	0	..	..	..
Actions et parts de fonds d'investissement	5 008	3 161	3 467	3 696	3 254	..	..	..
Systèmes d'assurance, de pensions et garanties standard	..	..	..	..	..	..	..	..
Produits financiers dérivés et options sur titres des salariés	..	..	..	..	..	..	..	..
Autres comptes à payer	..	..	..	..	..	..	..	..
Actifs non financiers	0	0	0	0	0	0	0	0
Fonds d'investissement à capital variable								
Valeur nette financière	0	-3	-2	-2	-3	-2	0	0
Actifs financiers	6 373	4 006	4 412	4 516	4 117	3 650	3 474	3 794
Numéraire et dépôts	1 491	1 019	1 177	728	1 119	415	306	255
Titres de dette	2 279	1 471	1 465	1 766	1 379	1 670	1 746	1 978
Crédits	..	..	..	..	..	..	..	..
Actions et parts de fonds d'investissement	2 355	1 377	1 637	1 892	1 501	1 486	1 375	1 540
Actions	1 769	979	1 264	1 544	1 083	1 033	944	1 110
Parts de fonds d'investissement	586	398	373	348	418	453	431	430
Parts de fonds d'investissement monétaires	3	9	21	16	15	10	13	21
Parts de fonds d'investissement non monétaires	583	389	352	332	403	443	418	409
Systèmes d'assurance, de pensions et garanties standard	..	..	..	..	..	..	..	..
Produits financiers dérivés et options sur titres des salariés	..	..	..	..	..	..	..	..
Autres comptes à recevoir	..	..	..	..	..	..	..	..
Passifs financiers	6 373	4 009	4 414	4 518	4 120	3 652	3 474	3 794
Titres de dette	..	..	..	..	..	..	..	..
Titres de dette à court terme	..	..	..	..	..	..	..	..
Titres de dette à long terme	..	..	..	..	..	..	..	..
Crédits	0	0	0	0	0	..	..	..
Crédits à court terme	0	0	0	0	0	..	..	..
Crédits à long terme	0	0	0	0	0	..	..	..
Actions et parts de fonds d'investissement	6 190	3 900	4 302	4 407	4 016	..	..	..
Systèmes d'assurance, de pensions et garanties standard	..	..	..	..	..	..	..	..
Produits financiers dérivés et options sur titres des salariés	..	..	..	..	..	..	..	..
Autres comptes à payer	..	..	..	..	..	..	..	..
Actifs non financiers	0	0	0	0	0	0	0	0

Note : Voir les métadonnées détaillées sur : http://metalinks.oecd.org/instinv/20180905/1f33

Tableau 3. Actifs et passifs financiers des sociétés d'assurance et fonds de pension

Millions EUR

	2010	2011	2012	2013	2014	2015	2016	2017
Sociétés d'assurance et fonds de pension								
Valeur nette financière	..	..	..	-921	-879	-1 002	-43	-229
Actifs financiers	..	..	..	15 509	15 893	15 969	16 677	17 373
Numéraire et dépôts	..	..	..	3 772	2 575	1 943	1 647	1 293
Titres de dette	..	..	..	6 713	8 243	8 323	9 838	10 911
Crédits	..	..	..	132	140	160	149	137
Actions et parts de fonds d'investissement	..	..	..	2 628	2 880	3 321	3 384	3 531
Actions	..	..	..	365	404	545	464	550
Parts de fonds d'investissement	..	..	..	2 264	2 476	2 776	2 920	2 981
Parts de fonds d'investissement monétaires	..	..	..	367	416	509	626	477
Parts de fonds d'investissement non monétaires	..	..	..	1 896	2 060	2 267	2 294	2 503
Systèmes d'assurance, de pensions et garanties standard	..	..	..	390	375	471	465	404
Produits financiers dérivés et options sur titres des salariés	..	..	..	8	4	4	2	3
Autres comptes à recevoir	..	..	..	1 866	1 676	1 747	1 191	1 096
Passifs financiers	..	..	..	16 430	16 772	16 971	16 720	17 603
Titres de dette	..	..	..	29	29	29	2	2
Titres de dette à court terme	..	..	..	0	0	0	0	0
Titres de dette à long terme	..	..	..	29	29	29	2	2
Crédits	..	..	..	482	127	165	240	143
Crédits à court terme	..	..	..	435	65	57	68	28
Crédits à long terme	..	..	..	47	62	109	172	116
Actions et parts de fonds d'investissement	..	..	..	2 796	3 206	3 451	2 523	2 875
Systèmes d'assurance, de pensions et garanties standard	..	..	..	12 146	12 213	12 523	12 933	13 457
Produits financiers dérivés et options sur titres des salariés	..	..	..	0	0	0	0	6
Autres comptes à payer	..	..	..	977	1 198	802	1 021	1 120
Actifs non financiers	..	..	..	921	879	1 002	43	229
Sociétés d'assurance								
Valeur nette financière	-1 041	-987	-865	-921	-879	-1 002	-27	-214
Actifs financiers	14 662	13 906	14 689	15 284	15 453	15 647	15 504	16 074
Numéraire et dépôts	2 837	2 771	2 800	3 547	2 439	1 836	1 591	1 190
Titres de dette	6 605	6 256	6 589	6 713	7 985	8 176	9 095	10 125
Crédits	101	97	145	132	132	154	146	137
Actions et parts de fonds d'investissement	2 331	2 150	2 632	2 628	2 842	3 260	3 071	3 160
Actions	352	284	341	365	399	532	432	487
Parts de fonds d'investissement	1 979	1 865	2 291	2 264	2 444	2 728	2 640	2 673
Parts de fonds d'investissement monétaires	108	174	468	367	416	509	528	382
Parts de fonds d'investissement non monétaires	1 871	1 692	1 823	1 896	2 028	2 218	2 112	2 291
Systèmes d'assurance, de pensions et garanties standard	419	404	426	390	375	471	465	404
Produits financiers dérivés et options sur titres des salariés	0	0	6	8	4	4	2	3
Autres comptes à recevoir	2 369	2 228	2 091	1 866	1 675	1 746	1 133	1 056
Passifs financiers	15 703	14 893	15 554	16 205	16 332	16 649	15 531	16 288
Titres de dette	16	15	15	29	29	29	2	2
Titres de dette à court terme	0	0	0	0	0	0	0	0
Titres de dette à long terme	16	15	15	29	29	29	2	2
Crédits	1 033	673	332	482	127	165	240	143
Crédits à court terme	837	469	275	435	65	57	68	28
Crédits à long terme	196	204	57	47	62	109	172	116
Actions et parts de fonds d'investissement	1 092	878	1 956	2 796	3 206	3 451	2 523	2 875
Systèmes d'assurance, de pensions et garanties standard	12 522	12 319	12 256	11 921	11 773	12 202	11 811	12 216
Produits financiers dérivés et options sur titres des salariés	2	1	1	0	0	0	0	6
Autres comptes à payer	1 038	1 007	995	977	1 198	802	955	1 047
Actifs non financiers	1 041	987	865	921	879	1 002	27	214
Fonds de pension								
Valeur nette financière	..	..	..	0	0	0	-16	-15
Actifs financiers	..	..	..	225	440	322	1 173	1 299
Numéraire et dépôts	..	..	..	225	136	107	56	103
Titres de dette	..	..	..	0	258	146	743	786
Crédits	..	..	..	0	8	6	4	0
Actions et parts de fonds d'investissement	..	..	..	0	38	61	313	371
Actions	..	..	..	0	6	12	32	63
Parts de fonds d'investissement	..	..	..	0	32	49	280	308
Parts de fonds d'investissement monétaires	..	..	..	0	0	0	99	96
Parts de fonds d'investissement non monétaires	..	..	..	0	32	49	182	212
Systèmes d'assurance, de pensions et garanties standard	..	..	..	0	0	0	0	0
Produits financiers dérivés et options sur titres des salariés	..	..	..	0	0	0	0	0
Autres comptes à recevoir	..	..	..	0	1	1	58	40
Passifs financiers	..	..	..	225	440	322	1 189	1 315
Titres de dette	..	..	..	..	..	..	..	..
Titres de dette à court terme	..	..	..	..	..	..	..	..
Titres de dette à long terme	..	..	..	..	..	..	..	..
Crédits	..	..	..	..	..	..	..	..
Crédits à court terme	..	..	..	..	..	..	..	..
Crédits à long terme	..	..	..	..	..	..	..	..
Actions et parts de fonds d'investissement	..	..	..	..	..	..	..	..
Systèmes d'assurance, de pensions et garanties standard	..	..	..	225	440	322	1 123	1 241
Produits financiers dérivés et options sur titres des salariés	..	..	..	..	..	..	..	..
Autres comptes à payer	..	..	..	..	..	..	66	74
Actifs non financiers	..	..	..	0	0	0	16	15

Note : Voir les métadonnées détaillées sur : http://metalinks.oecd.org/instinv/20180905/1f33

Tableau 4. Composition du portefeuille par type d'investisseur

En pourcentage des actifs financiers et des passifs financiers

Pour cent

	2010	2011	2012	2013	2014	2015	2016	2017
Fonds d'investissement								
Actifs financiers	100.0	100.0	100.0	100.0	100.0	100.0	100.0	100.0
Numéraire et dépôts	24.8	29.8	31.5	21.4	27.4	14.0	11.2	8.3
Titres de dettes	33.1	33.6	30.1	34.5	28.4	39.5	44.0	46.1
Crédits	0.0	0.0	0.0	0.0	0.0	..	..	..
Actions et parts de fonds d'investissement	35.9	32.8	34.8	40.9	37.5	43.0	41.2	43.1
Systèmes d'assurance de pensions et garanties standard	0.0	0.0	0.0	0.0	0.0	..	..	..
Produits financiers dérivés et options sur titres des salariés	0.0	1.8	1.6	1.5	1.4	..	..	..
Autres comptes à recevoir	6.2	2.1	1.9	1.8	5.3	..	..	..
Passifs financiers	100.0	100.0	100.0	100.0	100.0	100.0	100.0	100.0
Numéraire et dépôts	0.0	0.0	0.0	0.0	0.0	..	..	..
Titres de dettes	0.0	0.0	0.0	0.0	0.0	..	..	..
Crédits	0.2	1.0	1.4	1.3	4.6	..	..	..
Actions et parts de fonds d'investissement	92.2	87.8	90.0	96.6	93.2	..	..	..
Systèmes d'assurance de pensions et garanties standard	0.0	0.0	0.0	0.0	0.0	..	..	..
Produits financiers dérivés et options sur titres des salariés	0.0	0.0	0.0	0.0	0.0	..	..	..
Autres comptes à recevoir	7.6	11.2	8.6	2.2	2.1	..	..	..
Sociétés d'assurance								
Actifs financiers	100.0	100.0	100.0	100.0	100.0	100.0	100.0	100.0
Numéraire et dépôts	19.3	19.9	19.1	23.2	15.8	11.7	10.3	7.4
Titres de dettes	45.1	45.0	44.9	43.9	51.7	52.3	58.7	63.0
Crédits	0.7	0.7	1.0	0.9	0.9	1.0	0.9	0.9
Actions et parts de fonds d'investissement	15.9	15.5	17.9	17.2	18.4	20.8	19.8	19.7
Systèmes d'assurance de pensions et garanties standard	2.9	2.9	2.9	2.6	2.4	3.0	3.0	2.5
Produits financiers dérivés et options sur titres des salariés	0.0	0.0	0.0	0.1	0.0	0.0	0.0	0.0
Autres comptes à recevoir	16.2	16.0	14.2	12.2	10.8	11.2	7.3	6.6
Passifs financiers	100.0	100.0	100.0	100.0	100.0	100.0	100.0	100.0
Numéraire et dépôts	0.0	0.0	0.0	0.0	0.0	0.0	0.0	0.0
Titres de dettes	0.1	0.1	0.1	0.2	0.2	0.2	0.0	0.0
Crédits	6.6	4.5	2.1	3.0	0.8	1.0	1.5	0.9
Actions et parts de fonds d'investissement	7.0	5.9	12.6	17.3	19.6	20.7	16.2	17.7
Systèmes d'assurance de pensions et garanties standard	79.7	82.7	78.8	73.6	72.1	73.3	76.0	75.0
Produits financiers dérivés et options sur titres des salariés	0.0	0.0	0.0	0.0	0.0	0.0	0.0	0.0
Autres comptes à recevoir	6.6	6.8	6.4	6.0	7.3	4.8	6.1	6.4
Fonds de pension								
Actifs financiers	..	..	..	100.0	100.0	100.0	100.0	100.0
Numéraire et dépôts	..	..	..	100.0	30.8	33.4	4.8	7.9
Titres de dettes	..	..	..	0.0	58.5	45.5	63.3	60.5
Crédits	..	..	..	0.0	1.7	2.0	0.3	0.0
Actions et parts de fonds d'investissement	..	..	..	0.0	8.6	19.0	26.7	28.6
Systèmes d'assurance de pensions et garanties standard	..	..	..	0.0	0.0	0.0	0.0	0.0
Produits financiers dérivés et options sur titres des salariés	..	..	..	0.0	0.0	0.0	0.0	0.0
Autres comptes à recevoir	..	..	..	0.0	0.3	0.2	4.9	3.1
Passifs financiers	..	..	..	100.0	100.0	100.0	100.0	100.0
Numéraire et dépôts	..	..	..	0.0	0.0	0.0	0.0	0.0
Titres de dettes	..	..	..	0.0	0.0	0.0	0.0	0.0
Crédits	..	..	..	0.0	0.0	0.0	0.0	0.0
Actions et parts de fonds d'investissement	..	..	..	0.0	0.0	0.0	0.0	0.0
Systèmes d'assurance de pensions et garanties standard	..	..	..	100.0	100.0	100.0	94.4	94.4
Produits financiers dérivés et options sur titres des salariés	..	..	..	0.0	0.0	0.0	0.0	0.0
Autres comptes à recevoir	..	..	..	0.0	0.0	0.0	5.6	5.6

Note : Voir les métadonnées détaillées sur : http://metalinks.oecd.org/instinv/20180905/af01

HONGRIE

Tableau 1. Actifs et passifs financiers des investisseurs institutionnels, 2017

Millions HUF

	Fonds d'investissement				
	Total	Fonds d'investissement non-monétaire			Fonds d'investissement monétaires
		Total	Fonds d'investissement à capital variable, non monétaire	Fonds d'investissement à capital fixe, non monétaire	Total
Actifs financiers	5 798 666	5 335 329	..	..	463 337
Numéraire et dépôts	1 707 009	1 349 366	..	..	357 643
Titres de dette	2 105 434	2 000 583	..	..	104 851
Titres de dette à court terme	360 772	322 020	..	..	38 752
Titres de dette à long terme	1 744 662	1 678 563	..	..	66 099
Titres de dette émis par les résidents	1 592 063	1 490 016	..	..	102 047
Titres de dette émis par les non-résidents	513 371	510 567	..	..	2 804
Crédits	0	0	..	..	0
Crédits à court terme	0	0	..	..	0
Crédits à long terme	0	0	..	..	0
Crédits accordés aux résidents	0	0	..	..	0
Crédits accordés aux non-résidents	0	0	..	..	0
Actions et parts de fonds d'investissement	1 821 899	1 821 893	..	..	6
Actions et parts de fonds d'investissements émises par les résidents	958 950	958 944	..	..	6
Actions et part de fonds d'investissements émises par les non-résidents	862 949	862 949	..	..	0
Autres comptes à recevoir	121 440	120 857	..	..	583

	Fonds d'investissement				
	Total	Fonds d'investissement non-monétaire			Fonds d'investissement monétaires
		Total	Fonds d'investissement à capital variable, non monétaire	Fonds d'investissement à capital fixe, non monétaire	Total
Pasifs financiers	6 397 540	5 902 927	..	..	494 613
Numéraire et dépôts	0	0	..	..	0
Titres de dette	0	0	..	..	0
Titres de dette à court terme	0	0	..	..	0
Titres de dette à long terme	0	0	..	..	0
Crédits	68 865	67 477	..	..	1 388
Crédits à court terme	21 112	19 724	..	..	1 388
Crédits à long terme	47 753	47 753	..	..	0
Actions et parts de fonds d'investissement	6 312 107	5 819 569	..	..	492 538
Systèmes d'assurance, de pensions et garanties standard	0	0	..	..	0
Produits financiers dérivés et options sur titres des salariés	15 529	15 346	..	..	183
Autres comptes à payer	1 039	535	..	..	504

	Sociétés d'assurance et fonds de pension autonomes				
	Total	Sociétés d'assurance			Fonds de pension autonomes
		Total	Sociétés d'assurance vie	Sociétés d'assurance non-vie	Total
Actifs financiers	4 590 674	2 893 043	..	..	1 697 631
Numéraire et dépôts	210 233	141 961	..	..	68 272
Titres de dette	2 608 516	1 536 132	..	..	1 072 384
Titres de dette à court terme	149 076	64 829	..	..	84 247
Titres de dette à long terme	2 459 440	1 471 303	..	..	988 137
Titres de dette émis par les résidents	2 505 192	1 462 237	..	..	1 042 955
Titres de dette émis par les non-résidents	103 324	73 895	..	..	29 429
Crédits	9 985	8 433	..	..	1 552
Crédits à court terme	5 622	5 622	..	..	0
Crédits à long terme	4 363	2 811	..	..	1 552
Crédits accordés aux résidents	4 189	2 637	..	..	1 552
Crédits accordés aux non-résidents	5 796	5 796	..	..	0
Actions et parts de fonds d'investissement	1 591 946	1 037 760	..	..	554 186
Actions et parts de fonds d'investissement émises par les résidents	757 284	438 843	..	..	318 441
Actions et parts de fonds d'investissement émises par les non-résidents	834 662	598 917	..	..	235 745
Autrescomptes à recevoir	60 771	60 545	..	..	226

	Sociétés d'assurance et fonds de pension autonomes				
	Total	Sociétés d'assurance			Fonds de pension autonomes
		Total	Sociétés d'assurance vie	Sociétés d'assurance non-vie	Total
Pasifs financiers	4 627 024	2 875 680	..	..	1 751 344
Numéraire et dépôts	0	0	..	..	0
Titres de dette	0	0	..	..	0
Titres de dette à court terme	0	0	..	..	0
Titres de dette à long terme	0	0	..	..	0
Crédits	1 641	1 631	..	..	10
Crédits à court terme	16	12	..	..	4
Crédits à long terme	1 625	1 619	..	..	6
Actions et parts de fonds d'investissement	368 692	332 262	..	..	36 430
Systèmes d'assurance, de pensions et garanties standard	4 176 640	2 467 690	..	..	1 708 950
Produits financiers dérivés et options sur titres des salariés	367	245	..	..	122
Autres comptes à payer	79 684	73 852	..	..	5 832

Note : Voir les métadonnées détaillées sur : http://metalinks.oecd.org/instinv/20180905/e532

Tableau 2. Actifs et passifs financiers des fonds d'investissement

Millions HUF

	2010	2011	2012	2013	2014	2015	2016	2017
Fonds d'investissement								
Valeur nette financière	-237 433	-284 097	-319 083	-322 019	-312 020	-305 122	-403 473	-598 874
Actifs financiers	3 732 362	3 109 859	3 283 329	4 415 435	5 334 967	5 539 867	5 534 925	5 798 666
Numéraire et dépôts	1 416 054	1 594 876	1 745 945	2 008 519	2 352 275	2 269 890	2 107 135	1 707 009
Titres de dette	1 060 369	745 223	823 020	1 438 362	1 754 128	1 919 808	1 954 598	2 105 434
Crédits	0	0	0	0	0	0	0	0
Actions et parts de fonds d'investissement	1 180 774	681 357	612 122	772 543	1 103 523	1 238 349	1 341 383	1 821 899
Actions	472 378	180 100	197 861	165 187	210 271	254 708	322 341	443 921
Parts de fonds d'investissement	708 396	501 257	414 261	607 356	893 252	983 641	1 019 042	1 377 978
Parts de fonds d'investissement monétaires	45 855	41 749	27 455	47 197	59 753	130 626	36 576	32 749
Parts de fonds d'investissement non monétaires	662 541	459 508	386 806	560 159	833 499	853 015	982 466	1 345 229
Systèmes d'assurance, de pensions et garanties standard	0	0	0	0	0	0	0	0
Produits financiers dérivés et options sur titres des salariés	49 155	27 389	41 238	55 009	45 041	31 810	33 794	42 884
Autres comptes à recevoir	26 010	61 014	61 004	141 002	80 000	80 010	98 015	121 440
Passifs financiers	3 969 795	3 393 956	3 602 412	4 737 454	5 646 987	5 844 989	5 938 398	6 397 540
Titres de dette	0	0	0	0	0	0	0	0
Titres de dette à court terme	0	0	0	0	0	0	0	0
Titres de dette à long terme	0	0	0	0	0	0	0	0
Crédits	68 096	77 994	71 011	66 700	81 145	50 867	84 459	68 865
Crédits à court terme	24 495	27 991	25 836	23 824	45 686	33 031	53 260	21 112
Crédits à long terme	43 601	50 003	45 175	42 876	35 459	17 836	31 199	47 753
Actions et parts de fonds d'investissement	3 895 195	3 302 829	3 463 811	4 662 549	5 528 624	5 778 120	5 838 543	6 312 107
Systèmes d'assurance, de pensions et garanties standard	0	0	0	0	0	0	0	0
Produits financiers dérivés et options sur titres des salariés	6 142	8 604	9 006	3 269	33 897	10 961	13 639	15 529
Autres comptes à payer	362	4 529	58 584	4 936	3 321	5 041	1 757	1 039
Actifs non financiers	..	..	..	..	..	..	..	..
Fonds d'investissement monéaires								
Valeur nette financière	-17 659	1 262	43 912	20 044	-21 629	5 738	453	-31 276
Actifs financiers	1 359 714	1 360 019	1 270 751	1 455 722	1 224 273	1 173 427	794 863	463 337
Numéraire et dépôts	852 059	1 014 210	1 004 275	1 037 929	981 956	982 384	646 442	357 643
Titres de dette	477 397	284 129	201 169	353 790	241 201	187 867	134 517	104 851
Crédits	0	0	0	0	0	0	0	0
Actions et parts de fonds d'investissement	4 248	666	4 303	3 001	1 116	3 166	1 475	6
Actions	0	0	0	0	0	0	0	0
Parts de fonds d'investissement	4 248	666	4 303	3 001	1 116	3 166	1 475	6
Parts de fonds d'investissement monétaires	4 248	666	4 303	3 001	1 116	3 166	1 475	0
Parts de fonds d'investissement non monétaires	0	0	0	0	0	0	0	6
Systèmes d'assurance, de pensions et garanties standard	0	0	0	0	0	0	0	0
Produits financiers dérivés et options sur titres des salariés	0	0	0	0	0	0	400	254
Autres comptes à recevoir	26 010	61 014	61 004	61 002	0	10	12 029	583
Passifs financiers	1 377 373	1 358 757	1 226 839	1 435 678	1 245 902	1 167 689	794 410	494 613
Titres de dette	0	0	0	0	0	0	0	0
Titres de dette à court terme	0	0	0	0	0	0	0	0
Titres de dette à long terme	0	0	0	0	0	0	0	0
Crédits	9	14	33	42	59	67	79	1 388
Crédits à court terme	9	14	33	42	59	67	79	1 388
Crédits à long terme	0	0	0	0	0	0	0	0
Actions et parts de fonds d'investissement	1 377 347	1 358 175	1 226 331	1 435 555	1 245 738	1 167 563	793 687	492 538
Systèmes d'assurance, de pensions et garanties standard	0	0	0	0	0	0	0	0
Produits financiers dérivés et options sur titres des salariés	0	0	0	0	0	0	190	183
Autres comptes à payer	17	568	475	81	105	59	454	504
Actifs non financiers	..	..	..	..	..	..	..	..
Fonds d'investissement non monéaires								
Valeur nette financière	-219 774	-285 359	-362 995	-342 063	-290 391	-310 860	-403 926	-567 598
Actifs financiers	2 372 648	1 749 840	2 012 578	2 959 713	4 110 694	4 366 440	4 740 062	5 335 329
Numéraire et dépôts	563 995	580 666	741 670	970 590	1 370 319	1 287 506	1 460 693	1 349 366
Titres de dette	582 972	461 094	621 851	1 084 572	1 512 927	1 731 941	1 820 081	2 000 583
Crédits	0	0	0	0	0	0	0	0
Actions et parts de fonds d'investissement	1 176 526	680 691	607 819	769 542	1 102 407	1 235 183	1 339 908	1 821 893
Actions	472 378	180 100	197 861	165 187	210 271	254 708	322 341	443 921
Parts de fonds d'investissement	704 148	500 591	409 958	604 355	892 136	980 475	1 017 567	1 377 972
Parts de fonds d'investissement monétaires	41 607	41 083	23 152	44 196	58 637	127 460	35 101	32 749
Parts de fonds d'investissement non monétaires	662 541	459 508	386 806	560 159	833 499	853 015	982 466	1 345 223
Systèmes d'assurance, de pensions et garanties standard	0	0	0	0	0	0	0	0
Produits financiers dérivés et options sur titres des salariés	49 155	27 389	41 238	55 009	45 041	31 810	33 394	42 630
Autres comptes à recevoir	0	0	0	80 000	80 000	80 000	85 986	120 857
Passifs financiers	2 592 422	2 035 199	2 375 573	3 301 776	4 401 085	4 677 300	5 143 988	5 902 927
Titres de dette	0	0	0	0	0	0	0	0
Titres de dette à court terme	0	0	0	0	0	0	0	0
Titres de dette à long terme	0	0	0	0	0	0	0	0
Crédits	68 087	77 980	70 978	66 658	81 086	50 800	84 380	67 477
Crédits à court terme	24 486	27 977	25 803	23 782	45 627	32 964	53 181	19 724
Crédits à long terme	43 601	50 003	45 175	42 876	35 459	17 836	31 199	47 753
Actions et parts de fonds d'investissement	2 517 848	1 944 654	2 237 480	3 226 994	4 282 886	4 610 557	5 044 856	5 819 569
Systèmes d'assurance, de pensions et garanties standard	0	0	0	0	0	0	0	0
Produits financiers dérivés et options sur titres des salariés	6 142	8 604	9 006	3 269	33 897	10 961	13 449	15 346
Autres comptes à payer	345	3 961	58 109	4 855	3 216	4 982	1 303	535
Actifs non financiers	..	..	..	..	..	..	..	..
Fonds d'investissement non monéaires à capital variable								
Valeur nette financière	..	..	..	..	..	..	..	..
Actifs financiers	..	..	..	..	..	..	..	..

Tableau 2. Actifs et passifs financiers des fonds d'investissement *(suite)*

Millions HUF

	2010	2011	2012	2013	2014	2015	2016	2017
Numéraire et dépôts	..	..	..	..	..	..	..	..
Titres de dette	..	..	..	..	..	..	..	..
Crédits	..	..	..	..	..	..	..	..
Actions et parts de fonds d'investissement	..	..	..	..	..	..	..	..
Actions	..	..	..	..	..	..	..	..
Parts de fonds d'investissement	..	..	..	..	..	..	..	..
Parts de fonds d'investissement monétaires	..	..	..	..	..	..	..	..
Parts de fonds d'investissement non monétaires	..	..	..	..	..	..	..	..
Systèmes d'assurance, de pensions et garanties standard	..	..	..	..	..	..	..	..
Produits financiers dérivés et options sur titres des salariés	..	..	..	..	..	..	..	..
Autres comptes à recevoir	..	..	..	..	..	..	..	..
Passifs financiers	..	..	..	..	..	..	..	..
Titres de dette	..	..	..	..	..	..	..	..
Titres de dette à court terme	..	..	..	..	..	..	..	..
Titres de dette à long terme	..	..	..	..	..	..	..	..
Crédits	..	..	..	..	..	..	..	..
Crédits à court terme	..	..	..	..	..	..	..	..
Crédits à long terme	..	..	..	..	..	..	..	..
Actions et parts de fonds d'investissement	..	..	..	..	..	..	..	..
Systèmes d'assurance, de pensions et garanties standard	..	..	..	..	..	..	..	..
Produits financiers dérivés et options sur titres des salariés	..	..	..	..	..	..	..	..
Autres comptes à payer	..	..	..	..	..	..	..	..
Actifs non financiers	..	..	..	..	..	..	..	..
Fonds d'investissement à capital variable								
Valeur nette financière	..	..	..	..	..	..	..	..
Actifs financiers	..	..	..	..	..	..	..	..
Numéraire et dépôts	..	..	..	..	..	..	..	..
Titres de dette	..	..	..	..	..	..	..	..
Crédits	..	..	..	..	..	..	..	..
Actions et parts de fonds d'investissement	..	..	..	..	..	..	..	..
Actions	..	..	..	..	..	..	..	..
Parts de fonds d'investissement	..	..	..	..	..	..	..	..
Parts de fonds d'investissement monétaires	..	..	..	..	..	..	..	..
Parts de fonds d'investissement non monétaires	..	..	..	..	..	..	..	..
Systèmes d'assurance, de pensions et garanties standard	..	..	..	..	..	..	..	..
Produits financiers dérivés et options sur titres des salariés	..	..	..	..	..	..	..	..
Autres comptes à recevoir	..	..	..	..	..	..	..	..
Passifs financiers	..	..	..	..	..	..	..	..
Titres de dette	..	..	..	..	..	..	..	..
Titres de dette à court terme	..	..	..	..	..	..	..	..
Titres de dette à long terme	..	..	..	..	..	..	..	..
Crédits	..	..	..	..	..	..	..	..
Crédits à court terme	..	..	..	..	..	..	..	..
Crédits à long terme	..	..	..	..	..	..	..	..
Actions et parts de fonds d'investissement	..	..	..	..	..	..	..	..
Systèmes d'assurance, de pensions et garanties standard	..	..	..	..	..	..	..	..
Produits financiers dérivés et options sur titres des salariés	..	..	..	..	..	..	..	..
Autres comptes à payer	..	..	..	..	..	..	..	..
Actifs non financiers	..	..	..	..	..	..	..	..

Note : Voir les métadonnées détaillées sur : http://metalinks.oecd.org/instinv/20180905/e532

Tableau 3. Actifs et passifs financiers des sociétés d'assurance et fonds de pension

Millions HUF

	2010	2011	2012	2013	2014	2015	2016	2017
Sociétés d'assurance et fonds de pension								
Valeur nette financière	-76 736	-174 696	-69 533	-78 630	-43 643	-20 222	-35 040	-36 350
Actifs financiers	6 485 845	3 410 329	3 543 272	3 665 201	3 977 513	4 124 404	4 329 312	4 590 674
Numéraire et dépôts	242 713	212 447	172 142	212 288	252 487	265 046	199 583	210 233
Titres de dette	3 654 838	2 030 279	2 174 370	2 238 054	2 386 935	2 385 013	2 495 597	2 608 516
Crédits	18 228	16 658	10 449	7 755	7 992	8 072	8 063	9 985
Actions et parts de fonds d'investissement	2 392 998	1 003 348	1 027 638	1 054 997	1 177 150	1 304 401	1 461 061	1 591 946
Actions	448 869	133 573	120 920	112 582	125 361	140 939	177 091	186 284
Parts de fonds d'investissement	1 944 129	869 775	906 718	942 415	1 051 789	1 163 462	1 283 970	1 405 662
Parts de fonds d'investissement monétaires	78 548	77 130	72 978	77 076	54 223	68 926	52 862	42 552
Parts de fonds d'investissement non monétaires	1 865 581	792 645	833 740	865 339	997 566	1 094 536	1 231 108	1 363 110
Systèmes d'assurance, de pensions et garanties standard	88 503	89 953	93 929	88 982	92 294	100 164	104 736	107 693
Produits financiers dérivés et options sur titres des salariés	78	75	2	218	4 226	3 743	1 272	1 530
Autres comptes à recevoir	88 487	57 569	64 742	62 907	56 429	57 965	59 000	60 771
Passifs financiers	6 562 581	3 585 025	3 612 805	3 743 831	4 021 156	4 144 626	4 364 352	4 627 024
Titres de dette	0	0	0	26	25	0	0	0
Titres de dette à court terme	0	0	0	0	0	0	0	0
Titres de dette à long terme	0	0	0	26	25	0	0	0
Crédits	4 187	7 853	6 577	5 832	8 111	20 002	5 233	1 641
Crédits à court terme	1 149	1 533	3 341	1 239	1 818	14 836	56	16
Crédits à long terme	3 038	6 320	3 236	4 593	6 293	5 166	5 177	1 625
Actions et parts de fonds d'investissement	358 794	332 603	300 311	307 168	307 765	304 616	338 501	368 692
Systèmes d'assurance, de pensions et garanties standard	6 132 265	3 163 128	3 217 327	3 339 065	3 608 519	3 725 694	3 941 358	4 176 640
Produits financiers dérivés et options sur titres des salariés	85	1 228	336	56	4 955	3 684	2 282	367
Autres comptes à payer	67 250	80 213	88 254	91 684	91 781	90 630	76 978	79 684
Actifs non financiers	..	..	..	..	..	..	..	..
Sociétés d'assurance								
Valeur nette financière	-114 867	-149 156	-33 036	-38 362	-14 623	9 461	1 447	17 363
Actifs financiers	2 411 337	2 297 550	2 386 170	2 437 065	2 618 814	2 692 778	2 771 265	2 893 043
Numéraire et dépôts	158 747	149 104	109 486	123 434	160 378	181 477	125 541	141 961
Titres de dette	1 281 553	1 314 391	1 426 933	1 442 501	1 498 223	1 443 686	1 505 111	1 536 132
Crédits	16 571	15 019	8 873	6 150	6 337	6 383	6 446	8 433
Actions et parts de fonds d'investissement	777 476	671 512	682 243	712 903	800 962	899 395	969 777	1 037 760
Actions	83 432	64 131	57 800	55 435	58 561	51 177	60 498	64 687
Parts de fonds d'investissement	694 044	607 381	624 443	657 468	742 401	848 218	909 279	973 073
Parts de fonds d'investissement monétaires	73 257	73 575	70 532	74 389	51 016	67 718	50 009	40 996
Parts de fonds d'investissement non monétaires	620 787	533 806	553 911	583 079	691 385	780 500	859 270	932 077
Systèmes d'assurance, de pensions et garanties standard	88 503	89 953	93 929	88 982	92 294	100 164	104 736	107 693
Produits financiers dérivés et options sur titres des salariés	78	75	2	218	4 226	3 743	884	519
Autres comptes à recevoir	88 409	57 496	64 704	62 877	56 394	57 930	58 770	60 545
Passifs financiers	2 526 204	2 446 706	2 419 206	2 475 427	2 633 437	2 683 317	2 769 818	2 875 680
Titres de dette	0	0	0	26	25	0	0	0
Titres de dette à court terme	0	0	0	0	0	0	0	0
Titres de dette à long terme	0	0	0	26	25	0	0	0
Crédits	4 187	7 853	6 577	5 832	8 111	20 002	5 229	1 631
Crédits à court terme	1 149	1 533	3 341	1 239	1 818	14 836	52	12
Crédits à long terme	3 038	6 320	3 236	4 593	6 293	5 166	5 177	1 619
Actions et parts de fonds d'investissement	342 938	316 437	283 978	290 538	290 102	285 000	311 377	332 262
Systèmes d'assurance, de pensions et garanties standard	2 113 867	2 045 389	2 042 932	2 088 549	2 238 849	2 284 451	2 378 120	2 467 690
Produits financiers dérivés et options sur titres des salariés	85	1 228	336	56	4 955	3 684	1 032	245
Autres comptes à payer	65 127	75 799	85 383	90 426	91 395	90 180	74 060	73 852
Actifs non financiers	..	..	..	..	..	..	..	..
Fonds de pension								
Valeur nette financière	38 131	-25 540	-36 497	-40 268	-29 020	-29 683	-36 487	-53 713
Actifs financiers	4 074 508	1 112 779	1 157 102	1 228 136	1 358 699	1 431 626	1 558 047	1 697 631
Numéraire et dépôts	83 966	63 343	62 656	88 854	92 109	83 569	74 042	68 272
Titres de dette	2 373 285	715 888	747 437	795 553	888 712	941 327	990 486	1 072 384
Crédits	1 657	1 639	1 576	1 605	1 655	1 689	1 617	1 552
Actions et parts de fonds d'investissement	1 615 522	331 836	345 395	342 094	376 188	405 006	491 284	554 186
Actions	365 437	69 442	63 120	57 147	66 800	89 762	116 593	121 597
Parts de fonds d'investissement	1 250 085	262 394	282 275	284 947	309 388	315 244	374 691	432 589
Parts de fonds d'investissement monétaires	5 291	3 555	2 446	2 687	3 207	1 208	2 853	1 556
Parts de fonds d'investissement non monétaires	1 244 794	258 839	279 829	282 260	306 181	314 036	371 838	431 033
Systèmes d'assurance, de pensions et garanties standard	0	0	0	0	0	0	0	0
Produits financiers dérivés et options sur titres des salariés	0	0	0	0	0	0	388	1 011
Autres comptes à recevoir	78	73	38	30	35	35	230	226
Passifs financiers	4 036 377	1 138 319	1 193 599	1 268 404	1 387 719	1 461 309	1 594 534	1 751 344
Titres de dette	0	0	0	0	0	0	0	0
Titres de dette à court terme	0	0	0	0	0	0	0	0
Titres de dette à long terme	0	0	0	0	0	0	0	0
Crédits	0	0	0	0	0	0	4	10
Crédits à court terme	0	0	0	0	0	0	4	4
Crédits à long terme	0	0	0	0	0	0	0	6
Actions et parts de fonds d'investissement	15 856	16 166	16 333	16 630	17 663	19 616	27 124	36 430
Systèmes d'assurance, de pensions et garanties standard	4 018 398	1 117 739	1 174 395	1 250 516	1 369 670	1 441 243	1 563 238	1 708 950
Produits financiers dérivés et options sur titres des salariés	0	0	0	0	0	0	1 250	122
Autres comptes à payer	2 123	4 414	2 871	1 258	386	450	2 918	5 832
Actifs non financiers	..	..	..	..	..	..	..	..

Note : Voir les métadonnées détaillées sur : http://metalinks.oecd.org/instinv/20180905/e532

Tableau 4. Composition du portefeuille par type d'investisseur

En pourcentage des actifs financiers et des passifs financiers

Pour cent

	2010	2011	2012	2013	2014	2015	2016	2017
Fonds d'investissement								
Actifs financiers	100.0	100.0	100.0	100.0	100.0	100.0	100.0	100.0
Numéraire et dépôts	37.9	51.3	53.2	45.5	44.1	41.0	38.1	29.4
Titres de dettes	28.4	24.0	25.1	32.6	32.9	34.7	35.3	36.3
Crédits	0.0	0.0	0.0	0.0	0.0	0.0	0.0	0.0
Actions et parts de fonds d'investissement	31.6	21.9	18.6	17.5	20.7	22.4	24.2	31.4
Systèmes d'assurance de pensions et garanties standard	0.0	0.0	0.0	0.0	0.0	0.0	0.0	0.0
Produits financiers dérivés et options sur titres des salariés	1.3	0.9	1.3	1.2	0.8	0.6	0.6	0.7
Autres comptes à recevoir	0.7	2.0	1.9	3.2	1.5	1.4	1.8	2.1
Passifs financiers	100.0	100.0	100.0	100.0	100.0	100.0	100.0	100.0
Numéraire et dépôts	0.0	0.0	0.0	0.0	0.0	0.0	0.0	0.0
Titres de dettes	0.0	0.0	0.0	0.0	0.0	0.0	0.0	0.0
Crédits	1.7	2.3	2.0	1.4	1.4	0.9	1.4	1.1
Actions et parts de fonds d'investissement	98.1	97.3	96.2	98.4	97.9	98.9	98.3	98.7
Systèmes d'assurance de pensions et garanties standard	0.0	0.0	0.0	0.0	0.0	0.0	0.0	0.0
Produits financiers dérivés et options sur titres des salariés	0.2	0.3	0.2	0.1	0.6	0.2	0.2	0.2
Autres comptes à recevoir	0.0	0.1	1.6	0.1	0.1	0.1	0.0	0.0
Sociétés d'assurance								
Actifs financiers	100.0	100.0	100.0	100.0	100.0	100.0	100.0	100.0
Numéraire et dépôts	6.6	6.5	4.6	5.1	6.1	6.7	4.5	4.9
Titres de dettes	53.1	57.2	59.8	59.2	57.2	53.6	54.3	53.1
Crédits	0.7	0.7	0.4	0.3	0.2	0.2	0.2	0.3
Actions et parts de fonds d'investissement	32.2	29.2	28.6	29.3	30.6	33.4	35.0	35.9
Systèmes d'assurance de pensions et garanties standard	3.7	3.9	3.9	3.7	3.5	3.7	3.8	3.7
Produits financiers dérivés et options sur titres des salariés	0.0	0.0	0.0	0.0	0.2	0.1	0.0	0.0
Autres comptes à recevoir	3.7	2.5	2.7	2.6	2.2	2.2	2.1	2.1
Passifs financiers	100.0	100.0	100.0	100.0	100.0	100.0	100.0	100.0
Numéraire et dépôts	0.0	0.0	0.0	0.0	0.0	0.0	0.0	0.0
Titres de dettes	0.0	0.0	0.0	0.0	0.0	0.0	0.0	0.0
Crédits	0.2	0.3	0.3	0.2	0.3	0.7	0.2	0.1
Actions et parts de fonds d'investissement	13.6	12.9	11.7	11.7	11.0	10.6	11.2	11.6
Systèmes d'assurance de pensions et garanties standard	83.7	83.6	84.4	84.4	85.0	85.1	85.9	85.8
Produits financiers dérivés et options sur titres des salariés	0.0	0.1	0.0	0.0	0.2	0.1	0.0	0.0
Autres comptes à recevoir	2.6	3.1	3.5	3.7	3.5	3.4	2.7	2.6
Fonds de pension								
Actifs financiers	100.0	100.0	100.0	100.0	100.0	100.0	100.0	100.0
Numéraire et dépôts	2.1	5.7	5.4	7.2	6.8	5.8	4.8	4.0
Titres de dettes	58.2	64.3	64.6	64.8	65.4	65.8	63.6	63.2
Crédits	0.0	0.1	0.1	0.1	0.1	0.1	0.1	0.1
Actions et parts de fonds d'investissement	39.6	29.8	29.9	27.9	27.7	28.3	31.5	32.6
Systèmes d'assurance de pensions et garanties standard	0.0	0.0	0.0	0.0	0.0	0.0	0.0	0.0
Produits financiers dérivés et options sur titres des salariés	0.0	0.0	0.0	0.0	0.0	0.0	0.0	0.1
Autres comptes à recevoir	0.0	0.0	0.0	0.0	0.0	0.0	0.0	0.0
Passifs financiers	100.0	100.0	100.0	100.0	100.0	100.0	100.0	100.0
Numéraire et dépôts	0.0	0.0	0.0	0.0	0.0	0.0	0.0	0.0
Titres de dettes	0.0	0.0	0.0	0.0	0.0	0.0	0.0	0.0
Crédits	0.0	0.0	0.0	0.0	0.0	0.0	0.0	0.0
Actions et parts de fonds d'investissement	0.4	1.4	1.4	1.3	1.3	1.3	1.7	2.1
Systèmes d'assurance de pensions et garanties standard	99.6	98.2	98.4	98.6	98.7	98.6	98.0	97.6
Produits financiers dérivés et options sur titres des salariés	0.0	0.0	0.0	0.0	0.0	0.0	0.1	0.0
Autres comptes à recevoir	0.1	0.4	0.2	0.1	0.0	0.0	0.2	0.3

Note : Voir les métadonnées détaillées sur : http://metalinks.oecd.org/instinv/20180905/af01

Tableau 1. Actifs et passifs financiers des investisseurs institutionnels, 2017

Millions ISK

	Total	Fonds d'investissement			
		Fonds d'investissement non-monétaire			Fonds d'investissement monétaires
		Total	Fonds d'investissement à capital variable, non monétaire	Fonds d'investissement à capital fixe, non monétaire	Total
Actifs financiers	805 901	647 607	330 947	316 660	158 294
Numéraire et dépôts	147 512	26 585	10 533	16 052	120 927
Titres de dette	320 311	283 863	194 617	89 246	36 448
Titres de dette à court terme	14 642	6 274	3 768	2 506	8 368
Titres de dette à long terme	305 669	277 589	190 849	86 741	28 080
Titres de dette émis par les résidents	320 300	283 853	194 606	89 246	36 448
Titres de dette émis par les non-résidents	11	11	11	0	0
Crédits	20 234	20 234	0	20 234	0
Crédits à court terme	..	..	..	..	..
Crédits à long terme	..	..	..	..	..
Crédits accordés aux résidents	..	..	..	..	..
Crédits accordés aux non-résidents	..	..	..	..	..
Actions et parts de fonds d'investissement	298 913	298 913	124 849	174 064	0
Actions et parts de fonds d'investissements émises par les résidents	275 671	275 671	111 065	164 606	0
Actions et part de fonds d'investissements émises par les non-résidents	23 242	23 242	13 784	9 458	0
Autres comptes à recevoir	15 482	14 563	722	13 841	919

	Total	Fonds d'investissement			
		Fonds d'investissement non-monétaire			Fonds d'investissement monétaires
		Total	Fonds d'investissement à capital variable, non monétaire	Fonds d'investissement à capital fixe, non monétaire	Total
Pasifs financiers	844 279	685 985	330 947	355 039	158 294
Numéraire et dépôts	..	..	..	..	..
Titres de dette	107 742	107 742	0	107 742	0
Titres de dette à court terme	76	76	0	76	0
Titres de dette à long terme	107 666	107 666	0	107 666	0
Crédits	7 500	7 500	0	7 500	0
Crédits à court terme	5 382	5 382	0	5 382	0
Crédits à long terme	2 118	2 118	0	2 118	0
Actions et parts de fonds d'investissement	708 109	555 506	329 458	226 048	..
Systèmes d'assurance, de pensions et garanties standard	..	..	..	..	..
Produits financiers dérivés et options sur titres des salariés	912	912	128	785	0
Autres comptes à payer	20 016	14 325	1 361	12 964	5 691

	Total	Sociétés d'assurance et fonds de pension autonomes			
		Sociétés d'assurance			Fonds de pension autonomes
		Total	Sociétés d'assurance vie	Sociétés d'assurance non-vie	Total
Actifs financiers	4 079 916	184 896	18 641	166 255	3 895 020
Numéraire et dépôts	176 834	5 944	1 071	4 873	170 890
Titres de dette	1 862 623	71 913	7 426	64 487	1 790 710
Titres de dette à court terme	5 331	2 081	256	1 825	3 250
Titres de dette à long terme	1 857 292	69 832	7 170	62 662	1 787 459
Titres de dette émis par les résidents	1 857 546	67 446	7 426	60 020	1 790 100
Titres de dette émis par les non-résidents	5 077	4 467	0	4 467	609
Crédits	339 367	3 794	0	3 794	335 573
Crédits à court terme	0	..	..	..	0
Crédits à long terme	339 367	3 794	0	3 794	335 573
Crédits accordés aux résidents	339 099	3 794	0	3 794	335 305
Crédits accordés aux non-résidents	268	0	0	0	268
Actions et parts de fonds d'investissement	1 650 024	73 878	1 814	72 064	1 576 145
Actions et parts de fonds d'investissement émises par les résidents	703 248	65 696	1 763	63 933	637 552
Actions et parts de fonds d'investissement émises par les non-résidents	946 775	8 182	51	8 131	938 593
Autrescomptes à recevoir	7 064	2 728	50	2 678	4 336

	Total	Sociétés d'assurance et fonds de pension autonomes			
		Sociétés d'assurance			Fonds de pension autonomes
		Total	Sociétés d'assurance vie	Sociétés d'assurance non-vie	Total
Pasifs financiers	4 084 845	186 836	18 795	168 040	3 898 010
Numéraire et dépôts	..	..	..	..	..
Titres de dette	2 110	2 110	0	2 110	..
Titres de dette à court terme	0	0	0	0	..
Titres de dette à long terme	2 110	2 110	0	2 110	..
Crédits	2 624	2 624	0	2 624	0
Crédits à court terme	..	0	0	0	0
Crédits à long terme	2 624	2 624	0	2 624	0
Actions et parts de fonds d'investissement	93 075	93 075	6 985	86 090	..
Systèmes d'assurance, de pensions et garanties standard	3 972 448	83 431	11 102	72 329	3 889 018
Produits financiers dérivés et options sur titres des salariés	0	0	..	..	0
Autres comptes à payer	14 588	5 596	709	4 888	8 992

Note : Voir les métadonnées détaillées sur : http://metalinks.oecd.org/instinv/20180905/e532

Tableau 2. Actifs et passifs financiers des fonds d'investissement

Millions ISK

	2010	2011	2012	2013	2014	2015	2016	2017
Fonds d'investissement								
Valeur nette financière	0	-3 577	-1 510	-714	-124	-172	-39 176	-38 378
Actifs financiers	284 249	367 670	408 096	451 698	487 451	598 476	805 605	805 901
Numéraire et dépôts	18 087	41 917	35 503	51 558	78 987	117 278	177 940	147 512
Titres de dette	236 679	261 174	285 328	268 704	247 138	257 126	304 549	320 311
Crédits	..	0	0	0	0	1 425	8 552	20 234
Actions et parts de fonds d'investissement	28 234	58 147	85 288	129 033	158 331	213 701	301 718	298 913
Actions	8 832	19 953	39 615	77 810	102 435	152 482	240 560	222 070
Parts de fonds d'investissement	19 402	38 194	45 673	51 223	55 897	61 220	61 158	76 843
Parts de fonds d'investissement monétaires	..	..	..	..	..	6 706	5 029	9 288
Parts de fonds d'investissement non monétaires	..	..	..	..	..	54 514	56 129	67 555
Systèmes d'assurance, de pensions et garanties standard	..	..	..	..	..	..	..	..
Produits financiers dérivés et options sur titres des salariés	..	1 492	1 455	2 016	2 138	4 529	3 263	3 449
Autres comptes à recevoir	1 249	4 941	523	387	856	4 418	9 583	15 482
Passifs financiers	284 249	371 247	409 606	452 412	487 575	598 648	844 781	844 279
Titres de dette	..	4 789	26 608	32 451	56 263	57 924	99 738	107 742
Titres de dette à court terme	..	..	..	..	..	0	0	76
Titres de dette à long terme	..	..	..	..	..	57 924	99 738	107 666
Crédits	..	10 071	3 115	3 654	4 416	6 082	6 736	7 500
Crédits à court terme	..	..	..	..	..	5 230	5 660	5 382
Crédits à long terme	..	..	..	..	..	852	1 076	2 118
Actions et parts de fonds d'investissement	280 414	347 714	378 034	414 466	422 661	530 398	725 369	708 109
Systèmes d'assurance, de pensions et garanties standard	..	..	..	..	..	..	..	..
Produits financiers dérivés et options sur titres des salariés	..	1 555	96	190	224	753	751	912
Autres comptes à payer	3 835	7 119	1 753	1 649	4 012	3 491	12 186	20 016
Actifs non financiers	..	3 577	1 510	714	124	172	39 176	38 378
Fonds d'investissement monéaires								
Valeur nette financière	0	0	0	0	0	0	0	0
Actifs financiers	..	18 294	19 624	26 449	50 837	92 534	177 249	158 294
Numéraire et dépôts	..	11 479	14 872	22 584	47 838	86 303	141 507	120 927
Titres de dette	..	6 801	4 715	3 798	2 890	6 060	35 074	36 448
Crédits	..	0	0	0	0	0	0	0
Actions et parts de fonds d'investissement	0	0	0	0	0	0	0	0
Actions	0	0	0	0	0	0	0	0
Parts de fonds d'investissement	0	0	0	0	0	0	0	0
Parts de fonds d'investissement monétaires	..	..	..	..	..	0	0	0
Parts de fonds d'investissement non monétaires	..	..	..	..	..	0	0	0
Systèmes d'assurance, de pensions et garanties standard	..	..	..	..	..	..	..	..
Produits financiers dérivés et options sur titres des salariés	..	0	0	0	0	0	0	0
Autres comptes à recevoir	..	13	37	67	110	170	668	919
Passifs financiers	..	18 294	19 624	26 449	50 837	92 534	177 249	158 294
Titres de dette	..	0	0	0	0	0	0	0
Titres de dette à court terme	..	..	..	..	..	0	0	0
Titres de dette à long terme	..	..	..	..	..	0	0	0
Crédits	..	0	93	0	0	0	0	0
Crédits à court terme	..	..	..	..	..	0	0	0
Crédits à long terme	..	..	..	..	..	0	0	0
Actions et parts de fonds d'investissement	..	18 270	19 497	26 422	50 784	..	..	..
Systèmes d'assurance, de pensions et garanties standard	..	..	..	..	..	..	..	..
Produits financiers dérivés et options sur titres des salariés	..	0	0	0	0	0	0	0
Autres comptes à payer	15	24	34	26	53	323	5 249	5 691
Actifs non financiers	..	0	0	0	0	0	0	0
Fonds d'investissement non monéaires								
Valeur nette financière	0	-3 577	-1 510	-714	-124	-172	-39 176	-38 378
Actifs financiers	270 858	349 376	388 472	425 249	436 614	505 943	628 356	647 607
Numéraire et dépôts	11 949	30 437	20 631	28 975	31 149	30 975	36 433	26 585
Titres de dette	229 428	254 372	280 613	264 905	244 249	251 066	269 476	283 863
Crédits	..	0	0	0	0	1 425	8 552	20 234
Actions et parts de fonds d'investissement	28 234	58 147	85 288	129 033	158 331	213 701	301 718	298 913
Actions	8 832	19 953	39 615	77 810	102 435	152 482	240 560	222 070
Parts de fonds d'investissement	19 402	38 194	45 673	51 223	55 897	61 220	61 158	76 843
Parts de fonds d'investissement monétaires	..	..	..	..	..	6 706	5 029	9 288
Parts de fonds d'investissement non monétaires	..	..	..	..	..	54 514	56 129	67 555
Systèmes d'assurance, de pensions et garanties standard	..	..	..	..	..	..	..	..
Produits financiers dérivés et options sur titres des salariés	..	1 492	1 455	2 016	2 138	4 529	3 263	3 449
Autres comptes à recevoir	1 247	4 928	485	320	747	4 247	8 915	14 563
Passifs financiers	270 858	352 954	389 982	425 963	436 738	506 115	667 532	685 985
Titres de dette	..	4 789	26 608	32 451	56 263	57 924	99 738	107 742
Titres de dette à court terme	..	..	..	..	..	0	0	76
Titres de dette à long terme	..	..	..	..	..	57 924	99 738	107 666
Crédits	..	10 071	3 022	3 654	4 416	6 082	6 736	7 500
Crédits à court terme	..	..	..	..	..	5 230	5 660	5 382
Crédits à long terme	..	..	..	..	..	852	1 076	2 118
Actions et parts de fonds d'investissement	267 037	329 444	358 537	388 044	371 876	438 187	553 369	555 506
Systèmes d'assurance, de pensions et garanties standard	..	..	..	..	..	..	..	..
Produits financiers dérivés et options sur titres des salariés	..	1 555	96	190	224	753	751	912
Autres comptes à payer	3 820	7 095	1 719	1 623	3 959	3 168	6 937	14 325
Actifs non financiers	..	3 577	1 510	714	124	172	39 176	38 378
Fonds d'investissement non monéaires à capital variable								
Valeur nette financière	0	-1 070	-447	-110	-20	-77	-1	0
Actifs financiers	270 858	284 325	308 865	331 591	317 418	368 304	340 782	330 947

Tableau 2. Actifs et passifs financiers des fonds d'investissement *(suite)*

Millions ISK

	2010	2011	2012	2013	2014	2015	2016	2017
Numéraire et dépôts	11 949	14 510	14 152	22 560	15 162	16 667	14 620	10 533
Titres de dette	229 428	234 073	241 608	217 384	193 534	197 031	185 619	194 617
Crédits	..	0	0	0	0	0	0	0
Actions et parts de fonds d'investissement	28 234	33 465	52 696	91 383	108 011	153 403	139 925	124 849
Actions	8 832	11 177	27 168	59 541	73 907	112 890	100 679	75 693
Parts de fonds d'investissement	19 402	22 287	25 528	31 842	34 104	40 513	39 247	49 156
Parts de fonds d'investissement monétaires	..	..	..	..	..	1 838	1 012	1 996
Parts de fonds d'investissement non monétaires	..	..	..	..	..	38 675	38 235	47 159
Systèmes d'assurance, de pensions et garanties standard	..	..	..	..	..	..	..	..
Produits financiers dérivés et options sur titres des salariés	..	703	0	12	13	50	81	226
Autres comptes à recevoir	1 247	1 573	409	252	698	1 153	538	722
Passifs financiers	270 858	285 395	309 312	331 702	317 439	368 381	340 783	330 947
Titres de dette	..	0	0	0	0	0	0	0
Titres de dette à court terme	..	..	..	..	..	0	0	0
Titres de dette à long terme	..	..	..	..	..	0	0	0
Crédits	..	1 883	669	1	161	0	0	0
Crédits à court terme	..	..	..	..	..	0	0	0
Crédits à long terme	..	..	..	..	..	0	0	0
Actions et parts de fonds d'investissement	267 037	279 654	307 669	330 434	315 716	366 534	339 854	329 458
Systèmes d'assurance, de pensions et garanties standard	..	..	..	..	..	..	..	..
Produits financiers dérivés et options sur titres des salariés	..	1 554	0	0	9	13	2	128
Autres comptes à payer	3 820	2 303	974	1 267	1 553	1 834	927	1 361
Actifs non financiers	..	1 070	447	110	20	77	1	0
Fonds d'investissement à capital variable								
Valeur nette financière	0	-1 070	-447	-110	-20	-77	-1	0
Actifs financiers	284 249	302 618	328 489	358 040	368 255	460 837	518 031	489 240
Numéraire et dépôts	18 087	25 990	29 024	45 143	63 000	102 970	156 127	131 459
Titres de dette	236 679	240 874	246 323	221 182	196 424	203 091	220 692	231 065
Crédits	..	0	0	0	0	0	0	0
Actions et parts de fonds d'investissement	28 234	33 465	52 696	91 383	108 011	153 403	139 925	124 849
Actions	8 832	11 177	27 168	59 541	73 907	112 890	100 679	75 693
Parts de fonds d'investissement	19 402	22 287	25 528	31 842	34 104	40 513	39 247	49 156
Parts de fonds d'investissement monétaires	..	..	..	..	..	1 838	1 012	1 996
Parts de fonds d'investissement non monétaires	..	..	..	..	..	38 675	38 235	47 159
Systèmes d'assurance, de pensions et garanties standard	..	..	..	..	..	..	..	..
Produits financiers dérivés et options sur titres des salariés	..	703	0	12	13	50	81	226
Autres comptes à recevoir	1 249	1 586	446	319	808	1 323	1 206	1 641
Passifs financiers	284 249	303 689	328 936	358 150	368 276	460 914	518 032	489 240
Titres de dette	..	0	0	0	0	0	0	0
Titres de dette à court terme	..	..	..	..	..	0	0	0
Titres de dette à long terme	..	..	..	..	..	0	0	0
Crédits	..	1 883	762	1	161	0	0	0
Crédits à court terme	..	..	..	..	..	0	0	0
Crédits à long terme	..	..	..	..	..	0	0	0
Actions et parts de fonds d'investissement	280 414	297 924	327 166	356 856	366 500	458 745	511 853	482 061
Systèmes d'assurance, de pensions et garanties standard	..	..	..	..	..	..	..	..
Produits financiers dérivés et options sur titres des salariés	..	1 554	0	0	9	13	2	128
Autres comptes à payer	3 835	2 327	1 008	1 293	1 606	2 156	6 176	7 052
Actifs non financiers	..	1 070	447	110	20	77	1	0

Note : Voir les métadonnées détaillées sur : http://metalinks.oecd.org/instinv/20180905/e532

Tableau 3. Actifs et passifs financiers des sociétés d'assurance et fonds de pension

Millions ISK

	2010	2011	2012	2013	2014	2015	2016	2017
Sociétés d'assurance et fonds de pension								
Valeur nette financière	-2 733	-5 042	-11 693	-10 335	-10 336	-5 042	-4 267	-4 929
Actifs financiers	2 124 243	2 315 595	2 587 644	2 855 350	3 098 164	3 454 444	3 761 436	4 079 916
Numéraire et dépôts	171 342	170 368	183 380	179 613	144 010	170 737	143 154	176 834
Titres de dette	1 094 265	1 208 952	1 305 933	1 401 813	1 486 747	1 581 297	1 824 022	1 862 623
Crédits	177 135	186 050	184 357	184 620	178 808	180 881	244 337	339 367
Actions et parts de fonds d'investissement	633 917	710 263	877 334	1 048 642	1 247 478	1 476 685	1 497 900	1 650 024
Actions	142 187	205 831	264 612	378 316	506 991	685 575	663 487	674 280
Parts de fonds d'investissement	491 730	504 433	612 722	670 326	740 486	791 110	834 413	975 743
Parts de fonds d'investissement monétaires	..	..	..	..	..	..	..	..
Parts de fonds d'investissement non monétaires	..	..	..	..	..	..	..	..
Systèmes d'assurance, de pensions et garanties standard	40 392	36 159	31 627	34 942	36 004	38 967	42 900	43 994
Produits financiers dérivés et options sur titres des salariés	0	0	0	0	0	0	0	11
Autres comptes à recevoir	7 190	3 802	5 013	5 720	5 117	5 878	9 123	7 064
Passifs financiers	2 126 976	2 320 637	2 599 338	2 865 685	3 108 500	3 459 486	3 765 703	4 084 845
Titres de dette	4 078	0	0	0	0	2 026	2 070	2 110
Titres de dette à court terme	0	0	0	0	0	0	0	0
Titres de dette à long terme	4 078	0	0	0	0	2 026	2 070	2 110
Crédits	455	844	516	151	118	0	2 574	2 624
Crédits à court terme	..	..	..	..	..	..	..	..
Crédits à long terme	238	271	82	70	95	0	2 574	2 624
Actions et parts de fonds d'investissement	57 988	64 995	72 184	79 851	84 610	86 984	88 619	93 075
Systèmes d'assurance, de pensions et garanties standard	1 981 275	2 173 761	2 469 525	2 740 835	3 003 095	3 351 115	3 655 940	3 972 448
Produits financiers dérivés et options sur titres des salariés	72 165	60 162	31 941	21 575	2 171	13	13	0
Autres comptes à payer	11 016	20 874	25 171	23 273	18 506	19 348	16 487	14 588
Actifs non financiers	2 733	5 042	11 693	10 335	10 336	5 042	4 267	4 929
Sociétés d'assurance								
Valeur nette financière	-1 598	-1 647	-6 691	-6 083	-6 615	-2 018	-1 909	-1 939
Actifs financiers	136 528	143 748	147 901	158 612	161 950	169 075	175 547	184 896
Numéraire et dépôts	12 698	13 060	15 493	14 849	8 463	10 406	6 713	5 944
Titres de dette	54 920	60 754	65 643	72 049	75 073	70 091	71 335	71 913
Crédits	5 246	4 698	3 418	3 078	2 881	1 485	1 742	3 794
Actions et parts de fonds d'investissement	34 723	39 904	41 358	44 514	50 677	59 878	66 609	73 878
Actions	16 372	20 241	22 153	25 514	35 394	46 244	51 800	57 495
Parts de fonds d'investissement	18 351	19 663	19 205	18 999	15 283	13 634	14 810	16 384
Parts de fonds d'investissement monétaires	..	..	..	..	..	..	..	..
Parts de fonds d'investissement non monétaires	..	..	..	..	..	..	..	..
Systèmes d'assurance, de pensions et garanties standard	27 990	24 272	19 675	21 728	22 714	24 650	25 542	26 639
Produits financiers dérivés et options sur titres des salariés	..	..	..	..	..	..	..	..
Autres comptes à recevoir	951	1 060	2 315	2 394	2 143	2 564	3 606	2 728
Passifs financiers	138 126	145 395	154 592	164 694	168 565	171 093	177 456	186 836
Titres de dette	4 078	0	0	0	0	2 026	2 070	2 110
Titres de dette à court terme	0	0	0	0	0	0	0	0
Titres de dette à long terme	4 078	0	0	0	0	2 026	2 070	2 110
Crédits	238	271	82	70	95	0	2 574	2 624
Crédits à court terme	0	0	0	0	0	0	0	0
Crédits à long terme	238	271	82	70	95	0	2 574	2 624
Actions et parts de fonds d'investissement	57 988	64 995	72 184	79 851	84 610	86 984	88 619	93 075
Systèmes d'assurance, de pensions et garanties standard	71 758	75 913	77 383	80 216	78 703	75 215	78 715	83 431
Produits financiers dérivés et options sur titres des salariés	0	0	0	0	0	0	0	0
Autres comptes à payer	4 065	4 216	4 943	4 557	5 156	6 869	5 478	5 596
Actifs non financiers	1 598	1 647	6 691	6 083	6 615	2 018	1 909	1 939
Fonds de pension								
Valeur nette financière	-1 135	-3 395	-5 002	-4 253	-3 721	-3 024	-2 358	-2 990
Actifs financiers	1 987 715	2 171 846	2 439 744	2 696 738	2 936 214	3 285 369	3 585 889	3 895 020
Numéraire et dépôts	158 644	157 308	167 887	164 764	135 548	160 331	136 442	170 890
Titres de dette	1 039 345	1 148 198	1 240 290	1 329 764	1 411 674	1 511 206	1 752 688	1 790 710
Crédits	171 889	181 352	180 939	181 543	175 927	179 396	242 595	335 573
Actions et parts de fonds d'investissement	599 195	670 360	835 977	1 004 128	1 196 801	1 416 807	1 431 290	1 576 145
Actions	125 816	185 590	242 459	352 802	471 597	639 331	611 687	616 786
Parts de fonds d'investissement	473 379	484 770	593 517	651 326	725 204	777 476	819 603	959 360
Parts de fonds d'investissement monétaires	..	..	..	..	..	..	..	..
Parts de fonds d'investissement non monétaires	..	..	..	..	..	..	..	..
Systèmes d'assurance, de pensions et garanties standard	12 402	11 887	11 953	13 214	13 291	14 316	17 358	17 355
Produits financiers dérivés et options sur titres des salariés	0	0	0	0	0	0	0	11
Autres comptes à recevoir	6 239	2 742	2 698	3 326	2 974	3 314	5 517	4 336
Passifs financiers	1 988 850	2 175 242	2 444 746	2 700 991	2 939 935	3 288 393	3 588 247	3 898 010
Titres de dette	..	..	..	..	..	..	..	..
Titres de dette à court terme	..	..	..	..	..	..	..	..
Titres de dette à long terme	..	..	..	..	..	..	..	..
Crédits	217	574	435	81	22	0	0	0
Crédits à court terme	217	574	435	81	22	0	0	0
Crédits à long terme	0	0	0	0	0	0	0	0
Actions et parts de fonds d'investissement	..	..	..	..	..	..	..	..
Systèmes d'assurance, de pensions et garanties standard	1 909 517	2 097 849	2 392 142	2 660 618	2 924 392	3 275 901	3 577 225	3 889 018
Produits financiers dérivés et options sur titres des salariés	72 165	60 162	31 941	21 575	2 171	13	13	0
Autres comptes à payer	6 951	16 658	20 228	18 716	13 350	12 480	11 009	8 992
Actifs non financiers	1 135	3 395	5 002	4 253	3 721	3 024	2 358	2 990

Note : Voir les métadonnées détaillées sur : http://metalinks.oecd.org/instinv/20180905/e532

ISLANDE

Tableau 4. Composition du portefeuille par type d'investisseur

En pourcentage des actifs financiers et des passifs financiers

Pour cent

	2010	2011	2012	2013	2014	2015	2016	2017
Fonds d'investissement								
Actifs financiers	100.0	100.0	100.0	100.0	100.0	100.0	100.0	100.0
Numéraire et dépôts	6.4	11.4	8.7	11.4	16.2	19.6	22.1	18.3
Titres de dettes	83.3	71.0	69.9	59.5	50.7	43.0	37.8	39.7
Crédits	0.0	0.0	0.0	0.0	0.0	0.2	1.1	2.5
Actions et parts de fonds d'investissement	9.9	15.8	20.9	28.6	32.5	35.7	37.5	37.1
Systèmes d'assurance de pensions et garanties standard	0.0	0.0	0.0	0.0	0.0	0.0	0.0	0.0
Produits financiers dérivés et options sur titres des salariés	0.0	0.4	0.4	0.4	0.4	0.8	0.4	0.4
Autres comptes à recevoir	0.4	1.3	0.1	0.1	0.2	0.7	1.2	1.9
Passifs financiers	100.0	100.0	100.0	100.0	100.0	100.0	100.0	100.0
Numéraire et dépôts	0.0	0.0	0.0	0.0	0.0	0.0	0.0	0.0
Titres de dettes	0.0	1.3	6.5	7.2	11.5	9.7	11.8	12.8
Crédits	0.0	2.7	0.8	0.8	0.9	1.0	0.8	0.9
Actions et parts de fonds d'investissement	98.7	93.7	92.3	91.6	86.7	88.6	85.9	83.9
Systèmes d'assurance de pensions et garanties standard	0.0	0.0	0.0	0.0	0.0	0.0	0.0	0.0
Produits financiers dérivés et options sur titres des salariés	0.0	0.4	0.0	0.0	0.0	0.1	0.1	0.1
Autres comptes à recevoir	1.3	1.9	0.4	0.4	0.8	0.6	1.4	2.4
Sociétés d'assurance								
Actifs financiers	100.0	100.0	100.0	100.0	100.0	100.0	100.0	100.0
Numéraire et dépôts	9.3	9.1	10.5	9.4	5.2	6.2	3.8	3.2
Titres de dettes	40.2	42.3	44.4	45.4	46.4	41.5	40.6	38.9
Crédits	3.8	3.3	2.3	1.9	1.8	0.9	1.0	2.1
Actions et parts de fonds d'investissement	25.4	27.8	28.0	28.1	31.3	35.4	37.9	40.0
Systèmes d'assurance de pensions et garanties standard	20.5	16.9	13.3	13.7	14.0	14.6	14.6	14.4
Produits financiers dérivés et options sur titres des salariés	0.0	0.0	0.0	0.0	0.0	0.0	0.0	0.0
Autres comptes à recevoir	0.7	0.7	1.6	1.5	1.3	1.5	2.1	1.5
Passifs financiers	100.0	100.0	100.0	100.0	100.0	100.0	100.0	100.0
Numéraire et dépôts	0.0	0.0	0.0	0.0	0.0	0.0	0.0	0.0
Titres de dettes	3.0	0.0	0.0	0.0	0.0	1.2	1.2	1.1
Crédits	0.2	0.2	0.1	0.0	0.1	0.0	1.5	1.4
Actions et parts de fonds d'investissement	42.0	44.7	46.7	48.5	50.2	50.8	49.9	49.8
Systèmes d'assurance de pensions et garanties standard	52.0	52.2	50.1	48.7	46.7	44.0	44.4	44.7
Produits financiers dérivés et options sur titres des salariés	0.0	0.0	0.0	0.0	0.0	0.0	0.0	0.0
Autres comptes à recevoir	2.9	2.9	3.2	2.8	3.1	4.0	3.1	3.0
Fonds de pension								
Actifs financiers	100.0	100.0	100.0	100.0	100.0	100.0	100.0	100.0
Numéraire et dépôts	8.0	7.2	6.9	6.1	4.6	4.9	3.8	4.4
Titres de dettes	52.3	52.9	50.8	49.3	48.1	46.0	48.9	46.0
Crédits	8.6	8.4	7.4	6.7	6.0	5.5	6.8	8.6
Actions et parts de fonds d'investissement	30.1	30.9	34.3	37.2	40.8	43.1	39.9	40.5
Systèmes d'assurance de pensions et garanties standard	0.6	0.5	0.5	0.5	0.5	0.4	0.5	0.4
Produits financiers dérivés et options sur titres des salariés	0.0	0.0	0.0	0.0	0.0	0.0	0.0	0.0
Autres comptes à recevoir	0.3	0.1	0.1	0.1	0.1	0.1	0.2	0.1
Passifs financiers	100.0	100.0	100.0	100.0	100.0	100.0	100.0	100.0
Numéraire et dépôts	0.0	0.0	0.0	0.0	0.0	0.0	0.0	0.0
Titres de dettes	0.0	0.0	0.0	0.0	0.0	0.0	0.0	0.0
Crédits	0.0	0.0	0.0	0.0	0.0	0.0	0.0	0.0
Actions et parts de fonds d'investissement	0.0	0.0	0.0	0.0	0.0	0.0	0.0	0.0
Systèmes d'assurance de pensions et garanties standard	96.0	96.4	97.8	98.5	99.5	99.6	99.7	99.8
Produits financiers dérivés et options sur titres des salariés	3.6	2.8	1.3	0.8	0.1	0.0	0.0	0.0
Autres comptes à recevoir	0.3	0.8	0.8	0.7	0.5	0.4	0.3	0.2

Note : Voir les métadonnées détaillées sur : http://metalinks.oecd.org/instinv/20180905/af01

Tableau 1. Actifs et passifs financiers des investisseurs institutionnels, 2017

Millions EUR (1999 IEP euro)

	Fonds d'investissement				
	Total	Fonds d'investissement non-monétaire			Fonds d'investissement monétaires
		Total	Fonds d'investissement à capital variable, non monétaire	Fonds d'investissement à capital fixe, non monétaire	Total
Actifs financiers	..	2 223 129 e	..	..	..
Numéraire et dépôts	..	122 169 e	..	..	..
Titres de dette	..	875 123 e	..	..	..
Titres de dette à court terme	..	83 090 e	..	..	..
Titres de dette à long terme	..	792 033 e	..	..	..
Titres de dette émis par les résidents	..	..	..	..	..
Titres de dette émis par les non-résidents	..	..	..	..	..
Crédits	..	69 392 e	..	..	..
Crédits à court terme	..	..	..	..	..
Crédits à long terme	..	69 392 e	..	..	..
Crédits accordés aux résidents	..	..	..	..	..
Crédits accordés aux non-résidents	..	..	..	..	..
Actions et parts de fonds d'investissement	..	994 140 e	..	..	..
Actions et parts de fonds d'investissements émises par les résidents	..	..	..	..	..
Actions et part de fonds d'investissements émises par les non-résidents	..	..	..	..	..
Autres comptes à recevoir	..	73 196 e	..	..	..

	Fonds d'investissement				
	Total	Fonds d'investissement non-monétaire			Fonds d'investissement monétaires
		Total	Fonds d'investissement à capital variable, non monétaire	Fonds d'investissement à capital fixe, non monétaire	Total
Pasifs financiers	..	2 212 327 e	..	..	..
Numéraire et dépôts	..	0 e	..	..	..
Titres de dette	..	0 e	..	..	..
Titres de dette à court terme	..	0 e	..	..	..
Titres de dette à long terme	..	0 e	..	..	..
Crédits	..	188 733 e	..	..	..
Crédits à court terme	..	173 255 e	..	..	..
Crédits à long terme	..	15 478 e	..	..	..
Actions et parts de fonds d'investissement	..	1 887 578 e	..	..	..
Systèmes d'assurance, de pensions et garanties standard	..	0 e	..	..	..
Produits financiers dérivés et options sur titres des salariés	..	80 652 e	..	..	..
Autres comptes à payer	..	55 365 e	..	..	..

	Sociétés d'assurance et fonds de pension autonomes				
	Total	Sociétés d'assurance			Fonds de pension autonomes
		Total	Sociétés d'assurance vie	Sociétés d'assurance non-vie	Total
Actifs financiers	410 026 e	287 580 e	..	..	122 446 e
Numéraire et dépôts	30 609 e	25 224 e	..	..	5 385 e
Titres de dette	91 842 e	40 313 e	..	..	51 529 e
Titres de dette à court terme	10 775 e	6 599 e	..	..	4 176 e
Titres de dette à long terme	81 067 e	33 714 e	..	..	47 353 e
Titres de dette émis par les résidents	..	..	..	..	..
Titres de dette émis par les non-résidents	..	..	..	..	..
Crédits	2 158 e	2 158 e	..	..	0 e
Crédits à court terme	1 086 e	1 086 e	..	..	0 e
Crédits à long terme	1 072 e	1 072 e	..	..	0 e
Crédits accordés aux résidents	..	..	..	..	..
Crédits accordés aux non-résidents	..	..	..	..	..
Actions et parts de fonds d'investissement	226 707 e	163 618 e	..	..	63 089 e
Actions et parts de fonds d'investissement émises par les résidents	..	..	..	..	..
Actions et parts de fonds d'investissement émises par les non-résidents	..	..	..	..	..
Autrescomptes à recevoir	23 583 e	21 285 e	..	..	2 298 e

	Sociétés d'assurance et fonds de pension autonomes				
	Total	Sociétés d'assurance			Fonds de pension autonomes
		Total	Sociétés d'assurance vie	Sociétés d'assurance non-vie	Total
Pasifs financiers	419 014 e	296 678 e	..	..	122 336 e
Numéraire et dépôts	0 e	0 e	..	..	0 e
Titres de dette	1 553 e	1 553 e	..	..	0 e
Titres de dette à court terme	0 e	0 e	..	..	0 e
Titres de dette à long terme	1 553 e	1 553 e	..	..	0 e
Crédits	2 803 e	2 791 e	..	..	12 e
Crédits à court terme	269 e	263 e	..	..	6 e
Crédits à long terme	2 534 e	2 528 e	..	..	6 e
Actions et parts de fonds d'investissement	34 418 e	34 394 e	..	..	24 e
Systèmes d'assurance, de pensions et garanties standard	361 931 e	239 631 e	..	..	122 300 e
Produits financiers dérivés et options sur titres des salariés	0 e	0 e	..	..	0 e
Autres comptes à payer	18 309 e	18 309 e	..	..	0 e

Note : Voir les métadonnées détaillées sur : http://metalinks.oecd.org/instinv/20180905/e532

Tableau 2. Actifs et passifs financiers des fonds d'investissement

Millions EUR

	2010	2011	2012	2013	2014	2015	2016	2017
Fonds d'investissement								
Valeur nette financière	..	..	..	..	..	..	..	..
Actifs financiers	..	..	..	..	..	..	..	..
Numéraire et dépôts	..	..	..	..	..	..	..	..
Titres de dette	..	..	..	..	..	..	..	..
Crédits	..	..	..	..	..	..	..	..
Actions et parts de fonds d'investissement	..	..	..	..	..	..	..	..
Actions	..	..	..	..	..	..	..	..
Parts de fonds d'investissement	..	..	..	..	..	..	..	..
Parts de fonds d'investissement monétaires	..	..	..	..	..	..	..	..
Parts de fonds d'investissement non monétaires	..	..	..	..	..	..	..	..
Systèmes d'assurance, de pensions et garanties standard	..	..	..	..	..	..	..	..
Produits financiers dérivés et options sur titres des salariés	..	..	..	..	..	..	..	..
Autres comptes à recevoir	..	..	..	..	..	..	..	..
Passifs financiers	..	..	..	..	..	..	..	..
Titres de dette	..	..	..	..	..	..	..	..
Titres de dette à court terme	..	..	..	..	..	..	..	..
Titres de dette à long terme	..	..	..	..	..	..	..	..
Crédits	..	..	..	..	..	..	..	..
Crédits à court terme	..	..	..	..	..	..	..	..
Crédits à long terme	..	..	..	..	..	..	..	..
Actions et parts de fonds d'investissement	..	..	..	..	..	..	..	..
Systèmes d'assurance, de pensions et garanties standard	..	..	..	..	..	..	..	..
Produits financiers dérivés et options sur titres des salariés	..	..	..	..	..	..	..	..
Autres comptes à payer	..	..	..	..	..	..	..	..
Actifs non financiers	..	..	..	..	..	..	..	..
Fonds d'investissement monéaires								
Valeur nette financière	..	..	..	..	..	..	..	..
Actifs financiers	..	..	..	..	..	..	..	..
Numéraire et dépôts	..	..	..	..	..	..	..	..
Titres de dette	..	..	..	..	..	..	..	..
Crédits	..	..	..	..	..	..	..	..
Actions et parts de fonds d'investissement	..	..	..	..	..	..	..	..
Actions	..	..	..	..	..	..	..	..
Parts de fonds d'investissement	..	..	..	..	..	..	..	..
Parts de fonds d'investissement monétaires	..	..	..	..	..	..	..	..
Parts de fonds d'investissement non monétaires	..	..	..	..	..	..	..	..
Systèmes d'assurance, de pensions et garanties standard	..	..	..	..	..	..	..	..
Produits financiers dérivés et options sur titres des salariés	..	..	..	..	..	..	..	..
Autres comptes à recevoir	..	..	..	..	..	..	..	..
Passifs financiers	..	..	..	..	..	..	..	..
Titres de dette	..	..	..	..	..	..	..	..
Titres de dette à court terme	..	..	..	..	..	..	..	..
Titres de dette à long terme	..	..	..	..	..	..	..	..
Crédits	..	..	..	..	..	..	..	..
Crédits à court terme	..	..	..	..	..	..	..	..
Crédits à long terme	..	..	..	..	..	..	..	..
Actions et parts de fonds d'investissement	..	..	..	..	..	..	..	..
Systèmes d'assurance, de pensions et garanties standard	..	..	..	..	..	..	..	..
Produits financiers dérivés et options sur titres des salariés	..	..	..	..	..	..	..	..
Autres comptes à payer	..	..	..	..	..	..	..	..
Actifs non financiers	..	..	..	..	..	..	..	..
Fonds d'investissement non monéaires								
Valeur nette financière	..	..	..	..	..	..	..	..
Actifs financiers	622 608 e	792 472 e	1 031 186 e	1 205 013 e	1 525 918 e	1 803 592 e	1 919 975 e	2 223 129 e
Numéraire et dépôts	18 291 e	42 886 e	49 293 e	52 075 e	55 251 e	70 416 e	67 519 e	122 169 e
Titres de dette	233 919 e	355 204 e	459 271 e	519 352 e	554 030 e	616 171 e	745 267 e	875 123 e
Crédits	6 668 e	17 831 e	31 131 e	23 290 e	15 179 e	31 364 e	33 795 e	69 392 e
Actions et parts de fonds d'investissement	340 148 e	343 900 e	421 448 e	523 179 e	688 070 e	810 230 e	848 788 e	994 140 e
Actions	278 592 e	267 563 e	330 951 e	401 400 e	502 401 e	591 845 e	619 972 e	736 356 e
Parts de fonds d'investissement	61 556 e	76 337 e	90 497 e	121 779 e	185 668 e	218 386 e	228 816 e	257 784 e
Parts de fonds d'investissement monétaires	3 894 e	4 577 e	5 087 e	12 945 e	17 786 e	27 097 e	30 000 e	24 289 e
Parts de fonds d'investissement non monétaires	57 662 e	71 760 e	85 410 e	108 834 e	167 883 e	191 289 e	198 816 e	233 495 e
Systèmes d'assurance, de pensions et garanties standard	0 e	0 e	0 e	0 e	0 e	0 e	0 e	0 e
Produits financiers dérivés et options sur titres des salariés	12 815 e	18 907 e	32 231 e	39 759 e	139 229 e	168 378 e	161 026 e	89 108 e
Autres comptes à recevoir	10 768 e	13 744 e	37 813 e	47 357 e	74 159 e	107 033 e	63 580 e	73 196 e
Passifs financiers	643 955 e	826 228 e	1 019 098 e	1 194 785 e	1 552 433 e	1 778 547 e	1 919 085 e	2 212 327 e
Titres de dette	0 e	0 e	0 e	0 e	0 e	0 e	0 e	0 e
Titres de dette à court terme	0 e	0 e	0 e	0 e	0 e	0 e	0 e	0 e
Titres de dette à long terme	0 e	0 e	0 e	0 e	0 e	0 e	0 e	0 e
Crédits	3 727 e	5 877 e	22 179 e	36 093 e	57 624 e	95 654 e	119 940 e	188 733 e
Crédits à court terme	3 414 e	5 387 e	21 744 e	33 183 e	52 446 e	86 342 e	109 346 e	173 255 e
Crédits à long terme	313 e	490 e	435 e	2 911 e	5 178 e	9 312 e	10 595 e	15 478 e
Actions et parts de fonds d'investissement	604 401 e	776 906 e	924 227 e	1 065 863 e	1 285 037 e	1 419 759 e	1 589 972 e	1 887 578 e
Systèmes d'assurance, de pensions et garanties standard	0 e	0 e	0 e	0 e	0 e	0 e	0 e	0 e
Produits financiers dérivés et options sur titres des salariés	9 024 e	10 943 e	34 873 e	40 270 e	131 161 e	161 926 e	153 592 e	80 652 e
Autres comptes à payer	26 802 e	32 503 e	37 819 e	52 559 e	78 612 e	101 209 e	55 581 e	55 365 e
Actifs non financiers	..	..	..	..	..	..	..	..
Fonds d'investissement non monéaires à capital variable								
Valeur nette financière	..	..	..	..	..	..	..	..
Actifs financiers	..	..	..	..	..	..	..	..

Tableau 2. Actifs et passifs financiers des fonds d'investissement *(suite)*

Millions EUR

	2010	2011	2012	2013	2014	2015	2016	2017
Numéraire et dépôts	..	..	..	..	..	..	..	..
Titres de dette	..	..	..	..	..	..	..	..
Crédits	..	..	..	..	..	..	..	..
Actions et parts de fonds d'investissement	..	..	..	..	..	..	..	..
Actions	..	..	..	..	..	..	..	..
Parts de fonds d'investissement	..	..	..	..	..	..	..	..
Parts de fonds d'investissement monétaires	..	..	..	..	..	..	..	..
Parts de fonds d'investissement non monétaires	..	..	..	..	..	..	..	..
Systèmes d'assurance, de pensions et garanties standard	..	..	..	..	..	..	..	..
Produits financiers dérivés et options sur titres des salariés	..	..	..	..	..	..	..	..
Autres comptes à recevoir	..	..	..	..	..	..	..	..
Passifs financiers	..	..	..	..	..	..	..	..
Titres de dette	..	..	..	..	..	..	..	..
Titres de dette à court terme	..	..	..	..	..	..	..	..
Titres de dette à long terme	..	..	..	..	..	..	..	..
Crédits	..	..	..	..	..	..	..	..
Crédits à court terme	..	..	..	..	..	..	..	..
Crédits à long terme	..	..	..	..	..	..	..	..
Actions et parts de fonds d'investissement	..	..	..	..	..	..	..	..
Systèmes d'assurance, de pensions et garanties standard	..	..	..	..	..	..	..	..
Produits financiers dérivés et options sur titres des salariés	..	..	..	..	..	..	..	..
Autres comptes à payer	..	..	..	..	..	..	..	..
Actifs non financiers	..	..	..	..	..	..	..	..
Fonds d'investissement à capital variable								
Valeur nette financière	..	..	..	..	..	..	..	..
Actifs financiers	..	..	..	..	..	..	..	..
Numéraire et dépôts	..	..	..	..	..	..	..	..
Titres de dette	..	..	..	..	..	..	..	..
Crédits	..	..	..	..	..	..	..	..
Actions et parts de fonds d'investissement	..	..	..	..	..	..	..	..
Actions	..	..	..	..	..	..	..	..
Parts de fonds d'investissement	..	..	..	..	..	..	..	..
Parts de fonds d'investissement monétaires	..	..	..	..	..	..	..	..
Parts de fonds d'investissement non monétaires	..	..	..	..	..	..	..	..
Systèmes d'assurance, de pensions et garanties standard	..	..	..	..	..	..	..	..
Produits financiers dérivés et options sur titres des salariés	..	..	..	..	..	..	..	..
Autres comptes à recevoir	..	..	..	..	..	..	..	..
Passifs financiers	..	..	..	..	..	..	..	..
Titres de dette	..	..	..	..	..	..	..	..
Titres de dette à court terme	..	..	..	..	..	..	..	..
Titres de dette à long terme	..	..	..	..	..	..	..	..
Crédits	..	..	..	..	..	..	..	..
Crédits à court terme	..	..	..	..	..	..	..	..
Crédits à long terme	..	..	..	..	..	..	..	..
Actions et parts de fonds d'investissement	..	..	..	..	..	..	..	..
Systèmes d'assurance, de pensions et garanties standard	..	..	..	..	..	..	..	..
Produits financiers dérivés et options sur titres des salariés	..	..	..	..	..	..	..	..
Autres comptes à payer	..	..	..	..	..	..	..	..
Actifs non financiers	..	..	..	..	..	..	..	..

Note : Voir les métadonnées détaillées sur : http://metalinks.oecd.org/instinv/20180905/e532

IRLANDE

Tableau 3. Actifs et passifs financiers des sociétés d'assurance et fonds de pension

Millions EUR

	2010	2011	2012	2013	2014	2015	2016	2017
Sociétés d'assurance et fonds de pension								
Valeur nette financière	..	..	..	..	..	..	..	..
Actifs financiers	298 878 e	284 970 e	296 717 e	306 552 e	343 198 e	372 590 e	389 995 e	410 026 e
Numéraire et dépôts	24 214 e	24 688 e	25 444 e	24 061 e	24 091 e	27 205 e	27 572 e	30 609 e
Titres de dette	73 745 e	80 232 e	83 276 e	79 530 e	88 796 e	92 324 e	91 872 e	91 842 e
Crédits	3 504 e	3 678 e	2 785 e	1 290 e	1 515 e	1 341 e	2 277 e	2 158 e
Actions et parts de fonds d'investissement	135 693 e	127 488 e	138 204 e	150 756 e	176 130 e	190 148 e	207 176 e	226 707 e
Actions	65 407 e	62 439 e	67 598 e	68 797 e	76 672 e	75 041 e	79 892 e	84 654 e
Parts de fonds d'investissement	70 286 e	65 049 e	70 606 e	81 960 e	99 458 e	115 107 e	127 285 e	142 053 e
Parts de fonds d'investissement monétaires	703 e	706 e	4 305 e	3 211 e	1 550 e	1 468 e	1 452 e	1 568 e
Parts de fonds d'investissement non monétaires	69 584 e	64 343 e	66 301 e	78 748 e	97 908 e	113 640 e	125 832 e	140 484 e
Systèmes d'assurance, de pensions et garanties standard	44 055 e	29 978 e	28 352 e	26 698 e	31 991 e	36 313 e	35 025 e	33 690 e
Produits financiers dérivés et options sur titres des salariés	1 651 e	2 433 e	2 461 e	1 769 e	2 443 e	1 758 e	1 745 e	1 437 e
Autres comptes à recevoir	16 017 e	16 472 e	16 196 e	22 448 e	18 232 e	23 501 e	24 327 e	23 583 e
Passifs financiers	303 377 e	289 874 e	303 791 e	309 340 e	352 933 e	382 653 e	398 755 e	419 014 e
Titres de dette	1 294 e	1 169 e	1 152 e	879 e	1 126 e	1 710 e	1 933 e	1 553 e
Titres de dette à court terme	0 e	0 e	0 e	0 e	0 e	0 e	0 e	0 e
Titres de dette à long terme	1 294 e	1 169 e	1 152 e	879 e	1 126 e	1 710 e	1 933 e	1 553 e
Crédits	3 723 e	4 103 e	4 236 e	3 163 e	3 204 e	3 395 e	3 509 e	2 803 e
Crédits à court terme	668 e	743 e	887 e	207 e	143 e	197 e	190 e	269 e
Crédits à long terme	3 055 e	3 359 e	3 348 e	2 956 e	3 061 e	3 198 e	3 319 e	2 534 e
Actions et parts de fonds d'investissement	26 626 e	25 919 e	27 241 e	24 892 e	26 930 e	29 624 e	32 409 e	34 418 e
Systèmes d'assurance, de pensions et garanties standard	261 635 e	244 837 e	257 654 e	265 223 e	305 924 e	328 899 e	342 007 e	361 931 e
Produits financiers dérivés et options sur titres des salariés	0 e	0 e	0 e	0 e	0 e	0 e	0 e	0 e
Autres comptes à payer	10 100 e	13 847 e	13 508 e	15 184 e	15 748 e	19 026 e	18 897 e	18 309 e
Actifs non financiers	..	..	..	..	..	..	..	..
Sociétés d'assurance								
Valeur nette financière	..	..	..	..	..	..	..	..
Actifs financiers	225 113 e	214 971 e	219 876 e	216 334 e	242 516 e	261 860 e	273 233 e	287 580 e
Numéraire et dépôts	20 665 e	22 325 e	22 139 e	20 735 e	19 872 e	22 473 e	22 477 e	25 224 e
Titres de dette	50 678 e	55 341 e	55 247 e	47 534 e	48 649 e	44 650 e	40 258 e	40 313 e
Crédits	3 504 e	3 678 e	2 785 e	1 290 e	1 515 e	1 341 e	2 277 e	2 158 e
Actions et parts de fonds d'investissement	89 658 e	85 481 e	93 656 e	99 195 e	121 172 e	134 113 e	149 229 e	163 618 e
Actions	28 846 e	28 909 e	30 185 e	23 496 e	27 598 e	24 098 e	27 225 e	26 554 e
Parts de fonds d'investissement	60 812 e	56 572 e	63 471 e	75 700 e	93 574 e	110 015 e	122 005 e	137 064 e
Parts de fonds d'investissement monétaires	367 e	397 e	4 198 e	3 131 e	1 216 e	1 174 e	1 215 e	1 355 e
Parts de fonds d'investissement non monétaires	60 445 e	56 175 e	59 273 e	72 568 e	92 358 e	108 842 e	120 789 e	135 708 e
Systèmes d'assurance, de pensions et garanties standard	44 055 e	29 978 e	28 352 e	26 698 e	31 991 e	36 313 e	35 025 e	33 690 e
Produits financiers dérivés et options sur titres des salariés	830 e	2 225 e	2 235 e	1 619 e	2 316 e	1 649 e	1 669 e	1 292 e
Autres comptes à recevoir	15 723 e	15 942 e	15 462 e	19 262 e	17 001 e	21 322 e	22 297 e	21 285 e
Passifs financiers	229 046 e	219 375 e	226 701 e	221 685 e	252 371 e	272 034 e	282 021 e	296 678 e
Titres de dette	1 294 e	1 169 e	1 152 e	879 e	1 126 e	1 710 e	1 933 e	1 553 e
Titres de dette à court terme	0 e	0 e	0 e	0 e	0 e	0 e	0 e	0 e
Titres de dette à long terme	1 294 e	1 169 e	1 152 e	879 e	1 126 e	1 710 e	1 933 e	1 553 e
Crédits	3 723 e	4 103 e	3 987 e	3 017 e	3 184 e	3 364 e	3 475 e	2 791 e
Crédits à court terme	668 e	743 e	887 e	207 e	123 e	184 e	181 e	263 e
Crédits à long terme	3 055 e	3 359 e	3 099 e	2 810 e	3 061 e	3 180 e	3 294 e	2 528 e
Actions et parts de fonds d'investissement	26 626 e	25 919 e	27 241 e	24 892 e	26 930 e	29 624 e	32 349 e	34 394 e
Systèmes d'assurance, de pensions et garanties standard	187 304 e	174 338 e	180 813 e	177 714 e	205 382 e	218 311 e	225 367 e	239 631 e
Produits financiers dérivés et options sur titres des salariés	0 e	0 e	0 e	0 e	0 e	0 e	0 e	0 e
Autres comptes à payer	10 100 e	13 847 e	13 508 e	15 184 e	15 748 e	19 026 e	18 897 e	18 309 e
Actifs non financiers	..	..	..	..	..	..	..	..
Fonds de pension								
Valeur nette financière	..	..	..	..	..	..	..	..
Actifs financiers	73 765 e	69 999 e	76 841 e	90 218 e	100 682 e	110 730 e	116 762 e	122 446 e
Numéraire et dépôts	3 549 e	2 363 e	3 305 e	3 326 e	4 219 e	4 732 e	5 095 e	5 385 e
Titres de dette	23 067 e	24 891 e	28 029 e	31 996 e	40 147 e	47 674 e	51 614 e	51 529 e
Crédits	0 e	0 e	0 e	0 e	0 e	0 e	0 e	0 e
Actions et parts de fonds d'investissement	46 035 e	42 007 e	44 548 e	51 561 e	54 958 e	56 035 e	57 947 e	63 089 e
Actions	36 561 e	33 530 e	37 413 e	45 301 e	49 074 e	50 943 e	52 667 e	58 100 e
Parts de fonds d'investissement	9 474 e	8 477 e	7 135 e	6 260 e	5 884 e	5 092 e	5 280 e	4 989 e
Parts de fonds d'investissement monétaires	336 e	309 e	107 e	80 e	334 e	294 e	237 e	213 e
Parts de fonds d'investissement non monétaires	9 139 e	8 168 e	7 028 e	6 180 e	5 550 e	4 798 e	5 043 e	4 776 e
Systèmes d'assurance, de pensions et garanties standard	0 e	0 e	0 e	0 e	0 e	0 e	0 e	0 e
Produits financiers dérivés et options sur titres des salariés	821 e	208 e	226 e	150 e	127 e	109 e	76 e	145 e
Autres comptes à recevoir	294 e	530 e	734 e	3 186 e	1 231 e	2 179 e	2 030 e	2 298 e
Passifs financiers	74 331 e	70 499 e	77 090 e	87 655 e	100 562 e	110 619 e	116 734 e	122 336 e
Titres de dette	0 e	0 e	0 e	0 e	0 e	0 e	0 e	0 e
Titres de dette à court terme	0 e	0 e	0 e	0 e	0 e	0 e	0 e	0 e
Titres de dette à long terme	0 e	0 e	0 e	0 e	0 e	0 e	0 e	0 e
Crédits	0 e	0 e	249 e	146 e	20 e	31 e	34 e	12 e
Crédits à court terme	0 e	0 e	0 e	0 e	20 e	13 e	9 e	6 e
Crédits à long terme	0 e	0 e	249 e	146 e	0 e	18 e	25 e	6 e
Actions et parts de fonds d'investissement	0 e	0 e	0 e	0 e	0 e	0 e	60 e	24 e
Systèmes d'assurance, de pensions et garanties standard	74 331 e	70 499 e	76 841 e	87 509 e	100 542 e	110 588 e	116 640 e	122 300 e
Produits financiers dérivés et options sur titres des salariés	0 e	0 e	0 e	0 e	0 e	0 e	0 e	0 e
Autres comptes à payer	0 e	0 e	0 e	0 e	0 e	0 e	0 e	0 e
Actifs non financiers	..	..	..	..	..	..	..	..

Note : Voir les métadonnées détaillées sur : http://metalinks.oecd.org/instinv/20180905/e532

Tableau 4. Composition du portefeuille par type d'investisseur

En pourcentage des actifs financiers et des passifs financiers

Pour cent

	2010	2011	2012	2013	2014	2015	2016	2017
Fonds d'investissement								
Actifs financiers	..	..	..	..	..	..	..	..
Numéraire et dépôts	..	..	..	..	..	..	..	..
Titres de dettes	..	..	..	..	..	..	..	..
Crédits	..	..	..	..	..	..	..	..
Actions et parts de fonds d'investissement	..	..	..	..	..	..	..	..
Systèmes d'assurance de pensions et garanties standard	..	..	..	..	..	..	..	..
Produits financiers dérivés et options sur titres des salariés	..	..	..	..	..	..	..	..
Autres comptes à recevoir	..	..	..	..	..	..	..	..
Passifs financiers	..	..	..	..	..	..	..	..
Numéraire et dépôts	..	..	..	..	..	..	..	..
Titres de dettes	..	..	..	..	..	..	..	..
Crédits	..	..	..	..	..	..	..	..
Actions et parts de fonds d'investissement	..	..	..	..	..	..	..	..
Systèmes d'assurance de pensions et garanties standard	..	..	..	..	..	..	..	..
Produits financiers dérivés et options sur titres des salariés	..	..	..	..	..	..	..	..
Autres comptes à recevoir	..	..	..	..	..	..	..	..
Sociétés d'assurance								
Actifs financiers	100.0	100.0	100.0	100.0	100.0	100.0	100.0	100.0
Numéraire et dépôts	9.2	10.4	10.1	9.6	8.2	8.6	8.2	8.8
Titres de dettes	22.5	25.7	25.1	22.0	20.1	17.1	14.7	14.0
Crédits	1.6	1.7	1.3	0.6	0.6	0.5	0.8	0.8
Actions et parts de fonds d'investissement	39.8	39.8	42.6	45.9	50.0	51.2	54.6	56.9
Systèmes d'assurance de pensions et garanties standard	19.6	13.9	12.9	12.3	13.2	13.9	12.8	11.7
Produits financiers dérivés et options sur titres des salariés	0.4	1.0	1.0	0.7	1.0	0.6	0.6	0.4
Autres comptes à recevoir	7.0	7.4	7.0	8.9	7.0	8.1	8.2	7.4
Passifs financiers	100.0	100.0	100.0	100.0	100.0	100.0	100.0	100.0
Numéraire et dépôts	0.0	0.0	0.0	0.0	0.0	0.0	0.0	0.0
Titres de dettes	0.6	0.5	0.5	0.4	0.4	0.6	0.7	0.5
Crédits	1.6	1.9	1.8	1.4	1.3	1.2	1.2	0.9
Actions et parts de fonds d'investissement	11.6	11.8	12.0	11.2	10.7	10.9	11.5	11.6
Systèmes d'assurance de pensions et garanties standard	81.8	79.5	79.8	80.2	81.4	80.3	79.9	80.8
Produits financiers dérivés et options sur titres des salariés	0.0	0.0	0.0	0.0	0.0	0.0	0.0	0.0
Autres comptes à recevoir	4.4	6.3	6.0	6.8	6.2	7.0	6.7	6.2
Fonds de pension								
Actifs financiers	100.0	100.0	100.0	100.0	100.0	100.0	100.0	100.0
Numéraire et dépôts	4.8	3.4	4.3	3.7	4.2	4.3	4.4	4.4
Titres de dettes	31.3	35.6	36.5	35.5	39.9	43.1	44.2	42.1
Crédits	0.0	0.0	0.0	0.0	0.0	0.0	0.0	0.0
Actions et parts de fonds d'investissement	62.4	60.0	58.0	57.2	54.6	50.6	49.6	51.5
Systèmes d'assurance de pensions et garanties standard	0.0	0.0	0.0	0.0	0.0	0.0	0.0	0.0
Produits financiers dérivés et options sur titres des salariés	1.1	0.3	0.3	0.2	0.1	0.1	0.1	0.1
Autres comptes à recevoir	0.4	0.8	1.0	3.5	1.2	2.0	1.7	1.9
Passifs financiers	100.0	100.0	100.0	100.0	100.0	100.0	100.0	100.0
Numéraire et dépôts	0.0	0.0	0.0	0.0	0.0	0.0	0.0	0.0
Titres de dettes	0.0	0.0	0.0	0.0	0.0	0.0	0.0	0.0
Crédits	0.0	0.0	0.3	0.2	0.0	0.0	0.0	0.0
Actions et parts de fonds d'investissement	0.0	0.0	0.0	0.0	0.0	0.0	0.1	0.0
Systèmes d'assurance de pensions et garanties standard	100.0	100.0	99.7	99.8	100.0	100.0	99.9	100.0
Produits financiers dérivés et options sur titres des salariés	0.0	0.0	0.0	0.0	0.0	0.0	0.0	0.0
Autres comptes à recevoir	0.0	0.0	0.0	0.0	0.0	0.0	0.0	0.0

Note : Voir les métadonnées détaillées sur : http://metalinks.oecd.org/instinv/20180905/af01

Tableau 1. Actifs et passifs financiers des investisseurs institutionnels, 2017

Millions ILS

	Fonds d'investissement				
	Total	Fonds d'investissement non-monétaire			Fonds d'investissement monétaires
		Total	Fonds d'investissement à capital variable, non monétaire	Fonds d'investissement à capital fixe, non monétaire	Total
Actifs financiers	243 099	227 679	227 679	..	15 420
Numéraire et dépôts	24 306	18 985	18 985	..	5 321
Titres de dette	180 368	170 269	170 269	..	10 099
Titres de dette à court terme	16 641	10 203	10 203	..	6 437
Titres de dette à long terme	163 728	160 066	160 066	..	3 662
Titres de dette émis par les résidents	166 491	157 855	157 855	..	8 636
Titres de dette émis par les non-résidents	13 878	12 415	12 415	..	1 463
Crédits	0	0	0	..	0
Crédits à court terme	0	0	0	..	0
Crédits à long terme	0	0	0	..	0
Crédits accordés aux résidents	0	0	0	..	0
Crédits accordés aux non-résidents	0	0	0	..	0
Actions et parts de fonds d'investissement	38 369	38 369	38 369	..	0
Actions et parts de fonds d'investissements émises par les résidents	27 801	27 801	27 801	..	0
Actions et part de fonds d'investissements émises par les non-résidents	10 567	10 567	10 567	..	0
Autres comptes à recevoir	..	..	..	..	..

	Fonds d'investissement				
	Total	Fonds d'investissement non-monétaire			Fonds d'investissement monétaires
		Total	Fonds d'investissement à capital variable, non monétaire	Fonds d'investissement à capital fixe, non monétaire	Total
Pasifs financiers	..	..	..	..	..
Numéraire et dépôts	..	..	..	..	..
Titres de dette	..	..	..	..	..
Titres de dette à court terme	..	..	..	..	..
Titres de dette à long terme	..	..	..	..	..
Crédits	..	..	..	..	..
Crédits à court terme	..	..	..	..	..
Crédits à long terme	..	..	..	..	..
Actions et parts de fonds d'investissement	..	..	..	..	..
Systèmes d'assurance, de pensions et garanties standard	..	..	..	..	..
Produits financiers dérivés et options sur titres des salariés	..	..	..	..	..
Autres comptes à payer	..	..	..	..	..

	Sociétés d'assurance et fonds de pension autonomes				
	Total	Sociétés d'assurance			Fonds de pension autonomes
		Total	Sociétés d'assurance vie	Sociétés d'assurance non-vie	Total
Actifs financiers	1 540 793	492 509	..	..	1 048 284
Numéraire et dépôts	132 405	44 274	..	..	88 130
Titres de dette	799 797	221 970	..	..	577 827
Titres de dette à court terme	28 170	5 123	..	..	23 047
Titres de dette à long terme	771 627	216 847	..	..	554 780
Titres de dette émis par les résidents	742 712	201 507	..	..	541 205
Titres de dette émis par les non-résidents	57 085	20 463	..	..	36 622
Crédits	110 398	46 956	..	..	63 443
Crédits à court terme	..	..	..	..	..
Crédits à long terme	..	..	..	..	..
Crédits accordés aux résidents	102 148	43 059	..	..	59 089
Crédits accordés aux non-résidents	8 251	3 896	..	..	4 354
Actions et parts de fonds d'investissement	443 849	135 440	..	..	308 409
Actions et parts de fonds d'investissement émises par les résidents	206 232	61 619	..	..	144 613
Actions et parts de fonds d'investissement émises par les non-résidents	237 617	73 821	..	..	163 796
Autrescomptes à recevoir	30 840	23 226	..	..	7 614

	Sociétés d'assurance et fonds de pension autonomes				
	Total	Sociétés d'assurance			Fonds de pension autonomes
		Total	Sociétés d'assurance vie	Sociétés d'assurance non-vie	Total
Pasifs financiers	..	..	..	..	..
Numéraire et dépôts	..	..	..	..	..
Titres de dette	..	..	..	..	..
Titres de dette à court terme	..	..	..	..	..
Titres de dette à long terme	..	..	..	..	..
Crédits	..	..	..	..	..
Crédits à court terme	..	..	..	..	..
Crédits à long terme	..	..	..	..	..
Actions et parts de fonds d'investissement	..	..	..	..	..
Systèmes d'assurance, de pensions et garanties standard	..	..	..	..	..
Produits financiers dérivés et options sur titres des salariés	..	..	..	..	..
Autres comptes à payer	..	..	..	..	..

Note : Voir les métadonnées détaillées sur : http://metalinks.oecd.org/instinv/20180905/8599
Informations sur les données concernant Israël : http://oe.cd/israel-disclaimer

Tableau 2. Actifs et passifs financiers des fonds d'investissement

Millions ILS

	2010	2011	2012	2013	2014	2015	2016	2017
Fonds d'investissement								
Valeur nette financière	..	..	..	..	..	..	..	..
Actifs financiers	156 582	142 353	170 099	230 785	261 522	229 155	214 080	243 099
Numéraire et dépôts	14 926	17 173	23 524	42 730	42 192	28 026	20 568	24 306
Titres de dette	120 707	112 183	133 809	167 843	194 131	174 598	165 512	180 368
Crédits	0	0	0	0	0	0	0	0
Actions et parts de fonds d'investissement	21 079	13 198	12 863	20 295	25 218	26 690	28 059	38 369
Actions	19 958	12 469	12 028	19 845	24 395	26 130	26 978	37 844
Parts de fonds d'investissement	1 121	729	835	450	822	560	1 081	525
Parts de fonds d'investissement monétaires	..	..	..	..	..	..	..	..
Parts de fonds d'investissement non monétaires	..	..	..	..	..	..	..	..
Systèmes d'assurance, de pensions et garanties standard	..	..	..	..	..	..	..	..
Produits financiers dérivés et options sur titres des salariés	-129	-201	-97	-83	-17	-160	-58	56
Autres comptes à recevoir	..	..	..	..	..	..	..	..
Passifs financiers	..	..	..	..	..	..	..	..
Titres de dette	..	..	..	..	..	..	..	..
Titres de dette à court terme	..	..	..	..	..	..	..	..
Titres de dette à long terme	..	..	..	..	..	..	..	..
Crédits	..	..	..	..	..	..	..	..
Crédits à court terme	..	..	..	..	..	..	..	..
Crédits à long terme	..	..	..	..	..	..	..	..
Actions et parts de fonds d'investissement	..	..	..	..	..	..	..	..
Systèmes d'assurance, de pensions et garanties standard	..	..	..	..	..	..	..	..
Produits financiers dérivés et options sur titres des salariés	..	..	..	..	..	..	..	..
Autres comptes à payer	..	..	..	..	..	..	..	..
Actifs non financiers	0	0	0	0	0	0	0	0
Fonds d'investissement monéaires								
Valeur nette financière	..	..	..	..	..	..	..	..
Actifs financiers	17 941	34 076	35 688	61 079	54 035	27 383	18 884	15 420
Numéraire et dépôts	7 736	12 934	16 635	31 060	28 956	14 830	6 805	5 321
Titres de dette	10 204	21 141	19 053	30 019	25 078	12 553	12 079	10 099
Crédits	0	0	0	0	0	0	0	0
Actions et parts de fonds d'investissement	0	0	0	0	0	0	0	0
Actions	0	0	0	0	0	0	0	0
Parts de fonds d'investissement	0	0	0	0	0	0	0	0
Parts de fonds d'investissement monétaires	..	..	..	..	..	..	..	..
Parts de fonds d'investissement non monétaires	..	..	..	..	..	..	..	..
Systèmes d'assurance, de pensions et garanties standard	..	..	..	..	..	..	..	..
Produits financiers dérivés et options sur titres des salariés	0	0	0	0	0	0	0	0
Autres comptes à recevoir	..	..	..	..	..	..	..	..
Passifs financiers	..	..	..	..	..	..	..	..
Titres de dette	..	..	..	..	..	..	..	..
Titres de dette à court terme	..	..	..	..	..	..	..	..
Titres de dette à long terme	..	..	..	..	..	..	..	..
Crédits	..	..	..	..	..	..	..	..
Crédits à court terme	..	..	..	..	..	..	..	..
Crédits à long terme	..	..	..	..	..	..	..	..
Actions et parts de fonds d'investissement	..	..	..	..	..	..	..	..
Systèmes d'assurance, de pensions et garanties standard	..	..	..	..	..	..	..	..
Produits financiers dérivés et options sur titres des salariés	..	..	..	..	..	..	..	..
Autres comptes à payer	..	..	..	..	..	..	..	..
Actifs non financiers	0	0	0	0	0	0	0	0
Fonds d'investissement non monéaires								
Valeur nette financière	..	..	..	..	..	..	..	..
Actifs financiers	138 641	108 277	134 411	169 705	207 488	201 771	195 196	227 679
Numéraire et dépôts	7 189	4 239	6 889	11 670	13 235	13 197	13 762	18 985
Titres de dette	110 503	91 042	114 756	137 824	169 053	162 045	153 433	170 269
Crédits	0	0	0	0	0	0	0	0
Actions et parts de fonds d'investissement	21 079	13 198	12 863	20 295	25 218	26 690	28 059	38 369
Actions	19 958	12 469	12 028	19 845	24 395	26 130	26 978	37 844
Parts de fonds d'investissement	1 121	729	835	450	822	560	1 081	525
Parts de fonds d'investissement monétaires	..	..	..	..	..	..	..	..
Parts de fonds d'investissement non monétaires	..	..	..	..	..	..	..	..
Systèmes d'assurance, de pensions et garanties standard	..	..	..	..	..	..	..	..
Produits financiers dérivés et options sur titres des salariés	-129	-201	-97	-83	-17	-160	-58	56
Autres comptes à recevoir	..	..	..	..	..	..	..	..
Passifs financiers	..	..	..	..	..	..	..	..
Titres de dette	..	..	..	..	..	..	..	..
Titres de dette à court terme	..	..	..	..	..	..	..	..
Titres de dette à long terme	..	..	..	..	..	..	..	..
Crédits	..	..	..	..	..	..	..	..
Crédits à court terme	..	..	..	..	..	..	..	..
Crédits à long terme	..	..	..	..	..	..	..	..
Actions et parts de fonds d'investissement	..	..	..	..	..	..	..	..
Systèmes d'assurance, de pensions et garanties standard	..	..	..	..	..	..	..	..
Produits financiers dérivés et options sur titres des salariés	..	..	..	..	..	..	..	..
Autres comptes à payer	..	..	..	..	..	..	..	..
Actifs non financiers	0	0	0	0	0	0	0	0
Fonds d'investissement non monéaires à capital variable								
Valeur nette financière	..	..	..	..	..	..	..	..
Actifs financiers	138 641	108 277	134 411	169 705	207 488	201 771	195 196	227 679

Tableau 2. Actifs et passifs financiers des fonds d'investissement *(suite)*

Millions ILS

	2010	2011	2012	2013	2014	2015	2016	2017
Numéraire et dépôts	7 189	4 239	6 889	11 670	13 235	13 197	13 762	18 985
Titres de dette	110 503	91 042	114 756	137 824	169 053	162 045	153 433	170 269
Crédits	0	0	0	0	0	0	0	0
Actions et parts de fonds d'investissement	21 079	13 198	12 863	20 295	25 218	26 690	28 059	38 369
Actions	19 958	12 469	12 028	19 845	24 395	26 130	26 978	37 844
Parts de fonds d'investissement	1 121	729	835	450	822	560	1 081	525
Parts de fonds d'investissement monétaires	..	..	..	..	..	..	..	..
Parts de fonds d'investissement non monétaires	..	..	..	..	..	..	..	..
Systèmes d'assurance, de pensions et garanties standard	..	..	..	..	..	..	..	..
Produits financiers dérivés et options sur titres des salariés	-129	-201	-97	-83	-17	-160	-58	56
Autres comptes à recevoir	..	..	..	..	..	..	..	..
Passifs financiers	..	..	..	..	..	..	..	..
Titres de dette	..	..	..	..	..	..	..	..
Titres de dette à court terme	..	..	..	..	..	..	..	..
Titres de dette à long terme	..	..	..	..	..	..	..	..
Crédits	..	..	..	..	..	..	..	..
Crédits à court terme	..	..	..	..	..	..	..	..
Crédits à long terme	..	..	..	..	..	..	..	..
Actions et parts de fonds d'investissement	..	..	..	..	..	..	..	..
Systèmes d'assurance, de pensions et garanties standard	..	..	..	..	..	..	..	..
Produits financiers dérivés et options sur titres des salariés	..	..	..	..	..	..	..	..
Autres comptes à payer	..	..	..	..	..	..	..	..
Actifs non financiers	0	0	0	0	0	0	0	0
Fonds d'investissement à capital variable								
Valeur nette financière	..	..	..	..	..	..	..	..
Actifs financiers	156 582	142 353	170 099	230 785	261 522	229 155	214 080	243 099
Numéraire et dépôts	14 926	17 173	23 524	42 730	42 192	28 026	20 568	24 306
Titres de dette	120 707	112 183	133 809	167 843	194 131	174 598	165 512	180 368
Crédits	0	0	0	0	0	0	0	0
Actions et parts de fonds d'investissement	21 079	13 198	12 863	20 295	25 218	26 690	28 059	38 369
Actions	19 958	12 469	12 028	19 845	24 395	26 130	26 978	37 844
Parts de fonds d'investissement	1 121	729	835	450	822	560	1 081	525
Parts de fonds d'investissement monétaires	..	..	..	..	..	..	..	..
Parts de fonds d'investissement non monétaires	..	..	..	..	..	..	..	..
Systèmes d'assurance, de pensions et garanties standard	..	..	..	..	..	..	..	..
Produits financiers dérivés et options sur titres des salariés	-129	-201	-97	-83	-17	-160	-58	56
Autres comptes à recevoir	..	..	..	..	..	..	..	..
Passifs financiers	..	..	..	..	..	..	..	..
Titres de dette	..	..	..	..	..	..	..	..
Titres de dette à court terme	..	..	..	..	..	..	..	..
Titres de dette à long terme	..	..	..	..	..	..	..	..
Crédits	..	..	..	..	..	..	..	..
Crédits à court terme	..	..	..	..	..	..	..	..
Crédits à long terme	..	..	..	..	..	..	..	..
Actions et parts de fonds d'investissement	..	..	..	..	..	..	..	..
Systèmes d'assurance, de pensions et garanties standard	..	..	..	..	..	..	..	..
Produits financiers dérivés et options sur titres des salariés	..	..	..	..	..	..	..	..
Autres comptes à payer	..	..	..	..	..	..	..	..
Actifs non financiers	0	0	0	0	0	0	0	0

Note : Voir les métadonnées détaillées sur : http://metalinks.oecd.org/instinv/20180905/8599
Informations sur les données concernant Israël : http://oe.cd/israel-disclaimer

Tableau 3. Actifs et passifs financiers des sociétés d'assurance et fonds de pension

Millions ILS

	2010	2011	2012	2013	2014	2015	2016	2017
Sociétés d'assurance et fonds de pension								
Valeur nette financière	..	..	..	..	..	..	..	..
Actifs financiers	897 183	906 865	1 011 560	1 117 101	1 221 043	1 302 591	1 386 621	1 540 793
Numéraire et dépôts	75 010	68 910	73 576	78 134	82 003	100 245	107 142	132 405
Titres de dette	543 987	561 429	607 790	642 423	690 205	722 299	749 440	799 797
Crédits	23 405	31 599	41 079	51 951	60 459	73 731	92 274	110 398
Actions et parts de fonds d'investissement	217 104	208 026	247 784	300 937	343 806	360 762	385 783	443 849
Actions	166 584	149 408	181 334	221 469	250 003	259 311	277 446	315 480
Parts de fonds d'investissement	50 521	58 618	66 450	79 468	93 803	101 451	108 337	128 369
Parts de fonds d'investissement monétaires	..	..	..	..	..	..	..	..
Parts de fonds d'investissement non monétaires	..	..	..	..	..	..	..	..
Systèmes d'assurance, de pensions et garanties standard	13 704	14 386	14 639	14 997	14 819	14 015	16 375	18 631
Produits financiers dérivés et options sur titres des salariés	2 745	-504	2 358	4 691	2 154	1 857	4 730	4 873
Autres comptes à recevoir	21 228	23 018	24 334	23 968	27 597	29 682	30 877	30 840
Passifs financiers	..	..	..	..	..	..	..	..
Titres de dette	..	..	..	..	..	..	..	..
Titres de dette à court terme	..	..	..	..	..	..	..	..
Titres de dette à long terme	..	..	..	..	..	..	..	..
Crédits	..	..	..	..	..	..	..	..
Crédits à court terme	..	..	..	..	..	..	..	..
Crédits à long terme	..	..	..	..	..	..	..	..
Actions et parts de fonds d'investissement	..	..	..	..	..	..	..	..
Systèmes d'assurance, de pensions et garanties standard	..	..	..	..	..	..	..	..
Produits financiers dérivés et options sur titres des salariés	..	..	..	..	..	..	..	..
Autres comptes à payer	..	..	..	..	..	..	..	..
Actifs non financiers	12 396	15 151	17 111	19 996	22 771	24 408	25 535	27 105
Sociétés d'assurance								
Valeur nette financière	..	..	..	..	..	..	..	..
Actifs financiers	282 779	292 257	328 405	363 866	395 785	419 748	444 817	492 509
Numéraire et dépôts	22 201	24 361	25 111	26 780	25 346	34 952	37 845	44 274
Titres de dette	144 142	149 944	167 129	180 900	194 668	200 576	207 021	221 970
Crédits	13 503	16 885	19 832	23 579	25 704	30 733	39 316	46 956
Actions et parts de fonds d'investissement	72 661	69 613	82 930	97 803	113 666	116 783	119 747	135 440
Actions	52 716	50 347	61 276	71 969	83 613	83 647	83 323	91 876
Parts de fonds d'investissement	19 945	19 266	21 654	25 835	30 052	33 136	36 423	43 564
Parts de fonds d'investissement monétaires	..	..	..	..	..	..	..	..
Parts de fonds d'investissement non monétaires	..	..	..	..	..	..	..	..
Systèmes d'assurance, de pensions et garanties standard	13 704	14 386	14 639	14 997	14 819	14 015	16 375	18 631
Produits financiers dérivés et options sur titres des salariés	1 035	373	1 407	1 664	1 486	1 060	1 814	2 013
Autres comptes à recevoir	15 533	16 696	17 358	18 142	20 097	21 628	22 701	23 226
Passifs financiers	..	..	..	..	..	..	..	..
Titres de dette	..	..	..	..	..	..	..	..
Titres de dette à court terme	..	..	..	..	..	..	..	..
Titres de dette à long terme	..	..	..	..	..	..	..	..
Crédits	..	..	..	..	..	..	..	..
Crédits à court terme	..	..	..	..	..	..	..	..
Crédits à long terme	..	..	..	..	..	..	..	..
Actions et parts de fonds d'investissement	..	..	..	..	..	..	..	..
Systèmes d'assurance, de pensions et garanties standard	..	..	..	..	..	..	..	..
Produits financiers dérivés et options sur titres des salariés	..	..	..	..	..	..	..	..
Autres comptes à payer	..	..	..	..	..	..	..	..
Actifs non financiers	9 937	12 093	13 654	15 955	18 156	19 581	20 729	22 037
Fonds de pension								
Valeur nette financière	..	..	..	..	..	..	..	..
Actifs financiers	614 404	614 608	683 155	753 235	825 258	882 843	941 804	1 048 284
Numéraire et dépôts	52 809	44 550	48 465	51 354	56 657	65 293	69 297	88 130
Titres de dette	399 845	411 485	440 661	461 523	495 537	521 723	542 420	577 827
Crédits	9 901	14 715	21 247	28 372	34 755	42 998	52 958	63 443
Actions et parts de fonds d'investissement	144 443	138 413	164 854	203 134	230 140	243 979	266 036	308 409
Actions	113 867	99 061	120 058	149 501	166 389	175 664	194 123	223 604
Parts de fonds d'investissement	30 576	39 352	44 796	53 633	63 751	68 315	71 914	84 805
Parts de fonds d'investissement monétaires	..	..	..	..	..	..	..	..
Parts de fonds d'investissement non monétaires	..	..	..	..	..	..	..	..
Systèmes d'assurance, de pensions et garanties standard	0	0	0	0	0	0	0	0
Produits financiers dérivés et options sur titres des salariés	1 710	-877	951	3 027	668	797	2 916	2 860
Autres comptes à recevoir	5 695	6 322	6 977	5 826	7 500	8 053	8 177	7 614
Passifs financiers	..	..	..	..	..	..	..	..
Titres de dette	..	..	..	..	..	..	..	..
Titres de dette à court terme	..	..	..	..	..	..	..	..
Titres de dette à long terme	..	..	..	..	..	..	..	..
Crédits	..	..	..	..	..	..	..	..
Crédits à court terme	..	..	..	..	..	..	..	..
Crédits à long terme	..	..	..	..	..	..	..	..
Actions et parts de fonds d'investissement	..	..	..	..	..	..	..	..
Systèmes d'assurance, de pensions et garanties standard	..	..	..	..	..	..	..	..
Produits financiers dérivés et options sur titres des salariés	..	..	..	..	..	..	..	..
Autres comptes à payer	..	..	..	..	..	..	..	..
Actifs non financiers	2 459	3 059	3 457	4 041	4 616	4 828	4 806	5 068

Note : Voir les métadonnées détaillées sur : http://metalinks.oecd.org/instinv/20180905/8599
Informations sur les données concernant Israël : http://oe.cd/israel-disclaimer

Tableau 4. Composition du portefeuille par type d'investisseur

En pourcentage des actifs financiers et des passifs financiers

Pour cent

	2010	2011	2012	2013	2014	2015	2016	2017
Fonds d'investissement								
Actifs financiers	100.0	100.0	100.0	100.0	100.0	100.0	100.0	100.0
Numéraire et dépôts	9.5	12.1	13.8	18.5	16.1	12.2	9.6	10.0
Titres de dettes	77.1	78.8	78.7	72.7	74.2	76.2	77.3	74.2
Crédits	0.0	0.0	0.0	0.0	0.0	0.0	0.0	0.0
Actions et parts de fonds d'investissement	13.5	9.3	7.6	8.8	9.6	11.6	13.1	15.8
Systèmes d'assurance de pensions et garanties standard	0.0	0.0	0.0	0.0	0.0	0.0	0.0	0.0
Produits financiers dérivés et options sur titres des salariés	-0.1	-0.1	-0.1	0.0	0.0	-0.1	0.0	0.0
Autres comptes à recevoir	0.0	0.0	0.0	0.0	0.0	0.0	0.0	0.0
Passifs financiers	..	..	..	..	..	..	..	..
Numéraire et dépôts	..	..	..	..	..	..	..	..
Titres de dettes	..	..	..	..	..	..	..	..
Crédits	..	..	..	..	..	..	..	..
Actions et parts de fonds d'investissement	..	..	..	..	..	..	..	..
Systèmes d'assurance de pensions et garanties standard	..	..	..	..	..	..	..	..
Produits financiers dérivés et options sur titres des salariés	..	..	..	..	..	..	..	..
Autres comptes à recevoir	..	..	..	..	..	..	..	..
Sociétés d'assurance								
Actifs financiers	100.0	100.0	100.0	100.0	100.0	100.0	100.0	100.0
Numéraire et dépôts	7.9	8.3	7.6	7.4	6.4	8.3	8.5	9.0
Titres de dettes	51.0	51.3	50.9	49.7	49.2	47.8	46.5	45.1
Crédits	4.8	5.8	6.0	6.5	6.5	7.3	8.8	9.5
Actions et parts de fonds d'investissement	25.7	23.8	25.3	26.9	28.7	27.8	26.9	27.5
Systèmes d'assurance de pensions et garanties standard	4.8	4.9	4.5	4.1	3.7	3.3	3.7	3.8
Produits financiers dérivés et options sur titres des salariés	0.4	0.1	0.4	0.5	0.4	0.3	0.4	0.4
Autres comptes à recevoir	5.5	5.7	5.3	5.0	5.1	5.2	5.1	4.7
Passifs financiers	..	..	..	..	..	..	..	..
Numéraire et dépôts	..	..	..	..	..	..	..	..
Titres de dettes	..	..	..	..	..	..	..	..
Crédits	..	..	..	..	..	..	..	..
Actions et parts de fonds d'investissement	..	..	..	..	..	..	..	..
Systèmes d'assurance de pensions et garanties standard	..	..	..	..	..	..	..	..
Produits financiers dérivés et options sur titres des salariés	..	..	..	..	..	..	..	..
Autres comptes à recevoir	..	..	..	..	..	..	..	..
Fonds de pension								
Actifs financiers	100.0	100.0	100.0	100.0	100.0	100.0	100.0	100.0
Numéraire et dépôts	8.6	7.2	7.1	6.8	6.9	7.4	7.4	8.4
Titres de dettes	65.1	67.0	64.5	61.3	60.0	59.1	57.6	55.1
Crédits	1.6	2.4	3.1	3.8	4.2	4.9	5.6	6.1
Actions et parts de fonds d'investissement	23.5	22.5	24.1	27.0	27.9	27.6	28.2	29.4
Systèmes d'assurance de pensions et garanties standard	0.0	0.0	0.0	0.0	0.0	0.0	0.0	0.0
Produits financiers dérivés et options sur titres des salariés	0.3	-0.1	0.1	0.4	0.1	0.1	0.3	0.3
Autres comptes à recevoir	0.9	1.0	1.0	0.8	0.9	0.9	0.9	0.7
Passifs financiers	..	..	..	..	..	..	..	..
Numéraire et dépôts	..	..	..	..	..	..	..	..
Titres de dettes	..	..	..	..	..	..	..	..
Crédits	..	..	..	..	..	..	..	..
Actions et parts de fonds d'investissement	..	..	..	..	..	..	..	..
Systèmes d'assurance de pensions et garanties standard	..	..	..	..	..	..	..	..
Produits financiers dérivés et options sur titres des salariés	..	..	..	..	..	..	..	..
Autres comptes à recevoir	..	..	..	..	..	..	..	..

Note : Voir les métadonnées détaillées sur : http://metalinks.oecd.org/instinv/20180905/af01
Informations sur les données concernant Israël : http://oe.cd/israel-disclaimer

Tableau 1. Actifs et passifs financiers des investisseurs institutionnels, 2017

Millions EUR (1999 ITL euro)

		Fonds d'investissement			
	Total	Fonds d'investissement non-monétaire			Fonds d'investissement monétaires
		Total	Fonds d'investissement à capital variable, non monétaire	Fonds d'investissement à capital fixe, non monétaire	Total
Actifs financiers	281 677	277 449	258 658	18 790	4 228
Numéraire et dépôts	..	24 163	18 792	5 371	..
Titres de dette	145 255	141 535	141 382	152	3 720
Titres de dette à court terme	6 599	6 565	6 505	61	34
Titres de dette à long terme	138 655	134 969	134 878	92	3 686
Titres de dette émis par les résidents	74 910	74 817	72 450	2 366	93
Titres de dette émis par les non-résidents	70 345	66 718	68 932	-2 214	3 627
Crédits	508	0	0	0	508
Crédits à court terme	508	0	0	0	508
Crédits à long terme	0	0	0	0	0
Crédits accordés aux résidents	508	0	0	0	508
Crédits accordés aux non-résidents	0	0	0	0	0
Actions et parts de fonds d'investissement	110 442	110 442	97 175	13 267	0
Actions et parts de fonds d'investissements émises par les résidents	16 954	16 954	6 221	10 734	0
Actions et part de fonds d'investissements émises par les non-résidents	93 487	93 487	90 954	2 533	0
Autres comptes à recevoir	0	0	0	0	0

		Fonds d'investissement			
	Total	Fonds d'investissement non-monétaire			Fonds d'investissement monétaires
		Total	Fonds d'investissement à capital variable, non monétaire	Fonds d'investissement à capital fixe, non monétaire	Total
Pasifs financiers	328 108	324 061	285 689	38 372	4 047
Numéraire et dépôts	0	0	0	0	0
Titres de dette	0	0	0	0	0
Titres de dette à court terme	0	0	0	0	0
Titres de dette à long terme	0	0	0	0	0
Crédits	0	0	0	0	0
Crédits à court terme	0	0	0	0	0
Crédits à long terme	0	0	0	0	0
Actions et parts de fonds d'investissement	327 715	323 668	285 295	38 372	4 047
Systèmes d'assurance, de pensions et garanties standard	0	0	0	0	0
Produits financiers dérivés et options sur titres des salariés	394	394	394	0	0
Autres comptes à payer	0	0	0	0	0

		Sociétés d'assurance et fonds de pension autonomes			
	Total	Sociétés d'assurance			Fonds de pension autonomes
		Total	Sociétés d'assurance vie	Sociétés d'assurance non-vie	Total
Actifs financiers	947 308	862 044	800 215	61 829	85 264
Numéraire et dépôts	26 572	20 247	18 794	1 452	6 325
Titres de dette	584 085	542 839	503 904	38 934	41 246
Titres de dette à court terme	2 215	1 712	1 589	123	503
Titres de dette à long terme	581 870	541 127	502 315	38 812	40 743
Titres de dette émis par les résidents	374 406	364 072	337 959	26 113	10 334
Titres de dette émis par les non-résidents	209 679	178 767	165 945	12 822	30 912
Crédits	10 527	10 527	9 772	755	0
Crédits à court terme	1 530	1 530	1 420	110	0
Crédits à long terme	8 997	8 997	8 352	645	0
Crédits accordés aux résidents	907	711	660	51	197
Crédits accordés aux non-résidents	9 620	9 816	9 112	704	-197
Actions et parts de fonds d'investissement	318 411	280 718	260 584	20 134	37 693
Actions et parts de fonds d'investissement émises par les résidents	65 019	45 093	41 859	3 234	19 926
Actions et parts de fonds d'investissement émises par les non-résidents	..	..	..	..	..
Autrescomptes à recevoir	3 651	3 651	3 389	262	0

		Sociétés d'assurance et fonds de pension autonomes			
	Total	Sociétés d'assurance			Fonds de pension autonomes
		Total	Sociétés d'assurance vie	Sociétés d'assurance non-vie	Total
Pasifs financiers	988 791	886 712	823 113	63 598	102 079
Numéraire et dépôts	0	0	0	0	0
Titres de dette	16 321	16 321	15 150	1 171	0
Titres de dette à court terme	0	0	0	0	0
Titres de dette à long terme	16 321	16 321	15 150	1 171	0
Crédits	11 386	11 189	10 386	802	197
Crédits à court terme	1 469	1 272	1 181	91	197
Crédits à long terme	9 917	9 916	9 205	711	1
Actions et parts de fonds d'investissement	114 570	114 570	106 353	8 217	0
Systèmes d'assurance, de pensions et garanties standard	842 361	740 479	687 369	53 110	101 882
Produits financiers dérivés et options sur titres des salariés	1 100	1 100	1 021	79	0
Autres comptes à payer	3 053	3 053	2 834	219	0

Note : Voir les métadonnées détaillées sur : http://metalinks.oecd.org/instinv/20180905/e532

Tableau 2. Actifs et passifs financiers des fonds d'investissement

Millions EUR

	2010	2011	2012	2013	2014	2015	2016	2017
Fonds d'investissement								
Valeur nette financière	-27 705	-26 393	-25 205	-18 745	-29 861	-33 157	-38 803	-46 432
Actifs financiers	196 693	160 362	157 922	183 319	223 784	253 061	261 995	281 677
Numéraire et dépôts	..	..	..	..	..	..	..	..
Titres de dette	126 711	98 563	94 549	102 404	130 241	136 672	138 619	145 255
Crédits	2 666	2 925	1 347	749	232	168	442	508
Actions et parts de fonds d'investissement	54 996	45 511	45 761	61 084	74 128	92 530	99 490	110 442
Actions	30 424	23 455	22 629	27 225	28 096	37 686	39 329	46 225
Parts de fonds d'investissement	24 572	22 056	23 131	33 860	46 032	54 845	60 161	64 216
Parts de fonds d'investissement monétaires	..	..	..	..	..	..	..	..
Parts de fonds d'investissement non monétaires	..	..	..	..	..	..	..	..
Systèmes d'assurance, de pensions et garanties standard	0	0	0	0	0	0	0	0
Produits financiers dérivés et options sur titres des salariés	361	335	449	884	1 266	1 385	1 606	1 309
Autres comptes à recevoir	0	0	0	0	0	0	0	0
Passifs financiers	224 398	186 755	183 127	202 064	253 645	286 218	300 798	328 108
Titres de dette	0	0	0	0	0	0	0	0
Titres de dette à court terme	0	0	0	0	0	0	0	0
Titres de dette à long terme	0	0	0	0	0	0	0	0
Crédits	0	0	0	0	0	0	0	0
Crédits à court terme	0	0	0	0	0	0	0	0
Crédits à long terme	0	0	0	0	0	0	0	0
Actions et parts de fonds d'investissement	224 398	186 755	183 127	202 064	253 645	286 218	300 798	327 715
Systèmes d'assurance, de pensions et garanties standard	0	0	0	0	0	0	0	0
Produits financiers dérivés et options sur titres des salariés	0	0	0	0	0	0	0	394
Autres comptes à payer	0	0	0	0	0	0	0	0
Actifs non financiers	..	..	..	..	..	..	..	..
Fonds d'investissement monéaires								
Valeur nette financière	319	604	31	114	22	99	191	181
Actifs financiers	38 664	27 537	9 154	9 636	7 325	6 033	4 947	4 228
Numéraire et dépôts	..	..	..	..	..	..	..	..
Titres de dette	35 878	24 485	7 770	8 775	7 093	5 826	4 472	3 720
Crédits	2 666	2 925	1 347	749	232	168	442	508
Actions et parts de fonds d'investissement	120	127	36	112	0	38	33	0
Actions	86	116	36	37	0	38	33	0
Parts de fonds d'investissement	34	11	0	76	0	0	0	0
Parts de fonds d'investissement monétaires	..	..	..	..	..	..	..	..
Parts de fonds d'investissement non monétaires	..	..	..	..	..	..	..	..
Systèmes d'assurance, de pensions et garanties standard	0	0	0	0	0	0	0	0
Produits financiers dérivés et options sur titres des salariés	0	0	0	0	0	0	0	0
Autres comptes à recevoir	0	0	0	0	0	0	0	0
Passifs financiers	38 345	26 933	9 123	9 522	7 303	5 933	4 756	4 047
Titres de dette	0	0	0	0	0	0	0	0
Titres de dette à court terme	0	0	0	0	0	0	0	0
Titres de dette à long terme	0	0	0	0	0	0	0	0
Crédits	0	0	0	0	0	0	0	0
Crédits à court terme	0	0	0	0	0	0	0	0
Crédits à long terme	0	0	0	0	0	0	0	0
Actions et parts de fonds d'investissement	38 345	26 933	9 123	9 522	7 303	5 933	4 756	4 047
Systèmes d'assurance, de pensions et garanties standard	0	0	0	0	0	0	0	0
Produits financiers dérivés et options sur titres des salariés	0	0	0	0	0	0	0	0
Autres comptes à payer	0	0	0	0	0	0	0	0
Actifs non financiers	..	..	..	..	..	..	..	..
Fonds d'investissement non monéaires								
Valeur nette financière	-28 024	-26 997	-25 236	-18 859	-29 883	-33 256	-38 994	-46 612
Actifs financiers	158 029	132 825	148 768	173 683	216 459	247 028	257 048	277 449
Numéraire et dépôts	11 960	13 029	15 815	18 198	17 917	22 305	21 839	24 163
Titres de dette	90 833	74 078	86 779	93 630	123 148	130 845	134 147	141 535
Crédits	0	0	0	0	0	0	0	0
Actions et parts de fonds d'investissement	54 876	45 383	45 724	60 972	74 128	92 493	99 457	110 442
Actions	30 338	23 339	22 593	27 188	28 096	37 648	39 296	46 225
Parts de fonds d'investissement	24 538	22 045	23 131	33 784	46 032	54 845	60 161	64 216
Parts de fonds d'investissement monétaires	..	..	..	..	..	..	..	..
Parts de fonds d'investissement non monétaires	..	..	..	..	..	..	..	..
Systèmes d'assurance, de pensions et garanties standard	0	0	0	0	0	0	0	0
Produits financiers dérivés et options sur titres des salariés	361	335	449	884	1 266	1 385	1 606	1 309
Autres comptes à recevoir	0	0	0	0	0	0	0	0
Passifs financiers	186 054	159 822	174 004	192 543	246 342	280 285	296 042	324 061
Titres de dette	0	0	0	0	0	0	0	0
Titres de dette à court terme	0	0	0	0	0	0	0	0
Titres de dette à long terme	0	0	0	0	0	0	0	0
Crédits	0	0	0	0	0	0	0	0
Crédits à court terme	0	0	0	0	0	0	0	0
Crédits à long terme	0	0	0	0	0	0	0	0
Actions et parts de fonds d'investissement	186 054	159 822	174 004	192 543	246 342	280 285	296 042	323 668
Systèmes d'assurance, de pensions et garanties standard	0	0	0	0	0	0	0	0
Produits financiers dérivés et options sur titres des salariés	0	0	0	0	0	0	0	394
Autres comptes à payer	0	0	0	0	0	0	0	0
Actifs non financiers	..	..	..	..	..	..	..	..
Fonds d'investissement non monéaires à capital variable								
Valeur nette financière	-8 794	-8 117	-8 310	-3 408	-13 172	-17 025	-22 897	-27 031
Actifs financiers	156 333	131 515	146 853	171 910	202 432	231 527	237 652	258 658

Tableau 2. Actifs et passifs financiers des fonds d'investissement *(suite)*

Millions EUR

	2010	2011	2012	2013	2014	2015	2016	2017
Numéraire et dépôts	11 960	13 029	15 815	18 198	14 232	18 131	16 550	18 792
Titres de dette	90 406	73 886	86 477	93 397	122 787	130 645	134 039	141 382
Crédits	0	0	0	0	0	0	0	0
Actions et parts de fonds d'investissement	53 607	44 266	44 111	59 431	64 147	81 365	85 457	97 175
Actions	30 338	23 339	22 593	27 188	21 418	30 304	29 845	38 216
Parts de fonds d'investissement	23 269	20 927	21 519	32 243	42 729	51 062	55 612	58 959
Parts de fonds d'investissement monétaires	..	..	..	..	..	..	..	..
Parts de fonds d'investissement non monétaires	..	..	..	..	..	..	..	..
Systèmes d'assurance, de pensions et garanties standard	0	0	0	0	0	0	0	0
Produits financiers dérivés et options sur titres des salariés	361	335	449	884	1 266	1 385	1 606	1 309
Autres comptes à recevoir	0	0	0	0	0	0	0	0
Passifs financiers	165 128	139 632	155 162	175 318	215 604	248 552	260 549	285 689
Titres de dette	0	0	0	0	0	0	0	0
Titres de dette à court terme	0	0	0	0	0	0	0	0
Titres de dette à long terme	0	0	0	0	0	0	0	0
Crédits	0	0	0	0	0	0	0	0
Crédits à court terme	0	0	0	0	0	0	0	0
Crédits à long terme	0	0	0	0	0	0	0	0
Actions et parts de fonds d'investissement	165 128	139 632	155 162	175 318	215 604	248 552	260 549	285 295
Systèmes d'assurance, de pensions et garanties standard	0	0	0	0	0	0	0	0
Produits financiers dérivés et options sur titres des salariés	0	0	0	0	0	0	0	394
Autres comptes à payer	0	0	0	0	0	0	0	0
Actifs non financiers	..	..	..	..	..	..	..	..
Fonds d'investissement à capital variable								
Valeur nette financière	-8 475	-7 513	-8 279	-3 294	-13 150	-16 926	-22 706	-26 850
Actifs financiers	194 997	159 053	156 007	181 546	209 757	237 559	242 599	262 886
Numéraire et dépôts	11 960	13 029	15 815	18 198	14 232	18 131	16 550	18 792
Titres de dette	126 283	98 371	94 247	102 172	129 881	136 471	138 511	145 102
Crédits	2 666	2 925	1 347	749	232	168	442	508
Actions et parts de fonds d'investissement	53 727	44 393	44 148	59 543	64 147	81 403	85 490	97 175
Actions	30 424	23 455	22 629	27 225	21 418	30 341	29 878	38 216
Parts de fonds d'investissement	23 303	20 938	21 519	32 318	42 729	51 062	55 612	58 959
Parts de fonds d'investissement monétaires	..	..	..	..	..	..	..	..
Parts de fonds d'investissement non monétaires	..	..	..	..	..	..	..	..
Systèmes d'assurance, de pensions et garanties standard	0	0	0	0	0	0	0	0
Produits financiers dérivés et options sur titres des salariés	361	335	449	884	1 266	1 385	1 606	1 309
Autres comptes à recevoir	0	0	0	0	0	0	0	0
Passifs financiers	203 473	166 565	164 285	184 840	222 907	254 485	265 306	289 736
Titres de dette	0	0	0	0	0	0	0	0
Titres de dette à court terme	0	0	0	0	0	0	0	0
Titres de dette à long terme	0	0	0	0	0	0	0	0
Crédits	0	0	0	0	0	0	0	0
Crédits à court terme	0	0	0	0	0	0	0	0
Crédits à long terme	0	0	0	0	0	0	0	0
Actions et parts de fonds d'investissement	203 473	166 565	164 285	184 840	222 907	254 485	265 306	289 343
Systèmes d'assurance, de pensions et garanties standard	0	0	0	0	0	0	0	0
Produits financiers dérivés et options sur titres des salariés	0	0	0	0	0	0	0	394
Autres comptes à payer	0	0	0	0	0	0	0	0
Actifs non financiers	..	..	..	..	..	..	..	..

Note : Voir les métadonnées détaillées sur : http://metalinks.oecd.org/instinv/20180905/e532

Tableau 3. Actifs et passifs financiers des sociétés d'assurance et fonds de pension

Millions EUR

	2010	2011	2012	2013	2014	2015	2016	2017
Sociétés d'assurance et fonds de pension								
Valeur nette financière	-77 834	-81 305	-50 267	-49 605	-27 308	-425	-4 284	-41 483
Actifs financiers	544 058	535 321	588 720	643 536	740 408	839 634	903 097	947 308
Numéraire et dépôts	17 584	21 242	27 781	25 655	22 987	29 038	27 010	26 572
Titres de dette	356 159	351 522	392 596	430 890	500 907	553 910	574 510	584 085
Crédits	13 567	11 412	10 701	9 115	9 002	8 304	10 006	10 527
Actions et parts de fonds d'investissement	152 728	146 904	153 467	173 493	203 291	243 322	284 778	318 411
Actions	72 631	66 320	65 095	75 028	77 653	81 956	101 460	116 664
Parts de fonds d'investissement	80 097	80 584	88 372	98 465	125 638	161 366	183 318	201 747
Parts de fonds d'investissement monétaires	412	303	133	191	167	336	180	199
Parts de fonds d'investissement non monétaires	79 685	80 281	88 239	98 274	125 471	161 030	183 138	201 548
Systèmes d'assurance, de pensions et garanties standard	2 153	2 146	2 122	1 973	1 533	2 555	2 928	3 393
Produits financiers dérivés et options sur titres des salariés	1 085	1 567	1 391	1 321	653	477	742	669
Autres comptes à recevoir	781	528	662	1 089	2 036	2 028	3 124	3 651
Passifs financiers	621 892	616 626	638 987	693 141	767 717	840 059	907 381	988 791
Titres de dette	6 914	6 334	9 380	9 201	14 117	15 043	16 067	16 321
Titres de dette à court terme	0	0	0	0	0	0	0	0
Titres de dette à long terme	6 914	6 334	9 380	9 201	14 117	15 043	16 067	16 321
Crédits	15 852	14 080	13 502	12 680	11 149	11 781	11 496	11 386
Crédits à court terme	403	622	154	5 644	629	512	915	1 469
Crédits à long terme	15 449	13 458	13 349	7 036	10 520	11 270	10 581	9 917
Actions et parts de fonds d'investissement	46 770	39 538	41 082	60 330	60 520	69 827	80 920	114 570
Systèmes d'assurance, de pensions et garanties standard	549 696	553 639	571 721	607 180	677 904	740 393	795 051	842 361
Produits financiers dérivés et options sur titres des salariés	1 039	1 645	1 803	1 350	1 514	645	855	1 100
Autres comptes à payer	1 621	1 391	1 498	2 399	2 513	2 369	2 992	3 053
Actifs non financiers	..	..	..	..	..	..	..	..
Sociétés d'assurance								
Valeur nette financière	-52 071	-52 366	-42 606	-38 897	-21 177	1 856	12 525	-24 668
Actifs financiers	513 398	503 692	526 703	577 421	660 559	751 864	824 101	862 044
Numéraire et dépôts	13 037	17 710	24 126	22 254	19 099	24 750	21 384	20 247
Titres de dette	345 598	339 906	353 113	388 045	450 553	499 663	531 516	542 839
Crédits	13 567	11 412	10 701	9 115	9 002	8 304	10 006	10 527
Actions et parts de fonds d'investissement	137 176	130 423	134 588	153 624	177 684	214 086	254 402	280 718
Actions	65 353	59 279	55 217	64 907	63 077	66 235	84 822	96 738
Parts de fonds d'investissement	71 823	71 144	79 371	88 717	114 607	147 851	169 580	183 980
Parts de fonds d'investissement monétaires	376	275	122	174	153	309	167	182
Parts de fonds d'investissement non monétaires	71 447	70 869	79 249	88 543	114 454	147 542	169 413	183 798
Systèmes d'assurance, de pensions et garanties standard	2 153	2 146	2 122	1 973	1 533	2 555	2 928	3 393
Produits financiers dérivés et options sur titres des salariés	1 085	1 567	1 391	1 321	653	477	742	669
Autres comptes à recevoir	781	528	662	1 089	2 036	2 028	3 124	3 651
Passifs financiers	565 469	556 058	569 309	616 317	681 736	750 008	811 576	886 712
Titres de dette	6 914	6 334	9 380	9 201	14 117	15 043	16 067	16 321
Titres de dette à court terme	0	0	0	0	0	0	0	0
Titres de dette à long terme	6 914	6 334	9 380	9 201	14 117	15 043	16 067	16 321
Crédits	15 847	14 072	13 477	12 677	11 145	11 779	11 479	11 189
Crédits à court terme	399	614	129	5 642	626	510	899	1 272
Crédits à long terme	15 448	13 458	13 348	7 035	10 519	11 269	10 581	9 916
Actions et parts de fonds d'investissement	46 770	39 538	41 082	60 330	60 520	69 827	80 920	114 570
Systèmes d'assurance, de pensions et garanties standard	493 278	493 079	502 068	530 359	591 927	650 344	699 263	740 479
Produits financiers dérivés et options sur titres des salariés	1 039	1 645	1 803	1 350	1 514	645	855	1 100
Autres comptes à payer	1 621	1 391	1 498	2 399	2 513	2 369	2 992	3 053
Actifs non financiers	..	..	..	..	..	..	..	..
Fonds de pension								
Valeur nette financière	-25 763	-28 939	-7 661	-10 708	-6 132	-2 281	-16 809	-16 815
Actifs financiers	30 660	31 629	62 017	66 115	79 849	87 770	78 996	85 264
Numéraire et dépôts	4 547	3 532	3 655	3 401	3 888	4 287	5 626	6 325
Titres de dette	10 561	11 616	39 483	42 845	50 354	54 247	42 994	41 246
Crédits	0	0	0	0	0	0	0	0
Actions et parts de fonds d'investissement	15 552	16 481	18 879	19 869	25 607	29 236	30 376	37 693
Actions	7 278	7 041	9 878	10 121	14 576	15 721	16 638	19 926
Parts de fonds d'investissement	8 274	9 440	9 001	9 748	11 031	13 515	13 738	17 767
Parts de fonds d'investissement monétaires	36	28	11	17	14	28	13	17
Parts de fonds d'investissement non monétaires	8 238	9 412	8 990	9 731	11 017	13 487	13 725	17 750
Systèmes d'assurance, de pensions et garanties standard	0	0	0	0	0	0	0	0
Produits financiers dérivés et options sur titres des salariés	0	0	0	0	0	0	0	0
Autres comptes à recevoir	0	0	0	0	0	0	0	0
Passifs financiers	56 423	60 568	69 678	76 823	85 981	90 051	95 805	102 079
Titres de dette	0	0	0	0	0	0	0	0
Titres de dette à court terme	0	0	0	0	0	0	0	0
Titres de dette à long terme	0	0	0	0	0	0	0	0
Crédits	5	8	25	2	4	2	17	197
Crédits à court terme	4	8	24	2	3	2	16	197
Crédits à long terme	1	1	0	1	0	1	1	1
Actions et parts de fonds d'investissement	0	0	0	0	0	0	0	0
Systèmes d'assurance, de pensions et garanties standard	56 418	60 560	69 653	76 821	85 977	90 049	95 788	101 882
Produits financiers dérivés et options sur titres des salariés	0	0	0	0	0	0	0	0
Autres comptes à payer	0	0	0	0	0	0	0	0
Actifs non financiers	..	..	..	..	..	..	..	..

Note : Voir les métadonnées détaillées sur : http://metalinks.oecd.org/instinv/20180905/e532

Tableau 4. Composition du portefeuille par type d'investisseur

En pourcentage des actifs financiers et des passifs financiers

Pour cent

	2010	2011	2012	2013	2014	2015	2016	2017
Fonds d'investissement								
Actifs financiers	100.0	100.0	100.0	100.0	100.0	100.0	100.0	100.0
Numéraire et dépôts	..	..	..	..	..	..	..	..
Titres de dettes	64.4	61.5	59.9	55.9	58.2	54.0	52.9	51.6
Crédits	1.4	1.8	0.9	0.4	0.1	0.1	0.2	0.2
Actions et parts de fonds d'investissement	28.0	28.4	29.0	33.3	33.1	36.6	38.0	39.2
Systèmes d'assurance de pensions et garanties standard	0.0	0.0	0.0	0.0	0.0	0.0	0.0	0.0
Produits financiers dérivés et options sur titres des salariés	0.2	0.2	0.3	0.5	0.6	0.5	0.6	0.5
Autres comptes à recevoir	0.0	0.0	0.0	0.0	0.0	0.0	0.0	0.0
Passifs financiers	100.0	100.0	100.0	100.0	100.0	100.0	100.0	100.0
Numéraire et dépôts	0.0	0.0	0.0	0.0	0.0	0.0	0.0	0.0
Titres de dettes	0.0	0.0	0.0	0.0	0.0	0.0	0.0	0.0
Crédits	0.0	0.0	0.0	0.0	0.0	0.0	0.0	0.0
Actions et parts de fonds d'investissement	100.0	100.0	100.0	100.0	100.0	100.0	100.0	99.9
Systèmes d'assurance de pensions et garanties standard	0.0	0.0	0.0	0.0	0.0	0.0	0.0	0.0
Produits financiers dérivés et options sur titres des salariés	0.0	0.0	0.0	0.0	0.0	0.0	0.0	0.1
Autres comptes à recevoir	0.0	0.0	0.0	0.0	0.0	0.0	0.0	0.0
Sociétés d'assurance								
Actifs financiers	100.0	100.0	100.0	100.0	100.0	100.0	100.0	100.0
Numéraire et dépôts	2.5	3.5	4.6	3.9	2.9	3.3	2.6	2.3
Titres de dettes	67.3	67.5	67.0	67.2	68.2	66.5	64.5	63.0
Crédits	2.6	2.3	2.0	1.6	1.4	1.1	1.2	1.2
Actions et parts de fonds d'investissement	26.7	25.9	25.6	26.6	26.9	28.5	30.9	32.6
Systèmes d'assurance de pensions et garanties standard	0.4	0.4	0.4	0.3	0.2	0.3	0.4	0.4
Produits financiers dérivés et options sur titres des salariés	0.2	0.3	0.3	0.2	0.1	0.1	0.1	0.1
Autres comptes à recevoir	0.2	0.1	0.1	0.2	0.3	0.3	0.4	0.4
Passifs financiers	100.0	100.0	100.0	100.0	100.0	100.0	100.0	100.0
Numéraire et dépôts	0.0	0.0	0.0	0.0	0.0	0.0	0.0	0.0
Titres de dettes	1.2	1.1	1.6	1.5	2.1	2.0	2.0	1.8
Crédits	2.8	2.5	2.4	2.1	1.6	1.6	1.4	1.3
Actions et parts de fonds d'investissement	8.3	7.1	7.2	9.8	8.9	9.3	10.0	12.9
Systèmes d'assurance de pensions et garanties standard	87.2	88.7	88.2	86.1	86.8	86.7	86.2	83.5
Produits financiers dérivés et options sur titres des salariés	0.2	0.3	0.3	0.2	0.2	0.1	0.1	0.1
Autres comptes à recevoir	0.3	0.3	0.3	0.4	0.4	0.3	0.4	0.3
Fonds de pension								
Actifs financiers	100.0	100.0	100.0	100.0	100.0	100.0	100.0	100.0
Numéraire et dépôts	14.8	11.2	5.9	5.1	4.9	4.9	7.1	7.4
Titres de dettes	34.4	36.7	63.7	64.8	63.1	61.8	54.4	48.4
Crédits	0.0	0.0	0.0	0.0	0.0	0.0	0.0	0.0
Actions et parts de fonds d'investissement	50.7	52.1	30.4	30.1	32.1	33.3	38.5	44.2
Systèmes d'assurance de pensions et garanties standard	0.0	0.0	0.0	0.0	0.0	0.0	0.0	0.0
Produits financiers dérivés et options sur titres des salariés	0.0	0.0	0.0	0.0	0.0	0.0	0.0	0.0
Autres comptes à recevoir	0.0	0.0	0.0	0.0	0.0	0.0	0.0	0.0
Passifs financiers	100.0	100.0	100.0	100.0	100.0	100.0	100.0	100.0
Numéraire et dépôts	0.0	0.0	0.0	0.0	0.0	0.0	0.0	0.0
Titres de dettes	0.0	0.0	0.0	0.0	0.0	0.0	0.0	0.0
Crédits	0.0	0.0	0.0	0.0	0.0	0.0	0.0	0.2
Actions et parts de fonds d'investissement	0.0	0.0	0.0	0.0	0.0	0.0	0.0	0.0
Systèmes d'assurance de pensions et garanties standard	100.0	100.0	100.0	100.0	100.0	100.0	100.0	99.8
Produits financiers dérivés et options sur titres des salariés	0.0	0.0	0.0	0.0	0.0	0.0	0.0	0.0
Autres comptes à recevoir	0.0	0.0	0.0	0.0	0.0	0.0	0.0	0.0

Note : Voir les métadonnées détaillées sur : http://metalinks.oecd.org/instinv/20180905/af01

Tableau 1. Actifs et passifs financiers des investisseurs institutionnels, 2017

Milliards JPY

	Fonds d'investissement				
	Total	Fonds d'investissement non-monétaire			Fonds d'investissement monétaires
		Total	Fonds d'investissement à capital variable, non monétaire	Fonds d'investissement à capital fixe, non monétaire	Total
Actifs financiers	207 983	194 844	..	..	13 139
Numéraire et dépôts	7 367	2 421	..	..	4 946
Titres de dette	22 293	15 390	..	..	6 903
Titres de dette à court terme	..	..	..	..	..
Titres de dette à long terme	..	..	..	..	..
Titres de dette émis par les résidents	22 293	15 390	..	..	6 903
Titres de dette émis par les non-résidents	..	..	..	..	..
Crédits	10 753	9 463	..	..	1 290
Crédits à court terme	..	..	..	..	..
Crédits à long terme	..	..	..	..	..
Crédits accordés aux résidents	..	..	..	..	..
Crédits accordés aux non-résidents	..	..	..	..	..
Actions et parts de fonds d'investissement	58 194	58 194	..	..	0
Actions et parts de fonds d'investissements émises par les résidents	58 194	58 194	..	..	0
Actions et part de fonds d'investissements émises par les non-résidents	..	..	..	..	..
Autres comptes à recevoir	109 112	109 112	..	..	0

	Fonds d'investissement				
	Total	Fonds d'investissement non-monétaire			Fonds d'investissement monétaires
		Total	Fonds d'investissement à capital variable, non monétaire	Fonds d'investissement à capital fixe, non monétaire	Total
Pasifs financiers	207 983	194 844	..	..	13 139
Numéraire et dépôts	0	0	..	..	0
Titres de dette	0	0	..	..	0
Titres de dette à court terme	..	..	..	..	..
Titres de dette à long terme	..	..	..	..	..
Crédits	0	0	..	..	0
Crédits à court terme	..	..	..	..	..
Crédits à long terme	..	..	..	..	..
Actions et parts de fonds d'investissement	196 760	183 766	..	..	12 994
Systèmes d'assurance, de pensions et garanties standard	0	0	..	..	0
Produits financiers dérivés et options sur titres des salariés	636	636	..	..	0
Autres comptes à payer	10 588	10 443	..	..	145

	Sociétés d'assurance et fonds de pension autonomes				
	Total	Sociétés d'assurance			Fonds de pension autonomes
		Total	Sociétés d'assurance vie	Sociétés d'assurance non-vie	Total
Actifs financiers	644 247	486 718	437 159	49 559	157 529
Numéraire et dépôts	30 075	19 304	7 630	11 674	10 771
Titres de dette	305 857	265 092	253 153	11 940	40 765
Titres de dette à court terme	..	..	..	..	..
Titres de dette à long terme	..	..	..	..	..
Titres de dette émis par les résidents	305 857	265 092	253 153	11 940	40 765
Titres de dette émis par les non-résidents	..	..	..	..	..
Crédits	46 709	41 199	39 050	2 149	5 510
Crédits à court terme	..	..	..	..	..
Crédits à long terme	..	..	..	..	..
Crédits accordés aux résidents	..	..	..	..	..
Crédits accordés aux non-résidents	..	..	..	..	..
Actions et parts de fonds d'investissement	75 105	48 203	39 813	8 390	26 901
Actions et parts de fonds d'investissement émises par les résidents	75 105	48 203	39 813	8 390	26 901
Actions et parts de fonds d'investissement émises par les non-résidents	..	..	..	..	..
Autrescomptes à recevoir	160 130	110 892	96 954	13 938	49 238

	Sociétés d'assurance et fonds de pension autonomes				
	Total	Sociétés d'assurance			Fonds de pension autonomes
		Total	Sociétés d'assurance vie	Sociétés d'assurance non-vie	Total
Pasifs financiers	580 051	425 598	389 351	36 247	154 453
Numéraire et dépôts	0	0	0	0	0
Titres de dette	4 327	3 948	2 995	953	378
Titres de dette à court terme	..	..	..	..	..
Titres de dette à long terme	..	..	..	..	..
Crédits	14 744	14 655	12 789	1 867	89
Crédits à court terme	..	..	..	..	..
Crédits à long terme	..	..	..	..	..
Actions et parts de fonds d'investissement	22 254	22 238	9 784	12 454	16
Systèmes d'assurance, de pensions et garanties standard	527 659	375 903	357 713	18 190	151 756
Produits financiers dérivés et options sur titres des salariés	3 072	2 211	2 080	131	862
Autres comptes à payer	7 995	6 643	3 991	2 652	1 353

Note : Voir les métadonnées détaillées sur : http://metalinks.oecd.org/instinv/20180905/e532

Tableau 2. Actifs et passifs financiers des fonds d'investissement

Milliards JPY

	2010	2011	2012	2013	2014	2015	2016	2017
Fonds d'investissement								
Valeur nette financière	0	0	0	0	0	0	0	0
Actifs financiers	98 173	90 089	101 921	130 850	150 119	172 367	182 511	207 983
Numéraire et dépôts	615	524	630	694	924	749	8 468	7 367
Titres de dette	14 692	14 206	14 843	18 943	22 101	23 149	21 274	22 293
Crédits	4 201	4 747	5 450	7 653	8 506	12 713	8 539	10 753
Actions et parts de fonds d'investissement	18 686	15 845	19 063	29 839	32 588	42 322	44 592	58 194
Actions	14 712	12 695	15 103	24 124	24 849	33 409	35 271	48 025
Parts de fonds d'investissement	3 974	3 150	3 959	5 715	7 739	8 913	9 321	10 169
Parts de fonds d'investissement monétaires	..	..	..	..	..	..	..	..
Parts de fonds d'investissement non monétaires	..	..	..	..	..	..	..	..
Systèmes d'assurance, de pensions et garanties standard	0	0	0	0	0	0	0	0
Produits financiers dérivés et options sur titres des salariés	156	209	237	286	389	453	405	264
Autres comptes à recevoir	59 824	54 559	61 699	73 436	85 613	92 980	99 234	109 112
Passifs financiers	98 173	90 089	101 921	130 850	150 119	172 367	182 511	207 983
Titres de dette	0	0	0	0	0	0	0	0
Titres de dette à court terme	..	..	..	..	..	..	..	..
Titres de dette à long terme	..	..	..	..	..	..	..	..
Crédits	0	0	0	0	0	0	0	0
Crédits à court terme	..	..	..	..	..	..	..	..
Crédits à long terme	..	..	..	..	..	..	..	..
Actions et parts de fonds d'investissement	94 407	85 930	95 944	122 003	140 435	159 772	170 738	196 760
Systèmes d'assurance, de pensions et garanties standard	0	0	0	0	0	0	0	0
Produits financiers dérivés et options sur titres des salariés	696	672	581	526	634	673	849	636
Autres comptes à payer	3 071	3 487	5 397	8 322	9 051	11 922	10 925	10 588
Actifs non financiers	..	..	..	..	..	..	..	..
Fonds d'investissement monéaires								
Valeur nette financière	0	0	0	0	0	0	0	0
Actifs financiers	8 369	8 115	8 539	14 390	13 915	13 653	12 898	13 139
Numéraire et dépôts	14	13	11	0	0	0	6 722	4 946
Titres de dette	7 241	6 422	7 185	10 177	11 035	9 578	6 176	6 903
Crédits	941	1 008	889	1 922	1 434	2 662	0	1 290
Actions et parts de fonds d'investissement	0	0	0	0	0	0	0	0
Actions	0	0	0	0	0	0	0	0
Parts de fonds d'investissement	0	0	0	0	0	0	0	0
Parts de fonds d'investissement monétaires	..	..	..	..	..	..	..	..
Parts de fonds d'investissement non monétaires	..	..	..	..	..	..	..	..
Systèmes d'assurance, de pensions et garanties standard	0	0	0	0	0	0	0	0
Produits financiers dérivés et options sur titres des salariés	0	0	0	0	0	0	0	0
Autres comptes à recevoir	173	672	454	2 292	1 446	1 414	0	0
Passifs financiers	8 369	8 115	8 539	14 390	13 915	13 653	12 898	13 139
Titres de dette	0	0	0	0	0	0	0	0
Titres de dette à court terme	..	..	..	..	..	..	..	..
Titres de dette à long terme	..	..	..	..	..	..	..	..
Crédits	0	0	0	0	0	0	0	0
Crédits à court terme	..	..	..	..	..	..	..	..
Crédits à long terme	..	..	..	..	..	..	..	..
Actions et parts de fonds d'investissement	8 241	7 624	8 254	13 105	13 100	12 838	12 763	12 994
Systèmes d'assurance, de pensions et garanties standard	0	0	0	0	0	0	0	0
Produits financiers dérivés et options sur titres des salariés	0	0	0	0	0	0	0	0
Autres comptes à payer	128	492	285	1 285	814	816	135	145
Actifs non financiers	..	..	..	..	..	..	..	..
Fonds d'investissement non monéaires								
Valeur nette financière	0	0	0	0	0	0	0	0
Actifs financiers	89 804	81 974	93 382	116 460	136 205	158 713	169 613	194 844
Numéraire et dépôts	601	511	619	694	924	749	1 747	2 421
Titres de dette	7 451	7 784	7 658	8 766	11 066	13 572	15 098	15 390
Crédits	3 260	3 738	4 560	5 731	7 072	10 051	8 539	9 463
Actions et parts de fonds d'investissement	18 686	15 845	19 063	29 839	32 588	42 322	44 592	58 194
Actions	14 712	12 695	15 103	24 124	24 849	33 409	35 271	48 025
Parts de fonds d'investissement	3 974	3 150	3 959	5 715	7 739	8 913	9 321	10 169
Parts de fonds d'investissement monétaires	..	..	..	..	..	..	..	..
Parts de fonds d'investissement non monétaires	..	..	..	..	..	..	..	..
Systèmes d'assurance, de pensions et garanties standard	0	0	0	0	0	0	0	0
Produits financiers dérivés et options sur titres des salariés	156	209	237	286	389	453	405	264
Autres comptes à recevoir	59 650	53 887	61 245	71 144	84 166	91 566	99 234	109 112
Passifs financiers	89 804	81 974	93 382	116 460	136 205	158 713	169 613	194 844
Titres de dette	0	0	0	0	0	0	0	0
Titres de dette à court terme	..	..	..	..	..	..	..	..
Titres de dette à long terme	..	..	..	..	..	..	..	..
Crédits	0	0	0	0	0	0	0	0
Crédits à court terme	..	..	..	..	..	..	..	..
Crédits à long terme	..	..	..	..	..	..	..	..
Actions et parts de fonds d'investissement	86 166	78 307	87 690	108 898	127 335	146 934	157 975	183 766
Systèmes d'assurance, de pensions et garanties standard	0	0	0	0	0	0	0	0
Produits financiers dérivés et options sur titres des salariés	696	672	581	526	634	673	849	636
Autres comptes à payer	2 942	2 995	5 111	7 036	8 236	11 106	10 790	10 443
Actifs non financiers	..	..	..	..	..	..	..	..
Fonds d'investissement non monéaires à capital variable								
Valeur nette financière	..	..	..	..	..	..	..	..
Actifs financiers	..	..	..	..	..	..	..	..

Tableau 2. Actifs et passifs financiers des fonds d'investissement *(suite)*

Milliards JPY

	2010	2011	2012	2013	2014	2015	2016	2017
Numéraire et dépôts	..	..	..	..	..	..	..	..
Titres de dette	..	..	..	..	..	..	..	..
Crédits	..	..	..	..	..	..	..	..
Actions et parts de fonds d'investissement	..	..	..	..	..	..	..	..
Actions	..	..	..	..	..	..	..	..
Parts de fonds d'investissement	..	..	..	..	..	..	..	..
Parts de fonds d'investissement monétaires	..	..	..	..	..	..	..	..
Parts de fonds d'investissement non monétaires	..	..	..	..	..	..	..	..
Systèmes d'assurance, de pensions et garanties standard	..	..	..	..	..	..	..	..
Produits financiers dérivés et options sur titres des salariés	..	..	..	..	..	..	..	..
Autres comptes à recevoir	..	..	..	..	..	..	..	..
Passifs financiers	..	..	..	..	..	..	..	..
Titres de dette	..	..	..	..	..	..	..	..
Titres de dette à court terme	..	..	..	..	..	..	..	..
Titres de dette à long terme	..	..	..	..	..	..	..	..
Crédits	..	..	..	..	..	..	..	..
Crédits à court terme	..	..	..	..	..	..	..	..
Crédits à long terme	..	..	..	..	..	..	..	..
Actions et parts de fonds d'investissement	..	..	..	..	..	..	..	..
Systèmes d'assurance, de pensions et garanties standard	..	..	..	..	..	..	..	..
Produits financiers dérivés et options sur titres des salariés	..	..	..	..	..	..	..	..
Autres comptes à payer	..	..	..	..	..	..	..	..
Actifs non financiers	..	..	..	..	..	..	..	..
Fonds d'investissement à capital variable								
Valeur nette financière	..	..	..	..	..	..	..	..
Actifs financiers	..	..	..	..	..	..	..	..
Numéraire et dépôts	..	..	..	..	..	..	..	..
Titres de dette	..	..	..	..	..	..	..	..
Crédits	..	..	..	..	..	..	..	..
Actions et parts de fonds d'investissement	..	..	..	..	..	..	..	..
Actions	..	..	..	..	..	..	..	..
Parts de fonds d'investissement	..	..	..	..	..	..	..	..
Parts de fonds d'investissement monétaires	..	..	..	..	..	..	..	..
Parts de fonds d'investissement non monétaires	..	..	..	..	..	..	..	..
Systèmes d'assurance, de pensions et garanties standard	..	..	..	..	..	..	..	..
Produits financiers dérivés et options sur titres des salariés	..	..	..	..	..	..	..	..
Autres comptes à recevoir	..	..	..	..	..	..	..	..
Passifs financiers	..	..	..	..	..	..	..	..
Titres de dette	..	..	..	..	..	..	..	..
Titres de dette à court terme	..	..	..	..	..	..	..	..
Titres de dette à long terme	..	..	..	..	..	..	..	..
Crédits	..	..	..	..	..	..	..	..
Crédits à court terme	..	..	..	..	..	..	..	..
Crédits à long terme	..	..	..	..	..	..	..	..
Actions et parts de fonds d'investissement	..	..	..	..	..	..	..	..
Systèmes d'assurance, de pensions et garanties standard	..	..	..	..	..	..	..	..
Produits financiers dérivés et options sur titres des salariés	..	..	..	..	..	..	..	..
Autres comptes à payer	..	..	..	..	..	..	..	..
Actifs non financiers	..	..	..	..	..	..	..	..

Note : Voir les métadonnées détaillées sur : http://metalinks.oecd.org/instinv/20180905/e532

Tableau 3. Actifs et passifs financiers des sociétés d'assurance et fonds de pension

Milliards JPY

	2010	2011	2012	2013	2014	2015	2016	2017
Sociétés d'assurance et fonds de pension								
Valeur nette financière	19 276	20 254	24 374	40 819	56 917	57 871	66 070	64 196
Actifs financiers	524 401	526 779	552 887	590 039	620 235	628 532	640 702	644 247
Numéraire et dépôts	16 395	18 440	18 262	22 513	24 302	25 704	29 269	30 075
Titres de dette	259 185	269 977	282 144	295 038	306 220	302 753	311 402	305 857
Crédits	56 928	55 113	52 944	52 085	53 079	53 636	47 697	46 709
Actions et parts de fonds d'investissement	59 546	50 083	54 915	69 201	68 721	70 986	67 833	75 105
Actions	36 285	28 724	30 979	41 957	42 201	44 487	40 781	46 558
Parts de fonds d'investissement	23 261	21 359	23 936	27 244	26 520	26 500	27 051	28 546
Parts de fonds d'investissement monétaires	..	..	..	..	..	..	..	..
Parts de fonds d'investissement non monétaires	..	..	..	..	..	..	..	..
Systèmes d'assurance, de pensions et garanties standard	41 351	46 386	42 964	27 899	28 156	30 761	29 794	24 899
Produits financiers dérivés et options sur titres des salariés	1 230	1 781	2 068	1 123	1 601	1 951	3 515	1 472
Autres comptes à recevoir	89 767	85 000	99 590	122 181	138 157	142 742	151 193	160 130
Passifs financiers	505 126	506 525	528 513	549 220	563 318	570 661	574 633	580 051
Titres de dette	350	1 184	1 650	1 993	2 163	2 400	3 742	4 327
Titres de dette à court terme	..	..	..	..	..	..	..	..
Titres de dette à long terme	..	..	..	..	..	..	..	..
Crédits	8 561	7 189	12 677	14 835	14 932	13 583	16 038	14 744
Crédits à court terme	..	..	..	..	..	..	..	..
Crédits à long terme	..	..	..	..	..	..	..	..
Actions et parts de fonds d'investissement	13 894	11 921	13 659	17 631	18 554	21 127	20 636	22 254
Systèmes d'assurance, de pensions et garanties standard	473 296	477 230	490 941	502 601	515 020	521 626	523 215	527 659
Produits financiers dérivés et options sur titres des salariés	857	868	1 404	1 757	3 364	2 276	1 977	3 072
Autres comptes à payer	8 168	8 132	8 182	10 405	9 286	9 649	9 025	7 995
Actifs non financiers	..	..	..	..	..	..	..	..
Sociétés d'assurance								
Valeur nette financière	20 364	21 157	24 921	39 510	55 308	55 878	63 860	61 120
Actifs financiers	381 488	383 477	405 371	438 179	459 949	465 912	483 814	486 718
Numéraire et dépôts	10 295	11 465	10 962	13 885	14 969	15 330	18 699	19 304
Titres de dette	221 207	231 835	243 404	251 887	261 573	259 401	269 691	265 092
Crédits	54 415	51 603	49 434	47 911	48 193	48 277	42 722	41 199
Actions et parts de fonds d'investissement	37 708	31 621	34 513	42 990	43 512	44 604	43 414	48 203
Actions	22 556	18 087	18 955	26 016	27 974	30 049	28 392	32 551
Parts de fonds d'investissement	15 152	13 534	15 558	16 974	15 538	14 555	15 023	15 653
Parts de fonds d'investissement monétaires	..	..	..	..	..	..	..	..
Parts de fonds d'investissement non monétaires	..	..	..	..	..	..	..	..
Systèmes d'assurance, de pensions et garanties standard	1 598	2 266	2 015	1 868	1 591	1 715	1 598	1 304
Produits financiers dérivés et options sur titres des salariés	947	1 268	1 462	544	540	1 029	2 603	724
Autres comptes à recevoir	55 317	53 420	63 580	79 094	89 571	95 557	105 087	110 892
Passifs financiers	361 124	362 320	380 450	398 669	404 641	410 034	419 954	425 598
Titres de dette	350	514	980	1 386	1 614	1 915	3 311	3 948
Titres de dette à court terme	..	..	..	..	..	..	..	..
Titres de dette à long terme	..	..	..	..	..	..	..	..
Crédits	8 561	7 087	12 575	14 747	14 843	13 493	15 945	14 655
Crédits à court terme	..	..	..	..	..	..	..	..
Crédits à long terme	..	..	..	..	..	..	..	..
Actions et parts de fonds d'investissement	13 878	11 906	13 643	17 615	18 539	21 112	20 621	22 238
Systèmes d'assurance, de pensions et garanties standard	331 212	335 818	345 616	354 812	359 186	364 155	371 598	375 903
Produits financiers dérivés et options sur titres des salariés	483	277	721	1 080	2 131	1 198	917	2 211
Autres comptes à payer	6 640	6 718	6 915	9 028	8 328	8 162	7 562	6 643
Actifs non financiers	..	..	..	..	..	..	..	..
Fonds de pension								
Valeur nette financière	-1 088	-903	-547	1 309	1 609	1 993	2 210	3 076
Actifs financiers	142 914	143 302	147 516	151 860	160 286	162 619	156 888	157 529
Numéraire et dépôts	6 100	6 975	7 300	8 627	9 333	10 374	10 570	10 771
Titres de dette	37 978	38 142	38 740	43 151	44 647	43 352	41 711	40 765
Crédits	2 512	3 510	3 510	4 175	4 886	5 358	4 975	5 510
Actions et parts de fonds d'investissement	21 838	18 462	20 402	26 211	25 209	26 383	24 418	26 901
Actions	13 729	10 637	12 025	15 941	14 227	14 438	12 390	14 008
Parts de fonds d'investissement	8 109	7 825	8 378	10 270	10 982	11 945	12 029	12 894
Parts de fonds d'investissement monétaires	..	..	..	..	..	..	..	..
Parts de fonds d'investissement non monétaires	..	..	..	..	..	..	..	..
Systèmes d'assurance, de pensions et garanties standard	39 753	44 120	40 949	26 031	26 565	29 046	28 196	23 596
Produits financiers dérivés et options sur titres des salariés	284	513	606	579	1 060	922	912	749
Autres comptes à recevoir	34 450	31 581	36 010	43 087	48 586	47 185	46 106	49 238
Passifs financiers	144 002	144 206	148 063	150 551	158 677	160 626	154 679	154 453
Titres de dette	0	670	671	607	549	485	431	378
Titres de dette à court terme	..	..	..	..	..	..	..	..
Titres de dette à long terme	..	..	..	..	..	..	..	..
Crédits	0	102	102	88	90	90	93	89
Crédits à court terme	..	..	..	..	..	..	..	..
Crédits à long terme	..	..	..	..	..	..	..	..
Actions et parts de fonds d'investissement	16	16	16	16	16	16	16	16
Systèmes d'assurance, de pensions et garanties standard	142 084	141 413	145 325	147 788	155 833	157 471	151 618	151 756
Produits financiers dérivés et options sur titres des salariés	374	592	683	676	1 232	1 078	1 060	862
Autres comptes à payer	1 528	1 414	1 267	1 377	957	1 487	1 463	1 353
Actifs non financiers	..	..	..	..	..	..	..	..

Note : Voir les métadonnées détaillées sur : http://metalinks.oecd.org/instinv/20180905/e532

Tableau 4. Composition du portefeuille par type d'investisseur

En pourcentage des actifs financiers et des passifs financiers

Pour cent

	2010	2011	2012	2013	2014	2015	2016	2017
Fonds d'investissement								
Actifs financiers	100.0	100.0	100.0	100.0	100.0	100.0	100.0	100.0
Numéraire et dépôts	0.6	0.6	0.6	0.5	0.6	0.4	4.6	3.5
Titres de dettes	15.0	15.8	14.6	14.5	14.7	13.4	11.7	10.7
Crédits	4.3	5.3	5.3	5.8	5.7	7.4	4.7	5.2
Actions et parts de fonds d'investissement	19.0	17.6	18.7	22.8	21.7	24.6	24.4	28.0
Systèmes d'assurance de pensions et garanties standard	0.0	0.0	0.0	0.0	0.0	0.0	0.0	0.0
Produits financiers dérivés et options sur titres des salariés	0.2	0.2	0.2	0.2	0.3	0.3	0.2	0.1
Autres comptes à recevoir	60.9	60.6	60.5	56.1	57.0	53.9	54.4	52.5
Passifs financiers	100.0	100.0	100.0	100.0	100.0	100.0	100.0	100.0
Numéraire et dépôts	0.0	0.0	0.0	0.0	0.0	0.0	0.0	0.0
Titres de dettes	0.0	0.0	0.0	0.0	0.0	0.0	0.0	0.0
Crédits	0.0	0.0	0.0	0.0	0.0	0.0	0.0	0.0
Actions et parts de fonds d'investissement	96.2	95.4	94.1	93.2	93.5	92.7	93.5	94.6
Systèmes d'assurance de pensions et garanties standard	0.0	0.0	0.0	0.0	0.0	0.0	0.0	0.0
Produits financiers dérivés et options sur titres des salariés	0.7	0.7	0.6	0.4	0.4	0.4	0.5	0.3
Autres comptes à recevoir	3.1	3.9	5.3	6.4	6.0	6.9	6.0	5.1
Sociétés d'assurance								
Actifs financiers	100.0	100.0	100.0	100.0	100.0	100.0	100.0	100.0
Numéraire et dépôts	2.7	3.0	2.7	3.2	3.3	3.3	3.9	4.0
Titres de dettes	58.0	60.5	60.0	57.5	56.9	55.7	55.7	54.5
Crédits	14.3	13.5	12.2	10.9	10.5	10.4	8.8	8.5
Actions et parts de fonds d'investissement	9.9	8.2	8.5	9.8	9.5	9.6	9.0	9.9
Systèmes d'assurance de pensions et garanties standard	0.4	0.6	0.5	0.4	0.3	0.4	0.3	0.3
Produits financiers dérivés et options sur titres des salariés	0.2	0.3	0.4	0.1	0.1	0.2	0.5	0.1
Autres comptes à recevoir	14.5	13.9	15.7	18.1	19.5	20.5	21.7	22.8
Passifs financiers	100.0	100.0	100.0	100.0	100.0	100.0	100.0	100.0
Numéraire et dépôts	0.0	0.0	0.0	0.0	0.0	0.0	0.0	0.0
Titres de dettes	0.1	0.1	0.3	0.3	0.4	0.5	0.8	0.9
Crédits	2.4	2.0	3.3	3.7	3.7	3.3	3.8	3.4
Actions et parts de fonds d'investissement	3.8	3.3	3.6	4.4	4.6	5.1	4.9	5.2
Systèmes d'assurance de pensions et garanties standard	91.7	92.7	90.8	89.0	88.8	88.8	88.5	88.3
Produits financiers dérivés et options sur titres des salariés	0.1	0.1	0.2	0.3	0.5	0.3	0.2	0.5
Autres comptes à recevoir	1.8	1.9	1.8	2.3	2.1	2.0	1.8	1.6
Fonds de pension								
Actifs financiers	100.0	100.0	100.0	100.0	100.0	100.0	100.0	100.0
Numéraire et dépôts	4.3	4.9	4.9	5.7	5.8	6.4	6.7	6.8
Titres de dettes	26.6	26.6	26.3	28.4	27.9	26.7	26.6	25.9
Crédits	1.8	2.4	2.4	2.7	3.0	3.3	3.2	3.5
Actions et parts de fonds d'investissement	15.3	12.9	13.8	17.3	15.7	16.2	15.6	17.1
Systèmes d'assurance de pensions et garanties standard	27.8	30.8	27.8	17.1	16.6	17.9	18.0	15.0
Produits financiers dérivés et options sur titres des salariés	0.2	0.4	0.4	0.4	0.7	0.6	0.6	0.5
Autres comptes à recevoir	24.1	22.0	24.4	28.4	30.3	29.0	29.4	31.3
Passifs financiers	100.0	100.0	100.0	100.0	100.0	100.0	100.0	100.0
Numéraire et dépôts	0.0	0.0	0.0	0.0	0.0	0.0	0.0	0.0
Titres de dettes	0.0	0.5	0.5	0.4	0.3	0.3	0.3	0.2
Crédits	0.0	0.1	0.1	0.1	0.1	0.1	0.1	0.1
Actions et parts de fonds d'investissement	0.0	0.0	0.0	0.0	0.0	0.0	0.0	0.0
Systèmes d'assurance de pensions et garanties standard	98.7	98.1	98.2	98.2	98.2	98.0	98.0	98.3
Produits financiers dérivés et options sur titres des salariés	0.3	0.4	0.5	0.4	0.8	0.7	0.7	0.6
Autres comptes à recevoir	1.1	1.0	0.9	0.9	0.6	0.9	0.9	0.9

Note : Voir les métadonnées détaillées sur : http://metalinks.oecd.org/instinv/20180905/af01

Tableau 1. Actifs et passifs financiers des investisseurs institutionnels, 2017

Milliards KRW

	Total	Fonds d'investissement			
		Fonds d'investissement non-monétaire			Fonds d'investissement monétaires
		Total	Fonds d'investissement à capital variable, non monétaire	Fonds d'investissement à capital fixe, non monétaire	Total
Actifs financiers	543 202	444 916	..	..	98 286
Numéraire et dépôts	49 362	21 073	..	..	28 289
Titres de dette	224 798	158 072	..	..	66 727
Titres de dette à court terme	76 555	20 096	..	..	56 459
Titres de dette à long terme	148 244	137 975	..	..	10 268
Titres de dette émis par les résidents	202 917	136 190	..	..	66 727
Titres de dette émis par les non-résidents	21 881	21 881	..	..	0
Crédits	18 426	17 570	..	..	857
Crédits à court terme	3 104	2 247	..	..	857
Crédits à long terme	15 322	15 322	..	..	0
Crédits accordés aux résidents	..	..	..	..	..
Crédits accordés aux non-résidents	..	..	..	..	..
Actions et parts de fonds d'investissement	160 988	159 394	..	..	1 593
Actions et parts de fonds d'investissements émises par les résidents	99 231	97 638	..	..	1 593
Actions et part de fonds d'investissements émises par les non-résidents	61 756	61 756	..	..	0
Autres comptes à recevoir	73 562	72 741	..	..	820

	Total	Fonds d'investissement			
		Fonds d'investissement non-monétaire			Fonds d'investissement monétaires
		Total	Fonds d'investissement à capital variable, non monétaire	Fonds d'investissement à capital fixe, non monétaire	Total
Pasifs financiers	543 129	444 840	..	..	98 289
Numéraire et dépôts	21 004	20 940	..	..	65
Titres de dette	230	230	..	..	0
Titres de dette à court terme	55	55	..	..	0
Titres de dette à long terme	175	175	..	..	0
Crédits	341	341	..	..	0
Crédits à court terme	31	31	..	..	0
Crédits à long terme	309	309	..	..	0
Actions et parts de fonds d'investissement	503 571	405 609	..	..	97 963
Systèmes d'assurance, de pensions et garanties standard	0	0	..	..	0
Produits financiers dérivés et options sur titres des salariés	20	20	..	..	0
Autres comptes à payer	17 962	17 700	..	..	262

	Total	Sociétés d'assurance et fonds de pension autonomes			
		Sociétés d'assurance			Fonds de pension autonomes
		Total	Sociétés d'assurance vie	Sociétés d'assurance non-vie	Total
Actifs financiers	1 383 133	1 194 352	862 676	331 677	188 781
Numéraire et dépôts	122 039	46 734	22 822	23 912	75 305
Titres de dette	669 250	628 547	511 787	116 760	40 703
Titres de dette à court terme	6 793	5 837	3 697	2 140	956
Titres de dette à long terme	662 458	622 710	508 090	114 620	39 748
Titres de dette émis par les résidents	574 997	536 174	435 525	100 649	38 823
Titres de dette émis par les non-résidents	94 253	92 373	76 261	16 112	1 880
Crédits	223 340	209 521	132 839	76 682	13 819
Crédits à court terme	21 225	17 113	12 668	4 445	4 112
Crédits à long terme	202 115	192 408	120 171	72 237	9 707
Crédits accordés aux résidents	..	..	..	..	..
Crédits accordés aux non-résidents	..	..	..	..	..
Actions et parts de fonds d'investissement	239 809	222 147	149 557	72 590	17 662
Actions et parts de fonds d'investissement émises par les résidents	223 320	205 669	135 828	69 841	17 651
Actions et parts de fonds d'investissement émises par les non-résidents	16 489	16 478	13 729	2 749	11
Autrescomptes à recevoir	97 389	72 886	39 753	33 133	24 502

	Total	Sociétés d'assurance et fonds de pension autonomes			
		Sociétés d'assurance			Fonds de pension autonomes
		Total	Sociétés d'assurance vie	Sociétés d'assurance non-vie	Total
Pasifs financiers	1 356 016	1 166 959	838 214	328 745	189 057
Numéraire et dépôts	0	0	0	0	0
Titres de dette	6 289	6 289	2 706	3 582	0
Titres de dette à court terme	360	360	0	360	0
Titres de dette à long terme	5 929	5 929	2 706	3 222	0
Crédits	333	333	103	230	0
Crédits à court terme	112	112	0	112	0
Crédits à long terme	221	221	103	118	0
Actions et parts de fonds d'investissement	80 383	80 383	43 436	36 947	0
Systèmes d'assurance, de pensions et garanties standard	1 211 152	1 027 653	758 971	268 682	183 500
Produits financiers dérivés et options sur titres des salariés	432	430	377	54	2
Autres comptes à payer	57 427	51 872	32 621	19 251	5 555

Note : Voir les métadonnées détaillées sur : http://metalinks.oecd.org/instinv/20180905/e532

Tableau 2. Actifs et passifs financiers des fonds d'investissement

Milliards KRW

	2010	2011	2012	2013	2014	2015	2016	2017
Fonds d'investissement								
Valeur nette financière	-2 721	-2 144	-1 723	-1 715	-2 711	-2 007	-1 483	73
Actifs financiers	329 561	286 261	316 742	336 290	381 924	426 176	486 423	543 202
Numéraire et dépôts	33 132	27 305	24 937	22 391	30 627	38 934	40 877	49 362
Titres de dette	120 925	98 774	113 715	130 179	156 593	182 011	225 690	224 798
Crédits	20 733	18 412	23 138	21 280	15 997	17 059	18 571	18 426
Actions et parts de fonds d'investissement	125 010	109 094	114 341	118 247	116 741	119 276	124 141	160 988
Actions	121 928	107 167	112 499	115 279	114 730	117 865	121 648	158 094
Parts de fonds d'investissement	3 083	1 927	1 842	2 968	2 012	1 411	2 493	2 894
Parts de fonds d'investissement monétaires	..	..	..	..	..	..	..	..
Parts de fonds d'investissement non monétaires	..	..	..	..	..	..	..	..
Systèmes d'assurance, de pensions et garanties standard	0	0	0	0	0	0	0	0
Produits financiers dérivés et options sur titres des salariés	10 871	10 663	10 774	11 302	11 428	11 426	12 314	16 066
Autres comptes à recevoir	18 891	22 014	29 838	32 892	50 537	57 470	64 831	73 562
Passifs financiers	332 283	288 406	318 465	338 005	384 635	428 184	487 906	543 129
Titres de dette	0	239	282	343	258	257	242	230
Titres de dette à court terme	0	0	0	0	0	0	0	55
Titres de dette à long terme	0	239	282	343	258	257	242	175
Crédits	2 218	2 319	729	549	470	346	493	341
Crédits à court terme	203	171	214	276	291	216	31	31
Crédits à long terme	2 016	2 148	515	274	179	130	462	309
Actions et parts de fonds d'investissement	318 652	278 824	308 632	329 843	372 366	412 763	460 356	503 571
Systèmes d'assurance, de pensions et garanties standard	0	0	0	0	0	0	0	0
Produits financiers dérivés et options sur titres des salariés	1	0	0	0	0	0	260	20
Autres comptes à payer	8 429	4 917	8 163	5 401	7 385	8 876	8 467	17 962
Actifs non financiers	..	..	..	..	..	..	..	..
Fonds d'investissement monéaires								
Valeur nette financière	-1 146	-560	-240	-707	-1 091	-334	-512	-3
Actifs financiers	67 123	54 077	64 183	66 742	82 422	94 080	104 777	98 286
Numéraire et dépôts	22 768	16 709	17 059	14 159	20 087	24 654	23 812	28 289
Titres de dette	40 944	34 371	42 570	48 285	59 874	66 617	78 215	66 727
Crédits	2 670	1 636	3 732	2 118	966	2 256	945	857
Actions et parts de fonds d'investissement	156	169	252	1 430	568	343	1 449	1 593
Actions	0	0	0	0	0	0	0	0
Parts de fonds d'investissement	156	169	252	1 430	568	343	1 449	1 593
Parts de fonds d'investissement monétaires	..	..	..	..	..	..	..	..
Parts de fonds d'investissement non monétaires	..	..	..	..	..	..	..	..
Systèmes d'assurance, de pensions et garanties standard	0	0	0	0	0	0	0	0
Produits financiers dérivés et options sur titres des salariés	0	0	0	0	0	0	0	0
Autres comptes à recevoir	585	1 192	570	750	929	209	355	820
Passifs financiers	68 269	54 637	64 424	67 448	83 514	94 414	105 288	98 289
Titres de dette	0	0	0	0	0	0	0	0
Titres de dette à court terme	0	0	0	0	0	0	0	0
Titres de dette à long terme	0	0	0	0	0	0	0	0
Crédits	0	0	0	0	0	0	0	0
Crédits à court terme	0	0	0	0	0	0	0	0
Crédits à long terme	0	0	0	0	0	0	0	0
Actions et parts de fonds d'investissement	67 669	54 386	63 985	67 089	83 234	94 073	104 996	97 963
Systèmes d'assurance, de pensions et garanties standard	0	0	0	0	0	0	0	0
Produits financiers dérivés et options sur titres des salariés	0	0	0	0	0	0	0	0
Autres comptes à payer	600	251	439	359	280	283	62	262
Actifs non financiers	..	..	..	..	..	..	..	..
Fonds d'investissement non monéaires								
Valeur nette financière	-1 575	-1 584	-1 482	-1 008	-1 620	-1 673	-971	76
Actifs financiers	262 439	232 185	252 559	269 548	299 501	332 096	381 647	444 916
Numéraire et dépôts	10 364	10 596	7 877	8 231	10 541	14 280	17 064	21 073
Titres de dette	79 981	64 403	71 145	81 895	96 720	115 394	147 475	158 072
Crédits	18 063	16 776	19 406	19 162	15 031	14 803	17 626	17 570
Actions et parts de fonds d'investissement	124 855	108 925	114 089	116 816	116 174	118 933	122 691	159 394
Actions	121 928	107 167	112 499	115 279	114 730	117 865	121 648	158 094
Parts de fonds d'investissement	2 927	1 759	1 591	1 537	1 444	1 068	1 043	1 301
Parts de fonds d'investissement monétaires	..	..	..	..	..	..	..	..
Parts de fonds d'investissement non monétaires	..	..	..	..	..	..	..	..
Systèmes d'assurance, de pensions et garanties standard	0	0	0	0	0	0	0	0
Produits financiers dérivés et options sur titres des salariés	10 871	10 663	10 774	11 302	11 428	11 426	12 314	16 066
Autres comptes à recevoir	18 306	20 822	29 268	32 143	49 608	57 261	64 476	72 741
Passifs financiers	264 014	233 769	254 041	270 556	301 121	333 769	382 618	444 840
Titres de dette	0	239	282	343	258	257	242	230
Titres de dette à court terme	0	0	0	0	0	0	0	55
Titres de dette à long terme	0	239	282	343	258	257	242	175
Crédits	2 218	2 319	729	549	470	346	493	341
Crédits à court terme	203	171	214	276	291	216	31	31
Crédits à long terme	2 016	2 148	515	274	179	130	462	309
Actions et parts de fonds d'investissement	250 984	224 437	244 647	262 754	289 132	318 691	355 361	405 609
Systèmes d'assurance, de pensions et garanties standard	0	0	0	0	0	0	0	0
Produits financiers dérivés et options sur titres des salariés	1	0	0	0	0	0	260	20
Autres comptes à payer	7 829	4 666	7 724	5 042	7 105	8 594	8 405	17 700
Actifs non financiers	..	..	..	..	..	..	..	..
Fonds d'investissement non monéaires à capital variable								
Valeur nette financière	..	..	..	..	..	..	..	..
Actifs financiers	..	..	..	..	..	..	..	..

Tableau 2. Actifs et passifs financiers des fonds d'investissement *(suite)*

Milliards KRW

	2010	2011	2012	2013	2014	2015	2016	2017
Numéraire et dépôts	..	..	..	..	..	..	..	..
Titres de dette	..	..	..	..	..	..	..	..
Crédits	..	..	..	..	..	..	..	..
Actions et parts de fonds d'investissement	..	..	..	..	..	..	..	..
Actions	..	..	..	..	..	..	..	..
Parts de fonds d'investissement	..	..	..	..	..	..	..	..
Parts de fonds d'investissement monétaires	..	..	..	..	..	..	..	..
Parts de fonds d'investissement non monétaires	..	..	..	..	..	..	..	..
Systèmes d'assurance, de pensions et garanties standard	..	..	..	..	..	..	..	..
Produits financiers dérivés et options sur titres des salariés	..	..	..	..	..	..	..	..
Autres comptes à recevoir	..	..	..	..	..	..	..	..
Passifs financiers	..	..	..	..	..	..	..	..
Titres de dette	..	..	..	..	..	..	..	..
Titres de dette à court terme	..	..	..	..	..	..	..	..
Titres de dette à long terme	..	..	..	..	..	..	..	..
Crédits	..	..	..	..	..	..	..	..
Crédits à court terme	..	..	..	..	..	..	..	..
Crédits à long terme	..	..	..	..	..	..	..	..
Actions et parts de fonds d'investissement	..	..	..	..	..	..	..	..
Systèmes d'assurance, de pensions et garanties standard	..	..	..	..	..	..	..	..
Produits financiers dérivés et options sur titres des salariés	..	..	..	..	..	..	..	..
Autres comptes à payer	..	..	..	..	..	..	..	..
Actifs non financiers	..	..	..	..	..	..	..	..
Fonds d'investissement à capital variable								
Valeur nette financière	..	..	..	..	..	..	..	..
Actifs financiers	..	..	..	..	..	..	..	..
Numéraire et dépôts	..	..	..	..	..	..	..	..
Titres de dette	..	..	..	..	..	..	..	..
Crédits	..	..	..	..	..	..	..	..
Actions et parts de fonds d'investissement	..	..	..	..	..	..	..	..
Actions	..	..	..	..	..	..	..	..
Parts de fonds d'investissement	..	..	..	..	..	..	..	..
Parts de fonds d'investissement monétaires	..	..	..	..	..	..	..	..
Parts de fonds d'investissement non monétaires	..	..	..	..	..	..	..	..
Systèmes d'assurance, de pensions et garanties standard	..	..	..	..	..	..	..	..
Produits financiers dérivés et options sur titres des salariés	..	..	..	..	..	..	..	..
Autres comptes à recevoir	..	..	..	..	..	..	..	..
Passifs financiers	..	..	..	..	..	..	..	..
Titres de dette	..	..	..	..	..	..	..	..
Titres de dette à court terme	..	..	..	..	..	..	..	..
Titres de dette à long terme	..	..	..	..	..	..	..	..
Crédits	..	..	..	..	..	..	..	..
Crédits à court terme	..	..	..	..	..	..	..	..
Crédits à long terme	..	..	..	..	..	..	..	..
Actions et parts de fonds d'investissement	..	..	..	..	..	..	..	..
Systèmes d'assurance, de pensions et garanties standard	..	..	..	..	..	..	..	..
Produits financiers dérivés et options sur titres des salariés	..	..	..	..	..	..	..	..
Autres comptes à payer	..	..	..	..	..	..	..	..
Actifs non financiers	..	..	..	..	..	..	..	..

Note : Voir les métadonnées détaillées sur : http://metalinks.oecd.org/instinv/20180905/e532

CORÉE

Tableau 3. Actifs et passifs financiers des sociétés d'assurance et fonds de pension

Milliards KRW

	2010	2011	2012	2013	2014	2015	2016	2017
Sociétés d'assurance et fonds de pension								
Valeur nette financière	-15 454	-9 119	2 281	-7 160	6 039	200	19 198	27 117
Actifs financiers	628 681	711 787	834 819	920 938	1 047 690	1 151 196	1 273 316	1 383 133
Numéraire et dépôts	54 717	67 999	88 807	87 363	106 019	109 622	114 762	122 039
Titres de dette	297 930	344 326	397 271	450 172	513 051	578 196	638 591	669 250
Crédits	109 298	119 358	129 919	144 703	161 657	181 328	205 064	223 340
Actions et parts de fonds d'investissement	108 203	110 390	140 967	156 595	172 577	180 170	200 872	239 809
Actions	56 746	56 999	67 072	73 378	79 874	80 409	93 850	110 612
Parts de fonds d'investissement	51 457	53 391	73 895	83 217	92 703	99 762	107 023	129 198
Parts de fonds d'investissement monétaires	..	..	..	..	..	..	..	..
Parts de fonds d'investissement non monétaires	..	..	..	..	..	..	..	..
Systèmes d'assurance, de pensions et garanties standard	177	5 234	5 739	7 015	11 261	14 449	18 337	23 989
Produits financiers dérivés et options sur titres des salariés	1 159	609	1 844	2 326	808	666	567	7 318
Autres comptes à recevoir	57 198	63 872	70 272	72 764	82 317	86 765	95 123	97 389
Passifs financiers	644 135	720 906	832 538	928 097	1 041 650	1 150 996	1 254 118	1 356 016
Titres de dette	1 083	1 236	1 660	2 124	2 107	2 730	3 301	6 289
Titres de dette à court terme	548	686	611	296	386	370	700	360
Titres de dette à long terme	535	550	1 049	1 828	1 721	2 360	2 601	5 929
Crédits	1 657	1 448	1 345	805	857	792	206	333
Crédits à court terme	76	247	343	63	9	16	0	112
Crédits à long terme	1 581	1 202	1 003	742	849	776	206	221
Actions et parts de fonds d'investissement	58 791	56 521	62 221	65 835	69 200	71 722	69 159	80 383
Systèmes d'assurance, de pensions et garanties standard	548 088	624 517	725 519	820 437	920 289	1 020 415	1 118 216	1 211 152
Produits financiers dérivés et options sur titres des salariés	2 107	2 586	1 348	1 215	2 405	4 042	6 787	432
Autres comptes à payer	32 402	34 599	40 140	37 662	46 792	51 234	56 450	57 427
Actifs non financiers	..	..	..	..	..	..	..	..
Sociétés d'assurance								
Valeur nette financière	-15 562	-9 511	2 618	-6 590	6 459	-21	19 872	27 394
Actifs financiers	584 595	654 944	764 577	834 616	932 883	1 014 221	1 112 027	1 194 352
Numéraire et dépôts	35 099	36 934	47 676	40 385	49 670	47 315	46 134	46 734
Titres de dette	285 206	332 210	383 966	432 224	490 346	550 551	605 232	628 547
Crédits	108 082	118 248	128 313	142 015	156 647	171 971	192 533	209 521
Actions et parts de fonds d'investissement	104 253	106 331	136 005	150 112	164 439	167 336	187 150	222 147
Actions	56 463	56 721	66 909	73 301	79 755	80 219	93 381	110 351
Parts de fonds d'investissement	47 790	49 610	69 096	76 811	84 684	87 117	93 769	111 796
Parts de fonds d'investissement monétaires	..	..	..	..	..	..	..	..
Parts de fonds d'investissement non monétaires	..	..	..	..	..	..	..	..
Systèmes d'assurance, de pensions et garanties standard	177	5 025	5 429	5 831	6 527	6 878	7 342	7 556
Produits financiers dérivés et options sur titres des salariés	1 144	602	1 811	2 288	787	654	551	6 961
Autres comptes à recevoir	50 634	55 595	61 378	61 762	64 467	69 517	73 085	72 886
Passifs financiers	600 157	664 455	761 959	841 206	926 424	1 014 242	1 092 155	1 166 959
Titres de dette	1 083	1 236	1 660	2 124	2 107	2 730	3 301	6 289
Titres de dette à court terme	548	686	611	296	386	370	700	360
Titres de dette à long terme	535	550	1 049	1 828	1 721	2 360	2 601	5 929
Crédits	1 657	1 445	1 342	805	857	792	206	333
Crédits à court terme	76	247	343	63	9	16	0	112
Crédits à long terme	1 581	1 198	999	742	849	776	206	221
Actions et parts de fonds d'investissement	58 791	56 521	62 221	65 835	69 200	71 722	69 159	80 383
Systèmes d'assurance, de pensions et garanties standard	506 361	570 438	656 952	735 656	809 993	887 130	961 026	1 027 653
Produits financiers dérivés et options sur titres des salariés	2 104	2 582	1 348	1 210	2 351	3 902	6 546	430
Autres comptes à payer	30 154	32 235	38 131	35 556	41 917	47 907	51 918	51 872
Actifs non financiers	..	..	..	..	..	..	..	..
Fonds de pension								
Valeur nette financière	108	392	-337	-570	-419	221	-674	-276
Actifs financiers	44 086	56 843	70 242	86 322	114 807	136 974	161 289	188 781
Numéraire et dépôts	19 618	31 064	41 131	46 978	56 349	62 307	68 627	75 305
Titres de dette	12 725	12 116	13 305	17 949	22 706	27 645	33 359	40 703
Crédits	1 216	1 110	1 606	2 688	5 011	9 357	12 531	13 819
Actions et parts de fonds d'investissement	3 950	4 060	4 962	6 483	8 138	12 835	13 722	17 662
Actions	283	279	163	77	119	190	469	261
Parts de fonds d'investissement	3 667	3 781	4 799	6 407	8 019	12 645	13 253	17 402
Parts de fonds d'investissement monétaires	..	..	..	..	..	..	..	..
Parts de fonds d'investissement non monétaires	..	..	..	..	..	..	..	..
Systèmes d'assurance, de pensions et garanties standard	0	209	310	1 184	4 734	7 571	10 995	16 433
Produits financiers dérivés et options sur titres des salariés	15	8	33	38	21	11	16	357
Autres comptes à recevoir	6 563	8 277	8 894	11 002	17 849	17 249	22 039	24 502
Passifs financiers	43 978	56 451	70 579	86 892	115 226	136 753	161 963	189 057
Titres de dette	0	0	0	0	0	0	0	0
Titres de dette à court terme	0	0	0	0	0	0	0	0
Titres de dette à long terme	0	0	0	0	0	0	0	0
Crédits	0	4	4	0	0	0	0	0
Crédits à court terme	0	0	0	0	0	0	0	0
Crédits à long terme	0	4	4	0	0	0	0	0
Actions et parts de fonds d'investissement	0	0	0	0	0	0	0	0
Systèmes d'assurance, de pensions et garanties standard	41 726	54 080	68 567	84 781	110 296	133 286	157 189	183 500
Produits financiers dérivés et options sur titres des salariés	3	4	0	5	55	140	241	2
Autres comptes à payer	2 249	2 364	2 009	2 106	4 875	3 327	4 533	5 555
Actifs non financiers	..	..	..	..	..	..	..	..

Note : Voir les métadonnées détaillées sur : http://metalinks.oecd.org/instinv/20180905/e532

Tableau 4. Composition du portefeuille par type d'investisseur

En pourcentage des actifs financiers et des passifs financiers

Pour cent

	2010	2011	2012	2013	2014	2015	2016	2017
Fonds d'investissement								
Actifs financiers	100.0	100.0	100.0	100.0	100.0	100.0	100.0	100.0
Numéraire et dépôts	10.1	9.5	7.9	6.7	8.0	9.1	8.4	9.1
Titres de dettes	36.7	34.5	35.9	38.7	41.0	42.7	46.4	41.4
Crédits	6.3	6.4	7.3	6.3	4.2	4.0	3.8	3.4
Actions et parts de fonds d'investissement	37.9	38.1	36.1	35.2	30.6	28.0	25.5	29.6
Systèmes d'assurance de pensions et garanties standard	0.0	0.0	0.0	0.0	0.0	0.0	0.0	0.0
Produits financiers dérivés et options sur titres des salariés	3.3	3.7	3.4	3.4	3.0	2.7	2.5	3.0
Autres comptes à recevoir	5.7	7.7	9.4	9.8	13.2	13.5	13.3	13.5
Passifs financiers	100.0	100.0	100.0	100.0	100.0	100.0	100.0	100.0
Numéraire et dépôts	0.9	0.7	0.2	0.6	1.1	1.4	3.7	3.9
Titres de dettes	0.0	0.1	0.1	0.1	0.1	0.1	0.0	0.0
Crédits	0.7	0.8	0.2	0.2	0.1	0.1	0.1	0.1
Actions et parts de fonds d'investissement	95.9	96.7	96.9	97.6	96.8	96.4	94.4	92.7
Systèmes d'assurance de pensions et garanties standard	0.0	0.0	0.0	0.0	0.0	0.0	0.0	0.0
Produits financiers dérivés et options sur titres des salariés	0.0	0.0	0.0	0.0	0.0	0.0	0.1	0.0
Autres comptes à recevoir	2.5	1.7	2.6	1.6	1.9	2.1	1.7	3.3
Sociétés d'assurance								
Actifs financiers	100.0	100.0	100.0	100.0	100.0	100.0	100.0	100.0
Numéraire et dépôts	6.0	5.6	6.2	4.8	5.3	4.7	4.1	3.9
Titres de dettes	48.8	50.7	50.2	51.8	52.6	54.3	54.4	52.6
Crédits	18.5	18.1	16.8	17.0	16.8	17.0	17.3	17.5
Actions et parts de fonds d'investissement	17.8	16.2	17.8	18.0	17.6	16.5	16.8	18.6
Systèmes d'assurance de pensions et garanties standard	0.0	0.8	0.7	0.7	0.7	0.7	0.7	0.6
Produits financiers dérivés et options sur titres des salariés	0.2	0.1	0.2	0.3	0.1	0.1	0.0	0.6
Autres comptes à recevoir	8.7	8.5	8.0	7.4	6.9	6.9	6.6	6.1
Passifs financiers	100.0	100.0	100.0	100.0	100.0	100.0	100.0	100.0
Numéraire et dépôts	0.0	0.0	0.0	0.0	0.0	0.0	0.0	0.0
Titres de dettes	0.2	0.2	0.2	0.3	0.2	0.3	0.3	0.5
Crédits	0.3	0.2	0.2	0.1	0.1	0.1	0.0	0.0
Actions et parts de fonds d'investissement	9.8	8.5	8.2	7.8	7.5	7.1	6.3	6.9
Systèmes d'assurance de pensions et garanties standard	84.4	85.9	86.2	87.5	87.4	87.5	88.0	88.1
Produits financiers dérivés et options sur titres des salariés	0.4	0.4	0.2	0.1	0.3	0.4	0.6	0.0
Autres comptes à recevoir	5.0	4.9	5.0	4.2	4.5	4.7	4.8	4.4
Fonds de pension								
Actifs financiers	100.0	100.0	100.0	100.0	100.0	100.0	100.0	100.0
Numéraire et dépôts	44.5	54.6	58.6	54.4	49.1	45.5	42.5	39.9
Titres de dettes	28.9	21.3	18.9	20.8	19.8	20.2	20.7	21.6
Crédits	2.8	2.0	2.3	3.1	4.4	6.8	7.8	7.3
Actions et parts de fonds d'investissement	9.0	7.1	7.1	7.5	7.1	9.4	8.5	9.4
Systèmes d'assurance de pensions et garanties standard	0.0	0.4	0.4	1.4	4.1	5.5	6.8	8.7
Produits financiers dérivés et options sur titres des salariés	0.0	0.0	0.0	0.0	0.0	0.0	0.0	0.2
Autres comptes à recevoir	14.9	14.6	12.7	12.7	15.5	12.6	13.7	13.0
Passifs financiers	100.0	100.0	100.0	100.0	100.0	100.0	100.0	100.0
Numéraire et dépôts	0.0	0.0	0.0	0.0	0.0	0.0	0.0	0.0
Titres de dettes	0.0	0.0	0.0	0.0	0.0	0.0	0.0	0.0
Crédits	0.0	0.0	0.0	0.0	0.0	0.0	0.0	0.0
Actions et parts de fonds d'investissement	0.0	0.0	0.0	0.0	0.0	0.0	0.0	0.0
Systèmes d'assurance de pensions et garanties standard	94.9	95.8	97.1	97.6	95.7	97.5	97.1	97.1
Produits financiers dérivés et options sur titres des salariés	0.0	0.0	0.0	0.0	0.0	0.1	0.1	0.0
Autres comptes à recevoir	5.1	4.2	2.8	2.4	4.2	2.4	2.8	2.9

Note : Voir les métadonnées détaillées sur : http://metalinks.oecd.org/instinv/20180905/af01

LETTONIE

Tableau 1. Actifs et passifs financiers des investisseurs institutionnels, 2017

Millions EUR (2014 LVL euro)

	Total	Fonds d'investissement			
		Fonds d'investissement non-monétaire			Fonds d'investissement monétaires
		Total	Fonds d'investissement à capital variable, non monétaire	Fonds d'investissement à capital fixe, non monétaire	Total
Actifs financiers	..	..	..	..	..
Numéraire et dépôts	..	..	..	..	..
Titres de dette	..	..	..	..	..
Titres de dette à court terme	..	..	..	..	..
Titres de dette à long terme	..	..	..	..	..
Titres de dette émis par les résidents	..	..	..	..	..
Titres de dette émis par les non-résidents	..	..	..	..	..
Crédits	..	..	..	..	..
Crédits à court terme	..	..	..	..	..
Crédits à long terme	..	..	..	..	..
Crédits accordés aux résidents	..	..	..	..	..
Crédits accordés aux non-résidents	..	..	..	..	..
Actions et parts de fonds d'investissement	..	..	..	..	..
Actions et parts de fonds d'investissements émises par les résidents	..	..	..	..	..
Actions et part de fonds d'investissements émises par les non-résidents	..	..	..	..	..
Autres comptes à recevoir	..	..	..	..	..

	Total	Fonds d'investissement			
		Fonds d'investissement non-monétaire			Fonds d'investissement monétaires
		Total	Fonds d'investissement à capital variable, non monétaire	Fonds d'investissement à capital fixe, non monétaire	Total
Pasifs financiers	..	..	..	..	..
Numéraire et dépôts	..	..	..	..	..
Titres de dette	..	..	..	..	..
Titres de dette à court terme	..	..	..	..	..
Titres de dette à long terme	..	..	..	..	..
Crédits	..	..	..	..	..
Crédits à court terme	..	..	..	..	..
Crédits à long terme	..	..	..	..	..
Actions et parts de fonds d'investissement	..	..	..	..	..
Systèmes d'assurance, de pensions et garanties standard	..	..	..	..	..
Produits financiers dérivés et options sur titres des salariés	..	..	..	..	..
Autres comptes à payer	..	..	..	..	..

	Total	Sociétés d'assurance et fonds de pension autonomes			
		Sociétés d'assurance			Fonds de pension autonomes
		Total	Sociétés d'assurance vie	Sociétés d'assurance non-vie	Total
Actifs financiers	..	..	..	..	3 770
Numéraire et dépôts	..	..	..	..	266
Titres de dette	..	..	..	..	1 600
Titres de dette à court terme	..	..	..	..	0
Titres de dette à long terme	..	..	..	..	1 600
Titres de dette émis par les résidents	..	..	..	..	501
Titres de dette émis par les non-résidents	..	..	..	..	1 100
Crédits	..	..	..	..	0
Crédits à court terme	..	..	..	..	0
Crédits à long terme	..	..	..	..	0
Crédits accordés aux résidents	..	..	..	..	0
Crédits accordés aux non-résidents	..	..	..	..	0
Actions et parts de fonds d'investissement	..	..	..	..	1 862
Actions et parts de fonds d'investissement émises par les résidents	..	..	..	..	45
Actions et parts de fonds d'investissement émises par les non-résidents	..	..	..	..	1 816
Autrescomptes à recevoir	..	..	..	..	42

	Total	Sociétés d'assurance et fonds de pension autonomes			
		Sociétés d'assurance			Fonds de pension autonomes
		Total	Sociétés d'assurance vie	Sociétés d'assurance non-vie	Total
Pasifs financiers	..	..	..	..	3 753
Numéraire et dépôts	..	..	..	..	0
Titres de dette	..	..	..	..	0
Titres de dette à court terme	..	..	..	..	0
Titres de dette à long terme	..	..	..	..	0
Crédits	..	..	..	..	0
Crédits à court terme	..	..	..	..	0
Crédits à long terme	..	..	..	..	0
Actions et parts de fonds d'investissement	..	..	..	..	3
Systèmes d'assurance, de pensions et garanties standard	..	..	..	..	3 712
Produits financiers dérivés et options sur titres des salariés	..	..	..	..	0
Autres comptes à payer	..	..	..	..	38

Note : Voir les métadonnées détaillées sur : http://metalinks.oecd.org/instinv/20180905/f7ca

Tableau 3. Actifs et passifs financiers des sociétés d'assurance et fonds de pension

Millions EUR

	2010	2011	2012	2013	2014	2015	2016	2017
Sociétés d'assurance et fonds de pension								
Valeur nette financière	..	..	..	..	..	..	..	..
Actifs financiers	..	..	..	..	..	..	..	..
Numéraire et dépôts	..	..	..	..	..	..	..	..
Titres de dette	..	..	..	..	..	..	..	..
Crédits	..	..	..	..	..	..	..	..
Actions et parts de fonds d'investissement	..	..	..	..	..	..	..	..
Actions	..	..	..	..	..	..	..	..
Parts de fonds d'investissement	..	..	..	..	..	..	..	..
Parts de fonds d'investissement monétaires	..	..	..	..	..	..	..	..
Parts de fonds d'investissement non monétaires	..	..	..	..	..	..	..	..
Systèmes d'assurance, de pensions et garanties standard	..	..	..	..	..	..	..	..
Produits financiers dérivés et options sur titres des salariés	..	..	..	..	..	..	..	..
Autres comptes à recevoir	..	..	..	..	..	..	..	..
Passifs financiers	..	..	..	..	..	..	..	..
Titres de dette	..	..	..	..	..	..	..	..
Titres de dette à court terme	..	..	..	..	..	..	..	..
Titres de dette à long terme	..	..	..	..	..	..	..	..
Crédits	..	..	..	..	..	..	..	..
Crédits à court terme	..	..	..	..	..	..	..	..
Crédits à long terme	..	..	..	..	..	..	..	..
Actions et parts de fonds d'investissement	..	..	..	..	..	..	..	..
Systèmes d'assurance, de pensions et garanties standard	..	..	..	..	..	..	..	..
Produits financiers dérivés et options sur titres des salariés	..	..	..	..	..	..	..	..
Autres comptes à payer	..	..	..	..	..	..	..	..
Actifs non financiers	..	..	..	..	..	..	..	..
Sociétés d'assurance								
Valeur nette financière	..	..	..	..	..	..	..	..
Actifs financiers	..	..	..	..	..	..	..	..
Numéraire et dépôts	..	..	..	..	..	..	..	..
Titres de dette	..	..	..	..	..	..	..	..
Crédits	..	..	..	..	..	..	..	..
Actions et parts de fonds d'investissement	..	..	..	..	..	..	..	..
Actions	..	..	..	..	..	..	..	..
Parts de fonds d'investissement	..	..	..	..	..	..	..	..
Parts de fonds d'investissement monétaires	..	..	..	..	..	..	..	..
Parts de fonds d'investissement non monétaires	..	..	..	..	..	..	..	..
Systèmes d'assurance, de pensions et garanties standard	..	..	..	..	..	..	..	..
Produits financiers dérivés et options sur titres des salariés	..	..	..	..	..	..	..	..
Autres comptes à recevoir	..	..	..	..	..	..	..	..
Passifs financiers	..	..	..	..	..	..	..	..
Titres de dette	..	..	..	..	..	..	..	..
Titres de dette à court terme	..	..	..	..	..	..	..	..
Titres de dette à long terme	..	..	..	..	..	..	..	..
Crédits	..	..	..	..	..	..	..	..
Crédits à court terme	..	..	..	..	..	..	..	..
Crédits à long terme	..	..	..	..	..	..	..	..
Actions et parts de fonds d'investissement	..	..	..	..	..	..	..	..
Systèmes d'assurance, de pensions et garanties standard	..	..	..	..	..	..	..	..
Produits financiers dérivés et options sur titres des salariés	..	..	..	..	..	..	..	..
Autres comptes à payer	..	..	..	..	..	..	..	..
Actifs non financiers	..	..	..	..	..	..	..	..
Fonds de pension								
Valeur nette financière	0	0	0	0	0	-4	0	17
Actifs financiers	1 343	1 425	1 669	1 907	2 320	2 667	3 160	3 770
Numéraire et dépôts	519	354	332	296	312	519	404	266
Titres de dette	410	580	686	839	1 090	1 229	1 499	1 600
Crédits	0	0	0	0	0	0	0	0
Actions et parts de fonds d'investissement	413	488	649	735	916	919	1 254	1 862
Actions	15	10	12	18	25	44	77	73
Parts de fonds d'investissement	397	478	637	718	891	875	1 177	1 789
Parts de fonds d'investissement monétaires	73	82	2	2	6	0	0	0
Parts de fonds d'investissement non monétaires	325	396	635	715	885	875	1 177	1 789
Systèmes d'assurance, de pensions et garanties standard	0	0	0	0	0	0	0	0
Produits financiers dérivés et options sur titres des salariés	0	0	0	0	0	0	2	1
Autres comptes à recevoir	1	3	2	37	1	1	1	42
Passifs financiers	1 343	1 426	1 670	1 907	2 320	2 672	3 160	3 753
Titres de dette	0	0	0	0	0	0	0	0
Titres de dette à court terme	0	0	0	0	0	0	0	0
Titres de dette à long terme	0	0	0	0	0	0	0	0
Crédits	0	0	0	0	0	0	0	0
Crédits à court terme	0	0	0	0	0	0	0	0
Crédits à long terme	0	0	0	0	0	0	0	0
Actions et parts de fonds d'investissement	2	2	3	2	3	3	3	3
Systèmes d'assurance, de pensions et garanties standard	1 338	1 417	1 664	1 899	2 289	2 656	3 133	3 712
Produits financiers dérivés et options sur titres des salariés	0	1	0	0	1	0	0	0
Autres comptes à payer	3	5	4	6	27	13	24	38
Actifs non financiers	..	..	..	..	..	..	..	..

Note : Voir les métadonnées détaillées sur : http://metalinks.oecd.org/instinv/20180905/f7ca

Tableau 4. Composition du portefeuille par type d'investisseur

En pourcentage des actifs financiers et des passifs financiers

Pour cent

	2010	2011	2012	2013	2014	2015	2016	2017
Fonds d'investissement								
Actifs financiers	100.0	100.0	100.0	100.0	100.0	..	..	..
Numéraire et dépôts	45.9	32.8	25.1	25.6	19.5	..	..	..
Titres de dettes	28.0	22.3	33.3	40.7	51.5	..	..	..
Crédits	0.0	6.4	7.6	3.0	5.9	..	..	..
Actions et parts de fonds d'investissement	19.5	37.6	33.4	20.2	21.3	..	..	..
Systèmes d'assurance de pensions et garanties standard	0.0	0.0	0.0	0.0	0.0	..	..	..
Produits financiers dérivés et options sur titres des salariés	0.0	0.0	0.1	0.1	0.0	..	..	..
Autres comptes à recevoir	6.5	0.9	0.6	10.3	1.7	..	..	..
Passifs financiers	100.0	100.0	100.0	100.0	100.0	..	..	..
Numéraire et dépôts	0.0	0.0	0.0	0.0	0.0	..	..	..
Titres de dettes	0.0	0.0	0.0	0.0	0.0	..	..	..
Crédits	0.1	0.0	1.5	0.0	0.0	..	..	..
Actions et parts de fonds d'investissement	99.3	99.1	98.1	90.9	96.0	..	..	..
Systèmes d'assurance de pensions et garanties standard	0.0	0.0	0.0	0.0	0.0	..	..	..
Produits financiers dérivés et options sur titres des salariés	0.1	0.2	0.0	0.0	0.3	..	..	..
Autres comptes à recevoir	0.6	0.7	0.4	9.1	3.6	..	..	..
Sociétés d'assurance								
Actifs financiers	..	..	..	..	..	..	..	..
Numéraire et dépôts	..	..	..	..	..	..	..	..
Titres de dettes	..	..	..	..	..	..	..	..
Crédits	..	..	..	..	..	..	..	..
Actions et parts de fonds d'investissement	..	..	..	..	..	..	..	..
Systèmes d'assurance de pensions et garanties standard	..	..	..	..	..	..	..	..
Produits financiers dérivés et options sur titres des salariés	..	..	..	..	..	..	..	..
Autres comptes à recevoir	..	..	..	..	..	..	..	..
Passifs financiers	..	..	..	..	..	..	..	..
Numéraire et dépôts	..	..	..	..	..	..	..	..
Titres de dettes	..	..	..	..	..	..	..	..
Crédits	..	..	..	..	..	..	..	..
Actions et parts de fonds d'investissement	..	..	..	..	..	..	..	..
Systèmes d'assurance de pensions et garanties standard	..	..	..	..	..	..	..	..
Produits financiers dérivés et options sur titres des salariés	..	..	..	..	..	..	..	..
Autres comptes à recevoir	..	..	..	..	..	..	..	..
Fonds de pension								
Actifs financiers	100.0	100.0	100.0	100.0	100.0	100.0	100.0	100.0
Numéraire et dépôts	38.6	24.9	19.9	15.5	13.5	19.4	12.8	7.0
Titres de dettes	30.5	40.7	41.1	44.0	47.0	46.1	47.4	42.5
Crédits	0.0	0.0	0.0	0.0	0.0	0.0	0.0	0.0
Actions et parts de fonds d'investissement	30.8	34.3	38.9	38.6	39.5	34.5	39.7	49.4
Systèmes d'assurance de pensions et garanties standard	0.0	0.0	0.0	0.0	0.0	0.0	0.0	0.0
Produits financiers dérivés et options sur titres des salariés	0.0	0.0	0.0	0.0	0.0	0.0	0.1	0.0
Autres comptes à recevoir	0.1	0.2	0.1	1.9	0.1	0.0	0.0	1.1
Passifs financiers	100.0	100.0	100.0	100.0	100.0	100.0	100.0	100.0
Numéraire et dépôts	0.0	0.0	0.0	0.0	0.0	0.0	0.0	0.0
Titres de dettes	0.0	0.0	0.0	0.0	0.0	0.0	0.0	0.0
Crédits	0.0	0.0	0.0	0.0	0.0	0.0	0.0	0.0
Actions et parts de fonds d'investissement	0.2	0.2	0.1	0.1	0.1	0.1	0.1	0.1
Systèmes d'assurance de pensions et garanties standard	99.6	99.4	99.6	99.6	98.7	99.4	99.1	98.9
Produits financiers dérivés et options sur titres des salariés	0.0	0.1	0.0	0.0	0.0	0.0	0.0	0.0
Autres comptes à recevoir	0.2	0.4	0.2	0.3	1.2	0.5	0.8	1.0

Note : Voir les métadonnées détaillées sur : http://metalinks.oecd.org/instinv/20180905/af01

LITUANIE

Tableau 1. Actifs et passifs financiers des investisseurs institutionnels, 2017

Millions EUR (2015 LTL euro)

	Total	Fonds d'investissement			
		Fonds d'investissement non-monétaire			Fonds d'investissement monétaires
		Total	Fonds d'investissement à capital variable, non monétaire	Fonds d'investissement à capital fixe, non monétaire	Total
Actifs financiers	729	729	241	487	0
Numéraire et dépôts	83	83	42	41	0
Titres de dette	200	200	62	137	0
Titres de dette à court terme	14	14	4	10	0
Titres de dette à long terme	186	186	58	128	0
Titres de dette émis par les résidents	142	142	44	97	0
Titres de dette émis par les non-résidents	58	58	18	40	0
Crédits	105	105	14	91	0
Crédits à court terme	29	29	4	25	0
Crédits à long terme	76	76	10	66	0
Crédits accordés aux résidents	23	23	3	20	0
Crédits accordés aux non-résidents	82	82	11	71	0
Actions et parts de fonds d'investissement	319	319	118	202	0
Actions et parts de fonds d'investissements émises par les résidents	190	190	70	120	0
Actions et part de fonds d'investissements émises par les non-résidents	129	129	48	81	0
Autres comptes à recevoir	16	16	3	13	0

	Total	Fonds d'investissement			
		Fonds d'investissement non-monétaire			Fonds d'investissement monétaires
		Total	Fonds d'investissement à capital variable, non monétaire	Fonds d'investissement à capital fixe, non monétaire	Total
Pasifs financiers	1 046	1 046	331	715	0
Numéraire et dépôts	0	0	..	..	0
Titres de dette	2	2	0	2	0
Titres de dette à court terme	0	0	..	..	0
Titres de dette à long terme	2	2	..	..	0
Crédits	200	200	39	161	0
Crédits à court terme	11	11	2	9	0
Crédits à long terme	189	189	37	152	0
Actions et parts de fonds d'investissement	814	814	275	539	0
Systèmes d'assurance, de pensions et garanties standard	0	0	..	..	0
Produits financiers dérivés et options sur titres des salariés	4	4	1	3	0
Autres comptes à payer	25	25	16	9	0

	Total	Sociétés d'assurance et fonds de pension autonomes			
		Sociétés d'assurance			Fonds de pension autonomes
		Total	Sociétés d'assurance vie	Sociétés d'assurance non-vie	Total
Actifs financiers	4 899	1 885	1 203	682	3 014
Numéraire et dépôts	241	93	38	55	148
Titres de dette	2 001	857	410	448	1 143
Titres de dette à court terme	0	0	0	0	0
Titres de dette à long terme	2 001	857	410	448	1 143
Titres de dette émis par les résidents	748	234	88	146	514
Titres de dette émis par les non-résidents	1 252	624	322	302	629
Crédits	6	6	5	1	0
Crédits à court terme	0	0	0	0	0
Crédits à long terme	6	6	5	1	0
Crédits accordés aux résidents	0	0	0	0	0
Crédits accordés aux non-résidents	6	6	5	1	0
Actions et parts de fonds d'investissement	2 515	792	729	64	1 723
Actions et parts de fonds d'investissement émises par les résidents	62	21	18	3	40
Actions et parts de fonds d'investissement émises par les non-résidents	2 453	771	711	60	1 682
Autrescomptes à recevoir	92	92	21	71	0

	Total	Sociétés d'assurance et fonds de pension autonomes			
		Sociétés d'assurance			Fonds de pension autonomes
		Total	Sociétés d'assurance vie	Sociétés d'assurance non-vie	Total
Pasifs financiers	4 933	1 919	1 196	723	3 014
Numéraire et dépôts	0	0	0	0	0
Titres de dette	0	0	0	0	0
Titres de dette à court terme	0	0	0	0	0
Titres de dette à long terme	0	0	0	0	0
Crédits	21	21	1	20	0
Crédits à court terme	16	16	0	16	0
Crédits à long terme	5	5	1	4	0
Actions et parts de fonds d'investissement	565	565	336	229	0
Systèmes d'assurance, de pensions et garanties standard	4 225	1 211	826	386	3 014
Produits financiers dérivés et options sur titres des salariés	0	0	0	0	0
Autres comptes à payer	121	121	33	88	0

Note : Voir les métadonnées détaillées sur : http://metalinks.oecd.org/instinv/20180905/8823

Tableau 2. Actifs et passifs financiers des fonds d'investissement

Millions EUR

	2010	2011	2012	2013	2014	2015	2016	2017
Fonds d'investissement								
Valeur nette financière	0	0	-4	-4	-19	-47	-289	-317
Actifs financiers	181	151	182	240	295	354	529	729
Numéraire et dépôts	13	10	11	27	39	44	87	83
Titres de dette	36	34	42	81	98	113	160	200
Crédits	0	0	1	4	11	11	11	105
Actions et parts de fonds d'investissement	132	106	126	129	143	178	232	319
Actions	50	36	47	52	61	86	199	258
Parts de fonds d'investissement	83	70	80	77	82	92	33	61
Parts de fonds d'investissement monétaires	2	0	0	0	1	0	0	0
Parts de fonds d'investissement non monétaires	81	70	80	77	81	92	33	61
Systèmes d'assurance, de pensions et garanties standard	0	0	0	0	0	0	0	0
Produits financiers dérivés et options sur titres des salariés	0	0	0	0	0	1	1	6
Autres comptes à recevoir	0	0	1	0	4	6	37	16
Passifs financiers	181	151	186	244	313	401	818	1 046
Titres de dette	0	0	0	0	0	0	2	2
Titres de dette à court terme	0	0	0	0	0	0	0	0
Titres de dette à long terme	0	0	0	0	0	0	2	2
Crédits	3	2	1	5	17	5	158	200
Crédits à court terme	3	1	0	5	0	0	28	11
Crédits à long terme	0	1	0	0	16	5	130	189
Actions et parts de fonds d'investissement	177	148	184	237	288	390	620	814
Systèmes d'assurance, de pensions et garanties standard	0	0	0	0	0	0	0	0
Produits financiers dérivés et options sur titres des salariés	0	0	0	0	0	0	1	4
Autres comptes à payer	1	0	2	2	8	5	36	25
Actifs non financiers	..	..	..	4	19	47	289	317
Fonds d'investissement monéaires								
Valeur nette financière	0	0	0	0	0	0	0	0
Actifs financiers	23	15	12	0	0	0	0	0
Numéraire et dépôts	3	4	4	0	0	0	0	0
Titres de dette	20	11	7	0	0	0	0	0
Crédits	0	0	0	0	0	0	0	0
Actions et parts de fonds d'investissement	0	0	0	0	0	0	0	0
Actions	0	0	0	0	0	0	0	0
Parts de fonds d'investissement	0	0	0	0	0	0	0	0
Parts de fonds d'investissement monétaires	0	0	0	0	0	0	0	0
Parts de fonds d'investissement non monétaires	0	0	0	0	0	0	0	0
Systèmes d'assurance, de pensions et garanties standard	0	0	0	0	0	0	0	0
Produits financiers dérivés et options sur titres des salariés	0	0	0	0	0	0	0	0
Autres comptes à recevoir	0	0	0	0	0	0	0	0
Passifs financiers	23	15	12	0	0	0	0	0
Titres de dette	0	0	0	0	0	0	0	0
Titres de dette à court terme	0	0	0	0	0	0	0	0
Titres de dette à long terme	0	0	0	0	0	0	0	0
Crédits	0	0	0	0	0	0	0	0
Crédits à court terme	0	0	0	0	0	0	0	0
Crédits à long terme	0	0	0	0	0	0	0	0
Actions et parts de fonds d'investissement	23	15	12	0	0	0	0	0
Systèmes d'assurance, de pensions et garanties standard	0	0	0	0	0	0	0	0
Produits financiers dérivés et options sur titres des salariés	0	0	0	0	0	0	0	0
Autres comptes à payer	0	0	0	0	0	0	0	0
Actifs non financiers	..	..	..	..	..	..	..	..
Fonds d'investissement non monéaires								
Valeur nette financière	0	0	-4	-4	-19	-47	-289	-317
Actifs financiers	158	136	170	240	295	354	529	729
Numéraire et dépôts	10	6	7	27	39	44	87	83
Titres de dette	16	24	35	81	98	113	160	200
Crédits	0	0	1	4	11	11	11	105
Actions et parts de fonds d'investissement	132	106	126	129	143	178	232	319
Actions	50	36	47	52	61	86	199	258
Parts de fonds d'investissement	82	70	80	77	82	92	33	61
Parts de fonds d'investissement monétaires	2	0	0	0	1	0	0	0
Parts de fonds d'investissement non monétaires	80	70	80	77	81	92	33	61
Systèmes d'assurance, de pensions et garanties standard	0	0	0	0	0	0	0	0
Produits financiers dérivés et options sur titres des salariés	0	0	0	0	0	1	1	6
Autres comptes à recevoir	0	0	1	0	4	6	37	16
Passifs financiers	158	136	174	244	313	401	818	1 046
Titres de dette	0	0	0	0	0	0	2	2
Titres de dette à court terme	0	0	0	0	0	0	0	0
Titres de dette à long terme	0	0	0	0	0	0	2	2
Crédits	3	2	1	5	17	5	158	200
Crédits à court terme	3	1	0	5	0	0	28	11
Crédits à long terme	0	1	0	0	16	5	130	189
Actions et parts de fonds d'investissement	154	133	172	237	288	390	620	814
Systèmes d'assurance, de pensions et garanties standard	0	0	0	0	0	0	0	0
Produits financiers dérivés et options sur titres des salariés	0	0	0	0	0	0	1	4
Autres comptes à payer	1	0	2	2	8	5	36	25
Actifs non financiers	0	0	4	4	19	47	289	317
Fonds d'investissement non monéaires à capital variable								
Valeur nette financière	..	..	0	0	0	-3	-89	-90
Actifs financiers	..	..	128	155	160	180	176	241

Tableau 2. Actifs et passifs financiers des fonds d'investissement *(suite)*

Millions EUR

	2010	2011	2012	2013	2014	2015	2016	2017
Numéraire et dépôts	..	..	4	22	26	31	36	42
Titres de dette	..	..	16	24	24	21	34	62
Crédits	..	..	0	0	0	0	0	14
Actions et parts de fonds d'investissement	..	..	107	109	110	126	99	118
Actions	..	..	40	44	47	61	85	95
Parts de fonds d'investissement	..	..	68	65	63	65	14	23
Parts de fonds d'investissement monétaires	..	..	0	0	1	0	0	0
Parts de fonds d'investissement non monétaires	..	..	68	65	62	65	14	23
Systèmes d'assurance, de pensions et garanties standard	..	..	..	..	..	..	..	..
Produits financiers dérivés et options sur titres des salariés	..	..	0	0	0	0	0	3
Autres comptes à recevoir	..	..	0	0	0	1	6	3
Passifs financiers	..	..	128	155	160	183	265	331
Titres de dette	..	..	0	0	0	0	0	0
Titres de dette à court terme	..	..	..	..	..	..	..	..
Titres de dette à long terme	..	..	..	..	..	..	..	..
Crédits	..	..	0	0	0	0	42	39
Crédits à court terme	..	..	0	0	0	0	7	2
Crédits à long terme	..	..	0	0	0	0	35	37
Actions et parts de fonds d'investissement	..	..	126	154	159	181	211	275
Systèmes d'assurance, de pensions et garanties standard	..	..	..	..	..	..	..	..
Produits financiers dérivés et options sur titres des salariés	..	..	0	0	0	0	1	1
Autres comptes à payer	..	..	2	1	0	2	10	16
Actifs non financiers	..	..	0	0	0	3	89	90
Fonds d'investissement à capital variable								
Valeur nette financière	0	0	..	0	0	-3	-89	-90
Actifs financiers	161	129	..	155	160	180	176	241
Numéraire et dépôts	9	10	..	22	26	31	36	42
Titres de dette	29	24	..	24	24	21	34	62
Crédits	0	0	..	0	0	0	0	14
Actions et parts de fonds d'investissement	122	95	..	109	110	126	99	118
Actions	46	32	..	44	47	61	85	95
Parts de fonds d'investissement	76	63	..	65	63	65	14	23
Parts de fonds d'investissement monétaires	2	0	..	0	1	0	0	0
Parts de fonds d'investissement non monétaires	74	63	..	65	62	65	14	23
Systèmes d'assurance, de pensions et garanties standard	..	..	..	..	..	..	..	..
Produits financiers dérivés et options sur titres des salariés	0	0	..	0	0	0	0	3
Autres comptes à recevoir	0	0	..	0	0	1	6	3
Passifs financiers	161	129	..	155	160	183	265	331
Titres de dette	0	0	..	0	0	0	0	0
Titres de dette à court terme	..	..	..	..	..	..	..	..
Titres de dette à long terme	..	..	..	..	..	..	..	..
Crédits	3	2	..	0	0	0	42	39
Crédits à court terme	3	1	..	0	0	0	7	2
Crédits à long terme	0	1	..	0	0	0	35	37
Actions et parts de fonds d'investissement	157	126	..	154	159	181	211	275
Systèmes d'assurance, de pensions et garanties standard	..	..	..	..	..	..	..	..
Produits financiers dérivés et options sur titres des salariés	0	0	..	0	0	0	1	1
Autres comptes à payer	1	0	..	1	0	2	10	16
Actifs non financiers	0	0	..	0	0	3	89	90

Note : Voir les métadonnées détaillées sur : http://metalinks.oecd.org/instinv/20180905/8823

Tableau 3. Actifs et passifs financiers des sociétés d'assurance et fonds de pension

Millions EUR

	2010	2011	2012	2013	2014	2015	2016	2017
Sociétés d'assurance et fonds de pension								
Valeur nette financière	-59	-39	-12	-52	13	26	-48	-34
Actifs financiers	1 940	2 027	2 343	2 507	3 089	3 513	4 312	4 899
Numéraire et dépôts	139	123	139	107	206	293	339	241
Titres de dette	816	902	1 015	1 079	1 277	1 480	1 771	2 001
Crédits	3	1	2	3	4	1	6	6
Actions et parts de fonds d'investissement	868	884	1 067	1 203	1 476	1 601	2 080	2 515
Actions	28	20	19	27	25	23	38	53
Parts de fonds d'investissement	840	864	1 048	1 176	1 451	1 577	2 042	2 462
Parts de fonds d'investissement monétaires	4	5	2	1	5	1	8	5
Parts de fonds d'investissement non monétaires	837	859	1 046	1 175	1 446	1 576	2 034	2 456
Systèmes d'assurance, de pensions et garanties standard	15	15	16	16	16	18	29	44
Produits financiers dérivés et options sur titres des salariés	0	0	0	0	0	0	0	0
Autres comptes à recevoir	98	101	103	98	109	120	87	92
Passifs financiers	1 999	2 066	2 355	2 559	3 076	3 487	4 359	4 933
Titres de dette	0	0	0	0	0	0	0	0
Titres de dette à court terme	0	0	0	0	0	0	0	0
Titres de dette à long terme	0	0	0	0	0	0	0	0
Crédits	15	7	9	14	62	83	43	21
Crédits à court terme	12	0	0	0	0	13	20	16
Crédits à long terme	3	7	9	14	62	70	23	5
Actions et parts de fonds d'investissement	185	184	192	175	209	197	502	565
Systèmes d'assurance, de pensions et garanties standard	1 709	1 816	2 094	2 303	2 732	3 121	3 703	4 225
Produits financiers dérivés et options sur titres des salariés	0	1	0	0	1	1	5	0
Autres comptes à payer	91	59	58	67	71	85	107	121
Actifs non financiers	..	..	..	..	..	..	..	..
Sociétés d'assurance								
Valeur nette financière	-59	-39	-12	-52	13	26	-48	-34
Actifs financiers	785	817	919	890	1 170	1 327	1 736	1 885
Numéraire et dépôts	76	44	85	56	88	89	107	93
Titres de dette	392	449	463	439	547	601	813	857
Crédits	3	1	2	3	4	1	6	6
Actions et parts de fonds d'investissement	201	207	251	279	410	499	695	792
Actions	7	7	7	9	10	9	26	32
Parts de fonds d'investissement	194	200	244	270	400	490	668	761
Parts de fonds d'investissement monétaires	3	5	2	1	1	1	8	5
Parts de fonds d'investissement non monétaires	191	195	243	269	398	489	661	755
Systèmes d'assurance, de pensions et garanties standard	15	15	16	16	16	18	29	44
Produits financiers dérivés et options sur titres des salariés	0	0	0	0	0	0	0	0
Autres comptes à recevoir	98	101	101	96	105	119	87	92
Passifs financiers	844	856	930	942	1 157	1 301	1 783	1 919
Titres de dette	0	0	0	0	0	0	0	0
Titres de dette à court terme	0	0	0	0	0	0	0	0
Titres de dette à long terme	0	0	0	0	0	0	0	0
Crédits	15	7	9	14	62	83	43	21
Crédits à court terme	12	0	0	0	0	13	20	16
Crédits à long terme	3	7	9	14	62	70	23	5
Actions et parts de fonds d'investissement	185	184	192	175	209	197	502	565
Systèmes d'assurance, de pensions et garanties standard	564	608	672	693	818	942	1 130	1 211
Produits financiers dérivés et options sur titres des salariés	0	1	0	0	1	1	2	0
Autres comptes à payer	81	57	56	60	67	78	107	121
Actifs non financiers	..	..	..	..	..	..	..	..
Fonds de pension								
Valeur nette financière	0	0	0	0	0	0	0	0
Actifs financiers	1 155	1 210	1 424	1 617	1 918	2 186	2 576	3 014
Numéraire et dépôts	64	79	55	51	118	204	233	148
Titres de dette	424	453	552	641	730	879	958	1 143
Crédits	0	0	0	0	0	0	0	0
Actions et parts de fonds d'investissement	667	677	816	923	1 066	1 101	1 385	1 723
Actions	21	13	12	17	15	14	12	21
Parts de fonds d'investissement	646	664	804	906	1 051	1 087	1 374	1 701
Parts de fonds d'investissement monétaires	0	0	0	0	4	0	0	0
Parts de fonds d'investissement non monétaires	646	664	804	906	1 047	1 087	1 374	1 701
Systèmes d'assurance, de pensions et garanties standard	0	0	0	0	0	0	0	0
Produits financiers dérivés et options sur titres des salariés	0	0	0	0	0	0	0	0
Autres comptes à recevoir	0	0	1	2	4	2	0	0
Passifs financiers	1 155	1 210	1 424	1 617	1 918	2 186	2 576	3 014
Titres de dette	0	0	0	0	0	0	0	0
Titres de dette à court terme	0	0	0	0	0	0	0	0
Titres de dette à long terme	0	0	0	0	0	0	0	0
Crédits	0	0	0	0	0	0	0	0
Crédits à court terme	0	0	0	0	0	0	0	0
Crédits à long terme	0	0	0	0	0	0	0	0
Actions et parts de fonds d'investissement	0	0	0	0	0	0	0	0
Systèmes d'assurance, de pensions et garanties standard	1 145	1 207	1 422	1 609	1 914	2 179	2 573	3 014
Produits financiers dérivés et options sur titres des salariés	0	0	0	0	1	0	3	0
Autres comptes à payer	10	2	2	8	3	6	0	0
Actifs non financiers	..	..	..	..	..	..	..	..

Note : Voir les métadonnées détaillées sur : http://metalinks.oecd.org/instinv/20180905/8823

Tableau 4. Composition du portefeuille par type d'investisseur

En pourcentage des actifs financiers et des passifs financiers

Pour cent

	2010	2011	2012	2013	2014	2015	2016	2017
Fonds d'investissement								
Actifs financiers	100.0	100.0	100.0	100.0	100.0	100.0	100.0	100.0
Numéraire et dépôts	7.1	6.7	6.1	11.1	13.2	12.5	16.5	11.5
Titres de dettes	19.7	22.7	23.3	33.5	33.3	32.0	30.2	27.4
Crédits	0.1	0.2	0.7	1.7	3.7	3.2	2.1	14.3
Actions et parts de fonds d'investissement	72.9	70.2	69.4	53.5	48.5	50.3	43.9	43.8
Systèmes d'assurance de pensions et garanties standard	0.0	0.0	0.0	0.0	0.0	0.0	0.0	0.0
Produits financiers dérivés et options sur titres des salariés	0.1	0.1	0.1	0.1	0.0	0.3	0.2	0.9
Autres comptes à recevoir	0.0	0.1	0.3	0.1	1.4	1.7	7.0	2.1
Passifs financiers	100.0	100.0	100.0	100.0	100.0	100.0	100.0	100.0
Numéraire et dépôts	0.0	0.0	0.0	0.0	0.0	0.0	0.0	0.0
Titres de dettes	0.0	0.0	0.0	0.0	0.0	0.0	0.3	0.2
Crédits	1.7	1.2	0.3	2.0	5.3	1.3	19.3	19.1
Actions et parts de fonds d'investissement	97.6	98.2	98.6	97.1	91.9	97.3	75.8	77.9
Systèmes d'assurance de pensions et garanties standard	0.0	0.0	0.0	0.0	0.0	0.0	0.0	0.0
Produits financiers dérivés et options sur titres des salariés	0.0	0.3	0.0	0.0	0.1	0.1	0.2	0.4
Autres comptes à recevoir	0.6	0.3	1.1	0.9	2.7	1.2	4.4	2.3
Sociétés d'assurance								
Actifs financiers	100.0	100.0	100.0	100.0	100.0	100.0	100.0	100.0
Numéraire et dépôts	9.6	5.4	9.2	6.3	7.5	6.7	6.1	5.0
Titres de dettes	49.9	54.9	50.4	49.3	46.7	45.3	46.8	45.5
Crédits	0.4	0.2	0.2	0.3	0.3	0.1	0.3	0.3
Actions et parts de fonds d'investissement	25.6	25.3	27.3	31.4	35.0	37.6	40.0	42.0
Systèmes d'assurance de pensions et garanties standard	2.0	1.9	1.8	1.8	1.4	1.4	1.6	2.3
Produits financiers dérivés et options sur titres des salariés	0.0	0.0	0.0	0.0	0.0	0.0	0.0	0.0
Autres comptes à recevoir	12.5	12.3	11.0	10.8	9.0	8.9	5.0	4.9
Passifs financiers	100.0	100.0	100.0	100.0	100.0	100.0	100.0	100.0
Numéraire et dépôts	0.0	0.0	0.0	0.0	0.0	0.0	0.0	0.0
Titres de dettes	0.0	0.0	0.0	0.0	0.0	0.0	0.0	0.0
Crédits	1.8	0.8	1.0	1.5	5.4	6.4	2.4	1.1
Actions et parts de fonds d'investissement	21.9	21.4	20.7	18.6	18.1	15.1	28.1	29.5
Systèmes d'assurance de pensions et garanties standard	66.8	71.0	72.3	73.6	70.7	72.4	63.4	63.1
Produits financiers dérivés et options sur titres des salariés	0.0	0.1	0.0	0.0	0.0	0.0	0.1	0.0
Autres comptes à recevoir	9.5	6.6	6.0	6.3	5.8	6.0	6.0	6.3
Fonds de pension								
Actifs financiers	100.0	100.0	100.0	100.0	100.0	100.0	100.0	100.0
Numéraire et dépôts	5.5	6.5	3.8	3.2	6.2	9.3	9.0	4.9
Titres de dettes	36.7	37.5	38.8	39.6	38.0	40.2	37.2	37.9
Crédits	0.0	0.0	0.0	0.0	0.0	0.0	0.0	0.0
Actions et parts de fonds d'investissement	57.8	56.0	57.3	57.1	55.6	50.4	53.8	57.2
Systèmes d'assurance de pensions et garanties standard	0.0	0.0	0.0	0.0	0.0	0.0	0.0	0.0
Produits financiers dérivés et options sur titres des salariés	0.0	0.0	0.0	0.0	0.0	0.0	0.0	0.0
Autres comptes à recevoir	0.0	0.0	0.1	0.1	0.2	0.1	0.0	0.0
Passifs financiers	100.0	100.0	100.0	100.0	100.0	100.0	100.0	100.0
Numéraire et dépôts	0.0	0.0	0.0	0.0	0.0	0.0	0.0	0.0
Titres de dettes	0.0	0.0	0.0	0.0	0.0	0.0	0.0	0.0
Crédits	0.0	0.0	0.0	0.0	0.0	0.0	0.0	0.0
Actions et parts de fonds d'investissement	0.0	0.0	0.0	0.0	0.0	0.0	0.0	0.0
Systèmes d'assurance de pensions et garanties standard	99.1	99.8	99.8	99.5	99.8	99.7	99.9	100.0
Produits financiers dérivés et options sur titres des salariés	0.0	0.0	0.0	0.0	0.0	0.0	0.1	0.0
Autres comptes à recevoir	0.9	0.2	0.2	0.5	0.2	0.3	0.0	0.0

Note : Voir les métadonnées détaillées sur : http://metalinks.oecd.org/instinv/20180905/af01

Tableau 1. Actifs et passifs financiers des investisseurs institutionnels, 2017

Millions EUR (1999 LUF euro)

	Fonds d'investissement				
	Total	Fonds d'investissement non-monétaire			Fonds d'investissement monétaires
		Total	Fonds d'investissement à capital variable, non monétaire	Fonds d'investissement à capital fixe, non monétaire	Total
Actifs financiers	4 537 239	4 245 623	4 162 946	82 677	291 616
Numéraire et dépôts	328 004	262 367	250 561	11 806	65 637
Titres de dette	1 863 052	1 645 328	1 635 568	9 760	217 724
Titres de dette à court terme	294 936	133 654	133 440	214	161 282
Titres de dette à long terme	1 568 116	1 511 674	1 502 128	9 547	56 442
Titres de dette émis par les résidents	67 674	64 161	56 390	7 771	3 513
Titres de dette émis par les non-résidents	1 795 377	1 581 167	1 579 178	1 989	214 211
Crédits	0	0	0	0	0
Crédits à court terme	0	0	0	0	0
Crédits à long terme	0	0	0	0	0
Crédits accordés aux résidents	0	0	0	0	0
Crédits accordés aux non-résidents	0	0	0	0	0
Actions et parts de fonds d'investissement	2 040 092	2 034 613	1 978 428	56 184	5 480
Actions et parts de fonds d'investissements émises par les résidents	343 622	339 319	318 426	20 893	4 303
Actions et part de fonds d'investissements émises par les non-résidents	1 696 471	1 695 294	1 660 002	35 292	1 177
Autres comptes à recevoir	101 086	98 792	94 439	4 353	2 294

	Fonds d'investissement				
	Total	Fonds d'investissement non-monétaire			Fonds d'investissement monétaires
		Total	Fonds d'investissement à capital variable, non monétaire	Fonds d'investissement à capital fixe, non monétaire	Total
Pasifs financiers	4 548 021	4 256 405	4 173 511	82 894	291 616
Numéraire et dépôts	0	0	0	0	0
Titres de dette	917	917	904	13	0
Titres de dette à court terme	0	0	0	0	0
Titres de dette à long terme	917	917	904	13	0
Crédits	60 541	59 067	54 083	4 984	1 474
Crédits à court terme	53 792	52 318	48 900	3 418	1 474
Crédits à long terme	6 749	6 749	5 183	1 566	0
Actions et parts de fonds d'investissement	4 187 790	3 903 018	3 828 915	74 102	284 772
Systèmes d'assurance, de pensions et garanties standard	0	0	0	0	0
Produits financiers dérivés et options sur titres des salariés	177 903	177 399	177 347	51	504
Autres comptes à payer	120 870	116 004	112 262	3 743	4 866

	Sociétés d'assurance et fonds de pension autonomes				
	Total	Sociétés d'assurance			Fonds de pension autonomes
		Total	Sociétés d'assurance vie	Sociétés d'assurance non-vie	Total
Actifs financiers	192 878	190 845	164 640	26 205	2 033
Numéraire et dépôts	16 028	16 021	12 643	3 378	6
Titres de dette	41 821	41 049	33 667	7 382	771
Titres de dette à court terme	592	592	322	270	0
Titres de dette à long terme	41 229	40 457	33 345	7 112	771
Titres de dette émis par les résidents	3 097	3 037	2 668	368	60
Titres de dette émis par les non-résidents	38 724	38 013	30 999	7 014	711
Crédits	3 824	3 823	403	3 421	1
Crédits à court terme	3 070	3 069	98	2 971	1
Crédits à long terme	754	754	305	449	0
Crédits accordés aux résidents	1 716	1 715	107	1 608	1
Crédits accordés aux non-résidents	2 108	2 108	296	1 812	0
Actions et parts de fonds d'investissement	102 842	101 621	94 267	7 354	1 220
Actions et parts de fonds d'investissement émises par les résidents	45 697	44 673	39 784	4 889	1 024
Actions et parts de fonds d'investissement émises par les non-résidents	57 145	56 948	54 483	2 465	197
Autrescomptes à recevoir	7 588	7 554	4 825	2 728	34

	Sociétés d'assurance et fonds de pension autonomes				
	Total	Sociétés d'assurance			Fonds de pension autonomes
		Total	Sociétés d'assurance vie	Sociétés d'assurance non-vie	Total
Pasifs financiers	193 132	191 098	164 738	26 360	2 033
Numéraire et dépôts	0	0	0	0	0
Titres de dette	355	355	352	3	0
Titres de dette à court terme	0	0	0	0	0
Titres de dette à long terme	355	355	352	3	0
Crédits	896	896	486	410	0
Crédits à court terme	896	896	486	410	0
Crédits à long terme	0	0	0	0	0
Actions et parts de fonds d'investissement	5 158	5 158	1 947	3 210	0
Systèmes d'assurance, de pensions et garanties standard	170 413	168 404	156 012	12 392	2 009
Produits financiers dérivés et options sur titres des salariés	243	243	243	0	0
Autres comptes à payer	16 068	16 043	5 697	10 346	25

Note : Voir les métadonnées détaillées sur : http://metalinks.oecd.org/instinv/20180905/9eb1

Tableau 2. Actifs et passifs financiers des fonds d'investissement

Millions EUR

	2010	2011	2012	2013	2014	2015	2016	2017
Fonds d'investissement								
Valeur nette financière	-11 742	-7 799	-7 776	-8 065	-10 636	-9 660	-10 651	-10 782
Actifs financiers	2 415 359	2 361 149	2 650 942	2 921 807	3 382 911	3 846 642	4 101 459	4 537 239
Numéraire et dépôts	181 513	216 250	204 793	230 406	272 838	265 832	304 287	328 004
Titres de dette	984 497	1 004 787	1 175 833	1 206 105	1 456 827	1 607 009	1 736 880	1 863 052
Crédits	0	0	0	0	0	0	0	0
Actions et parts de fonds d'investissement	1 014 274	871 707	993 919	1 196 586	1 457 451	1 702 304	1 781 054	2 040 092
Actions	763 939	635 878	724 696	876 831	1 057 490	1 234 501	1 286 561	1 498 244
Parts de fonds d'investissement	250 335	235 829	269 223	319 755	399 961	467 802	494 494	541 848
Parts de fonds d'investissement monétaires	16 333	23 391	11 651	17 142	22 094	35 932	35 494	39 526
Parts de fonds d'investissement non monétaires	234 002	212 438	257 572	302 614	377 867	431 870	459 000	502 322
Systèmes d'assurance, de pensions et garanties standard	0	0	0	0	0	0	0	0
Produits financiers dérivés et options sur titres des salariés	162 855	192 169	190 826	203 777	100 689	167 501	187 995	205 005
Autres comptes à recevoir	72 221	76 236	85 572	84 933	95 106	103 996	91 243	101 086
Passifs financiers	2 427 101	2 368 949	2 658 718	2 929 872	3 393 547	3 856 302	4 112 110	4 548 021
Titres de dette	1 243	1 691	1 582	2 449	3 307	3 441	3 416	917
Titres de dette à court terme	0	0	0	0	0	0	0	0
Titres de dette à long terme	1 243	1 691	1 582	2 449	3 307	3 441	3 416	917
Crédits	25 759	27 744	30 116	48 442	60 734	50 022	59 835	60 541
Crédits à court terme	22 112	24 599	27 255	45 167	57 772	43 988	46 896	53 792
Crédits à long terme	3 646	3 145	2 861	3 275	2 962	6 034	12 939	6 749
Actions et parts de fonds d'investissement	2 215 520	2 106 445	2 397 513	2 627 253	3 139 440	3 550 613	3 769 507	4 187 790
Systèmes d'assurance, de pensions et garanties standard	0	0	0	0	0	0	0	0
Produits financiers dérivés et options sur titres des salariés	110 672	148 761	142 402	161 744	72 126	147 630	168 287	177 903
Autres comptes à payer	73 907	84 306	87 103	89 984	117 940	104 597	111 064	120 870
Actifs non financiers	11 742	7 799	7 776	8 065	10 636	9 660	10 651	10 782
Fonds d'investissement monéaires								
Valeur nette financière	0	0	0	0	0	0	0	0
Actifs financiers	289 002	305 900	224 286	198 793	224 106	255 868	292 785	291 616
Numéraire et dépôts	57 535	75 450	52 086	43 604	34 788	41 610	60 567	65 637
Titres de dette	225 370	223 421	167 631	149 345	182 398	206 532	223 072	217 724
Crédits	0	0	0	0	0	0	0	0
Actions et parts de fonds d'investissement	786	858	647	3 555	4 152	5 151	6 482	5 480
Actions	44	20	0	5	0	0	0	0
Parts de fonds d'investissement	742	838	647	3 550	4 152	5 151	6 482	5 480
Parts de fonds d'investissement monétaires	505	782	549	3 547	4 152	5 151	6 474	5 472
Parts de fonds d'investissement non monétaires	237	56	98	3	0	0	7	7
Systèmes d'assurance, de pensions et garanties standard	0	0	0	0	0	0	0	0
Produits financiers dérivés et options sur titres des salariés	1 047	821	28	25	53	114	466	481
Autres comptes à recevoir	4 264	5 350	3 894	2 264	2 715	2 461	2 198	2 294
Passifs financiers	289 002	305 900	224 286	198 793	224 106	255 868	292 785	291 616
Titres de dette	0	0	0	0	0	0	0	0
Titres de dette à court terme	0	0	0	0	0	0	0	0
Titres de dette à long terme	0	0	0	0	0	0	0	0
Crédits	809	957	67	594	532	522	681	1 474
Crédits à court terme	809	957	67	594	532	522	681	1 474
Crédits à long terme	0	0	0	0	0	0	0	0
Actions et parts de fonds d'investissement	283 252	298 168	220 251	194 787	213 987	251 545	288 136	284 772
Systèmes d'assurance, de pensions et garanties standard	0	0	0	0	0	0	0	0
Produits financiers dérivés et options sur titres des salariés	1 147	845	32	5	12	98	316	504
Autres comptes à payer	3 794	5 930	3 937	3 407	9 574	3 703	3 652	4 866
Actifs non financiers	0	0	0	0	0	0	0	0
Fonds d'investissement non monéaires								
Valeur nette financière	-11 742	-7 799	-7 776	-8 065	-10 636	-9 660	-10 651	-10 782
Actifs financiers	2 126 357	2 055 249	2 426 656	2 723 014	3 158 805	3 590 774	3 808 674	4 245 623
Numéraire et dépôts	123 978	140 800	152 707	186 802	238 050	224 222	243 720	262 367
Titres de dette	759 126	781 366	1 008 202	1 056 760	1 274 429	1 400 477	1 513 808	1 645 328
Crédits	0	0	0	0	0	0	0	0
Actions et parts de fonds d'investissement	1 013 488	870 849	993 272	1 193 031	1 453 300	1 697 153	1 774 573	2 034 613
Actions	763 895	635 858	724 696	876 826	1 057 490	1 234 501	1 286 561	1 498 244
Parts de fonds d'investissement	249 593	234 991	268 576	316 205	395 810	462 651	488 012	536 368
Parts de fonds d'investissement monétaires	15 828	22 609	11 101	13 595	17 943	30 781	29 019	34 054
Parts de fonds d'investissement non monétaires	233 765	212 382	257 474	302 610	377 867	431 870	458 993	502 315
Systèmes d'assurance, de pensions et garanties standard	0	0	0	0	0	0	0	0
Produits financiers dérivés et options sur titres des salariés	161 807	191 347	190 798	203 752	100 635	167 387	187 528	204 523
Autres comptes à recevoir	67 957	70 887	81 678	82 669	92 391	101 535	89 045	98 792
Passifs financiers	2 138 099	2 063 048	2 434 432	2 731 079	3 169 441	3 600 434	3 819 326	4 256 405
Titres de dette	1 243	1 691	1 582	2 449	3 307	3 441	3 416	917
Titres de dette à court terme	0	0	0	0	0	0	0	0
Titres de dette à long terme	1 243	1 691	1 582	2 449	3 307	3 441	3 416	917
Crédits	24 949	26 787	30 050	47 848	60 201	49 499	59 154	59 067
Crédits à court terme	21 303	23 642	27 188	44 573	57 239	43 465	46 215	52 318
Crédits à long terme	3 646	3 145	2 861	3 275	2 962	6 034	12 939	6 749
Actions et parts de fonds d'investissement	1 932 269	1 808 277	2 177 262	2 432 465	2 925 453	3 299 068	3 481 372	3 903 018
Systèmes d'assurance, de pensions et garanties standard	0	0	0	0	0	0	0	0
Produits financiers dérivés et options sur titres des salariés	109 524	147 917	142 371	161 739	72 113	147 532	167 971	177 399
Autres comptes à payer	70 113	78 376	83 167	86 577	108 366	100 894	107 413	116 004
Actifs non financiers	11 742	7 799	7 776	8 065	10 636	9 660	10 651	10 782
Fonds d'investissement non monéaires à capital variable								
Valeur nette financière	-11 348	-7 691	-7 755	-8 037	-9 457	-9 142	-10 367	-10 565
Actifs financiers	2 118 365	2 042 949	2 412 370	2 706 977	3 102 905	3 525 047	3 733 971	4 162 946

Tableau 2. Actifs et passifs financiers des fonds d'investissement *(suite)*

Millions EUR

	2010	2011	2012	2013	2014	2015	2016	2017
Numéraire et dépôts	122 783	138 057	149 686	184 463	230 289	216 893	233 592	250 561
Titres de dette	756 885	779 035	1 005 479	1 054 245	1 267 753	1 391 945	1 504 777	1 635 568
Crédits	0	0	0	0	0	0	0	0
Actions et parts de fonds d'investissement	1 009 521	864 252	985 877	1 183 723	1 415 855	1 652 223	1 723 895	1 978 428
Actions	760 666	630 959	719 214	870 545	1 038 952	1 211 916	1 255 560	1 462 985
Parts de fonds d'investissement	248 854	233 293	266 663	313 179	376 903	440 307	468 334	515 443
Parts de fonds d'investissement monétaires	15 549	22 537	11 032	13 594	17 936	30 769	28 969	33 955
Parts de fonds d'investissement non monétaires	233 305	210 756	255 631	299 585	358 967	409 538	439 365	481 488
Systèmes d'assurance, de pensions et garanties standard	0	0	0	0	0	0	0	0
Produits financiers dérivés et options sur titres des salariés	161 793	191 339	190 796	203 752	100 348	166 714	187 005	203 950
Autres comptes à recevoir	67 383	70 267	80 531	80 794	88 660	97 272	84 703	94 439
Passifs financiers	2 129 713	2 050 640	2 420 124	2 715 014	3 112 362	3 534 189	3 744 339	4 173 511
Titres de dette	1 243	1 691	1 582	2 449	3 277	3 258	3 332	904
Titres de dette à court terme	0	0	0	0	0	0	0	0
Titres de dette à long terme	1 243	1 691	1 582	2 449	3 277	3 258	3 332	904
Crédits	24 436	26 437	29 135	47 282	58 223	46 634	56 154	54 083
Crédits à court terme	21 265	23 598	27 129	44 535	56 418	41 791	44 357	48 900
Crédits à long terme	3 171	2 839	2 006	2 747	1 805	4 842	11 797	5 183
Actions et parts de fonds d'investissement	1 924 978	1 796 830	2 164 687	2 417 568	2 872 835	3 238 853	3 413 263	3 828 915
Systèmes d'assurance, de pensions et garanties standard	0	0	0	0	0	0	0	0
Produits financiers dérivés et options sur titres des salariés	109 469	147 887	142 352	161 739	72 081	147 512	167 857	177 347
Autres comptes à payer	69 587	77 795	82 368	85 976	105 947	97 932	103 733	112 262
Actifs non financiers	11 348	7 691	7 755	8 037	9 457	9 142	10 367	10 565
Fonds d'investissement à capital variable								
Valeur nette financière	-11 348	-7 691	-7 755	-8 037	-9 457	-9 142	-10 367	-10 565
Actifs financiers	2 407 367	2 348 850	2 636 655	2 905 770	3 327 011	3 780 915	4 026 756	4 454 562
Numéraire et dépôts	180 318	213 507	201 772	228 067	265 077	258 503	294 159	316 198
Titres de dette	982 256	1 002 456	1 173 110	1 203 590	1 450 151	1 598 477	1 727 849	1 853 292
Crédits	0	0	0	0	0	0	0	0
Actions et parts de fonds d'investissement	1 010 306	865 111	986 524	1 187 279	1 420 007	1 657 374	1 730 376	1 983 908
Actions	760 710	630 980	719 214	870 550	1 038 952	1 211 916	1 255 560	1 462 985
Parts de fonds d'investissement	249 596	234 131	267 310	316 729	381 055	445 458	474 816	520 923
Parts de fonds d'investissement monétaires	16 055	23 319	11 581	17 140	22 088	35 920	35 443	39 428
Parts de fonds d'investissement non monétaires	233 542	210 812	255 729	299 589	358 967	409 538	439 373	481 495
Systèmes d'assurance, de pensions et garanties standard	0	0	0	0	0	0	0	0
Produits financiers dérivés et options sur titres des salariés	162 840	192 160	190 824	203 776	100 401	166 829	187 471	204 432
Autres comptes à recevoir	71 646	75 616	84 425	83 058	91 374	99 733	86 900	96 733
Passifs financiers	2 418 715	2 356 541	2 644 410	2 913 807	3 336 468	3 790 057	4 037 124	4 465 127
Titres de dette	1 243	1 691	1 582	2 449	3 277	3 258	3 332	904
Titres de dette à court terme	0	0	0	0	0	0	0	0
Titres de dette à long terme	1 243	1 691	1 582	2 449	3 277	3 258	3 332	904
Crédits	25 245	27 394	29 202	47 876	58 755	47 156	56 835	55 557
Crédits à court terme	22 074	24 555	27 196	45 129	56 950	42 314	45 038	50 374
Crédits à long terme	3 171	2 839	2 006	2 747	1 805	4 842	11 797	5 183
Actions et parts de fonds d'investissement	2 208 230	2 094 998	2 384 938	2 612 355	3 086 822	3 490 398	3 701 398	4 113 688
Systèmes d'assurance, de pensions et garanties standard	0	0	0	0	0	0	0	0
Produits financiers dérivés et options sur titres des salariés	110 616	148 732	142 383	161 744	72 093	147 610	168 173	177 852
Autres comptes à payer	73 381	83 726	86 305	89 383	115 521	101 635	107 384	117 127
Actifs non financiers	11 348	7 691	7 755	8 037	9 457	9 142	10 367	10 565

Note : Voir les métadonnées détaillées sur : http://metalinks.oecd.org/instinv/20180905/9eb1

Tableau 3. Actifs et passifs financiers des sociétés d'assurance et fonds de pension

Millions EUR

	2010	2011	2012	2013	2014	2015	2016	2017
Sociétés d'assurance et fonds de pension								
Valeur nette financière	174	626	913	880	2 094	-174	-240	-254
Actifs financiers	121 917	123 153	135 052	143 835	164 411	177 774	187 668	192 878
Numéraire et dépôts	9 385	10 830	11 748	12 210	12 993	15 672	15 526	16 028
Titres de dette	36 510	37 256	40 096	39 994	44 641	40 766	42 041	41 821
Crédits	1 625	1 786	2 076	1 739	1 982	9 664	10 944	3 824
Actions et parts de fonds d'investissement	56 215	55 832	62 269	67 364	77 162	87 697	93 308	102 842
Actions	12 557	12 653	12 925	14 308	13 820	16 980	18 335	18 028
Parts de fonds d'investissement	43 658	43 178	49 343	53 056	63 343	70 717	74 972	84 813
Parts de fonds d'investissement monétaires	4 283	5 500	3 968	3 087	3 602	3 907	4 175	3 797
Parts de fonds d'investissement non monétaires	39 375	37 679	45 375	49 969	59 740	66 810	70 798	81 016
Systèmes d'assurance, de pensions et garanties standard	16 982	16 312	17 514	21 250	26 212	18 307	18 508	20 280
Produits financiers dérivés et options sur titres des salariés	0	0	0	0	0	333	280	496
Autres comptes à recevoir	1 200	1 137	1 350	1 279	1 421	5 335	7 060	7 588
Passifs financiers	121 742	122 527	134 139	142 955	162 317	177 948	187 907	193 132
Titres de dette	4	6	6	3	3	313	387	355
Titres de dette à court terme	0	0	0	0	0	0	0	0
Titres de dette à long terme	4	6	6	3	3	313	387	355
Crédits	11 371	8 729	6 204	6 284	7 764	7 451	8 258	896
Crédits à court terme	11 300	8 655	6 152	6 231	7 702	7 451	8 258	896
Crédits à long terme	71	75	52	53	62	0	0	0
Actions et parts de fonds d'investissement	9 769	10 416	10 635	9 506	10 170	4 887	5 147	5 158
Systèmes d'assurance, de pensions et garanties standard	100 096	102 714	116 546	126 414	143 409	148 984	158 807	170 413
Produits financiers dérivés et options sur titres des salariés	0	0	0	0	0	55	107	243
Autres comptes à payer	503	662	748	747	971	16 258	15 200	16 068
Actifs non financiers	268	291	230	235	335	179	240	254
Sociétés d'assurance								
Valeur nette financière	174	626	913	880	2 093	-179	-240	-254
Actifs financiers	121 020	122 184	133 963	142 654	162 648	175 937	185 729	190 845
Numéraire et dépôts	9 312	10 789	11 707	12 164	12 909	15 602	15 488	16 021
Titres de dette	36 057	36 752	39 554	39 419	43 868	40 009	41 277	41 049
Crédits	1 623	1 784	2 075	1 737	1 981	9 663	10 943	3 823
Actions et parts de fonds d'investissement	55 857	55 425	61 776	66 820	76 274	86 729	92 207	101 621
Actions	12 555	12 652	12 924	14 260	13 820	16 980	18 322	18 015
Parts de fonds d'investissement	43 302	42 772	48 852	52 560	62 454	69 749	73 885	83 606
Parts de fonds d'investissement monétaires	4 249	5 448	3 929	3 058	3 552	3 846	4 157	3 767
Parts de fonds d'investissement non monétaires	39 053	37 324	44 923	49 502	58 902	65 903	69 728	79 839
Systèmes d'assurance, de pensions et garanties standard	16 982	16 312	17 514	21 250	26 212	18 307	18 508	20 280
Produits financiers dérivés et options sur titres des salariés	0	0	0	0	0	333	280	496
Autres comptes à recevoir	1 190	1 122	1 338	1 264	1 405	5 294	7 026	7 554
Passifs financiers	120 846	121 558	133 050	141 775	160 554	176 115	185 969	191 098
Titres de dette	4	6	6	3	3	313	387	355
Titres de dette à court terme	0	0	0	0	0	0	0	0
Titres de dette à long terme	4	6	6	3	3	313	387	355
Crédits	11 371	8 729	6 204	6 284	7 764	7 451	8 258	896
Crédits à court terme	11 300	8 655	6 152	6 231	7 702	7 451	8 258	896
Crédits à long terme	71	75	52	53	62	0	0	0
Actions et parts de fonds d'investissement	9 769	10 416	10 635	9 506	10 170	4 887	5 147	5 158
Systèmes d'assurance, de pensions et garanties standard	99 205	101 753	115 462	125 241	141 689	147 181	156 894	168 404
Produits financiers dérivés et options sur titres des salariés	0	0	0	0	0	55	107	243
Autres comptes à payer	498	654	743	740	928	16 229	15 175	16 043
Actifs non financiers	268	291	230	235	335	179	240	254
Fonds de pension								
Valeur nette financière	0	0	0	0	0	5	0	0
Actifs financiers	896	969	1 089	1 181	1 763	1 837	1 939	2 033
Numéraire et dépôts	73	41	41	46	84	70	38	6
Titres de dette	453	503	542	575	773	757	764	771
Crédits	2	2	1	1	1	1	1	1
Actions et parts de fonds d'investissement	359	407	493	544	889	968	1 101	1 220
Actions	2	1	2	48	0	0	13	13
Parts de fonds d'investissement	356	406	491	496	889	968	1 088	1 207
Parts de fonds d'investissement monétaires	35	52	40	29	51	61	18	30
Parts de fonds d'investissement non monétaires	321	355	452	467	838	907	1 070	1 177
Systèmes d'assurance, de pensions et garanties standard	0	0	0	0	0	0	0	0
Produits financiers dérivés et options sur titres des salariés	0	0	0	0	0	0	0	0
Autres comptes à recevoir	11	16	12	15	17	42	34	34
Passifs financiers	896	968	1 089	1 180	1 763	1 832	1 938	2 033
Titres de dette	0	0	0	0	0	0	0	0
Titres de dette à court terme	0	0	0	0	0	0	0	0
Titres de dette à long terme	0	0	0	0	0	0	0	0
Crédits	0	0	0	0	0	0	0	0
Crédits à court terme	0	0	0	0	0	0	0	0
Crédits à long terme	0	0	0	0	0	0	0	0
Actions et parts de fonds d'investissement	0	0	0	0	0	0	0	0
Systèmes d'assurance, de pensions et garanties standard	891	961	1 084	1 173	1 720	1 803	1 913	2 009
Produits financiers dérivés et options sur titres des salariés	0	0	0	0	0	0	0	0
Autres comptes à payer	5	8	5	7	43	29	25	25
Actifs non financiers	0	0	0	0	0	0	0	0

Note : Voir les métadonnées détaillées sur : http://metalinks.oecd.org/instinv/20180905/9eb1

Tableau 4. Composition du portefeuille par type d'investisseur

En pourcentage des actifs financiers et des passifs financiers

Pour cent

	2010	2011	2012	2013	2014	2015	2016	2017
Fonds d'investissement								
Actifs financiers	100.0	100.0	100.0	100.0	100.0	100.0	100.0	100.0
Numéraire et dépôts	7.5	9.2	7.7	7.9	8.1	6.9	7.4	7.2
Titres de dettes	40.8	42.6	44.4	41.3	43.1	41.8	42.3	41.1
Crédits	0.0	0.0	0.0	0.0	0.0	0.0	0.0	0.0
Actions et parts de fonds d'investissement	42.0	36.9	37.5	41.0	43.1	44.3	43.4	45.0
Systèmes d'assurance de pensions et garanties standard	0.0	0.0	0.0	0.0	0.0	0.0	0.0	0.0
Produits financiers dérivés et options sur titres des salariés	6.7	8.1	7.2	7.0	3.0	4.4	4.6	4.5
Autres comptes à recevoir	3.0	3.2	3.2	2.9	2.8	2.7	2.2	2.2
Passifs financiers	100.0	100.0	100.0	100.0	100.0	100.0	100.0	100.0
Numéraire et dépôts	0.0	0.0	0.0	0.0	0.0	0.0	0.0	0.0
Titres de dettes	0.1	0.1	0.1	0.1	0.1	0.1	0.1	0.0
Crédits	1.1	1.2	1.1	1.7	1.8	1.3	1.5	1.3
Actions et parts de fonds d'investissement	91.3	88.9	90.2	89.7	92.5	92.1	91.7	92.1
Systèmes d'assurance de pensions et garanties standard	0.0	0.0	0.0	0.0	0.0	0.0	0.0	0.0
Produits financiers dérivés et options sur titres des salariés	4.6	6.3	5.4	5.5	2.1	3.8	4.1	3.9
Autres comptes à recevoir	3.0	3.6	3.3	3.1	3.5	2.7	2.7	2.7
Sociétés d'assurance								
Actifs financiers	100.0	100.0	100.0	100.0	100.0	100.0	100.0	100.0
Numéraire et dépôts	7.7	8.8	8.7	8.5	7.9	8.9	8.3	8.4
Titres de dettes	29.8	30.1	29.5	27.6	27.0	22.7	22.2	21.5
Crédits	1.3	1.5	1.5	1.2	1.2	5.5	5.9	2.0
Actions et parts de fonds d'investissement	46.2	45.4	46.1	46.8	46.9	49.3	49.6	53.2
Systèmes d'assurance de pensions et garanties standard	14.0	13.4	13.1	14.9	16.1	10.4	10.0	10.6
Produits financiers dérivés et options sur titres des salariés	0.0	0.0	0.0	0.0	0.0	0.2	0.2	0.3
Autres comptes à recevoir	1.0	0.9	1.0	0.9	0.9	3.0	3.8	4.0
Passifs financiers	100.0	100.0	100.0	100.0	100.0	100.0	100.0	100.0
Numéraire et dépôts	0.0	0.0	0.0	0.0	0.0	0.0	0.0	0.0
Titres de dettes	0.0	0.0	0.0	0.0	0.0	0.2	0.2	0.2
Crédits	9.4	7.2	4.7	4.4	4.8	4.2	4.4	0.5
Actions et parts de fonds d'investissement	8.1	8.6	8.0	6.7	6.3	2.8	2.8	2.7
Systèmes d'assurance de pensions et garanties standard	82.1	83.7	86.8	88.3	88.2	83.6	84.4	88.1
Produits financiers dérivés et options sur titres des salariés	0.0	0.0	0.0	0.0	0.0	0.0	0.1	0.1
Autres comptes à recevoir	0.4	0.5	0.6	0.5	0.6	9.2	8.2	8.4
Fonds de pension								
Actifs financiers	100.0	100.0	100.0	100.0	100.0	100.0	100.0	100.0
Numéraire et dépôts	8.1	4.2	3.8	3.9	4.8	3.8	2.0	0.3
Titres de dettes	50.5	52.0	49.8	48.7	43.8	41.2	39.4	37.9
Crédits	0.2	0.2	0.1	0.1	0.1	0.1	0.1	0.1
Actions et parts de fonds d'investissement	40.0	42.0	45.3	46.1	50.4	52.7	56.8	60.0
Systèmes d'assurance de pensions et garanties standard	0.0	0.0	0.0	0.0	0.0	0.0	0.0	0.0
Produits financiers dérivés et options sur titres des salariés	0.0	0.0	0.0	0.0	0.0	0.0	0.0	0.0
Autres comptes à recevoir	1.2	1.6	1.1	1.3	0.9	2.3	1.8	1.7
Passifs financiers	100.0	100.0	100.0	100.0	100.0	100.0	100.0	100.0
Numéraire et dépôts	0.0	0.0	0.0	0.0	0.0	0.0	0.0	0.0
Titres de dettes	0.0	0.0	0.0	0.0	0.0	0.0	0.0	0.0
Crédits	0.0	0.0	0.0	0.0	0.0	0.0	0.0	0.0
Actions et parts de fonds d'investissement	0.0	0.0	0.0	0.0	0.0	0.0	0.0	0.0
Systèmes d'assurance de pensions et garanties standard	99.5	99.2	99.5	99.4	97.6	98.4	98.7	98.8
Produits financiers dérivés et options sur titres des salariés	0.0	0.0	0.0	0.0	0.0	0.0	0.0	0.0
Autres comptes à recevoir	0.5	0.8	0.5	0.6	2.4	1.6	1.3	1.2

Note : Voir les métadonnées détaillées sur : http://metalinks.oecd.org/instinv/20180905/af01

Tableau 1. Actifs et passifs financiers des investisseurs institutionnels, 2017

Millions EUR (1999 NLD euro)

	Total	Fonds d'investissement			
		Fonds d'investissement non-monétaire			Fonds d'investissement monétaires
		Total	Fonds d'investissement à capital variable, non monétaire	Fonds d'investissement à capital fixe, non monétaire	Total
Actifs financiers	..	838 073	..	..	..
Numéraire et dépôts	..	11 790	..	..	..
Titres de dette	..	221 430	..	..	..
Titres de dette à court terme	..	2 413	..	..	..
Titres de dette à long terme	..	219 017	..	..	..
Titres de dette émis par les résidents	..	18 024	..	..	..
Titres de dette émis par les non-résidents	..	203 406	..	..	..
Crédits	..	79 756	..	..	..
Crédits à court terme	..	36 077	..	..	..
Crédits à long terme	..	43 679	..	..	..
Crédits accordés aux résidents	..	70 091	..	..	..
Crédits accordés aux non-résidents	..	9 665	..	..	..
Actions et parts de fonds d'investissement	..	519 929	..	..	..
Actions et parts de fonds d'investissements émises par les résidents	..	61 320	..	..	..
Actions et part de fonds d'investissements émises par les non-résidents	..	458 609	..	..	..
Autres comptes à recevoir	..	4 609	..	..	..

	Total	Fonds d'investissement			
		Fonds d'investissement non-monétaire			Fonds d'investissement monétaires
		Total	Fonds d'investissement à capital variable, non monétaire	Fonds d'investissement à capital fixe, non monétaire	Total
Pasifs financiers	..	873 959	..	..	..
Numéraire et dépôts	..	..	..	..	..
Titres de dette	..	641	..	..	..
Titres de dette à court terme	..	0	..	..	..
Titres de dette à long terme	..	641	..	..	..
Crédits	..	15 004	..	..	..
Crédits à court terme	..	5 034	..	..	..
Crédits à long terme	..	9 970	..	..	..
Actions et parts de fonds d'investissement	..	852 918	..	..	..
Systèmes d'assurance, de pensions et garanties standard	..	..	..	..	..
Produits financiers dérivés et options sur titres des salariés	..	11	..	..	..
Autres comptes à payer	..	5 385	..	..	..

	Total	Sociétés d'assurance et fonds de pension autonomes			
		Sociétés d'assurance			Fonds de pension autonomes
		Total	Sociétés d'assurance vie	Sociétés d'assurance non-vie	Total
Actifs financiers	1 861 397	453 017	..	..	1 408 380
Numéraire et dépôts	21 909	13 290	..	..	8 619
Titres de dette	561 974	186 353	..	..	375 621
Titres de dette à court terme	8 077	5 231	..	..	2 846
Titres de dette à long terme	553 897	181 122	..	..	372 775
Titres de dette émis par les résidents	114 132	45 134	..	..	68 998
Titres de dette émis par les non-résidents	447 842	141 219	..	..	306 623
Crédits	136 790	93 846	..	..	42 944
Crédits à court terme	36 429	5 037	..	..	31 392
Crédits à long terme	100 361	88 809	..	..	11 552
Crédits accordés aux résidents	128 724	89 087	..	..	39 637
Crédits accordés aux non-résidents	8 066	4 759	..	..	3 307
Actions et parts de fonds d'investissement	1 043 760	114 788	..	..	928 972
Actions et parts de fonds d'investissement émises par les résidents	758 722	84 708	..	..	674 014
Actions et parts de fonds d'investissement émises par les non-résidents	285 038	30 080	..	..	254 958
Autrescomptes à recevoir	36 562	31 313	..	..	5 249

	Total	Sociétés d'assurance et fonds de pension autonomes			
		Sociétés d'assurance			Fonds de pension autonomes
		Total	Sociétés d'assurance vie	Sociétés d'assurance non-vie	Total
Pasifs financiers	1 806 809	482 916	..	..	1 323 893
Numéraire et dépôts	..	..	..	..	..
Titres de dette	1 233	1 233	..	..	0
Titres de dette à court terme	0	0	..	..	0
Titres de dette à long terme	1 233	1 233	..	..	0
Crédits	45 086	12 620	..	..	32 466
Crédits à court terme	37 348	5 748	..	..	31 600
Crédits à long terme	7 738	6 872	..	..	866
Actions et parts de fonds d'investissement	58 720	58 720	..	..	0
Systèmes d'assurance, de pensions et garanties standard	1 636 275	379 283	..	..	1 256 992
Produits financiers dérivés et options sur titres des salariés	154	132	..	..	22
Autres comptes à payer	65 341	30 928	..	..	34 413

Note : Voir les métadonnées détaillées sur : http://metalinks.oecd.org/instinv/20180905/e532

Tableau 2. Actifs et passifs financiers des fonds d'investissement

Millions EUR

	2010	2011	2012	2013	2014	2015	2016	2017
Fonds d'investissement								
Valeur nette financière	..	..	..	..	..	..	..	..
Actifs financiers	..	..	..	..	..	..	..	..
Numéraire et dépôts	..	..	..	..	..	..	..	..
Titres de dette	..	..	..	..	..	..	..	..
Crédits	..	..	..	..	..	..	..	..
Actions et parts de fonds d'investissement	..	..	..	..	..	..	..	..
Actions	..	..	..	..	..	..	..	..
Parts de fonds d'investissement	..	..	..	..	..	..	..	..
Parts de fonds d'investissement monétaires	..	..	..	..	..	..	..	..
Parts de fonds d'investissement non monétaires	..	..	..	..	..	..	..	..
Systèmes d'assurance, de pensions et garanties standard	..	..	..	..	..	..	..	..
Produits financiers dérivés et options sur titres des salariés	..	..	..	..	..	..	..	..
Autres comptes à recevoir	..	..	..	..	..	..	..	..
Passifs financiers	..	..	..	..	..	..	..	..
Titres de dette	..	..	..	..	..	..	..	..
Titres de dette à court terme	..	..	..	..	..	..	..	..
Titres de dette à long terme	..	..	..	..	..	..	..	..
Crédits	..	..	..	..	..	..	..	..
Crédits à court terme	..	..	..	..	..	..	..	..
Crédits à long terme	..	..	..	..	..	..	..	..
Actions et parts de fonds d'investissement	..	..	..	..	..	..	..	..
Systèmes d'assurance, de pensions et garanties standard	..	..	..	..	..	..	..	..
Produits financiers dérivés et options sur titres des salariés	..	..	..	..	..	..	..	..
Autres comptes à payer	..	..	..	..	..	..	..	..
Actifs non financiers	..	..	..	..	..	..	..	..
Fonds d'investissement monéaires								
Valeur nette financière	..	..	..	..	..	..	..	..
Actifs financiers	..	..	..	..	..	..	..	..
Numéraire et dépôts	..	..	..	..	..	..	..	..
Titres de dette	..	..	..	..	..	..	..	..
Crédits	..	..	..	..	..	..	..	..
Actions et parts de fonds d'investissement	..	..	..	..	..	..	..	..
Actions	..	..	..	..	..	..	..	..
Parts de fonds d'investissement	..	..	..	..	..	..	..	..
Parts de fonds d'investissement monétaires	..	..	..	..	..	..	..	..
Parts de fonds d'investissement non monétaires	..	..	..	..	..	..	..	..
Systèmes d'assurance, de pensions et garanties standard	..	..	..	..	..	..	..	..
Produits financiers dérivés et options sur titres des salariés	..	..	..	..	..	..	..	..
Autres comptes à recevoir	..	..	..	..	..	..	..	..
Passifs financiers	..	..	..	..	..	..	..	..
Titres de dette	..	..	..	..	..	..	..	..
Titres de dette à court terme	..	..	..	..	..	..	..	..
Titres de dette à long terme	..	..	..	..	..	..	..	..
Crédits	..	..	..	..	..	..	..	..
Crédits à court terme	..	..	..	..	..	..	..	..
Crédits à long terme	..	..	..	..	..	..	..	..
Actions et parts de fonds d'investissement	..	..	..	..	..	..	..	..
Systèmes d'assurance, de pensions et garanties standard	..	..	..	..	..	..	..	..
Produits financiers dérivés et options sur titres des salariés	..	..	..	..	..	..	..	..
Autres comptes à payer	..	..	..	..	..	..	..	..
Actifs non financiers	..	..	..	..	..	..	..	..
Fonds d'investissement non monéaires								
Valeur nette financière	-30 736	-31 678	-31 329	-30 393	-29 087	-30 970	-32 610	-35 886
Actifs financiers	467 401	480 820	557 698	618 261	722 895	728 955	793 928	838 073
Numéraire et dépôts	11 489	9 707	11 659	11 953	16 287	12 737	10 523	11 790
Titres de dette	156 259	169 156	198 070	210 856	233 446	245 146	249 960	221 430
Crédits	31 756	31 902	41 170	47 827	49 195	55 517	66 134	79 756
Actions et parts de fonds d'investissement	258 328	263 893	299 683	331 087	412 582	409 778	460 572	519 929
Actions	192 014	197 306	231 299	256 625	313 462	299 843	338 549	375 965
Parts de fonds d'investissement	66 314	66 587	68 384	74 462	99 120	109 935	122 023	143 964
Parts de fonds d'investissement monétaires	957	1 345	1 651	1 823	6 047	7 089	6 066	6 333
Parts de fonds d'investissement non monétaires	65 357	65 242	66 733	72 639	93 073	102 846	115 957	137 631
Systèmes d'assurance, de pensions et garanties standard	0	0	0	0	0	0	0	0
Produits financiers dérivés et options sur titres des salariés	-506	-416	2 226	472	-66	799	-1 148	559
Autres comptes à recevoir	10 075	6 578	4 890	16 066	11 451	4 978	7 887	4 609
Passifs financiers	498 137	512 498	589 027	648 654	751 982	759 925	826 538	873 959
Titres de dette	1 684	1 403	1 612	2 215	3 051	686	669	641
Titres de dette à court terme	0	0	0	128	413	0	0	0
Titres de dette à long terme	1 684	1 403	1 612	2 087	2 638	686	669	641
Crédits	19 293	18 203	19 393	15 374	20 745	19 433	16 076	15 004
Crédits à court terme	7 921	7 121	8 963	4 688	11 486	9 058	6 038	5 034
Crédits à long terme	11 372	11 082	10 430	10 686	9 259	10 375	10 038	9 970
Actions et parts de fonds d'investissement	465 012	487 243	561 381	614 675	715 756	731 492	803 079	852 918
Systèmes d'assurance, de pensions et garanties standard	..	..	..	..	..	..	..	..
Produits financiers dérivés et options sur titres des salariés	219	118	166	60	122	62	8	11
Autres comptes à payer	11 929	5 531	6 475	16 330	12 308	8 252	6 706	5 385
Actifs non financiers	30 297	31 234	30 675	29 573	28 352	30 376	31 707	34 904
Fonds d'investissement non monéaires à capital variable								
Valeur nette financière	..	..	..	..	..	..	..	..
Actifs financiers	..	..	..	..	..	..	..	..

Tableau 2. Actifs et passifs financiers des fonds d'investissement *(suite)*

Millions EUR

	2010	2011	2012	2013	2014	2015	2016	2017
Numéraire et dépôts	..	..	..	..	..	..	..	..
Titres de dette	..	..	..	..	..	..	..	..
Crédits	..	..	..	..	..	..	..	..
Actions et parts de fonds d'investissement	..	..	..	..	..	..	..	..
Actions	..	..	..	..	..	..	..	..
Parts de fonds d'investissement	..	..	..	..	..	..	..	..
Parts de fonds d'investissement monétaires	..	..	..	..	..	..	..	..
Parts de fonds d'investissement non monétaires	..	..	..	..	..	..	..	..
Systèmes d'assurance, de pensions et garanties standard	..	..	..	..	..	..	..	..
Produits financiers dérivés et options sur titres des salariés	..	..	..	..	..	..	..	..
Autres comptes à recevoir	..	..	..	..	..	..	..	..
Passifs financiers	..	..	..	..	..	..	..	..
Titres de dette	..	..	..	..	..	..	..	..
Titres de dette à court terme	..	..	..	..	..	..	..	..
Titres de dette à long terme	..	..	..	..	..	..	..	..
Crédits	..	..	..	..	..	..	..	..
Crédits à court terme	..	..	..	..	..	..	..	..
Crédits à long terme	..	..	..	..	..	..	..	..
Actions et parts de fonds d'investissement	..	..	..	..	..	..	..	..
Systèmes d'assurance, de pensions et garanties standard	..	..	..	..	..	..	..	..
Produits financiers dérivés et options sur titres des salariés	..	..	..	..	..	..	..	..
Autres comptes à payer	..	..	..	..	..	..	..	..
Actifs non financiers	..	..	..	..	..	..	..	..
Fonds d'investissement à capital variable								
Valeur nette financière	..	..	..	..	..	..	..	..
Actifs financiers	..	..	..	..	..	..	..	..
Numéraire et dépôts	..	..	..	..	..	..	..	..
Titres de dette	..	..	..	..	..	..	..	..
Crédits	..	..	..	..	..	..	..	..
Actions et parts de fonds d'investissement	..	..	..	..	..	..	..	..
Actions	..	..	..	..	..	..	..	..
Parts de fonds d'investissement	..	..	..	..	..	..	..	..
Parts de fonds d'investissement monétaires	..	..	..	..	..	..	..	..
Parts de fonds d'investissement non monétaires	..	..	..	..	..	..	..	..
Systèmes d'assurance, de pensions et garanties standard	..	..	..	..	..	..	..	..
Produits financiers dérivés et options sur titres des salariés	..	..	..	..	..	..	..	..
Autres comptes à recevoir	..	..	..	..	..	..	..	..
Passifs financiers	..	..	..	..	..	..	..	..
Titres de dette	..	..	..	..	..	..	..	..
Titres de dette à court terme	..	..	..	..	..	..	..	..
Titres de dette à long terme	..	..	..	..	..	..	..	..
Crédits	..	..	..	..	..	..	..	..
Crédits à court terme	..	..	..	..	..	..	..	..
Crédits à long terme	..	..	..	..	..	..	..	..
Actions et parts de fonds d'investissement	..	..	..	..	..	..	..	..
Systèmes d'assurance, de pensions et garanties standard	..	..	..	..	..	..	..	..
Produits financiers dérivés et options sur titres des salariés	..	..	..	..	..	..	..	..
Autres comptes à payer	..	..	..	..	..	..	..	..
Actifs non financiers	..	..	..	..	..	..	..	..

Note : Voir les métadonnées détaillées sur : http://metalinks.oecd.org/instinv/20180905/e532

Tableau 3. Actifs et passifs financiers des sociétés d'assurance et fonds de pension

Millions EUR

	2010	2011	2012	2013	2014	2015	2016	2017
Sociétés d'assurance et fonds de pension								
Valeur nette financière	8 723	-51 724	-11 695	46 512	66 522	-12 048	-24 078	54 588
Actifs financiers	1 167 511	1 260 708	1 420 536	1 425 619	1 680 380	1 673 405	1 795 554	1 861 397
Numéraire et dépôts	27 529	27 753	31 509	19 829	26 771	22 628	24 485	21 909
Titres de dette	347 050	377 306	432 810	419 558	503 130	509 088	534 790	561 974
Crédits	110 579	107 642	107 114	106 358	114 413	112 055	119 007	136 790
Actions et parts de fonds d'investissement	607 113	630 581	723 287	789 743	898 696	919 160	1 009 806	1 043 760
Actions	141 606	128 751	149 423	159 258	179 213	193 655	212 039	212 350
Parts de fonds d'investissement	465 507	501 830	573 864	630 485	719 483	725 505	797 767	831 410
Parts de fonds d'investissement monétaires	8 224	7 357	11 199	10 532	12 080	11 103	12 481	21 972
Parts de fonds d'investissement non monétaires	457 283	494 473	562 665	619 953	707 403	714 402	785 286	809 438
Systèmes d'assurance, de pensions et garanties standard	16 356	21 548	22 852	25 781	23 022	20 916	14 872	11 708
Produits financiers dérivés et options sur titres des salariés	17 529	58 499	66 915	30 854	78 425	50 713	53 944	48 694
Autres comptes à recevoir	41 355	37 379	36 049	33 496	35 923	38 845	38 650	36 562
Passifs financiers	1 158 788	1 312 432	1 432 231	1 379 107	1 613 858	1 685 453	1 819 632	1 806 809
Titres de dette	2	548	809	1 088	1 359	1 113	1 167	1 233
Titres de dette à court terme	0	0	0	0	0	0	0	0
Titres de dette à long terme	2	548	809	1 088	1 359	1 113	1 167	1 233
Crédits	47 039	52 556	46 867	32 451	42 181	34 492	39 278	45 086
Crédits à court terme	27 925	33 770	25 791	16 340	25 189	21 088	29 373	37 348
Crédits à long terme	19 114	18 786	21 076	16 111	16 992	13 404	9 905	7 738
Actions et parts de fonds d'investissement	42 088	44 322	47 331	44 895	52 355	56 203	58 241	58 720
Systèmes d'assurance, de pensions et garanties standard	1 035 939	1 167 299	1 268 472	1 246 622	1 446 920	1 530 204	1 661 263	1 636 275
Produits financiers dérivés et options sur titres des salariés	593	436	439	456	332	89	67	154
Autres comptes à payer	33 127	47 271	68 313	53 595	70 711	63 352	59 616	65 341
Actifs non financiers	18 243	16 766	16 017	14 033	13 008	12 360	13 163	13 995
Sociétés d'assurance								
Valeur nette financière	-11 830	-15 036	-5 216	764	32	-25 004	-29 465	-29 899
Actifs financiers	388 534	414 134	443 121	428 888	476 992	463 707	469 619	453 017
Numéraire et dépôts	14 751	17 735	18 386	9 173	14 470	12 198	13 774	13 290
Titres de dette	170 897	178 489	201 579	182 020	206 233	198 450	202 362	186 353
Crédits	70 484	74 596	71 032	75 843	79 040	84 535	90 704	93 846
Actions et parts de fonds d'investissement	90 293	90 156	101 147	118 133	121 286	116 881	114 306	114 788
Actions	34 862	31 356	32 330	28 997	23 077	24 451	24 843	23 636
Parts de fonds d'investissement	55 431	58 800	68 817	89 136	98 209	92 430	89 463	91 152
Parts de fonds d'investissement monétaires	1 435	1 047	3 562	3 646	2 984	2 694	2 604	4 185
Parts de fonds d'investissement non monétaires	53 996	57 753	65 255	85 490	95 225	89 736	86 859	86 967
Systèmes d'assurance, de pensions et garanties standard	2 162	6 653	7 539	9 713	9 785	8 051	4 549	4 300
Produits financiers dérivés et options sur titres des salariés	6 216	14 059	13 236	6 442	16 544	10 038	12 120	9 127
Autres comptes à recevoir	33 731	32 446	30 202	27 564	29 634	33 554	31 804	31 313
Passifs financiers	400 364	429 170	448 337	428 124	476 960	488 711	499 084	482 916
Titres de dette	2	548	809	1 088	1 359	1 113	1 167	1 233
Titres de dette à court terme	0	0	0	0	0	0	0	0
Titres de dette à long terme	2	548	809	1 088	1 359	1 113	1 167	1 233
Crédits	29 969	29 962	28 352	20 841	23 181	19 559	17 491	12 620
Crédits à court terme	12 536	13 085	9 166	6 568	7 832	7 074	8 461	5 748
Crédits à long terme	17 433	16 877	19 186	14 273	15 349	12 485	9 030	6 872
Actions et parts de fonds d'investissement	42 088	44 322	47 331	44 895	52 355	56 203	58 241	58 720
Systèmes d'assurance, de pensions et garanties standard	299 762	318 500	333 199	324 485	362 086	377 288	389 583	379 283
Produits financiers dérivés et options sur titres des salariés	155	280	284	167	173	3	54	132
Autres comptes à payer	28 388	35 558	38 362	36 648	37 806	34 545	32 548	30 928
Actifs non financiers	8 974	7 692	7 373	5 610	5 365	4 916	5 368	6 152
Fonds de pension								
Valeur nette financière	20 553	-36 688	-6 479	45 748	66 490	12 956	5 387	84 487
Actifs financiers	778 977	846 574	977 415	996 731	1 203 388	1 209 698	1 325 935	1 408 380
Numéraire et dépôts	12 778	10 018	13 123	10 656	12 301	10 430	10 711	8 619
Titres de dette	176 153	198 817	231 231	237 538	296 897	310 638	332 428	375 621
Crédits	40 095	33 046	36 082	30 515	35 373	27 520	28 303	42 944
Actions et parts de fonds d'investissement	516 820	540 425	622 140	671 610	777 410	802 279	895 500	928 972
Actions	106 744	97 395	117 093	130 261	156 136	169 204	187 196	188 714
Parts de fonds d'investissement	410 076	443 030	505 047	541 349	621 274	633 075	708 304	740 258
Parts de fonds d'investissement monétaires	6 789	6 310	7 637	6 886	9 096	8 409	9 877	17 787
Parts de fonds d'investissement non monétaires	403 287	436 720	497 410	534 463	612 178	624 666	698 427	722 471
Systèmes d'assurance, de pensions et garanties standard	14 194	14 895	15 313	16 068	13 237	12 865	10 323	7 408
Produits financiers dérivés et options sur titres des salariés	11 313	44 440	53 679	24 412	61 881	40 675	41 824	39 567
Autres comptes à recevoir	7 624	4 933	5 847	5 932	6 289	5 291	6 846	5 249
Passifs financiers	758 424	883 262	983 894	950 983	1 136 898	1 196 742	1 320 548	1 323 893
Titres de dette	0	0	0	0	0	0	0	0
Titres de dette à court terme	0	0	0	0	0	0	0	0
Titres de dette à long terme	0	0	0	0	0	0	0	0
Crédits	17 070	22 594	18 515	11 610	19 000	14 933	21 787	32 466
Crédits à court terme	15 389	20 685	16 625	9 772	17 357	14 014	20 912	31 600
Crédits à long terme	1 681	1 909	1 890	1 838	1 643	919	875	866
Actions et parts de fonds d'investissement	0	0	0	0	0	0	0	0
Systèmes d'assurance, de pensions et garanties standard	736 177	848 799	935 273	922 137	1 084 834	1 152 916	1 271 680	1 256 992
Produits financiers dérivés et options sur titres des salariés	438	156	155	289	159	86	13	22
Autres comptes à payer	4 739	11 713	29 951	16 947	32 905	28 807	27 068	34 413
Actifs non financiers	9 269	9 074	8 644	8 423	7 643	7 444	7 795	7 843

Note : Voir les métadonnées détaillées sur : http://metalinks.oecd.org/instinv/20180905/e532

Tableau 4. Composition du portefeuille par type d'investisseur

En pourcentage des actifs financiers et des passifs financiers

Pour cent

	2010	2011	2012	2013	2014	2015	2016	2017
Fonds d'investissement								
Actifs financiers	..	..	..	..	..	..	..	..
Numéraire et dépôts	..	..	..	..	..	..	..	..
Titres de dettes	..	..	..	..	..	..	..	..
Crédits	..	..	..	..	..	..	..	..
Actions et parts de fonds d'investissement	..	..	..	..	..	..	..	..
Systèmes d'assurance de pensions et garanties standard	..	..	..	..	..	..	..	..
Produits financiers dérivés et options sur titres des salariés	..	..	..	..	..	..	..	..
Autres comptes à recevoir	..	..	..	..	..	..	..	..
Passifs financiers	..	..	..	..	..	..	..	..
Numéraire et dépôts	..	..	..	..	..	..	..	..
Titres de dettes	..	..	..	..	..	..	..	..
Crédits	..	..	..	..	..	..	..	..
Actions et parts de fonds d'investissement	..	..	..	..	..	..	..	..
Systèmes d'assurance de pensions et garanties standard	..	..	..	..	..	..	..	..
Produits financiers dérivés et options sur titres des salariés	..	..	..	..	..	..	..	..
Autres comptes à recevoir	..	..	..	..	..	..	..	..
Sociétés d'assurance								
Actifs financiers	100.0	100.0	100.0	100.0	100.0	100.0	100.0	100.0
Numéraire et dépôts	3.8	4.3	4.1	2.1	3.0	2.6	2.9	2.9
Titres de dettes	44.0	43.1	45.5	42.4	43.2	42.8	43.1	41.1
Crédits	18.1	18.0	16.0	17.7	16.6	18.2	19.3	20.7
Actions et parts de fonds d'investissement	23.2	21.8	22.8	27.5	25.4	25.2	24.3	25.3
Systèmes d'assurance de pensions et garanties standard	0.6	1.6	1.7	2.3	2.1	1.7	1.0	0.9
Produits financiers dérivés et options sur titres des salariés	1.6	3.4	3.0	1.5	3.5	2.2	2.6	2.0
Autres comptes à recevoir	8.7	7.8	6.8	6.4	6.2	7.2	6.8	6.9
Passifs financiers	100.0	100.0	100.0	100.0	100.0	100.0	100.0	100.0
Numéraire et dépôts	0.0	0.0	0.0	0.0	0.0	0.0	0.0	0.0
Titres de dettes	0.0	0.1	0.2	0.3	0.3	0.2	0.2	0.3
Crédits	7.5	7.0	6.3	4.9	4.9	4.0	3.5	2.6
Actions et parts de fonds d'investissement	10.5	10.3	10.6	10.5	11.0	11.5	11.7	12.2
Systèmes d'assurance de pensions et garanties standard	74.9	74.2	74.3	75.8	75.9	77.2	78.1	78.5
Produits financiers dérivés et options sur titres des salariés	0.0	0.1	0.1	0.0	0.0	0.0	0.0	0.0
Autres comptes à recevoir	7.1	8.3	8.6	8.6	7.9	7.1	6.5	6.4
Fonds de pension								
Actifs financiers	100.0	100.0	100.0	100.0	100.0	100.0	100.0	100.0
Numéraire et dépôts	1.6	1.2	1.3	1.1	1.0	0.9	0.8	0.6
Titres de dettes	22.6	23.5	23.7	23.8	24.7	25.7	25.1	26.7
Crédits	5.1	3.9	3.7	3.1	2.9	2.3	2.1	3.0
Actions et parts de fonds d'investissement	66.3	63.8	63.7	67.4	64.6	66.3	67.5	66.0
Systèmes d'assurance de pensions et garanties standard	1.8	1.8	1.6	1.6	1.1	1.1	0.8	0.5
Produits financiers dérivés et options sur titres des salariés	1.5	5.2	5.5	2.4	5.1	3.4	3.2	2.8
Autres comptes à recevoir	1.0	0.6	0.6	0.6	0.5	0.4	0.5	0.4
Passifs financiers	100.0	100.0	100.0	100.0	100.0	100.0	100.0	100.0
Numéraire et dépôts	0.0	0.0	0.0	0.0	0.0	0.0	0.0	0.0
Titres de dettes	0.0	0.0	0.0	0.0	0.0	0.0	0.0	0.0
Crédits	2.3	2.6	1.9	1.2	1.7	1.2	1.6	2.5
Actions et parts de fonds d'investissement	0.0	0.0	0.0	0.0	0.0	0.0	0.0	0.0
Systèmes d'assurance de pensions et garanties standard	97.1	96.1	95.1	97.0	95.4	96.3	96.3	94.9
Produits financiers dérivés et options sur titres des salariés	0.1	0.0	0.0	0.0	0.0	0.0	0.0	0.0
Autres comptes à recevoir	0.6	1.3	3.0	1.8	2.9	2.4	2.0	2.6

Note : Voir les métadonnées détaillées sur : http://metalinks.oecd.org/instinv/20180905/af01

NOUVELLE-ZÉLANDE

Tableau 1. Actifs et passifs financiers des investisseurs institutionnels, 2017

Millions NZD

	Fonds d'investissement				
	Total	Fonds d'investissement non-monétaire			Fonds d'investissement monétaires
		Total	Fonds d'investissement à capital variable, non monétaire	Fonds d'investissement à capital fixe, non monétaire	Total
Actifs financiers	137 755	123 994	..	..	13 761
Numéraire et dépôts	26 773	18 013	..	..	8 760
Titres de dette	43 863	38 862	..	..	5 001
Titres de dette à court terme	8 322	4 309	..	..	4 013
Titres de dette à long terme	35 542	34 553	..	..	988
Titres de dette émis par les résidents	25 632	20 630	..	..	5 001
Titres de dette émis par les non-résidents	18 232	18 232	..	..	0
Crédits	8	8	..	..	0
Crédits à court terme	..	..	..	..	..
Crédits à long terme	..	..	..	..	..
Crédits accordés aux résidents	8	8	..	..	0
Crédits accordés aux non-résidents	0	0	..	..	0
Actions et parts de fonds d'investissement	65 778	65 778	..	..	0
Actions et parts de fonds d'investissements émises par les résidents	21 963	21 963	..	..	0
Actions et part de fonds d'investissements émises par les non-résidents	43 815	43 815	..	..	0
Autres comptes à recevoir	767	767	..	..	0

	Fonds d'investissement				
	Total	Fonds d'investissement non-monétaire			Fonds d'investissement monétaires
		Total	Fonds d'investissement à capital variable, non monétaire	Fonds d'investissement à capital fixe, non monétaire	Total
Pasifs financiers	..	..	..	..	..
Numéraire et dépôts	..	..	..	..	..
Titres de dette	..	..	..	..	..
Titres de dette à court terme	..	..	..	..	..
Titres de dette à long terme	..	..	..	..	..
Crédits	..	..	..	..	..
Crédits à court terme	..	..	..	..	..
Crédits à long terme	..	..	..	..	..
Actions et parts de fonds d'investissement	..	..	..	..	..
Systèmes d'assurance, de pensions et garanties standard	..	..	..	..	..
Produits financiers dérivés et options sur titres des salariés	..	..	..	..	..
Autres comptes à payer	..	..	..	..	..

	Sociétés d'assurance et fonds de pension autonomes				
	Total	Sociétés d'assurance			Fonds de pension autonomes
		Total	Sociétés d'assurance vie	Sociétés d'assurance non-vie	Total
Actifs financiers	..	..	..	..	75 791
Numéraire et dépôts	..	..	..	..	5 125
Titres de dette	..	..	..	..	17 752
Titres de dette à court terme	..	..	..	..	1 488
Titres de dette à long terme	..	..	..	..	16 264
Titres de dette émis par les résidents	..	..	..	..	7 648
Titres de dette émis par les non-résidents	..	..	..	..	10 104
Crédits	..	..	..	..	12
Crédits à court terme	..	..	..	..	..
Crédits à long terme	..	..	..	..	..
Crédits accordés aux résidents	..	..	..	..	12
Crédits accordés aux non-résidents	..	..	..	..	0
Actions et parts de fonds d'investissement	..	..	..	..	51 841
Actions et parts de fonds d'investissement émises par les résidents	..	..	..	..	25 448
Actions et parts de fonds d'investissement émises par les non-résidents	..	..	..	..	26 393
Autrescomptes à recevoir	..	..	..	..	373

	Sociétés d'assurance et fonds de pension autonomes				
	Total	Sociétés d'assurance			Fonds de pension autonomes
		Total	Sociétés d'assurance vie	Sociétés d'assurance non-vie	Total
Pasifs financiers	..	..	..	..	..
Numéraire et dépôts	..	..	..	..	..
Titres de dette	..	..	..	..	..
Titres de dette à court terme	..	..	..	..	..
Titres de dette à long terme	..	..	..	..	..
Crédits	..	..	..	..	..
Crédits à court terme	..	..	..	..	..
Crédits à long terme	..	..	..	..	..
Actions et parts de fonds d'investissement	..	..	..	..	..
Systèmes d'assurance, de pensions et garanties standard	..	..	..	..	..
Produits financiers dérivés et options sur titres des salariés	..	..	..	..	..
Autres comptes à payer	..	..	..	..	..

Note : Voir les métadonnées détaillées sur : http://metalinks.oecd.org/instinv/20180905/e532

NOUVELLE-ZÉLANDE

Tableau 2. Actifs et passifs financiers des fonds d'investissement

Millions NZD

	2010	2011	2012	2013	2014	2015	2016	2017
Fonds d'investissement								
Valeur nette financière	..	..	..	..	..	..	..	..
Actifs financiers	..	..	..	..	88 063	103 016	116 834	137 755
Numéraire et dépôts	..	..	..	..	20 581	22 159	24 437	26 773
Titres de dette	..	..	..	..	25 384	31 246	37 110	43 863
Crédits	..	..	..	..	75	47	4	8
Actions et parts de fonds d'investissement	..	..	..	..	41 183	48 515	54 283	65 778
Actions	..	..	..	..	22 569	26 619	32 986	44 392
Parts de fonds d'investissement	..	..	..	..	18 614	21 897	21 297	21 386
Parts de fonds d'investissement monétaires	..	..	..	..	..	..	..	..
Parts de fonds d'investissement non monétaires	..	..	..	..	..	..	..	..
Systèmes d'assurance, de pensions et garanties standard	..	..	..	..	..	..	..	..
Produits financiers dérivés et options sur titres des salariés	..	..	..	..	296	448	378	567
Autres comptes à recevoir	..	..	..	..	545	601	623	767
Passifs financiers	..	..	..	..	..	..	..	..
Titres de dette	..	..	..	..	..	..	..	..
Titres de dette à court terme	..	..	..	..	..	..	..	..
Titres de dette à long terme	..	..	..	..	..	..	..	..
Crédits	..	..	..	..	..	..	..	..
Crédits à court terme	..	..	..	..	..	..	..	..
Crédits à long terme	..	..	..	..	..	..	..	..
Actions et parts de fonds d'investissement	..	..	..	..	..	..	..	..
Systèmes d'assurance, de pensions et garanties standard	..	..	..	..	..	..	..	..
Produits financiers dérivés et options sur titres des salariés	..	..	..	..	..	..	..	..
Autres comptes à payer	..	..	..	..	..	..	..	..
Actifs non financiers	..	..	..	..	1	1	1	2
Fonds d'investissement monéaires								
Valeur nette financière	..	..	..	..	..	..	..	..
Actifs financiers	..	..	..	..	10 216	12 017	13 061	13 761
Numéraire et dépôts	..	..	..	..	7 994	8 370	8 213	8 760
Titres de dette	..	..	..	..	2 222	3 647	4 849	5 001
Crédits	..	..	..	..	0	0	0	0
Actions et parts de fonds d'investissement	..	..	..	..	0	0	0	0
Actions	..	..	..	..	0	0	0	0
Parts de fonds d'investissement	..	..	..	..	0	0	0	0
Parts de fonds d'investissement monétaires	..	..	..	..	..	..	..	..
Parts de fonds d'investissement non monétaires	..	..	..	..	..	..	..	..
Systèmes d'assurance, de pensions et garanties standard	..	..	..	..	..	..	..	..
Produits financiers dérivés et options sur titres des salariés	..	..	..	..	0	0	0	0
Autres comptes à recevoir	..	..	..	..	0	0	0	0
Passifs financiers	..	..	..	..	..	..	..	..
Titres de dette	..	..	..	..	..	..	..	..
Titres de dette à court terme	..	..	..	..	..	..	..	..
Titres de dette à long terme	..	..	..	..	..	..	..	..
Crédits	..	..	..	..	..	..	..	..
Crédits à court terme	..	..	..	..	..	..	..	..
Crédits à long terme	..	..	..	..	..	..	..	..
Actions et parts de fonds d'investissement	..	..	..	..	..	..	..	..
Systèmes d'assurance, de pensions et garanties standard	..	..	..	..	..	..	..	..
Produits financiers dérivés et options sur titres des salariés	..	..	..	..	..	..	..	..
Autres comptes à payer	..	..	..	..	..	..	..	..
Actifs non financiers	..	..	..	..	0	0	0	0
Fonds d'investissement non monéaires								
Valeur nette financière	..	..	..	..	..	..	..	..
Actifs financiers	..	..	..	..	77 848	90 999	103 773	123 994
Numéraire et dépôts	..	..	..	..	12 587	13 788	16 225	18 013
Titres de dette	..	..	..	..	23 162	27 600	32 261	38 862
Crédits	..	..	..	..	75	47	4	8
Actions et parts de fonds d'investissement	..	..	..	..	41 183	48 515	54 283	65 778
Actions	..	..	..	..	22 569	26 619	32 986	44 392
Parts de fonds d'investissement	..	..	..	..	18 614	21 897	21 297	21 386
Parts de fonds d'investissement monétaires	..	..	..	..	..	..	..	..
Parts de fonds d'investissement non monétaires	..	..	..	..	..	..	..	..
Systèmes d'assurance, de pensions et garanties standard	..	..	..	..	..	..	..	..
Produits financiers dérivés et options sur titres des salariés	..	..	..	..	296	448	378	567
Autres comptes à recevoir	..	..	..	..	545	601	623	767
Passifs financiers	..	..	..	..	..	..	..	..
Titres de dette	..	..	..	..	..	..	..	..
Titres de dette à court terme	..	..	..	..	..	..	..	..
Titres de dette à long terme	..	..	..	..	..	..	..	..
Crédits	..	..	..	..	..	..	..	..
Crédits à court terme	..	..	..	..	..	..	..	..
Crédits à long terme	..	..	..	..	..	..	..	..
Actions et parts de fonds d'investissement	..	..	..	..	..	..	..	..
Systèmes d'assurance, de pensions et garanties standard	..	..	..	..	..	..	..	..
Produits financiers dérivés et options sur titres des salariés	..	..	..	..	..	..	..	..
Autres comptes à payer	..	..	..	..	..	..	..	..
Actifs non financiers	..	..	..	..	1	1	1	2
Fonds d'investissement non monéaires à capital variable								
Valeur nette financière	..	..	..	..	..	..	..	..
Actifs financiers	..	..	..	..	..	..	..	..

NOUVELLE-ZÉLANDE

Tableau 2. Actifs et passifs financiers des fonds d'investissement *(suite)*

Millions NZD

	2010	2011	2012	2013	2014	2015	2016	2017
Numéraire et dépôts	..	..	..	..	..	..	..	..
Titres de dette	..	..	..	..	..	..	..	..
Crédits	..	..	..	..	..	..	..	..
Actions et parts de fonds d'investissement	..	..	..	..	..	..	..	..
Actions	..	..	..	..	..	..	..	..
Parts de fonds d'investissement	..	..	..	..	..	..	..	..
Parts de fonds d'investissement monétaires	..	..	..	..	..	..	..	..
Parts de fonds d'investissement non monétaires	..	..	..	..	..	..	..	..
Systèmes d'assurance, de pensions et garanties standard	..	..	..	..	..	..	..	..
Produits financiers dérivés et options sur titres des salariés	..	..	..	..	..	..	..	..
Autres comptes à recevoir	..	..	..	..	..	..	..	..
Passifs financiers	..	..	..	..	..	..	..	..
Titres de dette	..	..	..	..	..	..	..	..
Titres de dette à court terme	..	..	..	..	..	..	..	..
Titres de dette à long terme	..	..	..	..	..	..	..	..
Crédits	..	..	..	..	..	..	..	..
Crédits à court terme	..	..	..	..	..	..	..	..
Crédits à long terme	..	..	..	..	..	..	..	..
Actions et parts de fonds d'investissement	..	..	..	..	..	..	..	..
Systèmes d'assurance, de pensions et garanties standard	..	..	..	..	..	..	..	..
Produits financiers dérivés et options sur titres des salariés	..	..	..	..	..	..	..	..
Autres comptes à payer	..	..	..	..	..	..	..	..
Actifs non financiers	..	..	..	..	..	..	..	..
Fonds d'investissement à capital variable								
Valeur nette financière	..	..	..	..	..	..	..	..
Actifs financiers	..	..	..	..	..	..	..	..
Numéraire et dépôts	..	..	..	..	..	..	..	..
Titres de dette	..	..	..	..	..	..	..	..
Crédits	..	..	..	..	..	..	..	..
Actions et parts de fonds d'investissement	..	..	..	..	..	..	..	..
Actions	..	..	..	..	..	..	..	..
Parts de fonds d'investissement	..	..	..	..	..	..	..	..
Parts de fonds d'investissement monétaires	..	..	..	..	..	..	..	..
Parts de fonds d'investissement non monétaires	..	..	..	..	..	..	..	..
Systèmes d'assurance, de pensions et garanties standard	..	..	..	..	..	..	..	..
Produits financiers dérivés et options sur titres des salariés	..	..	..	..	..	..	..	..
Autres comptes à recevoir	..	..	..	..	..	..	..	..
Passifs financiers	..	..	..	..	..	..	..	..
Titres de dette	..	..	..	..	..	..	..	..
Titres de dette à court terme	..	..	..	..	..	..	..	..
Titres de dette à long terme	..	..	..	..	..	..	..	..
Crédits	..	..	..	..	..	..	..	..
Crédits à court terme	..	..	..	..	..	..	..	..
Crédits à long terme	..	..	..	..	..	..	..	..
Actions et parts de fonds d'investissement	..	..	..	..	..	..	..	..
Systèmes d'assurance, de pensions et garanties standard	..	..	..	..	..	..	..	..
Produits financiers dérivés et options sur titres des salariés	..	..	..	..	..	..	..	..
Autres comptes à payer	..	..	..	..	..	..	..	..
Actifs non financiers	..	..	..	..	..	..	..	..

Note : Voir les métadonnées détaillées sur : http://metalinks.oecd.org/instinv/20180905/e532

NOUVELLE-ZÉLANDE

Tableau 3. Actifs et passifs financiers des sociétés d'assurance et fonds de pension

Millions NZD

	2010	2011	2012	2013	2014	2015	2016	2017
Sociétés d'assurance et fonds de pension								
Valeur nette financière	..	..	..	..	..	..	..	..
Actifs financiers	..	..	..	..	..	..	..	..
Numéraire et dépôts	..	..	..	..	..	..	..	..
Titres de dette	..	..	..	..	..	..	..	..
Crédits	..	..	..	..	..	..	..	..
Actions et parts de fonds d'investissement	..	..	..	..	..	..	..	..
Actions	..	..	..	..	..	..	..	..
Parts de fonds d'investissement	..	..	..	..	..	..	..	..
Parts de fonds d'investissement monétaires	..	..	..	..	..	..	..	..
Parts de fonds d'investissement non monétaires	..	..	..	..	..	..	..	..
Systèmes d'assurance, de pensions et garanties standard	..	..	..	..	..	..	..	..
Produits financiers dérivés et options sur titres des salariés	..	..	..	..	..	..	..	..
Autres comptes à recevoir	..	..	..	..	..	..	..	..
Passifs financiers	..	..	..	..	..	..	..	..
Titres de dette	..	..	..	..	..	..	..	..
Titres de dette à court terme	..	..	..	..	..	..	..	..
Titres de dette à long terme	..	..	..	..	..	..	..	..
Crédits	..	..	..	..	..	..	..	..
Crédits à court terme	..	..	..	..	..	..	..	..
Crédits à long terme	..	..	..	..	..	..	..	..
Actions et parts de fonds d'investissement	..	..	..	..	..	..	..	..
Systèmes d'assurance, de pensions et garanties standard	..	..	..	..	..	..	..	..
Produits financiers dérivés et options sur titres des salariés	..	..	..	..	..	..	..	..
Autres comptes à payer	..	..	..	..	..	..	..	..
Actifs non financiers	..	..	..	..	..	..	..	..
Sociétés d'assurance								
Valeur nette financière	..	..	..	..	..	..	..	..
Actifs financiers	..	..	..	..	..	..	..	..
Numéraire et dépôts	..	..	..	..	..	..	..	..
Titres de dette	..	..	..	..	..	..	..	..
Crédits	..	..	..	..	..	..	..	..
Actions et parts de fonds d'investissement	..	..	..	..	..	..	..	..
Actions	..	..	..	..	..	..	..	..
Parts de fonds d'investissement	..	..	..	..	..	..	..	..
Parts de fonds d'investissement monétaires	..	..	..	..	..	..	..	..
Parts de fonds d'investissement non monétaires	..	..	..	..	..	..	..	..
Systèmes d'assurance, de pensions et garanties standard	..	..	..	..	..	..	..	..
Produits financiers dérivés et options sur titres des salariés	..	..	..	..	..	..	..	..
Autres comptes à recevoir	..	..	..	..	..	..	..	..
Passifs financiers	..	..	..	..	..	..	..	..
Titres de dette	..	..	..	..	..	..	..	..
Titres de dette à court terme	..	..	..	..	..	..	..	..
Titres de dette à long terme	..	..	..	..	..	..	..	..
Crédits	..	..	..	..	..	..	..	..
Crédits à court terme	..	..	..	..	..	..	..	..
Crédits à long terme	..	..	..	..	..	..	..	..
Actions et parts de fonds d'investissement	..	..	..	..	..	..	..	..
Systèmes d'assurance, de pensions et garanties standard	..	..	..	..	..	..	..	..
Produits financiers dérivés et options sur titres des salariés	..	..	..	..	..	..	..	..
Autres comptes à payer	..	..	..	..	..	..	..	..
Actifs non financiers	..	..	..	..	..	..	..	..
Fonds de pension								
Valeur nette financière	..	..	..	..	..	..	..	..
Actifs financiers	..	..	..	..	51 701	57 961	64 971	75 791
Numéraire et dépôts	..	..	..	..	3 775	3 957	4 555	5 125
Titres de dette	..	..	..	..	11 469	12 781	14 508	17 752
Crédits	..	..	..	..	22	10	7	12
Actions et parts de fonds d'investissement	..	..	..	..	35 887	40 361	45 141	51 841
Actions	..	..	..	..	14 447	15 823	19 385	25 267
Parts de fonds d'investissement	..	..	..	..	21 440	24 538	25 756	26 574
Parts de fonds d'investissement monétaires	..	..	..	..	..	..	..	..
Parts de fonds d'investissement non monétaires	..	..	..	..	..	..	..	..
Systèmes d'assurance, de pensions et garanties standard	..	..	..	..	..	..	..	..
Produits financiers dérivés et options sur titres des salariés	..	..	..	..	305	585	333	688
Autres comptes à recevoir	..	..	..	..	244	268	427	373
Passifs financiers	..	..	..	..	..	..	..	..
Titres de dette	..	..	..	..	..	..	..	..
Titres de dette à court terme	..	..	..	..	..	..	..	..
Titres de dette à long terme	..	..	..	..	..	..	..	..
Crédits	..	..	..	..	..	..	..	..
Crédits à court terme	..	..	..	..	..	..	..	..
Crédits à long terme	..	..	..	..	..	..	..	..
Actions et parts de fonds d'investissement	..	..	..	..	..	..	..	..
Systèmes d'assurance, de pensions et garanties standard	..	..	..	..	..	..	..	..
Produits financiers dérivés et options sur titres des salariés	..	..	..	..	..	..	..	..
Autres comptes à payer	..	..	..	..	..	..	..	..
Actifs non financiers	..	..	..	..	114	111	117	119

Note : Voir les métadonnées détaillées sur : http://metalinks.oecd.org/instinv/20180905/e532

Tableau 4. Composition du portefeuille par type d'investisseur

En pourcentage des actifs financiers et des passifs financiers

Pour cent

	2010	2011	2012	2013	2014	2015	2016	2017
Fonds d'investissement								
Actifs financiers	..	..	..	..	100.0	100.0	100.0	100.0
Numéraire et dépôts	..	..	..	..	23.4	21.5	20.9	19.4
Titres de dettes	..	..	..	..	28.8	30.3	31.8	31.8
Crédits	..	..	..	..	0.1	0.0	0.0	0.0
Actions et parts de fonds d'investissement	..	..	..	..	46.8	47.1	46.5	47.7
Systèmes d'assurance de pensions et garanties standard	..	..	..	..	0.0	0.0	0.0	0.0
Produits financiers dérivés et options sur titres des salariés	..	..	..	..	0.3	0.4	0.3	0.4
Autres comptes à recevoir	..	..	..	..	0.6	0.6	0.5	0.6
Passifs financiers	..	..	..	..	..	..	..	..
Numéraire et dépôts	..	..	..	..	..	..	..	..
Titres de dettes	..	..	..	..	..	..	..	..
Crédits	..	..	..	..	..	..	..	..
Actions et parts de fonds d'investissement	..	..	..	..	..	..	..	..
Systèmes d'assurance de pensions et garanties standard	..	..	..	..	..	..	..	..
Produits financiers dérivés et options sur titres des salariés	..	..	..	..	..	..	..	..
Autres comptes à recevoir	..	..	..	..	..	..	..	..
Sociétés d'assurance								
Actifs financiers	..	..	..	..	..	..	..	..
Numéraire et dépôts	..	..	..	..	..	..	..	..
Titres de dettes	..	..	..	..	..	..	..	..
Crédits	..	..	..	..	..	..	..	..
Actions et parts de fonds d'investissement	..	..	..	..	..	..	..	..
Systèmes d'assurance de pensions et garanties standard	..	..	..	..	..	..	..	..
Produits financiers dérivés et options sur titres des salariés	..	..	..	..	..	..	..	..
Autres comptes à recevoir	..	..	..	..	..	..	..	..
Passifs financiers	..	..	..	..	..	..	..	..
Numéraire et dépôts	..	..	..	..	..	..	..	..
Titres de dettes	..	..	..	..	..	..	..	..
Crédits	..	..	..	..	..	..	..	..
Actions et parts de fonds d'investissement	..	..	..	..	..	..	..	..
Systèmes d'assurance de pensions et garanties standard	..	..	..	..	..	..	..	..
Produits financiers dérivés et options sur titres des salariés	..	..	..	..	..	..	..	..
Autres comptes à recevoir	..	..	..	..	..	..	..	..
Fonds de pension								
Actifs financiers	..	..	..	..	100.0	100.0	100.0	100.0
Numéraire et dépôts	..	..	..	..	7.3	6.8	7.0	6.8
Titres de dettes	..	..	..	..	22.2	22.1	22.3	23.4
Crédits	..	..	..	..	0.0	0.0	0.0	0.0
Actions et parts de fonds d'investissement	..	..	..	..	69.4	69.6	69.5	68.4
Systèmes d'assurance de pensions et garanties standard	..	..	..	..	0.0	0.0	0.0	0.0
Produits financiers dérivés et options sur titres des salariés	..	..	..	..	0.6	1.0	0.5	0.9
Autres comptes à recevoir	..	..	..	..	0.5	0.5	0.7	0.5
Passifs financiers	..	..	..	..	..	..	..	..
Numéraire et dépôts	..	..	..	..	..	..	..	..
Titres de dettes	..	..	..	..	..	..	..	..
Crédits	..	..	..	..	..	..	..	..
Actions et parts de fonds d'investissement	..	..	..	..	..	..	..	..
Systèmes d'assurance de pensions et garanties standard	..	..	..	..	..	..	..	..
Produits financiers dérivés et options sur titres des salariés	..	..	..	..	..	..	..	..
Autres comptes à recevoir	..	..	..	..	..	..	..	..

Note : Voir les métadonnées détaillées sur : http://metalinks.oecd.org/instinv/20180905/af01

NORVÈGE

Tableau 1. Actifs et passifs financiers des investisseurs institutionnels, 2017

Millions NOK

	Total	Fonds d'investissement			
		Fonds d'investissement non-monétaire			Fonds d'investissement monétaires
		Total	Fonds d'investissement à capital variable, non monétaire	Fonds d'investissement à capital fixe, non monétaire	Total
Actifs financiers	..	..	1 084 910	..	105 981
Numéraire et dépôts	..	..	28 115	..	12 093
Titres de dette	..	..	344 594	..	86 545
Titres de dette à court terme	..	..	15 747	..	14 612
Titres de dette à long terme	..	..	328 847	..	71 933
Titres de dette émis par les résidents	..	..	213 672	..	82 115
Titres de dette émis par les non-résidents	..	..	130 922	..	4 430
Crédits	..	..	0	..	..
Crédits à court terme	..	..	..	..	..
Crédits à long terme	..	..	0	..	..
Crédits accordés aux résidents	..	..	0	..	..
Crédits accordés aux non-résidents	..	..	..	..	..
Actions et parts de fonds d'investissement	..	..	696 490	..	6 929
Actions et parts de fonds d'investissements émises par les résidents	..	..	271 601	..	6 923
Actions et part de fonds d'investissements émises par les non-résidents	..	..	424 889	..	..
Autres comptes à recevoir	..	..	18 972	..	414

	Total	Fonds d'investissement			
		Fonds d'investissement non-monétaire			Fonds d'investissement monétaires
		Total	Fonds d'investissement à capital variable, non monétaire	Fonds d'investissement à capital fixe, non monétaire	Total
Pasifs financiers	..	..	1 083 303	..	106 193
Numéraire et dépôts	..	..	..	..	..
Titres de dette	..	..	..	..	..
Titres de dette à court terme	..	..	..	..	..
Titres de dette à long terme	..	..	..	..	..
Crédits	..	..	1 427	..	..
Crédits à court terme	..	..	1 427	..	..
Crédits à long terme	..	..	..	..	..
Actions et parts de fonds d'investissement	..	..	1 077 483	..	105 831
Systèmes d'assurance, de pensions et garanties standard	..	..	..	..	..
Produits financiers dérivés et options sur titres des salariés	..	..	..	..	..
Autres comptes à payer	..	..	4 393	..	362

	Total	Sociétés d'assurance et fonds de pension autonomes			
		Sociétés d'assurance			Fonds de pension autonomes
		Total	Sociétés d'assurance vie	Sociétés d'assurance non-vie	Total
Actifs financiers	2 089 300	1 734 982	1 498 688	236 294	354 318
Numéraire et dépôts	42 979	35 828	26 121	9 707	7 151
Titres de dette	790 456	649 759	550 107	99 652	140 697
Titres de dette à court terme	32 352	27 260	17 131	10 129	5 092
Titres de dette à long terme	758 104	622 499	532 976	89 523	135 605
Titres de dette émis par les résidents	433 016	312 951	244 897	68 054	120 065
Titres de dette émis par les non-résidents	357 440	336 808	305 210	31 598	20 632
Crédits	129 248	127 448	125 323	2 125	1 800
Crédits à court terme	0	0	0	0	..
Crédits à long terme	129 248	127 448	125 323	2 125	1 800
Crédits accordés aux résidents	121 219	119 543	117 418	2 125	1 676
Crédits accordés aux non-résidents	8 029	7 905	7 905	0	124
Actions et parts de fonds d'investissement	1 040 100	837 960	787 184	50 776	202 140
Actions et parts de fonds d'investissement émises par les résidents	738 825	612 034	586 058	25 976	126 791
Actions et parts de fonds d'investissement émises par les non-résidents	301 275	225 926	201 126	24 800	75 349
Autrescomptes à recevoir	61 916	59 705	6 274	53 431	2 211

	Total	Sociétés d'assurance et fonds de pension autonomes			
		Sociétés d'assurance			Fonds de pension autonomes
		Total	Sociétés d'assurance vie	Sociétés d'assurance non-vie	Total
Pasifs financiers	2 135 768	1 787 245	1 502 368	284 877	348 523
Numéraire et dépôts	..	..	..	..	..
Titres de dette	23 759	23 729	20 065	3 664	30
Titres de dette à court terme	..	..	..	..	..
Titres de dette à long terme	23 759	23 729	20 065	3 664	30
Crédits	12 216	11 781	11 403	378	435
Crédits à court terme	1 149	1 149	1 137	12	..
Crédits à long terme	11 067	10 632	10 266	366	435
Actions et parts de fonds d'investissement	285 680	250 161	101 943	148 218	35 519
Systèmes d'assurance, de pensions et garanties standard	1 781 437	1 470 277	1 350 634	119 643	311 160
Produits financiers dérivés et options sur titres des salariés	6 543	6 030	5 629	401	513
Autres comptes à payer	26 133	25 267	12 694	12 573	866

Note : Voir les métadonnées détaillées sur : http://metalinks.oecd.org/instinv/20180905/e532

Tableau 2. Actifs et passifs financiers des fonds d'investissement

Millions NOK

	2010	2011	2012	2013	2014	2015	2016	2017
Fonds d'investissement								
Valeur nette financière	..	..	..	..	..	..	..	..
Actifs financiers	..	..	..	..	..	..	..	..
Numéraire et dépôts	..	..	..	..	..	..	..	..
Titres de dette	..	..	..	..	..	..	..	..
Crédits	..	..	..	..	..	..	..	..
Actions et parts de fonds d'investissement	..	..	..	..	..	..	..	..
Actions	..	..	..	..	..	..	..	..
Parts de fonds d'investissement	..	..	..	..	..	..	..	..
Parts de fonds d'investissement monétaires	..	..	..	..	..	..	..	..
Parts de fonds d'investissement non monétaires	..	..	..	..	..	..	..	..
Systèmes d'assurance, de pensions et garanties standard	..	..	..	..	..	..	..	..
Produits financiers dérivés et options sur titres des salariés	..	..	..	..	..	..	..	..
Autres comptes à recevoir	..	..	..	..	..	..	..	..
Passifs financiers	..	..	..	..	..	..	..	..
Titres de dette	..	..	..	..	..	..	..	..
Titres de dette à court terme	..	..	..	..	..	..	..	..
Titres de dette à long terme	..	..	..	..	..	..	..	..
Crédits	..	..	..	..	..	..	..	..
Crédits à court terme	..	..	..	..	..	..	..	..
Crédits à long terme	..	..	..	..	..	..	..	..
Actions et parts de fonds d'investissement	..	..	..	..	..	..	..	..
Systèmes d'assurance, de pensions et garanties standard	..	..	..	..	..	..	..	..
Produits financiers dérivés et options sur titres des salariés	..	..	..	..	..	..	..	..
Autres comptes à payer	..	..	..	..	..	..	..	..
Actifs non financiers	..	..	..	..	..	..	..	..
Fonds d'investissement monéaires								
Valeur nette financière	-1 318	265	573	745	48	58	39	-212
Actifs financiers	109 163	120 275	96 333	91 353	86 717	82 313	95 853	105 981
Numéraire et dépôts	6 845	5 494	10 993	12 715	13 422	10 216	10 187	12 093
Titres de dette	85 875	98 069	77 127	68 707	66 345	65 384	77 962	86 545
Crédits	..	..	..	..	..	..	..	..
Actions et parts de fonds d'investissement	15 488	16 006	7 605	8 614	6 505	6 377	7 288	6 929
Actions	..	..	..	..	..	..	..	..
Parts de fonds d'investissement	15 488	16 006	7 605	8 614	6 505	6 377	7 288	6 929
Parts de fonds d'investissement monétaires	15 488	16 006	7 592	8 560	6 468	6 364	7 282	6 923
Parts de fonds d'investissement non monétaires	0	0	13	54	37	13	6	6
Systèmes d'assurance, de pensions et garanties standard	..	..	..	..	..	..	..	..
Produits financiers dérivés et options sur titres des salariés	..	..	..	..	..	..	..	..
Autres comptes à recevoir	955	706	608	1 317	445	336	416	414
Passifs financiers	110 481	120 010	95 760	90 608	86 669	82 255	95 814	106 193
Titres de dette	..	..	..	..	..	..	..	..
Titres de dette à court terme	..	..	..	..	..	..	..	..
Titres de dette à long terme	..	..	..	..	..	..	..	..
Crédits	..	..	..	..	..	..	..	..
Crédits à court terme	..	..	..	..	..	..	..	..
Crédits à long terme	..	..	..	..	..	..	..	..
Actions et parts de fonds d'investissement	110 146	119 472	95 520	89 545	86 236	81 929	95 450	105 831
Systèmes d'assurance, de pensions et garanties standard	..	..	..	..	..	..	..	..
Produits financiers dérivés et options sur titres des salariés	..	..	..	..	..	..	..	..
Autres comptes à payer	335	538	240	1 063	433	326	364	362
Actifs non financiers	..	..	..	..	..	..	..	..
Fonds d'investissement non monéaires								
Valeur nette financière	..	..	..	..	..	..	..	..
Actifs financiers	..	..	..	..	..	..	..	..
Numéraire et dépôts	..	..	..	..	..	..	..	..
Titres de dette	..	..	..	..	..	..	..	..
Crédits	..	..	..	..	..	..	..	..
Actions et parts de fonds d'investissement	..	..	..	..	..	..	..	..
Actions	..	..	..	..	..	..	..	..
Parts de fonds d'investissement	..	..	..	..	..	..	..	..
Parts de fonds d'investissement monétaires	..	..	..	..	..	..	..	..
Parts de fonds d'investissement non monétaires	..	..	..	..	..	..	..	..
Systèmes d'assurance, de pensions et garanties standard	..	..	..	..	..	..	..	..
Produits financiers dérivés et options sur titres des salariés	..	..	..	..	..	..	..	..
Autres comptes à recevoir	..	..	..	..	..	..	..	..
Passifs financiers	..	..	..	..	..	..	..	..
Titres de dette	..	..	..	..	..	..	..	..
Titres de dette à court terme	..	..	..	..	..	..	..	..
Titres de dette à long terme	..	..	..	..	..	..	..	..
Crédits	..	..	..	..	..	..	..	..
Crédits à court terme	..	..	..	..	..	..	..	..
Crédits à long terme	..	..	..	..	..	..	..	..
Actions et parts de fonds d'investissement	..	..	..	..	..	..	..	..
Systèmes d'assurance, de pensions et garanties standard	..	..	..	..	..	..	..	..
Produits financiers dérivés et options sur titres des salariés	..	..	..	..	..	..	..	..
Autres comptes à payer	..	..	..	..	..	..	..	..
Actifs non financiers	..	..	..	..	..	..	..	..
Fonds d'investissement non monéaires à capital variable								
Valeur nette financière	4 194	2 719	-319	-821	-444	760	4 203	1 607
Actifs financiers	435 788	409 383	517 237	639 825	824 238	890 791	959 928	1 084 910

NORVÈGE

Tableau 2. Actifs et passifs financiers des fonds d'investissement *(suite)*

Millions NOK

	2010	2011	2012	2013	2014	2015	2016	2017
Numéraire et dépôts	13 080	16 470	16 293	18 721	26 214	32 916	25 724	28 115
Titres de dette	89 792	107 306	158 212	178 034	293 703	314 880	329 125	344 594
Crédits	0	0	0	0	0	0	0	0
Actions et parts de fonds d'investissement	327 629	282 251	330 059	437 547	498 160	536 473	596 414	696 490
Actions	273 308	232 679	259 667	341 971	378 923	398 798	436 982	524 367
Parts de fonds d'investissement	54 321	49 572	70 392	95 576	119 237	137 675	159 432	172 123
Parts de fonds d'investissement monétaires	0	0	6 274	4 895	5 977	6 372	6 816	3 742
Parts de fonds d'investissement non monétaires	54 321	49 572	64 118	90 681	113 260	131 303	152 616	168 381
Systèmes d'assurance, de pensions et garanties standard	..	..	..	..	..	..	..	..
Produits financiers dérivés et options sur titres des salariés	0	0	705	-190	-5 349	-5 523	-3 261	-3 261
Autres comptes à recevoir	5 287	3 356	11 968	5 713	11 510	12 045	11 926	18 972
Passifs financiers	431 594	406 664	517 556	640 646	824 682	890 031	955 725	1 083 303
Titres de dette	..	..	..	..	..	..	..	..
Titres de dette à court terme	..	..	..	..	..	..	..	..
Titres de dette à long terme	..	..	..	..	..	..	..	..
Crédits	0	0	1 113	650	1 978	9 868	435	1 427
Crédits à court terme	0	0	1 113	650	1 978	9 868	435	1 427
Crédits à long terme	..	..	..	..	..	..	..	..
Actions et parts de fonds d'investissement	431 521	406 598	513 910	636 305	818 518	876 168	950 878	1 077 483
Systèmes d'assurance, de pensions et garanties standard	..	..	..	..	..	..	..	..
Produits financiers dérivés et options sur titres des salariés	..	..	..	..	..	..	..	..
Autres comptes à payer	73	66	2 533	3 691	4 186	3 995	4 412	4 393
Actifs non financiers	..	..	..	..	..	..	..	..
Fonds d'investissement à capital variable								
Valeur nette financière	2 876	2 984	254	-76	-396	818	4 242	1 395
Actifs financiers	544 951	529 658	613 570	731 178	910 955	973 104	1 055 781	1 190 891
Numéraire et dépôts	19 925	21 964	27 286	31 436	39 636	43 132	35 911	40 208
Titres de dette	175 667	205 375	235 339	246 741	360 048	380 264	407 087	431 139
Crédits	0	0	0	0	0	0	0	0
Actions et parts de fonds d'investissement	343 117	298 257	337 664	446 161	504 665	542 850	603 702	703 419
Actions	273 308	232 679	259 667	341 971	378 923	398 798	436 982	524 367
Parts de fonds d'investissement	69 809	65 578	77 997	104 190	125 742	144 052	166 720	179 052
Parts de fonds d'investissement monétaires	15 488	16 006	13 866	13 455	12 445	12 736	14 098	10 665
Parts de fonds d'investissement non monétaires	54 321	49 572	64 131	90 735	113 297	131 316	152 622	168 387
Systèmes d'assurance, de pensions et garanties standard	..	..	..	..	..	..	..	..
Produits financiers dérivés et options sur titres des salariés	0	0	705	-190	-5 349	-5 523	-3 261	-3 261
Autres comptes à recevoir	6 242	4 062	12 576	7 030	11 955	12 381	12 342	19 386
Passifs financiers	542 075	526 674	613 316	731 254	911 351	972 286	1 051 539	1 189 496
Titres de dette	..	..	..	..	..	..	..	..
Titres de dette à court terme	..	..	..	..	..	..	..	..
Titres de dette à long terme	..	..	..	..	..	..	..	..
Crédits	0	0	1 113	650	1 978	9 868	435	1 427
Crédits à court terme	0	0	1 113	650	1 978	9 868	435	1 427
Crédits à long terme	..	..	..	..	..	..	..	..
Actions et parts de fonds d'investissement	541 667	526 070	609 430	725 850	904 754	958 097	1 046 328	1 183 314
Systèmes d'assurance, de pensions et garanties standard	..	..	..	..	..	..	..	..
Produits financiers dérivés et options sur titres des salariés	..	..	..	..	..	..	..	..
Autres comptes à payer	408	604	2 773	4 754	4 619	4 321	4 776	4 755
Actifs non financiers	..	..	..	..	..	..	..	..

Note : Voir les métadonnées détaillées sur : http://metalinks.oecd.org/instinv/20180905/e532

NORVÈGE

Tableau 3. Actifs et passifs financiers des sociétés d'assurance et fonds de pension

Millions NOK

	2010	2011	2012	2013	2014	2015	2016	2017
Sociétés d'assurance et fonds de pension								
Valeur nette financière	26 183	19 050	-21 067	-35 027	-32 506	-50 471	-36 932	-46 468
Actifs financiers	1 209 650	1 273 579	1 410 068	1 554 334	1 717 301	1 833 440	1 943 795	2 089 300
Numéraire et dépôts	39 519	38 768	44 378	54 388	45 782	48 798	43 034	42 979
Titres de dette	550 608	615 902	670 508	731 343	702 253	732 349	758 113	790 456
Crédits	57 450	54 059	53 658	64 870	84 510	94 916	118 518	129 248
Actions et parts de fonds d'investissement	485 463	492 237	567 563	626 038	802 131	870 620	939 580	1 040 100
Actions	260 160	218 490	242 317	246 444	270 419	289 094	304 539	320 400
Parts de fonds d'investissement	225 303	273 747	325 246	379 594	531 712	581 526	635 041	719 700
Parts de fonds d'investissement monétaires	32 236	41 235	36 833	32 472	30 393	26 770	27 492	26 221
Parts de fonds d'investissement non monétaires	193 067	232 512	288 413	347 122	501 319	554 756	607 549	693 479
Systèmes d'assurance, de pensions et garanties standard	13 369	13 065	14 209	16 270	16 147	19 446	18 157	21 311
Produits financiers dérivés et options sur titres des salariés	3 856	1 509	5 568	3 829	4 928	3 917	5 465	3 290
Autres comptes à recevoir	59 385	58 039	54 184	57 596	61 550	63 394	60 928	61 916
Passifs financiers	1 183 467	1 254 529	1 431 135	1 589 361	1 749 807	1 883 911	1 980 727	2 135 768
Titres de dette	11 147	10 994	11 016	11 377	13 162	20 190	20 730	23 759
Titres de dette à court terme	..	..	..	..	..	..	..	..
Titres de dette à long terme	11 147	10 994	11 016	11 377	13 162	20 190	20 730	23 759
Crédits	4 320	4 393	4 775	3 859	4 565	11 237	12 392	12 216
Crédits à court terme	5	0	37	25	31	375	1 099	1 149
Crédits à long terme	4 315	4 393	4 738	3 834	4 534	10 862	11 293	11 067
Actions et parts de fonds d'investissement	71 243	90 483	175 434	208 441	227 487	261 368	262 897	285 680
Systèmes d'assurance, de pensions et garanties standard	1 076 188	1 120 210	1 214 058	1 336 457	1 460 755	1 553 788	1 651 951	1 781 437
Produits financiers dérivés et options sur titres des salariés	1 699	2 083	2 241	4 141	18 398	12 398	7 658	6 543
Autres comptes à payer	18 870	26 366	23 611	25 086	25 440	24 930	25 099	26 133
Actifs non financiers	..	..	..	..	..	..	..	..
Sociétés d'assurance								
Valeur nette financière	54 485	47 435	-14 545	-31 169	-32 548	-53 642	-40 755	-52 263
Actifs financiers	1 027 696	1 088 313	1 186 282	1 297 926	1 426 709	1 516 458	1 608 496	1 734 982
Numéraire et dépôts	33 745	32 732	38 011	48 304	38 262	41 539	35 839	35 828
Titres de dette	451 003	502 667	555 750	607 913	570 479	594 549	619 958	649 759
Crédits	55 191	51 949	51 131	61 935	81 978	92 879	116 718	127 448
Actions et parts de fonds d'investissement	417 530	434 270	469 566	503 374	655 369	702 665	753 919	837 960
Actions	228 707	193 022	208 176	206 167	226 911	241 843	251 908	267 680
Parts de fonds d'investissement	188 823	241 248	261 390	297 207	428 458	460 822	502 011	570 280
Parts de fonds d'investissement monétaires	32 236	41 235	32 278	26 499	23 474	18 930	19 482	18 719
Parts de fonds d'investissement non monétaires	156 587	200 013	229 112	270 708	404 984	441 892	482 529	551 561
Systèmes d'assurance, de pensions et garanties standard	13 369	13 065	14 209	16 270	16 147	19 446	18 157	21 311
Produits financiers dérivés et options sur titres des salariés	3 856	1 509	4 996	3 611	4 612	3 660	5 169	2 971
Autres comptes à recevoir	53 002	52 121	52 619	56 519	59 862	61 720	58 736	59 705
Passifs financiers	973 211	1 040 878	1 200 827	1 329 095	1 459 257	1 570 100	1 649 251	1 787 245
Titres de dette	11 147	10 994	10 779	11 030	13 161	20 190	20 730	23 729
Titres de dette à court terme	..	..	..	..	..	..	..	..
Titres de dette à long terme	11 147	10 994	10 779	11 030	13 161	20 190	20 730	23 729
Crédits	4 320	4 393	4 280	3 347	4 118	10 813	11 957	11 781
Crédits à court terme	5	0	37	25	31	375	1 099	1 149
Crédits à long terme	4 315	4 393	4 243	3 322	4 087	10 438	10 858	10 632
Actions et parts de fonds d'investissement	53 848	72 861	153 763	184 007	200 521	230 210	227 378	250 161
Systèmes d'assurance, de pensions et garanties standard	884 472	925 684	1 007 028	1 102 384	1 201 068	1 273 685	1 357 862	1 470 277
Produits financiers dérivés et options sur titres des salariés	1 699	2 083	2 169	3 810	15 939	11 051	7 090	6 030
Autres comptes à payer	17 725	24 863	22 808	24 517	24 450	24 151	24 234	25 267
Actifs non financiers	..	..	..	..	..	..	..	..
Fonds de pension								
Valeur nette financière	-28 302	-28 385	-6 522	-3 858	42	3 171	3 823	5 795
Actifs financiers	181 954	185 266	223 786	256 408	290 592	316 982	335 299	354 318
Numéraire et dépôts	5 774	6 036	6 367	6 084	7 520	7 259	7 195	7 151
Titres de dette	99 605	113 235	114 758	123 430	131 774	137 800	138 155	140 697
Crédits	2 259	2 110	2 527	2 935	2 532	2 037	1 800	1 800
Actions et parts de fonds d'investissement	67 933	57 967	97 997	122 664	146 762	167 955	185 661	202 140
Actions	31 453	25 468	34 141	40 277	43 508	47 251	52 631	52 720
Parts de fonds d'investissement	36 480	32 499	63 856	82 387	103 254	120 704	133 030	149 420
Parts de fonds d'investissement monétaires	0	0	4 555	5 973	6 919	7 840	8 010	7 502
Parts de fonds d'investissement non monétaires	36 480	32 499	59 301	76 414	96 335	112 864	125 020	141 918
Systèmes d'assurance, de pensions et garanties standard	..	..	..	..	..	..	..	..
Produits financiers dérivés et options sur titres des salariés	0	0	572	218	316	257	296	319
Autres comptes à recevoir	6 383	5 918	1 565	1 077	1 688	1 674	2 192	2 211
Passifs financiers	210 256	213 651	230 308	260 266	290 550	313 811	331 476	348 523
Titres de dette	0	0	237	347	1	0	0	30
Titres de dette à court terme	..	..	..	..	..	..	..	..
Titres de dette à long terme	0	0	237	347	1	0	0	30
Crédits	0	0	495	512	447	424	435	435
Crédits à court terme	..	..	..	..	..	..	..	..
Crédits à long terme	0	0	495	512	447	424	435	435
Actions et parts de fonds d'investissement	17 395	17 622	21 671	24 434	26 966	31 158	35 519	35 519
Systèmes d'assurance, de pensions et garanties standard	191 716	194 526	207 030	234 073	259 687	280 103	294 089	311 160
Produits financiers dérivés et options sur titres des salariés	0	0	72	331	2 459	1 347	568	513
Autres comptes à payer	1 145	1 503	803	569	990	779	865	866
Actifs non financiers	..	..	..	..	..	..	..	..

Note : Voir les métadonnées détaillées sur : http://metalinks.oecd.org/instinv/20180905/e532

Tableau 4. Composition du portefeuille par type d'investisseur

En pourcentage des actifs financiers et des passifs financiers

Pour cent

	2010	2011	2012	2013	2014	2015	2016	2017
Fonds d'investissement								
Actifs financiers	..	..	..	..	..	..	..	..
Numéraire et dépôts	..	..	..	..	..	..	..	..
Titres de dettes	..	..	..	..	..	..	..	..
Crédits	..	..	..	..	..	..	..	..
Actions et parts de fonds d'investissement	..	..	..	..	..	..	..	..
Systèmes d'assurance de pensions et garanties standard	..	..	..	..	..	..	..	..
Produits financiers dérivés et options sur titres des salariés	..	..	..	..	..	..	..	..
Autres comptes à recevoir	..	..	..	..	..	..	..	..
Passifs financiers	..	..	..	..	..	..	..	..
Numéraire et dépôts	..	..	..	..	..	..	..	..
Titres de dettes	..	..	..	..	..	..	..	..
Crédits	..	..	..	..	..	..	..	..
Actions et parts de fonds d'investissement	..	..	..	..	..	..	..	..
Systèmes d'assurance de pensions et garanties standard	..	..	..	..	..	..	..	..
Produits financiers dérivés et options sur titres des salariés	..	..	..	..	..	..	..	..
Autres comptes à recevoir	..	..	..	..	..	..	..	..
Sociétés d'assurance								
Actifs financiers	100.0	100.0	100.0	100.0	100.0	100.0	100.0	100.0
Numéraire et dépôts	3.3	3.0	3.2	3.7	2.7	2.7	2.2	2.1
Titres de dettes	43.9	46.2	46.8	46.8	40.0	39.2	38.5	37.5
Crédits	5.4	4.8	4.3	4.8	5.7	6.1	7.3	7.3
Actions et parts de fonds d'investissement	40.6	39.9	39.6	38.8	45.9	46.3	46.9	48.3
Systèmes d'assurance de pensions et garanties standard	1.3	1.2	1.2	1.3	1.1	1.3	1.1	1.2
Produits financiers dérivés et options sur titres des salariés	0.4	0.1	0.4	0.3	0.3	0.2	0.3	0.2
Autres comptes à recevoir	5.2	4.8	4.4	4.4	4.2	4.1	3.7	3.4
Passifs financiers	100.0	100.0	100.0	100.0	100.0	100.0	100.0	100.0
Numéraire et dépôts	0.0	0.0	0.0	0.0	0.0	0.0	0.0	0.0
Titres de dettes	1.1	1.1	0.9	0.8	0.9	1.3	1.3	1.3
Crédits	0.4	0.4	0.4	0.3	0.3	0.7	0.7	0.7
Actions et parts de fonds d'investissement	5.5	7.0	12.8	13.8	13.7	14.7	13.8	14.0
Systèmes d'assurance de pensions et garanties standard	90.9	88.9	83.9	82.9	82.3	81.1	82.3	82.3
Produits financiers dérivés et options sur titres des salariés	0.2	0.2	0.2	0.3	1.1	0.7	0.4	0.3
Autres comptes à recevoir	1.8	2.4	1.9	1.8	1.7	1.5	1.5	1.4
Fonds de pension								
Actifs financiers	100.0	100.0	100.0	100.0	100.0	100.0	100.0	100.0
Numéraire et dépôts	3.2	3.3	2.8	2.4	2.6	2.3	2.1	2.0
Titres de dettes	54.7	61.1	51.3	48.1	45.3	43.5	41.2	39.7
Crédits	1.2	1.1	1.1	1.1	0.9	0.6	0.5	0.5
Actions et parts de fonds d'investissement	37.3	31.3	43.8	47.8	50.5	53.0	55.4	57.1
Systèmes d'assurance de pensions et garanties standard	0.0	0.0	0.0	0.0	0.0	0.0	0.0	0.0
Produits financiers dérivés et options sur titres des salariés	0.0	0.0	0.3	0.1	0.1	0.1	0.1	0.1
Autres comptes à recevoir	3.5	3.2	0.7	0.4	0.6	0.5	0.7	0.6
Passifs financiers	100.0	100.0	100.0	100.0	100.0	100.0	100.0	100.0
Numéraire et dépôts	0.0	0.0	0.0	0.0	0.0	0.0	0.0	0.0
Titres de dettes	0.0	0.0	0.1	0.1	0.0	0.0	0.0	0.0
Crédits	0.0	0.0	0.2	0.2	0.2	0.1	0.1	0.1
Actions et parts de fonds d'investissement	8.3	8.2	9.4	9.4	9.3	9.9	10.7	10.2
Systèmes d'assurance de pensions et garanties standard	91.2	91.0	89.9	89.9	89.4	89.3	88.7	89.3
Produits financiers dérivés et options sur titres des salariés	0.0	0.0	0.0	0.1	0.8	0.4	0.2	0.1
Autres comptes à recevoir	0.5	0.7	0.3	0.2	0.3	0.2	0.3	0.2

Note : Voir les métadonnées détaillées sur : http://metalinks.oecd.org/instinv/20180905/af01

POLOGNE

Tableau 1. Actifs et passifs financiers des investisseurs institutionnels, 2017

Millions PLN

	Total	Fonds d'investissement			
		Fonds d'investissement non-monétaire			Fonds d'investissement monétaires
		Total	Fonds d'investissement à capital variable, non monétaire	Fonds d'investissement à capital fixe, non monétaire	Total
Actifs financiers	..	316 463	159 502	156 961	..
Numéraire et dépôts	..	21 000	11 925	9 075	..
Titres de dette	..	139 954	94 280	45 674	..
Titres de dette à court terme	..	3 878	2 389	1 489	..
Titres de dette à long terme	..	136 076	91 891	44 185	..
Titres de dette émis par les résidents	..	119 410	84 019	35 391	..
Titres de dette émis par les non-résidents	..	20 543	10 261	10 282	..
Crédits	..	8 077	..	7 986	..
Crédits à court terme	..	..	..	576	..
Crédits à long terme	..	..	..	7 410	..
Crédits accordés aux résidents	..	..	..	5 715	..
Crédits accordés aux non-résidents	..	2 272	0	2 272	..
Actions et parts de fonds d'investissement	..	117 655	51 303	66 352	..
Actions et parts de fonds d'investissements émises par les résidents	..	62 901	31 122	31 779	..
Actions et part de fonds d'investissements émises par les non-résidents	..	..	20 181	..	..
Autres comptes à recevoir	..	29 109	1 495	27 614	..

	Total	Fonds d'investissement			
		Fonds d'investissement non-monétaire			Fonds d'investissement monétaires
		Total	Fonds d'investissement à capital variable, non monétaire	Fonds d'investissement à capital fixe, non monétaire	Total
Pasifs financiers	..	..	159 502	161 723	..
Numéraire et dépôts	..	..	..	..	..
Titres de dette	..	..	..	..	..
Titres de dette à court terme	..	..	..	..	..
Titres de dette à long terme	..	..	..	..	..
Crédits	..	4 539	3 906	633	..
Crédits à court terme	..	4 329	3 906	423	..
Crédits à long terme	..	210	0	210	..
Actions et parts de fonds d'investissement	..	302 531	150 578	151 953	..
Systèmes d'assurance, de pensions et garanties standard	..	..	..	..	..
Produits financiers dérivés et options sur titres des salariés	..	118	38	80	..
Autres comptes à payer	..	14 036	4 979	9 057	..

	Total	Sociétés d'assurance et fonds de pension autonomes			
		Sociétés d'assurance			Fonds de pension autonomes
		Total	Sociétés d'assurance vie	Sociétés d'assurance non-vie	Total
Actifs financiers	..	..	..	..	181 845
Numéraire et dépôts	..	..	..	..	12 019
Titres de dette	..	..	..	..	15 737
Titres de dette à court terme	..	..	..	..	0 e
Titres de dette à long terme	..	..	..	..	15 737 e
Titres de dette émis par les résidents	..	..	..	..	13 881 e
Titres de dette émis par les non-résidents	..	..	..	..	1 856 e
Crédits	..	..	..	..	0
Crédits à court terme	..	..	..	..	0
Crédits à long terme	..	..	..	..	0
Crédits accordés aux résidents	..	..	..	..	0
Crédits accordés aux non-résidents	..	..	..	..	0
Actions et parts de fonds d'investissement	..	..	..	..	153 778
Actions et parts de fonds d'investissement émises par les résidents	..	..	..	..	136 743 e
Actions et parts de fonds d'investissement émises par les non-résidents	..	..	..	..	17 035 e
Autrescomptes à recevoir	..	..	..	..	311

	Total	Sociétés d'assurance et fonds de pension autonomes			
		Sociétés d'assurance			Fonds de pension autonomes
		Total	Sociétés d'assurance vie	Sociétés d'assurance non-vie	Total
Pasifs financiers	..	..	..	..	181 845
Numéraire et dépôts	..	..	..	..	0
Titres de dette	..	..	..	..	0
Titres de dette à court terme	..	..	..	..	0
Titres de dette à long terme	..	..	..	..	0
Crédits	..	..	..	..	0
Crédits à court terme	..	..	..	..	0
Crédits à long terme	..	..	..	..	0
Actions et parts de fonds d'investissement	..	..	..	..	0
Systèmes d'assurance, de pensions et garanties standard	..	..	..	..	181 393
Produits financiers dérivés et options sur titres des salariés	..	..	..	..	0
Autres comptes à payer	..	..	..	..	452

Note : Voir les métadonnées détaillées sur : http://metalinks.oecd.org/instinv/20180905/fc43

Tableau 2. Actifs et passifs financiers des fonds d'investissement

Millions PLN

	2010	2011	2012	2013	2014	2015	2016	2017
Fonds d'investissement								
Valeur nette financière	..	..	..	..	..	..	..	..
Actifs financiers	..	..	..	..	..	..	..	..
Numéraire et dépôts	..	..	..	..	..	..	..	..
Titres de dette	..	..	..	..	..	..	..	..
Crédits	..	..	..	..	..	..	..	..
Actions et parts de fonds d'investissement	..	..	..	..	..	..	..	..
Actions	..	..	..	..	..	..	..	..
Parts de fonds d'investissement	..	..	..	..	..	..	..	..
Parts de fonds d'investissement monétaires	..	..	..	..	..	..	..	..
Parts de fonds d'investissement non monétaires	..	..	..	..	..	..	..	..
Systèmes d'assurance, de pensions et garanties standard	..	..	..	..	..	..	..	..
Produits financiers dérivés et options sur titres des salariés	..	..	..	..	..	..	..	..
Autres comptes à recevoir	..	..	..	..	..	..	..	..
Passifs financiers	..	..	..	..	..	..	..	..
Titres de dette	..	..	..	..	..	..	..	..
Titres de dette à court terme	..	..	..	..	..	..	..	..
Titres de dette à long terme	..	..	..	..	..	..	..	..
Crédits	..	..	..	..	..	..	..	..
Crédits à court terme	..	..	..	..	..	..	..	..
Crédits à long terme	..	..	..	..	..	..	..	..
Actions et parts de fonds d'investissement	..	..	..	..	..	..	..	..
Systèmes d'assurance, de pensions et garanties standard	..	..	..	..	..	..	..	..
Produits financiers dérivés et options sur titres des salariés	..	..	..	..	..	..	..	..
Autres comptes à payer	..	..	..	..	..	..	..	..
Actifs non financiers	..	..	..	..	..	..	..	..
Fonds d'investissement monéaires								
Valeur nette financière	..	..	..	..	..	..	..	..
Actifs financiers	..	..	..	..	..	..	..	..
Numéraire et dépôts	..	..	..	..	..	..	..	..
Titres de dette	..	..	..	..	..	..	..	..
Crédits	..	..	..	..	..	..	..	..
Actions et parts de fonds d'investissement	..	..	..	..	..	..	..	..
Actions	..	..	..	..	..	..	..	..
Parts de fonds d'investissement	..	..	..	..	..	..	..	..
Parts de fonds d'investissement monétaires	..	..	..	..	..	..	..	..
Parts de fonds d'investissement non monétaires	..	..	..	..	..	..	..	..
Systèmes d'assurance, de pensions et garanties standard	..	..	..	..	..	..	..	..
Produits financiers dérivés et options sur titres des salariés	..	..	..	..	..	..	..	..
Autres comptes à recevoir	..	..	..	..	..	..	..	..
Passifs financiers	..	..	..	..	..	..	..	..
Titres de dette	..	..	..	..	..	..	..	..
Titres de dette à court terme	..	..	..	..	..	..	..	..
Titres de dette à long terme	..	..	..	..	..	..	..	..
Crédits	..	..	..	..	..	..	..	..
Crédits à court terme	..	..	..	..	..	..	..	..
Crédits à long terme	..	..	..	..	..	..	..	..
Actions et parts de fonds d'investissement	..	..	..	..	..	..	..	..
Systèmes d'assurance, de pensions et garanties standard	..	..	..	..	..	..	..	..
Produits financiers dérivés et options sur titres des salariés	..	..	..	..	..	..	..	..
Autres comptes à payer	..	..	..	..	..	..	..	..
Actifs non financiers	..	..	..	..	..	..	..	..
Fonds d'investissement non monéaires								
Valeur nette financière	-2	-4	-3	-749	-2 498	-2 533	-4 121	-4 762
Actifs financiers	133 201	123 794	158 821	209 923	237 992	290 227	285 975	316 463
Numéraire et dépôts	7 644	8 510	12 150	18 749	17 330	21 771	20 358	21 000
Titres de dette	54 247	52 946	66 395	86 207	107 560	118 435	127 630	139 954
Crédits	317	294	402	895	3 796	5 306	6 268	8 077
Actions et parts de fonds d'investissement	67 654	55 869	67 500	88 632	90 023	119 453	..	117 655
Actions	59 437	48 172	59 602	79 090	74 532	102 432	86 089	97 248
Parts de fonds d'investissement	8 217	7 697	7 898	9 542	15 491	17 021	17 679	20 407
Parts de fonds d'investissement monétaires	192	151	0	0	2	6	..	0
Parts de fonds d'investissement non monétaires	8 025	7 546	7 898	9 542	15 489	17 015	17 679	20 407
Systèmes d'assurance, de pensions et garanties standard	..	..	..	..	..	..	..	..
Produits financiers dérivés et options sur titres des salariés	172	144	119	279	297	360	349	668
Autres comptes à recevoir	3 167	6 031	12 255	15 161	18 986	24 902	27 602	29 109
Passifs financiers	133 203	123 798	158 824	210 672	240 490	292 760	..	..
Titres de dette	..	..	..	..	..	..	..	..
Titres de dette à court terme	..	..	..	..	..	..	..	..
Titres de dette à long terme	..	..	..	..	..	..	..	..
Crédits	9 179	4 023	3 627	6 240	11 106	9 777	7 369	4 539
Crédits à court terme	9 179	3 850	3 627	6 166	11 012	9 660	7 099	4 329
Crédits à long terme	0	173	0	74	94	117	270	210
Actions et parts de fonds d'investissement	121 013	116 991	150 428	192 273	216 134	269 914	271 720	302 531
Systèmes d'assurance, de pensions et garanties standard	..	..	..	..	..	..	..	..
Produits financiers dérivés et options sur titres des salariés	86	113	144	120	534	141	179	118
Autres comptes à payer	2 924	2 670	4 627	12 038	12 715	12 928	10 827	14 036
Actifs non financiers	1	1	0	748	2 496	2 535	4 121	4 762
Fonds d'investissement non monéaires à capital variable								
Valeur nette financière	-1	-2	-1	-1	-2	1	0	0
Actifs financiers	107 252	87 657	106 075	128 591	142 814	144 289	137 573	159 502

Tableau 2. Actifs et passifs financiers des fonds d'investissement *(suite)*

Millions PLN

	2010	2011	2012	2013	2014	2015	2016	2017
Numéraire et dépôts	6 062	5 781	8 777	13 373	12 328	11 685	9 713	11 925
Titres de dette	51 147	48 649	60 927	69 103	84 334	84 718	81 034	94 280
Crédits	0	0	2	3	2	2	..	..
Actions et parts de fonds d'investissement	48 734	31 334	34 143	44 069	43 700	45 919	45 312	51 303
Actions	42 528	25 657	28 172	35 747	32 304	30 991	30 825	35 633
Parts de fonds d'investissement	6 206	5 677	5 971	8 322	11 396	14 928	14 487	15 670
Parts de fonds d'investissement monétaires	191	150	0	0	2	6	..	0
Parts de fonds d'investissement non monétaires	6 015	5 527	5 971	8 322	11 394	14 922	14 487	15 670
Systèmes d'assurance, de pensions et garanties standard	..	..	..	..	..	..	..	..
Produits financiers dérivés et options sur titres des salariés	117	102	70	185	69	182	114	408
Autres comptes à recevoir	1 192	1 791	2 156	1 858	2 381	1 783	1 398	1 495
Passifs financiers	107 253	87 659	106 076	128 592	142 816	144 288	137 573	159 502
Titres de dette	..	..	..	..	..	..	..	..
Titres de dette à court terme	..	..	..	..	..	..	..	..
Titres de dette à long terme	..	..	..	..	..	..	..	..
Crédits	9 136	3 772	3 539	5 442	8 137	8 392	6 679	3 906
Crédits à court terme	9 136	3 676	3 539	5 416	8 137	8 392	6 679	3 906
Crédits à long terme	0	96	0	26	0	0	0	0
Actions et parts de fonds d'investissement	96 079	82 463	99 293	115 358	127 583	129 829	126 206	150 578
Systèmes d'assurance, de pensions et garanties standard	..	..	..	..	..	..	..	..
Produits financiers dérivés et options sur titres des salariés	12	42	67	55	420	113	116	38
Autres comptes à payer	2 025	1 381	3 178	7 737	6 675	5 953	4 572	4 979
Actifs non financiers	0	0	0	0	0	0	0	0
Fonds d'investissement à capital variable								
Valeur nette financière	..	..	..	..	..	..	..	..
Actifs financiers	..	..	..	..	..	..	..	..
Numéraire et dépôts	..	..	..	..	..	..	..	..
Titres de dette	..	..	..	..	..	..	..	..
Crédits	..	..	..	..	..	..	..	..
Actions et parts de fonds d'investissement	..	..	..	..	..	..	..	..
Actions	..	..	..	..	..	..	..	..
Parts de fonds d'investissement	..	..	..	..	..	..	..	..
Parts de fonds d'investissement monétaires	..	..	..	..	..	..	..	..
Parts de fonds d'investissement non monétaires	..	..	..	..	..	..	..	..
Systèmes d'assurance, de pensions et garanties standard	..	..	..	..	..	..	..	..
Produits financiers dérivés et options sur titres des salariés	..	..	..	..	..	..	..	..
Autres comptes à recevoir	..	..	..	..	..	..	..	..
Passifs financiers	..	..	..	..	..	..	..	..
Titres de dette	..	..	..	..	..	..	..	..
Titres de dette à court terme	..	..	..	..	..	..	..	..
Titres de dette à long terme	..	..	..	..	..	..	..	..
Crédits	..	..	..	..	..	..	..	..
Crédits à court terme	..	..	..	..	..	..	..	..
Crédits à long terme	..	..	..	..	..	..	..	..
Actions et parts de fonds d'investissement	..	..	..	..	..	..	..	..
Systèmes d'assurance, de pensions et garanties standard	..	..	..	..	..	..	..	..
Produits financiers dérivés et options sur titres des salariés	..	..	..	..	..	..	..	..
Autres comptes à payer	..	..	..	..	..	..	..	..
Actifs non financiers	..	..	..	..	..	..	..	..

Note : Voir les métadonnées détaillées sur : http://metalinks.oecd.org/instinv/20180905/fc43

Tableau 3. Actifs et passifs financiers des sociétés d'assurance et fonds de pension

Millions PLN

	2010	2011	2012	2013	2014	2015	2016	2017
Sociétés d'assurance et fonds de pension								
Valeur nette financière	-2 208	-2 253	-2 340	-2 496	-2 831	-3 045	..	..
Actifs financiers	373 247	378 542	441 731	474 234	334 184	329 381	339 497	..
Numéraire et dépôts	24 072	28 402	36 249	29 340	24 153	21 380	22 265	..
Titres de dette	198 804	211 036	223 591	222 296	80 118	79 760	87 830	..
Crédits	2 124	2 107	3 410	5 116	5 347	3 976	2 850	..
Actions et parts de fonds d'investissement	127 572	115 163	155 137	192 442	197 425	194 438	192 936	..
Actions	96 182	84 156	110 518	137 230	138 276	133 099	142 091	..
Parts de fonds d'investissement	31 390	31 007	44 620	55 212	59 150	61 339	50 845	..
Parts de fonds d'investissement monétaires	..	..	..	..	..	..	..	..
Parts de fonds d'investissement non monétaires	..	..	..	..	..	..	..	..
Systèmes d'assurance, de pensions et garanties standard	5 500	5 639	7 024	6 271	7 194	9 715	6 447	..
Produits financiers dérivés et options sur titres des salariés	313	443	641	653	915	853	611	..
Autres comptes à recevoir	14 861	15 749	15 678	18 118	19 030	19 259	26 558	..
Passifs financiers	375 455	380 795	444 071	476 730	337 015	332 425	341 148	..
Titres de dette	..	..	..	..	..	..	..	..
Titres de dette à court terme	..	..	..	..	..	..	..	..
Titres de dette à long terme	..	..	..	..	..	..	..	..
Crédits	..	..	..	..	..	..	..	..
Crédits à court terme	..	..	..	..	..	..	..	..
Crédits à long terme	..	..	..	..	..	..	..	..
Actions et parts de fonds d'investissement	..	..	..	..	..	..	..	..
Systèmes d'assurance, de pensions et garanties standard	332 570	335 563	392 259	428 089	283 800	279 398	297 935	..
Produits financiers dérivés et options sur titres des salariés	..	..	..	..	..	..	..	..
Autres comptes à payer	..	..	..	..	..	..	..	..
Actifs non financiers	2 208	2 253	2 340	2 496	2 839	3 045	1 651	..
Sociétés d'assurance								
Valeur nette financière	-2 208	-2 253	-2 340	-2 496	-2 831	-3 045	-1 651 e	..
Actifs financiers	148 414	149 520	167 538	171 365	182 993	186 680	183 715	..
Numéraire et dépôts	15 086	16 103	16 575	12 995	13 281	11 590	9 844	..
Titres de dette	65 929	66 507	66 380	62 893	64 883	65 008	72 813	..
Crédits	2 124	2 107	3 410	5 116	5 347	3 976	2 850	..
Actions et parts de fonds d'investissement	45 206	43 821	58 074	66 157	72 842	76 711	65 202	..
Actions	15 104	13 988	14 520	11 575	13 992	15 587	14 458	..
Parts de fonds d'investissement	30 101	29 833	43 555	54 582	58 851	61 124	50 744	..
Parts de fonds d'investissement monétaires	..	..	..	..	..	..	..	..
Parts de fonds d'investissement non monétaires	..	..	..	..	..	..	..	..
Systèmes d'assurance, de pensions et garanties standard	5 500	5 639	7 024	6 271	7 194	9 715	6 447	..
Produits financiers dérivés et options sur titres des salariés	313	370	639	651	911	852	611	..
Autres comptes à recevoir	14 255	14 971	15 434	17 284	18 534	18 827	25 947	..
Passifs financiers	150 622	151 773	169 878	173 861	185 824	189 724	185 366	..
Titres de dette	..	..	..	..	..	..	..	..
Titres de dette à court terme	..	..	..	..	..	..	..	..
Titres de dette à long terme	..	..	..	..	..	..	..	..
Crédits	..	..	..	..	..	..	..	..
Crédits à court terme	..	..	..	..	..	..	..	..
Crédits à long terme	..	..	..	..	..	..	..	..
Actions et parts de fonds d'investissement	..	..	..	..	..	..	..	..
Systèmes d'assurance, de pensions et garanties standard	109 763	109 285	120 780	126 778	132 971	137 107	142 729	..
Produits financiers dérivés et options sur titres des salariés	..	..	..	..	..	..	..	..
Autres comptes à payer	..	..	..	..	..	..	..	..
Actifs non financiers	2 208	2 253	2 340	2 496	2 839	3 045	1 651	..
Fonds de pension								
Valeur nette financière	0	0	0	0	0	0	0	0
Actifs financiers	224 833	229 022	274 193	302 869	151 191	142 701	155 782	181 845
Numéraire et dépôts	8 986	12 299	19 674	16 345	10 872	9 790	12 421	12 019
Titres de dette	132 875	144 529	157 211	159 403	15 235	14 752	15 017	15 737
Crédits	0	0	0	0	0	0	0	0
Actions et parts de fonds d'investissement	82 366	71 342	97 063	126 285	124 583	117 727	127 734	153 778
Actions	81 078	70 168	95 998	125 655	124 284	117 512	127 633	153 752
Parts de fonds d'investissement	1 289	1 174	1 065	630	299	215	101	26
Parts de fonds d'investissement monétaires	..	..	..	..	..	..	..	0
Parts de fonds d'investissement non monétaires	..	..	..	..	..	..	..	26
Systèmes d'assurance, de pensions et garanties standard	0	0	0	0	0	0	0	0
Produits financiers dérivés et options sur titres des salariés	0	73	2	2	4	1	0	0
Autres comptes à recevoir	606	778	244	834	496	432	611	311
Passifs financiers	224 833	229 022	274 193	302 869	151 191	142 701	155 782	181 845
Titres de dette	0	0	0	0	0	0	0	0
Titres de dette à court terme	0	0	0	0	0	0	0	0
Titres de dette à long terme	0	0	0	0	0	0	0	0
Crédits	958	1 190	2 116	759	0	0	0	0
Crédits à court terme	..	..	..	..	0	0	0	0
Crédits à long terme	..	..	..	..	0	0	0	0
Actions et parts de fonds d'investissement	0	0	0	0	0	0	0	0
Systèmes d'assurance, de pensions et garanties standard	222 807	226 278	271 479	301 311	150 829	142 291	155 206	181 393
Produits financiers dérivés et options sur titres des salariés	0	0	0	0	0	0	0	0
Autres comptes à payer	1 069	1 554	598	798	362	410	576	452
Actifs non financiers	0	0	0	0	0	0	0	0

Note : Voir les métadonnées détaillées sur : http://metalinks.oecd.org/instinv/20180905/fc43

Tableau 4. Composition du portefeuille par type d'investisseur

En pourcentage des actifs financiers et des passifs financiers

Pour cent

	2010	2011	2012	2013	2014	2015	2016	2017
Fonds d'investissement								
Actifs financiers	..	..	..	..	..	..	..	..
Numéraire et dépôts	..	..	..	..	..	..	..	..
Titres de dettes	..	..	..	..	..	..	..	..
Crédits	..	..	..	..	..	..	..	..
Actions et parts de fonds d'investissement	..	..	..	..	..	..	..	..
Systèmes d'assurance de pensions et garanties standard	..	..	..	..	..	..	..	..
Produits financiers dérivés et options sur titres des salariés	..	..	..	..	..	..	..	..
Autres comptes à recevoir	..	..	..	..	..	..	..	..
Passifs financiers	..	..	..	..	..	..	..	..
Numéraire et dépôts	..	..	..	..	..	..	..	..
Titres de dettes	..	..	..	..	..	..	..	..
Crédits	..	..	..	..	..	..	..	..
Actions et parts de fonds d'investissement	..	..	..	..	..	..	..	..
Systèmes d'assurance de pensions et garanties standard	..	..	..	..	..	..	..	..
Produits financiers dérivés et options sur titres des salariés	..	..	..	..	..	..	..	..
Autres comptes à recevoir	..	..	..	..	..	..	..	..
Sociétés d'assurance								
Actifs financiers	100.0	100.0	100.0	100.0	100.0	100.0	100.0	..
Numéraire et dépôts	10.2	10.8	9.9	7.6	7.3	6.2	5.4	..
Titres de dettes	44.4	44.5	39.6	36.7	35.5	34.8	39.6	..
Crédits	1.4	1.4	2.0	3.0	2.9	2.1	1.6	..
Actions et parts de fonds d'investissement	30.5	29.3	34.7	38.6	39.8	41.1	35.5	..
Systèmes d'assurance de pensions et garanties standard	3.7	3.8	4.2	3.7	3.9	5.2	3.5	..
Produits financiers dérivés et options sur titres des salariés	0.2	0.2	0.4	0.4	0.5	0.5	0.3	..
Autres comptes à recevoir	9.6	10.0	9.2	10.1	10.1	10.1	14.1	..
Passifs financiers	100.0	100.0	100.0	100.0	100.0	100.0	100.0	..
Numéraire et dépôts	1.4	1.3	1.5	1.1	0.8	0.7	0.9	..
Titres de dettes	..	..	..	..	..	..	..	..
Crédits	..	..	..	..	..	..	..	..
Actions et parts de fonds d'investissement	..	..	..	..	..	..	..	..
Systèmes d'assurance de pensions et garanties standard	72.9	72.0	71.1	72.9	71.6	72.3	77.0	..
Produits financiers dérivés et options sur titres des salariés	..	..	..	..	..	..	..	..
Autres comptes à recevoir	..	..	..	..	..	..	..	..
Fonds de pension								
Actifs financiers	100.0	100.0	100.0	100.0	100.0	100.0	100.0	100.0
Numéraire et dépôts	4.0	5.4	7.2	5.4	7.2	6.9	8.0	6.6
Titres de dettes	59.1	63.1	57.3	52.6	10.1	10.3	9.6	8.7
Crédits	0.0	0.0	0.0	0.0	0.0	0.0	0.0	0.0
Actions et parts de fonds d'investissement	36.6	31.2	35.4	41.7	82.4	82.5	82.0	84.6
Systèmes d'assurance de pensions et garanties standard	0.0	0.0	0.0	0.0	0.0	0.0	0.0	0.0
Produits financiers dérivés et options sur titres des salariés	0.0	0.0	0.0	0.0	0.0	0.0	0.0	0.0
Autres comptes à recevoir	0.3	0.3	0.1	0.3	0.3	0.3	0.4	0.2
Passifs financiers	100.0	100.0	100.0	100.0	100.0	100.0	100.0	100.0
Numéraire et dépôts	0.0	0.0	0.0	0.0	0.0	0.0	0.0	0.0
Titres de dettes	0.0	0.0	0.0	0.0	0.0	0.0	0.0	0.0
Crédits	0.4	0.5	0.8	0.3	0.0	0.0	0.0	0.0
Actions et parts de fonds d'investissement	0.0	0.0	0.0	0.0	0.0	0.0	0.0	0.0
Systèmes d'assurance de pensions et garanties standard	99.1	98.8	99.0	99.5	99.8	99.7	99.6	99.8
Produits financiers dérivés et options sur titres des salariés	0.0	0.0	0.0	0.0	0.0	0.0	0.0	0.0
Autres comptes à recevoir	0.5	0.7	0.2	0.3	0.2	0.3	0.4	0.2

Note : Voir les métadonnées détaillées sur : http://metalinks.oecd.org/instinv/20180905/af01

PORTUGAL

Tableau 1. Actifs et passifs financiers des investisseurs institutionnels, 2017

Millions EUR (1999 PTE euro)

	Fonds d'investissement				
	Total	Fonds d'investissement non-monétaire			Fonds d'investissement monétaires
		Total	Fonds d'investissement à capital variable, non monétaire	Fonds d'investissement à capital fixe, non monétaire	Total
Actifs financiers	..	..	..	..	..
Numéraire et dépôts	..	..	..	..	..
Titres de dette	..	4 846	..	..	..
Titres de dette à court terme	..	..	..	..	..
Titres de dette à long terme	..	..	..	..	..
Titres de dette émis par les résidents	..	851	..	..	..
Titres de dette émis par les non-résidents	..	3 995	..	..	..
Crédits	..	..	..	..	..
Crédits à court terme	..	..	..	..	..
Crédits à long terme	..	..	..	..	..
Crédits accordés aux résidents	..	..	..	..	..
Crédits accordés aux non-résidents	..	..	..	..	..
Actions et parts de fonds d'investissement	..	..	..	..	..
Actions et parts de fonds d'investissements émises par les résidents	..	1 759	..	..	..
Actions et part de fonds d'investissements émises par les non-résidents	..	4 541	..	..	..
Autres comptes à recevoir	..	..	..	..	..

	Fonds d'investissement				
	Total	Fonds d'investissement non-monétaire			Fonds d'investissement monétaires
		Total	Fonds d'investissement à capital variable, non monétaire	Fonds d'investissement à capital fixe, non monétaire	Total
Pasifs financiers	..	..	..	..	..
Numéraire et dépôts	..	..	..	..	..
Titres de dette	..	..	..	..	..
Titres de dette à court terme	..	..	..	..	..
Titres de dette à long terme	..	..	..	..	..
Crédits	..	1 650	..	..	..
Crédits à court terme	..	..	..	..	..
Crédits à long terme	..	..	..	..	..
Actions et parts de fonds d'investissement	26 826	26 395	15 703	10 692	432
Systèmes d'assurance, de pensions et garanties standard	..	..	..	..	..
Produits financiers dérivés et options sur titres des salariés	..	..	..	..	..
Autres comptes à payer	..	..	..	..	..

	Sociétés d'assurance et fonds de pension autonomes				
	Total	Sociétés d'assurance			Fonds de pension autonomes
		Total	Sociétés d'assurance vie	Sociétés d'assurance non-vie	Total
Actifs financiers	..	..	..	..	..
Numéraire et dépôts	..	..	..	..	..
Titres de dette	50 987	..	..	..	..
Titres de dette à court terme	1 196	..	..	..	..
Titres de dette à long terme	49 791	..	..	..	..
Titres de dette émis par les résidents	..	..	..	..	..
Titres de dette émis par les non-résidents	..	..	..	..	..
Crédits	416	..	..	..	..
Crédits à court terme	276	..	..	..	..
Crédits à long terme	140	..	..	..	..
Crédits accordés aux résidents	..	..	..	..	..
Crédits accordés aux non-résidents	..	..	..	..	..
Actions et parts de fonds d'investissement	19 233	..	..	..	..
Actions et parts de fonds d'investissement émises par les résidents	..	..	..	..	..
Actions et parts de fonds d'investissement émises par les non-résidents	..	..	..	..	..
Autrescomptes à recevoir	2 164	..	..	..	..

	Sociétés d'assurance et fonds de pension autonomes				
	Total	Sociétés d'assurance			Fonds de pension autonomes
		Total	Sociétés d'assurance vie	Sociétés d'assurance non-vie	Total
Pasifs financiers	..	..	..	..	..
Numéraire et dépôts	..	..	..	..	..
Titres de dette	207	..	..	..	..
Titres de dette à court terme	0	..	..	..	..
Titres de dette à long terme	207	..	..	..	..
Crédits	681	..	..	..	..
Crédits à court terme	299	..	..	..	..
Crédits à long terme	382	..	..	..	..
Actions et parts de fonds d'investissement	6 888	..	..	..	..
Systèmes d'assurance, de pensions et garanties standard	70 639	..	..	..	..
Produits financiers dérivés et options sur titres des salariés	..	..	..	..	..
Autres comptes à payer	1 222	..	..	..	..

Note : Voir les métadonnées détaillées sur : http://metalinks.oecd.org/instinv/20180905/e532

Tableau 2. Actifs et passifs financiers des fonds d'investissement

Millions EUR

	2010	2011	2012	2013	2014	2015	2016	2017
Fonds d'investissement								
Valeur nette financière	..	..	..	..	..	..	..	..
Actifs financiers	..	..	..	..	..	..	..	..
Numéraire et dépôts	..	..	..	..	..	..	..	..
Titres de dette	..	..	..	..	..	..	..	..
Crédits	..	..	..	..	..	..	..	..
Actions et parts de fonds d'investissement	..	..	..	..	..	..	..	..
Actions	..	..	..	..	..	..	..	..
Parts de fonds d'investissement	..	..	..	..	..	..	..	..
Parts de fonds d'investissement monétaires	..	..	..	..	..	..	..	..
Parts de fonds d'investissement non monétaires	..	..	..	..	..	..	..	..
Systèmes d'assurance, de pensions et garanties standard	..	..	..	..	..	..	..	..
Produits financiers dérivés et options sur titres des salariés	..	..	..	..	..	..	..	..
Autres comptes à recevoir	..	..	..	..	..	..	..	..
Passifs financiers	..	..	..	..	..	..	..	..
Titres de dette	..	..	..	..	..	..	..	..
Titres de dette à court terme	..	..	..	..	..	..	..	..
Titres de dette à long terme	..	..	..	..	..	..	..	..
Crédits	..	..	..	..	..	..	..	..
Crédits à court terme	..	..	..	..	..	..	..	..
Crédits à long terme	..	..	..	..	..	..	..	..
Actions et parts de fonds d'investissement	28 078	24 731	26 914	28 398	27 117	27 003	25 392	26 826
Systèmes d'assurance, de pensions et garanties standard	..	..	..	..	..	..	..	..
Produits financiers dérivés et options sur titres des salariés	..	..	..	..	..	..	..	..
Autres comptes à payer	..	..	..	..	..	..	..	..
Actifs non financiers	..	..	..	..	..	..	..	..
Fonds d'investissement monéaires								
Valeur nette financière	..	..	..	..	..	..	..	..
Actifs financiers	..	..	..	..	..	..	..	..
Numéraire et dépôts	..	..	..	..	..	..	..	..
Titres de dette	..	..	..	..	..	..	..	..
Crédits	..	..	..	..	..	..	..	..
Actions et parts de fonds d'investissement	..	..	..	..	..	..	..	..
Actions	..	..	..	..	..	..	..	..
Parts de fonds d'investissement	..	..	..	..	..	..	..	..
Parts de fonds d'investissement monétaires	..	..	..	..	..	..	..	..
Parts de fonds d'investissement non monétaires	..	..	..	..	..	..	..	..
Systèmes d'assurance, de pensions et garanties standard	..	..	..	..	..	..	..	..
Produits financiers dérivés et options sur titres des salariés	..	..	..	..	..	..	..	..
Autres comptes à recevoir	..	..	..	..	..	..	..	..
Passifs financiers	..	..	..	..	..	..	..	..
Titres de dette	..	..	..	..	..	..	..	..
Titres de dette à court terme	..	..	..	..	..	..	..	..
Titres de dette à long terme	..	..	..	..	..	..	..	..
Crédits	..	..	..	..	..	..	..	..
Crédits à court terme	..	..	..	..	..	..	..	..
Crédits à long terme	..	..	..	..	..	..	..	..
Actions et parts de fonds d'investissement	46	65	1 308	2 383	2 497	3 053	2 336	432
Systèmes d'assurance, de pensions et garanties standard	..	..	..	..	..	..	..	..
Produits financiers dérivés et options sur titres des salariés	..	..	..	..	..	..	..	..
Autres comptes à payer	..	..	..	..	..	..	..	..
Actifs non financiers	..	..	..	..	..	..	..	..
Fonds d'investissement non monéaires								
Valeur nette financière	..	..	..	..	..	..	..	..
Actifs financiers	..	..	..	..	..	..	..	..
Numéraire et dépôts	..	..	..	..	..	..	..	..
Titres de dette	8 325	6 357	6 773	5 634	4 442	3 757	3 566	4 846
Crédits	..	..	..	..	..	..	..	..
Actions et parts de fonds d'investissement	..	..	..	..	..	..	..	..
Actions	3 877	2 663	2 576	2 484	2 597	2 584	2 508	2 859
Parts de fonds d'investissement	1 741	1 773	1 688	1 963	2 308	2 927	2 710	3 441
Parts de fonds d'investissement monétaires	..	..	..	..	..	..	..	..
Parts de fonds d'investissement non monétaires	..	..	..	..	..	..	..	..
Systèmes d'assurance, de pensions et garanties standard	..	..	..	..	..	..	..	..
Produits financiers dérivés et options sur titres des salariés	..	..	..	..	..	..	..	..
Autres comptes à recevoir	..	..	..	..	..	..	..	..
Passifs financiers	..	..	..	..	..	..	..	..
Titres de dette	..	..	..	..	..	..	..	..
Titres de dette à court terme	..	..	..	..	..	..	..	..
Titres de dette à long terme	..	..	..	..	..	..	..	..
Crédits	3 064	3 326	3 193	2 737	2 383	1 930	1 804	1 650
Crédits à court terme	..	..	..	..	..	..	..	..
Crédits à long terme	..	..	..	..	..	..	..	..
Actions et parts de fonds d'investissement	28 032	24 666	25 606	26 015	24 620	23 950	23 056	26 395
Systèmes d'assurance, de pensions et garanties standard	..	..	..	..	..	..	..	..
Produits financiers dérivés et options sur titres des salariés	..	..	..	..	..	..	..	..
Autres comptes à payer	..	..	..	..	..	..	..	..
Actifs non financiers	14 471	14 743	14 651	14 572	13 476	12 082	11 329	11 193
Fonds d'investissement non monéaires à capital variable								
Valeur nette financière	..	..	..	..	..	..	..	..
Actifs financiers	..	..	..	..	..	..	..	..

Tableau 2. Actifs et passifs financiers des fonds d'investissement *(suite)*

Millions EUR

	2010	2011	2012	2013	2014	2015	2016	2017
Numéraire et dépôts	..	..	..	..	..	..	..	..
Titres de dette	..	..	..	..	..	..	..	..
Crédits	..	..	..	..	..	..	..	..
Actions et parts de fonds d'investissement	..	..	..	..	..	..	..	..
Actions	..	..	..	..	..	..	..	..
Parts de fonds d'investissement	..	..	..	..	..	..	..	..
Parts de fonds d'investissement monétaires	..	..	..	..	..	..	..	..
Parts de fonds d'investissement non monétaires	..	..	..	..	..	..	..	..
Systèmes d'assurance, de pensions et garanties standard	..	..	..	..	..	..	..	..
Produits financiers dérivés et options sur titres des salariés	..	..	..	..	..	..	..	..
Autres comptes à recevoir	..	..	..	..	..	..	..	..
Passifs financiers	..	..	..	..	..	..	..	..
Titres de dette	..	..	..	..	..	..	..	..
Titres de dette à court terme	..	..	..	..	..	..	..	..
Titres de dette à long terme	..	..	..	..	..	..	..	..
Crédits	..	..	..	..	..	..	..	..
Crédits à court terme	..	..	..	..	..	..	..	..
Crédits à long terme	..	..	..	..	..	..	..	..
Actions et parts de fonds d'investissement	18 482	15 257	15 094	14 106	13 113	12 848	12 692	15 703
Systèmes d'assurance, de pensions et garanties standard	..	..	..	..	..	..	..	..
Produits financiers dérivés et options sur titres des salariés	..	..	..	..	..	..	..	..
Autres comptes à payer	..	..	..	..	..	..	..	..
Actifs non financiers	..	..	..	..	..	..	..	..
Fonds d'investissement à capital variable								
Valeur nette financière	..	..	..	..	..	..	..	..
Actifs financiers	..	..	..	..	..	..	..	..
Numéraire et dépôts	..	..	..	..	..	..	..	..
Titres de dette	..	..	..	..	..	..	..	..
Crédits	..	..	..	..	..	..	..	..
Actions et parts de fonds d'investissement	..	..	..	..	..	..	..	..
Actions	..	..	..	..	..	..	..	..
Parts de fonds d'investissement	..	..	..	..	..	..	..	..
Parts de fonds d'investissement monétaires	..	..	..	..	..	..	..	..
Parts de fonds d'investissement non monétaires	..	..	..	..	..	..	..	..
Systèmes d'assurance, de pensions et garanties standard	..	..	..	..	..	..	..	..
Produits financiers dérivés et options sur titres des salariés	..	..	..	..	..	..	..	..
Autres comptes à recevoir	..	..	..	..	..	..	..	..
Passifs financiers	..	..	..	..	..	..	..	..
Titres de dette	..	..	..	..	..	..	..	..
Titres de dette à court terme	..	..	..	..	..	..	..	..
Titres de dette à long terme	..	..	..	..	..	..	..	..
Crédits	..	..	..	..	..	..	..	..
Crédits à court terme	..	..	..	..	..	..	..	..
Crédits à long terme	..	..	..	..	..	..	..	..
Actions et parts de fonds d'investissement	..	..	..	..	..	..	..	..
Systèmes d'assurance, de pensions et garanties standard	..	..	..	..	..	..	..	..
Produits financiers dérivés et options sur titres des salariés	..	..	..	..	..	..	..	..
Autres comptes à payer	..	..	..	..	..	..	..	..
Actifs non financiers	..	..	..	..	..	..	..	..

Note : Voir les métadonnées détaillées sur : http://metalinks.oecd.org/instinv/20180905/e532

PORTUGAL

Tableau 3. Actifs et passifs financiers des sociétés d'assurance et fonds de pension

Millions EUR

	2010	2011	2012	2013	2014	2015	2016	2017
Sociétés d'assurance et fonds de pension								
Valeur nette financière	..	..	..	..	..	..	..	..
Actifs financiers	..	..	..	..	..	..	..	..
Numéraire et dépôts	8 499	8 603	..	..	..	..	..	..
Titres de dette	57 261	47 293	48 882	48 562	51 866	50 042	49 593	50 987
Crédits	354	436	396	117	160	206	257	416
Actions et parts de fonds d'investissement	14 559	12 892	12 375	13 576	15 303	16 401	16 859	19 233
Actions	5 425	4 344	4 364	4 547	5 637	6 885	6 467	7 047
Parts de fonds d'investissement	9 134	8 548	8 012	9 029	9 666	9 517	10 392	12 186
Parts de fonds d'investissement monétaires	16	10	16	11	8	6	6	6
Parts de fonds d'investissement non monétaires	9 118	8 538	7 996	9 018	9 657	9 511	10 386	12 179
Systèmes d'assurance, de pensions et garanties standard	964	920	856	804	771	795	1 234	985
Produits financiers dérivés et options sur titres des salariés	..	..	..	..	..	..	..	..
Autres comptes à recevoir	3 818	3 069	1 983	2 076	2 108	1 999	2 265	2 164
Passifs financiers	..	..	..	..	..	..	..	..
Titres de dette	204	211	196	186	193	223	201	207
Titres de dette à court terme	0	0	0	0	0	0	0	0
Titres de dette à long terme	204	211	196	186	193	223	201	207
Crédits	1 185	1 884	1 670	387	558	471	545	681
Crédits à court terme	1 066	1 698	1 458	83	139	90	167	299
Crédits à long terme	119	186	213	304	419	381	378	382
Actions et parts de fonds d'investissement	4 487	4 145	5 747	5 767	5 896	5 710	5 693	6 888
Systèmes d'assurance, de pensions et garanties standard	79 382	65 902	64 604	66 441	71 195	69 970	67 890	70 639
Produits financiers dérivés et options sur titres des salariés	..	..	..	..	..	..	..	..
Autres comptes à payer	1 308	3 918	1 612	1 418	892	1 035	1 167	1 222
Actifs non financiers	..	..	..	..	..	..	..	..
Sociétés d'assurance								
Valeur nette financière	..	..	..	..	..	..	..	..
Actifs financiers	..	..	..	..	..	..	..	..
Numéraire et dépôts	..	..	..	..	..	..	..	..
Titres de dette	..	..	..	..	..	..	..	..
Crédits	..	..	..	..	..	..	..	..
Actions et parts de fonds d'investissement	..	..	..	..	..	..	..	..
Actions	..	..	..	..	..	..	..	..
Parts de fonds d'investissement	..	..	..	..	..	..	..	..
Parts de fonds d'investissement monétaires	..	..	..	..	..	..	..	..
Parts de fonds d'investissement non monétaires	..	..	..	..	..	..	..	..
Systèmes d'assurance, de pensions et garanties standard	..	..	..	..	..	..	..	..
Produits financiers dérivés et options sur titres des salariés	..	..	..	..	..	..	..	..
Autres comptes à recevoir	..	..	..	..	..	..	..	..
Passifs financiers	..	..	..	..	..	..	..	..
Titres de dette	..	..	..	..	..	..	..	..
Titres de dette à court terme	..	..	..	..	..	..	..	..
Titres de dette à long terme	..	..	..	..	..	..	..	..
Crédits	..	..	..	..	..	..	..	..
Crédits à court terme	..	..	..	..	..	..	..	..
Crédits à long terme	..	..	..	..	..	..	..	..
Actions et parts de fonds d'investissement	..	..	..	..	..	..	..	..
Systèmes d'assurance, de pensions et garanties standard	..	..	..	..	..	..	..	..
Produits financiers dérivés et options sur titres des salariés	..	..	..	..	..	..	..	..
Autres comptes à payer	..	..	..	..	..	..	..	..
Actifs non financiers	..	..	..	..	..	..	..	..
Fonds de pension								
Valeur nette financière	..	..	..	..	..	..	..	..
Actifs financiers	..	..	..	..	..	..	..	..
Numéraire et dépôts	..	..	..	..	..	..	..	..
Titres de dette	..	..	..	..	..	..	..	..
Crédits	..	..	..	..	..	..	..	..
Actions et parts de fonds d'investissement	..	..	..	..	..	..	..	..
Actions	..	..	..	..	..	..	..	..
Parts de fonds d'investissement	..	..	..	..	..	..	..	..
Parts de fonds d'investissement monétaires	..	..	..	..	..	..	..	..
Parts de fonds d'investissement non monétaires	..	..	..	..	..	..	..	..
Systèmes d'assurance, de pensions et garanties standard	..	..	..	..	..	..	..	..
Produits financiers dérivés et options sur titres des salariés	..	..	..	..	..	..	..	..
Autres comptes à recevoir	..	..	..	..	..	..	..	..
Passifs financiers	..	..	..	..	..	..	..	..
Titres de dette	..	..	..	..	..	..	..	..
Titres de dette à court terme	..	..	..	..	..	..	..	..
Titres de dette à long terme	..	..	..	..	..	..	..	..
Crédits	..	..	..	..	..	..	..	..
Crédits à court terme	..	..	..	..	..	..	..	..
Crédits à long terme	..	..	..	..	..	..	..	..
Actions et parts de fonds d'investissement	..	..	..	..	..	..	..	..
Systèmes d'assurance, de pensions et garanties standard	..	..	..	..	..	..	..	..
Produits financiers dérivés et options sur titres des salariés	..	..	..	..	..	..	..	..
Autres comptes à payer	..	..	..	..	..	..	..	..
Actifs non financiers	..	..	..	..	..	..	..	..

Note : Voir les métadonnées détaillées sur : http://metalinks.oecd.org/instinv/20180905/e532

RÉPUBLIQUE SLOVAQUE

Tableau 1. Actifs et passifs financiers des investisseurs institutionnels, 2017

Millions EUR (2009 SKK euro)

	Total	Fonds d'investissement			
		Fonds d'investissement non-monétaire			Fonds d'investissement monétaires
		Total	Fonds d'investissement à capital variable, non monétaire	Fonds d'investissement à capital fixe, non monétaire	Total
Actifs financiers	..	6 651	..	..	..
Numéraire et dépôts	..	1 698	..	..	..
Titres de dette	..	1 019	..	..	..
Titres de dette à court terme	..	0	..	..	..
Titres de dette à long terme	..	1 018	..	..	..
Titres de dette émis par les résidents	..	..	..	..	..
Titres de dette émis par les non-résidents	..	..	..	..	..
Crédits	..	168	..	..	..
Crédits à court terme	..	0	..	..	..
Crédits à long terme	..	168	..	..	..
Crédits accordés aux résidents	..	..	..	..	..
Crédits accordés aux non-résidents	..	..	..	..	..
Actions et parts de fonds d'investissement	..	3 743	..	..	..
Actions et parts de fonds d'investissements émises par les résidents	..	..	..	..	..
Actions et part de fonds d'investissements émises par les non-résidents	..	..	..	..	..
Autres comptes à recevoir	..	18	..	..	..

	Total	Fonds d'investissement			
		Fonds d'investissement non-monétaire			Fonds d'investissement monétaires
		Total	Fonds d'investissement à capital variable, non monétaire	Fonds d'investissement à capital fixe, non monétaire	Total
Pasifs financiers	..	6 776	..	..	..
Numéraire et dépôts	..	..	..	..	..
Titres de dette	..	0	..	..	..
Titres de dette à court terme	..	0	..	..	..
Titres de dette à long terme	..	0	..	..	..
Crédits	..	1	..	..	..
Crédits à court terme	..	1	..	..	..
Crédits à long terme	..	0	..	..	..
Actions et parts de fonds d'investissement	..	6 722	..	..	..
Systèmes d'assurance, de pensions et garanties standard	..	0	..	..	..
Produits financiers dérivés et options sur titres des salariés	..	2	..	..	..
Autres comptes à payer	..	51	..	..	..

	Total	Sociétés d'assurance et fonds de pension autonomes			
		Sociétés d'assurance			Fonds de pension autonomes
		Total	Sociétés d'assurance vie	Sociétés d'assurance non-vie	Total
Actifs financiers	17 072	7 858	..	..	9 214
Numéraire et dépôts	1 518	316	..	..	1 202
Titres de dette	10 389	4 704	..	..	5 685
Titres de dette à court terme	0	0	..	..	0
Titres de dette à long terme	10 389	4 704	..	..	5 685
Titres de dette émis par les résidents	..	..	..	..	..
Titres de dette émis par les non-résidents	..	..	..	..	..
Crédits	26	26	..	..	0
Crédits à court terme	0	0	..	..	0
Crédits à long terme	26	26	..	..	0
Crédits accordés aux résidents	..	..	..	..	..
Crédits accordés aux non-résidents	..	..	..	..	..
Actions et parts de fonds d'investissement	4 313	1 996	..	..	2 317
Actions et parts de fonds d'investissement émises par les résidents	..	..	..	..	..
Actions et parts de fonds d'investissement émises par les non-résidents	..	..	..	..	..
Autrescomptes à recevoir	403	397	..	..	5

	Total	Sociétés d'assurance et fonds de pension autonomes			
		Sociétés d'assurance			Fonds de pension autonomes
		Total	Sociétés d'assurance vie	Sociétés d'assurance non-vie	Total
Pasifs financiers	17 401	7 848	..	..	9 553
Numéraire et dépôts	..	..	..	..	..
Titres de dette	1	1	..	..	0
Titres de dette à court terme	0	0	..	..	0
Titres de dette à long terme	1	1	..	..	0
Crédits	16	15	..	..	1
Crédits à court terme	1	0	..	..	1
Crédits à long terme	15	15	..	..	0
Actions et parts de fonds d'investissement	1 374	1 374	..	..	0
Systèmes d'assurance, de pensions et garanties standard	15 436	5 914	..	..	9 522
Produits financiers dérivés et options sur titres des salariés	6	2	..	..	4
Autres comptes à payer	568	543	..	..	25

Note : Voir les métadonnées détaillées sur : http://metalinks.oecd.org/instinv/20180905/f926

Tableau 2. Actifs et passifs financiers des fonds d'investissement

Millions EUR

	2010	2011	2012	2013	2014	2015	2016	2017
Fonds d'investissement								
Valeur nette financière	..	..	..	..	..	..	..	..
Actifs financiers	..	..	..	..	..	..	..	..
Numéraire et dépôts	..	..	..	..	..	..	..	..
Titres de dette	..	..	..	..	..	..	..	..
Crédits	..	..	..	..	..	..	..	..
Actions et parts de fonds d'investissement	..	..	..	..	..	..	..	..
Actions	..	..	..	..	..	..	..	..
Parts de fonds d'investissement	..	..	..	..	..	..	..	..
Parts de fonds d'investissement monétaires	..	..	..	..	..	..	..	..
Parts de fonds d'investissement non monétaires	..	..	..	..	..	..	..	..
Systèmes d'assurance, de pensions et garanties standard	..	..	..	..	..	..	..	..
Produits financiers dérivés et options sur titres des salariés	..	..	..	..	..	..	..	..
Autres comptes à recevoir	..	..	..	..	..	..	..	..
Passifs financiers	..	..	..	..	..	..	..	..
Titres de dette	..	..	..	..	..	..	..	..
Titres de dette à court terme	..	..	..	..	..	..	..	..
Titres de dette à long terme	..	..	..	..	..	..	..	..
Crédits	..	..	..	..	..	..	..	..
Crédits à court terme	..	..	..	..	..	..	..	..
Crédits à long terme	..	..	..	..	..	..	..	..
Actions et parts de fonds d'investissement	..	..	..	..	..	..	..	..
Systèmes d'assurance, de pensions et garanties standard	..	..	..	..	..	..	..	..
Produits financiers dérivés et options sur titres des salariés	..	..	..	..	..	..	..	..
Autres comptes à payer	..	..	..	..	..	..	..	..
Actifs non financiers	..	..	..	..	..	..	..	..
Fonds d'investissement monéaires								
Valeur nette financière	..	..	..	..	..	..	..	..
Actifs financiers	..	..	..	..	..	..	..	..
Numéraire et dépôts	..	..	..	..	..	..	..	..
Titres de dette	..	..	..	..	..	..	..	..
Crédits	..	..	..	..	..	..	..	..
Actions et parts de fonds d'investissement	..	..	..	..	..	..	..	..
Actions	..	..	..	..	..	..	..	..
Parts de fonds d'investissement	..	..	..	..	..	..	..	..
Parts de fonds d'investissement monétaires	..	..	..	..	..	..	..	..
Parts de fonds d'investissement non monétaires	..	..	..	..	..	..	..	..
Systèmes d'assurance, de pensions et garanties standard	..	..	..	..	..	..	..	..
Produits financiers dérivés et options sur titres des salariés	..	..	..	..	..	..	..	..
Autres comptes à recevoir	..	..	..	..	..	..	..	..
Passifs financiers	..	..	..	..	..	..	..	..
Titres de dette	..	..	..	..	..	..	..	..
Titres de dette à court terme	..	..	..	..	..	..	..	..
Titres de dette à long terme	..	..	..	..	..	..	..	..
Crédits	..	..	..	..	..	..	..	..
Crédits à court terme	..	..	..	..	..	..	..	..
Crédits à long terme	..	..	..	..	..	..	..	..
Actions et parts de fonds d'investissement	..	..	..	..	..	..	..	..
Systèmes d'assurance, de pensions et garanties standard	..	..	..	..	..	..	..	..
Produits financiers dérivés et options sur titres des salariés	..	..	..	..	..	..	..	..
Autres comptes à payer	..	..	..	..	..	..	..	..
Actifs non financiers	..	..	..	..	..	..	..	..
Fonds d'investissement non monéaires								
Valeur nette financière	..	..	-2 016	-2 320	-2 604	-381	-159	-124
Actifs financiers	..	..	1 776	2 067	2 809	5 592	6 015	6 651
Numéraire et dépôts	..	..	0	0	0	1 717	1 575	1 698
Titres de dette	..	..	990	956	1 401	1 234	1 191	1 019
Crédits	..	..	0	223	184	131	138	168
Actions et parts de fonds d'investissement	..	..	787	831	1 176	2 440	3 020	3 743
Actions	..	..	147	387	377	779	971	1 125
Parts de fonds d'investissement	..	..	640	444	799	1 661	2 049	2 618
Parts de fonds d'investissement monétaires	..	..	..	..	..	..	..	..
Parts de fonds d'investissement non monétaires	..	..	..	..	..	..	..	..
Systèmes d'assurance, de pensions et garanties standard	..	..	0	2	0	0	0	0
Produits financiers dérivés et options sur titres des salariés	..	..	0	0	0	0	0	5
Autres comptes à recevoir	..	..	0	54	48	70	90	18
Passifs financiers	..	..	3 793	4 387	5 413	5 973	6 174	6 776
Titres de dette	..	..	0	0	0	0	0	0
Titres de dette à court terme	..	..	0	0	0	0	0	0
Titres de dette à long terme	..	..	0	0	0	0	0	0
Crédits	..	..	0	0	0	0	3	1
Crédits à court terme	..	..	0	0	0	0	3	1
Crédits à long terme	..	..	0	0	0	0	0	0
Actions et parts de fonds d'investissement	..	..	3 793	4 356	5 399	5 888	6 091	6 722
Systèmes d'assurance, de pensions et garanties standard	..	..	0	0	0	0	0	0
Produits financiers dérivés et options sur titres des salariés	..	..	0	0	0	2	2	2
Autres comptes à payer	..	..	0	31	13	82	77	51
Actifs non financiers	..	..	..	..	..	..	..	..
Fonds d'investissement non monéaires à capital variable								
Valeur nette financière	..	..	..	..	..	..	..	..
Actifs financiers	..	..	..	..	..	..	..	..

Tableau 2. Actifs et passifs financiers des fonds d'investissement *(suite)*

Millions EUR

	2010	2011	2012	2013	2014	2015	2016	2017
Numéraire et dépôts	..	..	..	..	..	..	..	..
Titres de dette	..	..	..	..	..	..	..	..
Crédits	..	..	..	..	..	..	..	..
Actions et parts de fonds d'investissement	..	..	..	..	..	..	..	..
Actions	..	..	..	..	..	..	..	..
Parts de fonds d'investissement	..	..	..	..	..	..	..	..
Parts de fonds d'investissement monétaires	..	..	..	..	..	..	..	..
Parts de fonds d'investissement non monétaires	..	..	..	..	..	..	..	..
Systèmes d'assurance, de pensions et garanties standard	..	..	..	..	..	..	..	..
Produits financiers dérivés et options sur titres des salariés	..	..	..	..	..	..	..	..
Autres comptes à recevoir	..	..	..	..	..	..	..	..
Passifs financiers	..	..	..	..	..	..	..	..
Titres de dette	..	..	..	..	..	..	..	..
Titres de dette à court terme	..	..	..	..	..	..	..	..
Titres de dette à long terme	..	..	..	..	..	..	..	..
Crédits	..	..	..	..	..	..	..	..
Crédits à court terme	..	..	..	..	..	..	..	..
Crédits à long terme	..	..	..	..	..	..	..	..
Actions et parts de fonds d'investissement	..	..	..	..	..	..	..	..
Systèmes d'assurance, de pensions et garanties standard	..	..	..	..	..	..	..	..
Produits financiers dérivés et options sur titres des salariés	..	..	..	..	..	..	..	..
Autres comptes à payer	..	..	..	..	..	..	..	..
Actifs non financiers	..	..	..	..	..	..	..	..
Fonds d'investissement à capital variable								
Valeur nette financière	..	..	..	..	..	..	..	..
Actifs financiers	..	..	..	..	..	..	..	..
Numéraire et dépôts	..	..	..	..	..	..	..	..
Titres de dette	..	..	..	..	..	..	..	..
Crédits	..	..	..	..	..	..	..	..
Actions et parts de fonds d'investissement	..	..	..	..	..	..	..	..
Actions	..	..	..	..	..	..	..	..
Parts de fonds d'investissement	..	..	..	..	..	..	..	..
Parts de fonds d'investissement monétaires	..	..	..	..	..	..	..	..
Parts de fonds d'investissement non monétaires	..	..	..	..	..	..	..	..
Systèmes d'assurance, de pensions et garanties standard	..	..	..	..	..	..	..	..
Produits financiers dérivés et options sur titres des salariés	..	..	..	..	..	..	..	..
Autres comptes à recevoir	..	..	..	..	..	..	..	..
Passifs financiers	..	..	..	..	..	..	..	..
Titres de dette	..	..	..	..	..	..	..	..
Titres de dette à court terme	..	..	..	..	..	..	..	..
Titres de dette à long terme	..	..	..	..	..	..	..	..
Crédits	..	..	..	..	..	..	..	..
Crédits à court terme	..	..	..	..	..	..	..	..
Crédits à long terme	..	..	..	..	..	..	..	..
Actions et parts de fonds d'investissement	..	..	..	..	..	..	..	..
Systèmes d'assurance, de pensions et garanties standard	..	..	..	..	..	..	..	..
Produits financiers dérivés et options sur titres des salariés	..	..	..	..	..	..	..	..
Autres comptes à payer	..	..	..	..	..	..	..	..
Actifs non financiers	..	..	..	..	..	..	..	..

Note : Voir les métadonnées détaillées sur : http://metalinks.oecd.org/instinv/20180905/f926

Tableau 3. Actifs et passifs financiers des sociétés d'assurance et fonds de pension

Millions EUR

	2010	2011	2012	2013	2014	2015	2016	2017
Sociétés d'assurance et fonds de pension								
Valeur nette financière	..	..	..	..	..	..	..	..
Actifs financiers	..	..	12 775	13 760	14 504	14 567	15 772	17 072
Numéraire et dépôts	..	..	1 932	1 838	1 639	1 428	1 165	1 518
Titres de dette	..	..	8 790	9 400	9 871	9 656	10 461	10 389
Crédits	..	..	87	28	46	37	24	26
Actions et parts de fonds d'investissement	..	..	1 522	2 054	2 424	2 792	3 374	4 313
Actions	..	..	249	361	332	331	417	405
Parts de fonds d'investissement	..	..	1 273	1 693	2 092	2 462	2 956	3 908
Parts de fonds d'investissement monétaires	..	..	..	..	..	..	..	..
Parts de fonds d'investissement non monétaires	..	..	..	..	..	..	..	..
Systèmes d'assurance, de pensions et garanties standard	..	..	86	99	193	343	399	415
Produits financiers dérivés et options sur titres des salariés	..	..	4	6	5	6	8	9
Autres comptes à recevoir	..	..	355	335	326	304	343	403
Passifs financiers	..	..	12 497	12 850	14 116	14 618	15 927	17 401
Titres de dette	..	..	0	0	0	1	1	1
Titres de dette à court terme	..	..	0	0	0	0	0	0
Titres de dette à long terme	..	..	0	0	0	1	1	1
Crédits	..	..	23	58	59	89	0	16
Crédits à court terme	..	..	0	0	0	0	0	1
Crédits à long terme	..	..	23	57	58	89	0	15
Actions et parts de fonds d'investissement	..	..	442	405	462	1 480	1 492	1 374
Systèmes d'assurance, de pensions et garanties standard	..	..	11 622	11 982	13 195	12 611	13 983	15 436
Produits financiers dérivés et options sur titres des salariés	..	..	6	8	9	4	9	6
Autres comptes à payer	..	..	404	396	391	433	441	568
Actifs non financiers	..	..	..	..	..	..	..	..
Sociétés d'assurance								
Valeur nette financière	..	..	698	247	546	-23	243	10
Actifs financiers	..	..	6 400	5 982	6 780	6 717	7 494	7 858
Numéraire et dépôts	..	..	511	360	296	267	257	316
Titres de dette	..	..	4 328	4 040	4 664	4 486	4 887	4 704
Crédits	..	..	87	28	46	37	24	26
Actions et parts de fonds d'investissement	..	..	1 031	1 127	1 256	1 287	1 585	1 996
Actions	..	..	217	179	168	170	217	172
Parts de fonds d'investissement	..	..	813	948	1 088	1 116	1 368	1 824
Parts de fonds d'investissement monétaires	..	..	..	..	..	..	..	..
Parts de fonds d'investissement non monétaires	..	..	..	..	..	..	..	..
Systèmes d'assurance, de pensions et garanties standard	..	..	86	99	193	343	399	415
Produits financiers dérivés et options sur titres des salariés	..	..	4	5	5	6	3	3
Autres comptes à recevoir	..	..	355	324	320	292	338	397
Passifs financiers	..	..	5 702	5 735	6 234	6 740	7 251	7 848
Titres de dette	..	..	0	0	0	1	1	1
Titres de dette à court terme	..	..	0	0	0	0	0	0
Titres de dette à long terme	..	..	0	0	0	1	1	1
Crédits	..	..	23	58	59	89	0	15
Crédits à court terme	..	..	0	0	0	0	0	0
Crédits à long terme	..	..	23	57	58	89	0	15
Actions et parts de fonds d'investissement	..	..	442	405	462	1 480	1 492	1 374
Systèmes d'assurance, de pensions et garanties standard	..	..	4 843	4 893	5 325	4 765	5 332	5 914
Produits financiers dérivés et options sur titres des salariés	..	..	6	4	8	2	4	2
Autres comptes à payer	..	..	387	375	381	404	421	543
Actifs non financiers	..	..	..	..	..	..	..	..
Fonds de pension								
Valeur nette financière	..	..	-420	663	-158	-28	-398	-339
Actifs financiers	..	..	6 375	7 777	7 723	7 850	8 278	9 214
Numéraire et dépôts	..	..	1 421	1 479	1 343	1 161	908	1 202
Titres de dette	..	..	4 462	5 360	5 206	5 170	5 573	5 685
Crédits	..	..	0	0	0	0	0	0
Actions et parts de fonds d'investissement	..	..	492	926	1 168	1 505	1 788	2 317
Actions	..	..	32	181	164	160	200	232
Parts de fonds d'investissement	..	..	460	745	1 003	1 345	1 588	2 085
Parts de fonds d'investissement monétaires	..	..	..	..	..	..	..	..
Parts de fonds d'investissement non monétaires	..	..	..	..	..	..	..	..
Systèmes d'assurance, de pensions et garanties standard	..	..	0	0	0	0	0	0
Produits financiers dérivés et options sur titres des salariés	..	..	0	1	0	1	5	5
Autres comptes à recevoir	..	..	0	11	5	13	4	5
Passifs financiers	..	..	6 796	7 115	7 882	7 878	8 676	9 553
Titres de dette	..	..	0	0	0	0	0	0
Titres de dette à court terme	..	..	0	0	0	0	0	0
Titres de dette à long terme	..	..	0	0	0	0	0	0
Crédits	..	..	0	0	0	0	0	1
Crédits à court terme	..	..	0	0	0	0	0	1
Crédits à long terme	..	..	0	0	0	0	0	0
Actions et parts de fonds d'investissement	..	..	0	0	0	0	0	0
Systèmes d'assurance, de pensions et garanties standard	..	..	6 779	7 089	7 870	7 847	8 651	9 522
Produits financiers dérivés et options sur titres des salariés	..	..	0	4	1	3	5	4
Autres comptes à payer	..	..	17	21	10	29	20	25
Actifs non financiers	..	..	..	..	..	..	..	..

Note : Voir les métadonnées détaillées sur : http://metalinks.oecd.org/instinv/20180905/f926

Tableau 4. Composition du portefeuille par type d'investisseur

En pourcentage des actifs financiers et des passifs financiers

Pour cent

	2010	2011	2012	2013	2014	2015	2016	2017
Fonds d'investissement								
Actifs financiers	..	..	..	..	..	..	..	..
Numéraire et dépôts	..	..	..	..	..	..	..	..
Titres de dettes	..	..	..	..	..	..	..	..
Crédits	..	..	..	..	..	..	..	..
Actions et parts de fonds d'investissement	..	..	..	..	..	..	..	..
Systèmes d'assurance de pensions et garanties standard	..	..	..	..	..	..	..	..
Produits financiers dérivés et options sur titres des salariés	..	..	..	..	..	..	..	..
Autres comptes à recevoir	..	..	..	..	..	..	..	..
Passifs financiers	..	..	..	..	..	..	..	..
Numéraire et dépôts	..	..	..	..	..	..	..	..
Titres de dettes	..	..	..	..	..	..	..	..
Crédits	..	..	..	..	..	..	..	..
Actions et parts de fonds d'investissement	..	..	..	..	..	..	..	..
Systèmes d'assurance de pensions et garanties standard	..	..	..	..	..	..	..	..
Produits financiers dérivés et options sur titres des salariés	..	..	..	..	..	..	..	..
Autres comptes à recevoir	..	..	..	..	..	..	..	..
Sociétés d'assurance								
Actifs financiers	..	..	100.0	100.0	100.0	100.0	100.0	100.0
Numéraire et dépôts	..	..	8.0	6.0	4.4	4.0	3.4	4.0
Titres de dettes	..	..	67.6	67.5	68.8	66.8	65.2	59.9
Crédits	..	..	1.4	0.5	0.7	0.6	0.3	0.3
Actions et parts de fonds d'investissement	..	..	16.1	18.8	18.5	19.2	21.2	25.4
Systèmes d'assurance de pensions et garanties standard	..	..	1.3	1.7	2.8	5.1	5.3	5.3
Produits financiers dérivés et options sur titres des salariés	..	..	0.1	0.1	0.1	0.1	0.0	0.0
Autres comptes à recevoir	..	..	5.5	5.4	4.7	4.3	4.5	5.1
Passifs financiers	..	..	100.0	100.0	100.0	100.0	100.0	100.0
Numéraire et dépôts	..	..	0.0	0.0	0.0	0.0	0.0	0.0
Titres de dettes	..	..	0.0	0.0	0.0	0.0	0.0	0.0
Crédits	..	..	0.4	1.0	0.9	1.3	0.0	0.2
Actions et parts de fonds d'investissement	..	..	7.7	7.1	7.4	22.0	20.6	17.5
Systèmes d'assurance de pensions et garanties standard	..	..	84.9	85.3	85.4	70.7	73.5	75.4
Produits financiers dérivés et options sur titres des salariés	..	..	0.1	0.1	0.1	0.0	0.1	0.0
Autres comptes à recevoir	..	..	6.8	6.5	6.1	6.0	5.8	6.9
Fonds de pension								
Actifs financiers	..	..	100.0	100.0	100.0	100.0	100.0	100.0
Numéraire et dépôts	..	..	22.3	19.0	17.4	14.8	11.0	13.0
Titres de dettes	..	..	70.0	68.9	67.4	65.9	67.3	61.7
Crédits	..	..	0.0	0.0	0.0	0.0	0.0	0.0
Actions et parts de fonds d'investissement	..	..	7.7	11.9	15.1	19.2	21.6	25.1
Systèmes d'assurance de pensions et garanties standard	..	..	0.0	0.0	0.0	0.0	0.0	0.0
Produits financiers dérivés et options sur titres des salariés	..	..	0.0	0.0	0.0	0.0	0.1	0.1
Autres comptes à recevoir	..	..	0.0	0.1	0.1	0.2	0.0	0.1
Passifs financiers	..	..	100.0	100.0	100.0	100.0	100.0	100.0
Numéraire et dépôts	..	..	0.0	0.0	0.0	0.0	0.0	0.0
Titres de dettes	..	..	0.0	0.0	0.0	0.0	0.0	0.0
Crédits	..	..	0.0	0.0	0.0	0.0	0.0	0.0
Actions et parts de fonds d'investissement	..	..	0.0	0.0	0.0	0.0	0.0	0.0
Systèmes d'assurance de pensions et garanties standard	..	..	99.7	99.6	99.9	99.6	99.7	99.7
Produits financiers dérivés et options sur titres des salariés	..	..	0.0	0.1	0.0	0.0	0.1	0.0
Autres comptes à recevoir	..	..	0.3	0.3	0.1	0.4	0.2	0.3

Note : Voir les métadonnées détaillées sur : http://metalinks.oecd.org/instinv/20180905/af01

SLOVÉNIE

Tableau 1. Actifs et passifs financiers des investisseurs institutionnels, 2017

Millions EUR (2007 SIT euro)

	Fonds d'investissement				
	Total	Fonds d'investissement non-monétaire			Fonds d'investissement monétaires
		Total	Fonds d'investissement à capital variable, non monétaire	Fonds d'investissement à capital fixe, non monétaire	Total
Actifs financiers	2 664	2 609	2 609	..	55
Numéraire et dépôts	171	135	135	..	35
Titres de dette	448	429	429	..	19
Titres de dette à court terme	27	8	8	..	19
Titres de dette à long terme	421	421	421	..	0
Titres de dette émis par les résidents	49	47	47	..	2
Titres de dette émis par les non-résidents	398	382	382	..	17
Crédits	..	..	..	..	..
Crédits à court terme	..	..	..	..	..
Crédits à long terme	..	..	..	..	..
Crédits accordés aux résidents	..	..	..	..	..
Crédits accordés aux non-résidents	..	..	..	..	..
Actions et parts de fonds d'investissement	2 042	2 042	2 042	..	..
Actions et parts de fonds d'investissements émises par les résidents	103	103	103	..	..
Actions et part de fonds d'investissements émises par les non-résidents	1 939	1 939	1 939	..	..
Autres comptes à recevoir	4	4	4	..	0

	Fonds d'investissement				
	Total	Fonds d'investissement non-monétaire			Fonds d'investissement monétaires
		Total	Fonds d'investissement à capital variable, non monétaire	Fonds d'investissement à capital fixe, non monétaire	Total
Pasifs financiers	2 664	2 609	2 609	..	55
Numéraire et dépôts	..	..	..	..	..
Titres de dette	..	..	..	..	..
Titres de dette à court terme	..	..	..	..	..
Titres de dette à long terme	..	..	..	..	..
Crédits	0	0	0	..	..
Crédits à court terme	0	0	0	..	..
Crédits à long terme	..	..	..	..	..
Actions et parts de fonds d'investissement	2 657	2 602	2 602	..	55
Systèmes d'assurance, de pensions et garanties standard	..	..	..	..	..
Produits financiers dérivés et options sur titres des salariés	0	0	0	..	..
Autres comptes à payer	8	7	7	..	0

	Sociétés d'assurance et fonds de pension autonomes				
	Total	Sociétés d'assurance			Fonds de pension autonomes
		Total	Sociétés d'assurance vie	Sociétés d'assurance non-vie	Total
Actifs financiers	10 373	7 688	..	..	2 685
Numéraire et dépôts	627	248	..	..	379
Titres de dette	6 083	4 567	..	..	1 516
Titres de dette à court terme	111	50	..	..	60
Titres de dette à long terme	5 972	4 517	..	..	1 455
Titres de dette émis par les résidents	1 798	1 059	..	..	739
Titres de dette émis par les non-résidents	4 285	3 508	..	..	777
Crédits	132	109	..	..	23
Crédits à court terme	45	27	..	..	19
Crédits à long terme	87	83	..	..	4
Crédits accordés aux résidents	111	88	..	..	23
Crédits accordés aux non-résidents	21	21	..	..	0
Actions et parts de fonds d'investissement	2 976	2 215	..	..	761
Actions et parts de fonds d'investissement émises par les résidents	1 518	1 419	..	..	98
Actions et parts de fonds d'investissement émises par les non-résidents	1 459	796	..	..	663
Autrescomptes à recevoir	362	357	..	..	6

	Sociétés d'assurance et fonds de pension autonomes				
	Total	Sociétés d'assurance			Fonds de pension autonomes
		Total	Sociétés d'assurance vie	Sociétés d'assurance non-vie	Total
Pasifs financiers	10 319	7 604	..	..	2 715
Numéraire et dépôts	0	0	..	..	0
Titres de dette	84	84	..	..	0
Titres de dette à court terme	0	0	..	..	0
Titres de dette à long terme	84	84	..	..	0
Crédits	2	2	..	..	0
Crédits à court terme	0	0	..	..	0
Crédits à long terme	2	2	..	..	0
Actions et parts de fonds d'investissement	1 908	1 860	..	..	47
Systèmes d'assurance, de pensions et garanties standard	8 074	5 413	..	..	2 662
Produits financiers dérivés et options sur titres des salariés	0	0	..	..	0
Autres comptes à payer	251	245	..	..	6

Note : Voir les métadonnées détaillées sur : http://metalinks.oecd.org/instinv/20180905/e808

Tableau 2. Actifs et passifs financiers des fonds d'investissement

Millions EUR

	2010	2011	2012	2013	2014	2015	2016	2017
Fonds d'investissement								
Valeur nette financière	..	..	..	..	..	..	..	..
Actifs financiers	2 289	1 811	1 831	1 855	2 151	2 319	2 474	2 664
Numéraire et dépôts	163	147	136	110	136	166	192	171
Titres de dette	234	248	250	220	263	351	425	448
Crédits	..	..	..	..	..	..	..	..
Actions et parts de fonds d'investissement	1 881	1 407	1 433	1 516	1 746	1 795	1 845	2 042
Actions	1 700	1 250	1 280	1 348	1 598	1 641	1 690	1 874
Parts de fonds d'investissement	181	157	153	168	149	154	156	168
Parts de fonds d'investissement monétaires	0	0	0	0	0	0	2	2
Parts de fonds d'investissement non monétaires	181	157	153	168	149	154	154	166
Systèmes d'assurance, de pensions et garanties standard	..	..	..	..	..	..	..	..
Produits financiers dérivés et options sur titres des salariés	0	0	0	0	0	1	1	0
Autres comptes à recevoir	11	9	12	9	6	5	11	4
Passifs financiers	2 289	1 811	1 831	1 855	2 151	2 319	2 474	2 664
Titres de dette	..	..	..	..	..	..	..	..
Titres de dette à court terme	..	..	..	..	..	..	..	..
Titres de dette à long terme	..	..	..	..	..	..	..	..
Crédits	13	8	0	0	0	0	0	0
Crédits à court terme	13	8	0	0	0	0	0	0
Crédits à long terme	..	..	..	..	..	..	..	..
Actions et parts de fonds d'investissement	2 252	1 790	1 817	1 840	2 143	2 309	2 464	2 657
Systèmes d'assurance, de pensions et garanties standard	..	..	..	..	..	..	..	..
Produits financiers dérivés et options sur titres des salariés	0	0	0	0	0	0	0	0
Autres comptes à payer	24	13	13	16	8	10	11	8
Actifs non financiers	..	..	..	..	..	..	..	..
Fonds d'investissement monéaires								
Valeur nette financière	..	..	..	..	..	..	..	..
Actifs financiers	12	26	26	37	37	58	100	55
Numéraire et dépôts	12	20	15	23	24	32	68	35
Titres de dette	0	6	10	14	13	25	32	19
Crédits	..	..	..	..	..	..	..	..
Actions et parts de fonds d'investissement	..	..	..	..	..	..	..	..
Actions	..	..	..	..	..	..	..	..
Parts de fonds d'investissement	..	..	..	..	..	..	..	..
Parts de fonds d'investissement monétaires	..	..	..	..	..	..	..	..
Parts de fonds d'investissement non monétaires	..	..	..	..	..	..	..	..
Systèmes d'assurance, de pensions et garanties standard	..	..	..	..	..	..	..	..
Produits financiers dérivés et options sur titres des salariés	..	..	..	..	..	..	..	..
Autres comptes à recevoir	0	0	0	0	0	0	0	0
Passifs financiers	12	26	26	37	37	58	100	55
Titres de dette	..	..	..	..	..	..	..	..
Titres de dette à court terme	..	..	..	..	..	..	..	..
Titres de dette à long terme	..	..	..	..	..	..	..	..
Crédits	..	..	..	..	..	..	..	..
Crédits à court terme	..	..	..	..	..	..	..	..
Crédits à long terme	..	..	..	..	..	..	..	..
Actions et parts de fonds d'investissement	12	26	24	36	37	56	99	55
Systèmes d'assurance, de pensions et garanties standard	..	..	..	..	..	..	..	..
Produits financiers dérivés et options sur titres des salariés	..	..	..	..	..	..	..	..
Autres comptes à payer	0	0	2	0	1	1	1	0
Actifs non financiers	..	..	..	..	..	..	..	..
Fonds d'investissement non monéaires								
Valeur nette financière	..	..	..	..	..	..	..	..
Actifs financiers	2 276	1 785	1 805	1 819	2 113	2 261	2 374	2 609
Numéraire et dépôts	151	127	121	87	111	134	124	135
Titres de dette	234	242	239	206	250	326	393	429
Crédits	..	..	..	..	..	..	..	..
Actions et parts de fonds d'investissement	1 881	1 407	1 433	1 516	1 746	1 795	1 845	2 042
Actions	1 700	1 250	1 280	1 348	1 598	1 641	1 690	1 874
Parts de fonds d'investissement	181	157	153	168	149	154	156	168
Parts de fonds d'investissement monétaires	0	0	0	0	0	0	2	2
Parts de fonds d'investissement non monétaires	181	157	153	168	149	154	154	166
Systèmes d'assurance, de pensions et garanties standard	..	..	..	..	..	..	..	..
Produits financiers dérivés et options sur titres des salariés	0	0	0	0	0	1	1	0
Autres comptes à recevoir	11	9	12	9	6	5	11	4
Passifs financiers	2 276	1 785	1 805	1 819	2 113	2 261	2 374	2 609
Titres de dette	..	..	..	..	..	..	..	..
Titres de dette à court terme	..	..	..	..	..	..	..	..
Titres de dette à long terme	..	..	..	..	..	..	..	..
Crédits	13	8	0	0	0	0	0	0
Crédits à court terme	13	8	0	0	0	0	0	0
Crédits à long terme	..	..	..	..	..	..	..	..
Actions et parts de fonds d'investissement	2 239	1 764	1 794	1 803	2 106	2 253	2 364	2 602
Systèmes d'assurance, de pensions et garanties standard	..	..	..	..	..	..	..	..
Produits financiers dérivés et options sur titres des salariés	0	0	0	0	0	0	0	0
Autres comptes à payer	24	13	11	16	7	8	9	7
Actifs non financiers	..	..	..	..	..	..	..	..
Fonds d'investissement non monéaires à capital variable								
Valeur nette financière	..	..	..	..	..	..	..	..
Actifs financiers	2 036	1 785	1 805	1 819	2 113	2 261	2 374	2 609

Tableau 2. Actifs et passifs financiers des fonds d'investissement (*suite*)

Millions EUR

	2010	2011	2012	2013	2014	2015	2016	2017
Numéraire et dépôts	127	127	121	87	111	134	124	135
Titres de dette	222	242	239	206	250	326	393	429
Crédits	..	..	..	..	..	..	..	..
Actions et parts de fonds d'investissement	1 675	1 407	1 433	1 516	1 746	1 795	1 845	2 042
Actions	1 500	1 250	1 280	1 348	1 598	1 641	1 690	1 874
Parts de fonds d'investissement	176	157	153	168	149	154	156	168
Parts de fonds d'investissement monétaires	0	0	0	0	0	0	2	2
Parts de fonds d'investissement non monétaires	175	157	153	168	149	154	154	166
Systèmes d'assurance, de pensions et garanties standard	..	..	..	..	..	..	..	..
Produits financiers dérivés et options sur titres des salariés	0	0	0	0	0	1	1	0
Autres comptes à recevoir	11	9	12	9	6	5	11	4
Passifs financiers	2 036	1 785	1 805	1 819	2 113	2 261	2 374	2 609
Titres de dette	..	..	..	..	..	..	..	..
Titres de dette à court terme	..	..	..	..	..	..	..	..
Titres de dette à long terme	..	..	..	..	..	..	..	..
Crédits	0	8	0	0	0	0	0	0
Crédits à court terme	0	8	0	0	0	0	0	0
Crédits à long terme	..	..	..	..	..	..	..	..
Actions et parts de fonds d'investissement	2 017	1 764	1 794	1 803	2 106	2 253	2 364	2 602
Systèmes d'assurance, de pensions et garanties standard	..	..	..	..	..	..	..	..
Produits financiers dérivés et options sur titres des salariés	0	0	0	0	0	0	0	0
Autres comptes à payer	19	13	11	16	7	8	9	7
Actifs non financiers	..	..	..	..	..	..	..	..
Fonds d'investissement à capital variable								
Valeur nette financière	..	..	..	..	..	..	..	..
Actifs financiers	2 048	1 811	1 831	1 855	2 151	2 319	2 474	2 664
Numéraire et dépôts	140	147	136	110	136	166	192	171
Titres de dette	222	248	250	220	263	351	425	448
Crédits	..	..	..	..	..	..	..	..
Actions et parts de fonds d'investissement	1 675	1 407	1 433	1 516	1 746	1 795	1 845	2 042
Actions	1 500	1 250	1 280	1 348	1 598	1 641	1 690	1 874
Parts de fonds d'investissement	176	157	153	168	149	154	156	168
Parts de fonds d'investissement monétaires	0	0	0	0	0	0	2	2
Parts de fonds d'investissement non monétaires	175	157	153	168	149	154	154	166
Systèmes d'assurance, de pensions et garanties standard	..	..	..	..	..	..	..	..
Produits financiers dérivés et options sur titres des salariés	0	0	0	0	0	1	1	0
Autres comptes à recevoir	11	9	12	9	6	5	11	4
Passifs financiers	2 048	1 811	1 831	1 855	2 151	2 319	2 474	2 664
Titres de dette	..	..	..	..	..	..	..	..
Titres de dette à court terme	..	..	..	..	..	..	..	..
Titres de dette à long terme	..	..	..	..	..	..	..	..
Crédits	0	8	0	0	0	0	0	0
Crédits à court terme	0	8	0	0	0	0	0	0
Crédits à long terme	..	..	..	..	..	..	..	..
Actions et parts de fonds d'investissement	2 030	1 790	1 817	1 840	2 143	2 309	2 464	2 657
Systèmes d'assurance, de pensions et garanties standard	..	..	..	..	..	..	..	..
Produits financiers dérivés et options sur titres des salariés	0	0	0	0	0	0	0	0
Autres comptes à payer	19	13	13	16	8	10	11	8
Actifs non financiers	..	..	..	..	..	..	..	..

Note : Voir les métadonnées détaillées sur : http://metalinks.oecd.org/instinv/20180905/e808

Tableau 3. Actifs et passifs financiers des sociétés d'assurance et fonds de pension

Millions EUR

	2010	2011	2012	2013	2014	2015	2016	2017
Sociétés d'assurance et fonds de pension								
Valeur nette financière	-78	-41	164	213	181	42	132	54
Actifs financiers	7 344	7 533	8 275	8 614	9 370	9 486	9 980	10 373
Numéraire et dépôts	967	1 151	950	686	781	669	660	627
Titres de dette	3 938	3 889	4 440	4 882	5 344	5 693	6 026	6 083
Crédits	151	196	174	166	150	113	124	132
Actions et parts de fonds d'investissement	1 830	1 841	2 153	2 307	2 597	2 580	2 677	2 976
Actions	761	779	827	858	929	840	775	873
Parts de fonds d'investissement	1 069	1 062	1 326	1 449	1 667	1 741	1 901	2 103
Parts de fonds d'investissement monétaires	..	..	..	..	..	..	..	..
Parts de fonds d'investissement non monétaires	..	..	..	..	..	..	..	..
Systèmes d'assurance, de pensions et garanties standard	184	183	225	201	216	177	182	192
Produits financiers dérivés et options sur titres des salariés	4	4	4	2	0	0	0	0
Autres comptes à recevoir	269	270	330	370	282	253	311	362
Passifs financiers	7 422	7 574	8 111	8 401	9 189	9 444	9 848	10 319
Titres de dette	49	49	45	37	38	35	84	84
Titres de dette à court terme	0	0	0	0	0	0	0	0
Titres de dette à long terme	49	49	45	37	38	35	84	84
Crédits	61	57	37	31	26	26	26	2
Crédits à court terme	11	20	3	5	0	0	1	0
Crédits à long terme	51	38	34	26	26	26	25	2
Actions et parts de fonds d'investissement	973	972	1 215	1 348	1 690	1 659	1 696	1 908
Systèmes d'assurance, de pensions et garanties standard	6 155	6 297	6 553	6 684	7 209	7 498	7 810	8 074
Produits financiers dérivés et options sur titres des salariés	0	0	0	0	0	0	0	0
Autres comptes à payer	184	200	262	301	226	227	233	251
Actifs non financiers	..	..	..	..	..	..	..	..
Sociétés d'assurance								
Valeur nette financière	-69	-32	174	207	180	34	140	84
Actifs financiers	5 396	5 491	6 197	6 475	7 031	6 999	7 416	7 688
Numéraire et dépôts	488	594	488	365	327	314	286	248
Titres de dette	2 819	2 750	3 256	3 590	4 083	4 157	4 486	4 567
Crédits	105	129	121	112	112	86	99	109
Actions et parts de fonds d'investissement	1 529	1 563	1 779	1 852	2 019	2 016	2 060	2 215
Actions	647	703	754	794	830	775	711	809
Parts de fonds d'investissement	883	860	1 025	1 058	1 189	1 241	1 350	1 406
Parts de fonds d'investissement monétaires	..	..	..	..	..	..	..	..
Parts de fonds d'investissement non monétaires	..	..	..	..	..	..	..	..
Systèmes d'assurance, de pensions et garanties standard	184	183	225	201	216	177	182	192
Produits financiers dérivés et options sur titres des salariés	4	4	4	2	0	0	0	0
Autres comptes à recevoir	266	267	324	354	273	249	303	357
Passifs financiers	5 465	5 523	6 023	6 268	6 851	6 965	7 276	7 604
Titres de dette	49	49	45	37	38	35	84	84
Titres de dette à court terme	0	0	0	0	0	0	0	0
Titres de dette à long terme	49	49	45	37	38	35	84	84
Crédits	60	57	37	31	26	26	26	2
Crédits à court terme	11	20	3	5	0	0	1	0
Crédits à long terme	49	38	34	26	26	26	25	2
Actions et parts de fonds d'investissement	939	936	1 176	1 308	1 648	1 615	1 651	1 860
Systèmes d'assurance, de pensions et garanties standard	4 240	4 308	4 512	4 599	4 927	5 070	5 301	5 413
Produits financiers dérivés et options sur titres des salariés	0	0	0	0	0	0	0	0
Autres comptes à payer	177	173	252	293	213	220	214	245
Actifs non financiers	..	..	..	..	..	..	..	..
Fonds de pension								
Valeur nette financière	-9	-9	-11	6	2	8	-8	-31
Actifs financiers	1 948	2 042	2 078	2 139	2 339	2 487	2 564	2 685
Numéraire et dépôts	479	556	462	322	454	356	374	379
Titres de dette	1 119	1 139	1 184	1 292	1 261	1 537	1 540	1 516
Crédits	46	67	53	54	37	27	25	23
Actions et parts de fonds d'investissement	301	277	374	455	578	565	616	761
Actions	114	76	73	64	99	64	64	64
Parts de fonds d'investissement	186	201	301	391	479	500	552	697
Parts de fonds d'investissement monétaires	..	..	..	..	..	..	..	..
Parts de fonds d'investissement non monétaires	..	..	..	..	..	..	..	..
Systèmes d'assurance, de pensions et garanties standard	0	0	0	0	0	0	0	0
Produits financiers dérivés et options sur titres des salariés	0	0	0	0	0	0	0	0
Autres comptes à recevoir	3	3	6	15	9	4	8	6
Passifs financiers	1 957	2 052	2 089	2 133	2 337	2 479	2 572	2 715
Titres de dette	0	0	0	0	0	0	0	0
Titres de dette à court terme	0	0	0	0	0	0	0	0
Titres de dette à long terme	0	0	0	0	0	0	0	0
Crédits	2	0	0	0	0	0	0	0
Crédits à court terme	0	0	0	0	0	0	0	0
Crédits à long terme	2	0	0	0	0	0	0	0
Actions et parts de fonds d'investissement	34	36	39	40	43	44	45	47
Systèmes d'assurance, de pensions et garanties standard	1 914	1 989	2 041	2 085	2 281	2 428	2 509	2 662
Produits financiers dérivés et options sur titres des salariés	0	0	0	0	0	0	0	0
Autres comptes à payer	7	26	10	8	13	7	18	6
Actifs non financiers	..	..	..	..	..	..	..	..

Note : Voir les métadonnées détaillées sur : http://metalinks.oecd.org/instinv/20180905/e808

Tableau 4. Composition du portefeuille par type d'investisseur

En pourcentage des actifs financiers et des passifs financiers

Pour cent

	2010	2011	2012	2013	2014	2015	2016	2017
Fonds d'investissement								
Actifs financiers	100.0	100.0	100.0	100.0	100.0	100.0	100.0	100.0
Numéraire et dépôts	7.1	8.1	7.4	5.9	6.3	7.1	7.8	6.4
Titres de dettes	10.2	13.7	13.6	11.9	12.2	15.2	17.2	16.8
Crédits	0.0	0.0	0.0	0.0	0.0	0.0	0.0	0.0
Actions et parts de fonds d'investissement	82.2	77.7	78.3	81.7	81.2	77.4	74.6	76.7
Systèmes d'assurance de pensions et garanties standard	0.0	0.0	0.0	0.0	0.0	0.0	0.0	0.0
Produits financiers dérivés et options sur titres des salariés	0.0	0.0	0.0	0.0	0.0	0.0	0.0	0.0
Autres comptes à recevoir	0.5	0.5	0.7	0.5	0.3	0.2	0.4	0.1
Passifs financiers	100.0	100.0	100.0	100.0	100.0	100.0	100.0	100.0
Numéraire et dépôts	0.0	0.0	0.0	0.0	0.0	0.0	0.0	0.0
Titres de dettes	0.0	0.0	0.0	0.0	0.0	0.0	0.0	0.0
Crédits	0.6	0.4	0.0	0.0	0.0	0.0	0.0	0.0
Actions et parts de fonds d'investissement	98.4	98.8	99.3	99.1	99.6	99.6	99.6	99.7
Systèmes d'assurance de pensions et garanties standard	0.0	0.0	0.0	0.0	0.0	0.0	0.0	0.0
Produits financiers dérivés et options sur titres des salariés	0.0	0.0	0.0	0.0	0.0	0.0	0.0	0.0
Autres comptes à recevoir	1.1	0.7	0.7	0.9	0.4	0.4	0.4	0.3
Sociétés d'assurance								
Actifs financiers	100.0	100.0	100.0	100.0	100.0	100.0	100.0	100.0
Numéraire et dépôts	9.0	10.8	7.9	5.6	4.7	4.5	3.9	3.2
Titres de dettes	52.2	50.1	52.5	55.4	58.1	59.4	60.5	59.4
Crédits	1.9	2.4	2.0	1.7	1.6	1.2	1.3	1.4
Actions et parts de fonds d'investissement	28.3	28.5	28.7	28.6	28.7	28.8	27.8	28.8
Systèmes d'assurance de pensions et garanties standard	3.4	3.3	3.6	3.1	3.1	2.5	2.5	2.5
Produits financiers dérivés et options sur titres des salariés	0.1	0.1	0.1	0.0	0.0	0.0	0.0	0.0
Autres comptes à recevoir	4.9	4.9	5.2	5.5	3.9	3.6	4.1	4.6
Passifs financiers	100.0	100.0	100.0	100.0	100.0	100.0	100.0	100.0
Numéraire et dépôts	0.0	0.0	0.0	0.0	0.0	0.0	0.0	0.0
Titres de dettes	0.9	0.9	0.8	0.6	0.6	0.5	1.2	1.1
Crédits	1.1	1.0	0.6	0.5	0.4	0.4	0.4	0.0
Actions et parts de fonds d'investissement	17.2	16.9	19.5	20.9	24.0	23.2	22.7	24.5
Systèmes d'assurance de pensions et garanties standard	77.6	78.0	74.9	73.4	71.9	72.8	72.8	71.2
Produits financiers dérivés et options sur titres des salariés	0.0	0.0	0.0	0.0	0.0	0.0	0.0	0.0
Autres comptes à recevoir	3.2	3.1	4.2	4.7	3.1	3.2	2.9	3.2
Fonds de pension								
Actifs financiers	100.0	100.0	100.0	100.0	100.0	100.0	100.0	100.0
Numéraire et dépôts	24.6	27.2	22.2	15.0	19.4	14.3	14.6	14.1
Titres de dettes	57.4	55.8	57.0	60.4	53.9	61.8	60.1	56.5
Crédits	2.4	3.3	2.5	2.5	1.6	1.1	1.0	0.9
Actions et parts de fonds d'investissement	15.4	13.6	18.0	21.3	24.7	22.7	24.0	28.4
Systèmes d'assurance de pensions et garanties standard	0.0	0.0	0.0	0.0	0.0	0.0	0.0	0.0
Produits financiers dérivés et options sur titres des salariés	0.0	0.0	0.0	0.0	0.0	0.0	0.0	0.0
Autres comptes à recevoir	0.2	0.1	0.3	0.7	0.4	0.2	0.3	0.2
Passifs financiers	100.0	100.0	100.0	100.0	100.0	100.0	100.0	100.0
Numéraire et dépôts	0.0	0.0	0.0	0.0	0.0	0.0	0.0	0.0
Titres de dettes	0.0	0.0	0.0	0.0	0.0	0.0	0.0	0.0
Crédits	0.1	0.0	0.0	0.0	0.0	0.0	0.0	0.0
Actions et parts de fonds d'investissement	1.7	1.8	1.8	1.9	1.8	1.8	1.7	1.7
Systèmes d'assurance de pensions et garanties standard	97.8	97.0	97.7	97.7	97.6	97.9	97.5	98.0
Produits financiers dérivés et options sur titres des salariés	0.0	0.0	0.0	0.0	0.0	0.0	0.0	0.0
Autres comptes à recevoir	0.4	1.3	0.5	0.4	0.6	0.3	0.7	0.2

Note : Voir les métadonnées détaillées sur : http://metalinks.oecd.org/instinv/20180905/af01

ESPAGNE

Tableau 1. Actifs et passifs financiers des investisseurs institutionnels, 2017

Millions EUR (1999 ESP euro)

	Total	Fonds d'investissement			
		Fonds d'investissement non-monétaire			Fonds d'investissement monétaires
		Total	Fonds d'investissement à capital variable, non monétaire	Fonds d'investissement à capital fixe, non monétaire	Total
Actifs financiers	300 821	295 069	294 567	502	5 752
Numéraire et dépôts	35 642	35 642	35 468	173	0
Titres de dette	125 295	119 600	119 600	0	5 695
Titres de dette à court terme	13 999	8 304	8 304	0	5 695
Titres de dette à long terme	111 299	111 297	111 297	0	2
Titres de dette émis par les résidents	58 160	56 200	56 200	0	1 961
Titres de dette émis par les non-résidents	67 135	63 401	63 401	0	3 734
Crédits	0	..	..	0	0
Crédits à court terme	0	..	..	0	0
Crédits à long terme	0	..	..	0	..
Crédits accordés aux résidents	0	..	..	0	0
Crédits accordés aux non-résidents	0	..	..	0	0
Actions et parts de fonds d'investissement	135 306	135 252	135 252	0	54
Actions et parts de fonds d'investissements émises par les résidents	22 747	22 747	22 747	0	0
Actions et part de fonds d'investissements émises par les non-résidents	112 560	112 506	112 506	0	54
Autres comptes à recevoir	3 197	3 194	2 865	329	3

	Total	Fonds d'investissement			
		Fonds d'investissement non-monétaire			Fonds d'investissement monétaires
		Total	Fonds d'investissement à capital variable, non monétaire	Fonds d'investissement à capital fixe, non monétaire	Total
Pasifs financiers	303 104	295 975	294 568	1 407	7 129
Numéraire et dépôts	0	..	..	0	..
Titres de dette	0	..	..	0	..
Titres de dette à court terme	0	..	..	0	..
Titres de dette à long terme	0	..	..	0	..
Crédits	372	366	1	365	6
Crédits à court terme	372	366	1	365	6
Crédits à long terme	0	..	..	0	0
Actions et parts de fonds d'investissement	300 271	293 149	292 158	992	7 122
Systèmes d'assurance, de pensions et garanties standard	0	..	..	0	..
Produits financiers dérivés et options sur titres des salariés	390	390	390	0	..
Autres comptes à payer	2 071	2 071	2 020	51	1

	Total	Sociétés d'assurance et fonds de pension autonomes			
		Sociétés d'assurance			Fonds de pension autonomes
		Total	Sociétés d'assurance vie	Sociétés d'assurance non-vie	Total
Actifs financiers	452 387	312 457	..	..	139 930
Numéraire et dépôts	40 563	26 487	..	..	14 076
Titres de dette	282 329	217 503	..	..	64 826
Titres de dette à court terme	1 825	628	..	..	1 197
Titres de dette à long terme	280 504	216 875	..	..	63 629
Titres de dette émis par les résidents	186 863	152 611	..	..	34 253
Titres de dette émis par les non-résidents	95 466	64 893	..	..	30 574
Crédits	4 326	4 310	..	..	16
Crédits à court terme	2 346	2 346	..	..	0
Crédits à long terme	1 980	1 964	..	..	16
Crédits accordés aux résidents	2 609	2 593	..	..	16
Crédits accordés aux non-résidents	1 717	1 717	..	..	..
Actions et parts de fonds d'investissement	86 118	38 026	..	..	48 092
Actions et parts de fonds d'investissement émises par les résidents	29 663	22 207	..	..	7 456
Actions et parts de fonds d'investissement émises par les non-résidents	56 455	15 819	..	..	40 636
Autrescomptes à recevoir	16 957	16 731	..	..	226

	Total	Sociétés d'assurance et fonds de pension autonomes			
		Sociétés d'assurance			Fonds de pension autonomes
		Total	Sociétés d'assurance vie	Sociétés d'assurance non-vie	Total
Pasifs financiers	452 706	312 899	..	..	139 807
Numéraire et dépôts	..	..	..	..	..
Titres de dette	169	169	..	..	0
Titres de dette à court terme	0	0	..	..	0
Titres de dette à long terme	169	169	..	..	0
Crédits	5 954	5 954	..	..	0
Crédits à court terme	4 633	4 633	..	..	0
Crédits à long terme	1 321	1 321	..	..	0
Actions et parts de fonds d'investissement	46 434	46 434	..	..	0
Systèmes d'assurance, de pensions et garanties standard	394 051	254 750	..	..	139 301
Produits financiers dérivés et options sur titres des salariés	1 067	1 044	..	..	23
Autres comptes à payer	5 032	4 549	..	..	483

Note : Voir les métadonnées détaillées sur : http://metalinks.oecd.org/instinv/20180905/584e

Tableau 2. Actifs et passifs financiers des fonds d'investissement

Millions EUR

	2010	2011	2012	2013	2014	2015	2016	2017
Fonds d'investissement								
Valeur nette financière	-7 036	-5 375	-5 028	-5 346	-1 478	-4 944	-4 014	-2 284
Actifs financiers	172 952	157 190	150 185	187 089	233 630	256 073	271 772	300 821
Numéraire et dépôts	37 142	28 326	27 388	39 500	43 527	42 964	41 397	35 642
Titres de dette	92 223	94 234	87 273	98 663	119 003	110 939	123 592	125 295
Crédits	67	10	23	1	0	0	0	0
Actions et parts de fonds d'investissement	40 417	32 261	32 812	45 430	67 410	98 267	102 918	135 306
Actions	18 997	15 769	16 440	23 661	30 372	37 315	37 418	46 872
Parts de fonds d'investissement	21 419	16 492	16 371	21 769	37 038	60 952	65 500	88 434
Parts de fonds d'investissement monétaires	999	1 114	875	722	563	1 330	1 464	1 538
Parts de fonds d'investissement non monétaires	20 420	15 378	15 497	21 047	36 475	59 621	64 036	86 896
Systèmes d'assurance, de pensions et garanties standard	0	0	0	0	0	0	0	0
Produits financiers dérivés et options sur titres des salariés	1 596	1 102	1 159	1 440	1 327	1 123	1 340	1 381
Autres comptes à recevoir	1 508	1 255	1 532	2 054	2 363	2 780	2 525	3 197
Passifs financiers	179 988	162 565	155 213	192 435	235 108	261 017	275 786	303 104
Titres de dette	0	0	0	0	0	0	0	0
Titres de dette à court terme	0	0	0	0	0	0	0	0
Titres de dette à long terme	0	0	0	0	0	0	0	0
Crédits	648	538	534	864	456	529	522	372
Crédits à court terme	648	538	534	864	456	529	522	372
Crédits à long terme	0	0	0	0	0	0	0	0
Actions et parts de fonds d'investissement	177 509	160 555	153 296	190 028	232 871	258 847	273 059	300 271
Systèmes d'assurance, de pensions et garanties standard	0	0	0	0	0	0	0	0
Produits financiers dérivés et options sur titres des salariés	671	637	521	363	417	377	412	390
Autres comptes à payer	1 160	835	863	1 180	1 363	1 264	1 793	2 071
Actifs non financiers	6 975	5 292	4 939	5 258	1 478	1 434	1 287	906
Fonds d'investissement monéaires								
Valeur nette financière	-61	-83	-89	-88	0	-3 510	-2 726	-1 377
Actifs financiers	8 107	7 972	6 903	8 343	7 309	4 818	7 005	5 752
Numéraire et dépôts	3 952	2 855	1 825	2 695	2 559	0	0	0
Titres de dette	4 088	5 104	5 055	5 644	4 702	4 784	6 964	5 695
Crédits	67	10	23	1	0	0	0	0
Actions et parts de fonds d'investissement	0	2	1	3	6	3	34	54
Actions	..	..	..	..	..	..	..	..
Parts de fonds d'investissement	0	2	1	3	6	3	34	54
Parts de fonds d'investissement monétaires	0	2	1	3	4	3	34	54
Parts de fonds d'investissement non monétaires	0	0	0	0	2	0	0	0
Systèmes d'assurance, de pensions et garanties standard	..	..	..	..	..	..	..	..
Produits financiers dérivés et options sur titres des salariés	..	..	..	..	..	..	..	..
Autres comptes à recevoir	0	0	0	0	42	32	8	3
Passifs financiers	8 168	8 055	6 992	8 432	7 309	8 328	9 731	7 129
Titres de dette	..	..	..	..	..	..	..	..
Titres de dette à court terme	..	..	..	..	..	..	..	..
Titres de dette à long terme	..	..	..	..	..	..	..	..
Crédits	9	19	9	11	9	8	9	6
Crédits à court terme	9	19	9	11	9	8	9	6
Crédits à long terme	0	0	0	0	0	0	0	0
Actions et parts de fonds d'investissement	8 154	8 036	6 979	8 420	7 299	8 320	9 722	7 122
Systèmes d'assurance, de pensions et garanties standard	..	..	..	..	..	..	..	..
Produits financiers dérivés et options sur titres des salariés	..	..	..	..	..	..	..	..
Autres comptes à payer	5	0	4	1	1	0	0	1
Actifs non financiers	0	0	0	0	0	0	0	0
Fonds d'investissement non monéaires								
Valeur nette financière	-6 975	-5 292	-4 939	-5 258	-1 478	-1 434	-1 288	-906
Actifs financiers	164 845	149 218	143 282	178 745	226 321	251 254	264 767	295 069
Numéraire et dépôts	33 190	25 471	25 563	36 805	40 968	42 964	41 397	35 642
Titres de dette	88 135	89 130	82 218	93 019	114 301	106 155	116 628	119 600
Crédits	..	..	..	..	..	..	..	..
Actions et parts de fonds d'investissement	40 417	32 259	32 811	45 427	67 404	98 264	102 885	135 252
Actions	18 997	15 769	16 440	23 661	30 372	37 315	37 418	46 872
Parts de fonds d'investissement	21 419	16 490	16 371	21 766	37 032	60 949	65 466	88 380
Parts de fonds d'investissement monétaires	999	1 112	874	719	559	1 327	1 430	1 484
Parts de fonds d'investissement non monétaires	20 420	15 378	15 497	21 047	36 473	59 621	64 036	86 896
Systèmes d'assurance, de pensions et garanties standard	..	..	..	..	..	..	..	..
Produits financiers dérivés et options sur titres des salariés	1 596	1 102	1 159	1 440	1 327	1 123	1 340	1 381
Autres comptes à recevoir	1 508	1 255	1 532	2 054	2 321	2 748	2 517	3 194
Passifs financiers	171 820	154 510	148 221	184 003	227 799	252 688	266 055	295 975
Titres de dette	..	..	..	..	..	..	..	..
Titres de dette à court terme	..	..	..	..	..	..	..	..
Titres de dette à long terme	..	..	..	..	..	..	..	..
Crédits	639	520	525	853	447	520	513	366
Crédits à court terme	639	520	525	853	447	520	513	366
Crédits à long terme	..	..	..	..	..	..	..	..
Actions et parts de fonds d'investissement	169 355	152 519	146 316	181 608	225 573	250 527	263 337	293 149
Systèmes d'assurance, de pensions et garanties standard	..	..	..	..	..	..	..	..
Produits financiers dérivés et options sur titres des salariés	671	637	521	363	417	377	412	390
Autres comptes à payer	1 156	834	859	1 179	1 363	1 264	1 793	2 071
Actifs non financiers	6 975	5 292	4 939	5 258	1 478	1 434	1 287	906
Fonds d'investissement non monéaires à capital variable								
Valeur nette financière	0	0	0	0	0	0	0	-1
Actifs financiers	164 509	149 040	143 077	178 394	226 056	250 971	264 376	294 567

Tableau 2. Actifs et passifs financiers des fonds d'investissement *(suite)*

Millions EUR

	2010	2011	2012	2013	2014	2015	2016	2017
Numéraire et dépôts	33 015	25 358	25 421	36 555	40 928	42 893	41 322	35 468
Titres de dette	88 131	89 127	82 218	93 018	114 297	106 155	116 628	119 600
Crédits	..	..	..	..	..	..	..	..
Actions et parts de fonds d'investissement	40 408	32 259	32 810	45 416	67 392	98 253	102 881	135 252
Actions	18 988	15 769	16 440	23 656	30 371	37 315	37 418	46 872
Parts de fonds d'investissement	21 419	16 490	16 371	21 760	37 021	60 938	65 463	88 380
Parts de fonds d'investissement monétaires	999	1 112	874	719	559	1 327	1 430	1 484
Parts de fonds d'investissement non monétaires	20 420	15 378	15 497	21 041	36 462	59 611	64 032	86 896
Systèmes d'assurance, de pensions et garanties standard	..	..	..	..	..	..	..	..
Produits financiers dérivés et options sur titres des salariés	1 596	1 102	1 159	1 440	1 327	1 123	1 340	1 381
Autres comptes à recevoir	1 360	1 193	1 469	1 965	2 111	2 547	2 205	2 865
Passifs financiers	164 509	149 040	143 078	178 394	226 056	250 971	264 376	294 568
Titres de dette	..	..	..	..	..	..	..	..
Titres de dette à court terme	..	..	..	..	..	..	..	..
Titres de dette à long terme	..	..	..	..	..	..	..	..
Crédits	1	10	37	3	5	4	0	1
Crédits à court terme	1	10	37	3	5	4	0	1
Crédits à long terme	..	..	..	..	..	..	..	..
Actions et parts de fonds d'investissement	162 917	147 712	141 831	177 072	224 346	249 404	262 252	292 158
Systèmes d'assurance, de pensions et garanties standard	..	..	..	..	..	..	..	..
Produits financiers dérivés et options sur titres des salariés	671	637	521	363	417	377	412	390
Autres comptes à payer	919	681	689	956	1 288	1 186	1 712	2 020
Actifs non financiers	0	0	0	0	0	0	0	1
Fonds d'investissement à capital variable								
Valeur nette financière	-61	-83	-89	-89	0	-3 510	-2 726	-1 378
Actifs financiers	172 616	157 011	149 981	186 738	233 364	255 790	271 381	300 319
Numéraire et dépôts	36 967	28 213	27 246	39 250	43 487	42 893	41 322	35 468
Titres de dette	92 219	94 231	87 273	98 662	118 999	110 939	123 592	125 295
Crédits	67	10	23	1	0	0	0	0
Actions et parts de fonds d'investissement	40 408	32 261	32 811	45 418	67 398	98 256	102 914	135 306
Actions	18 988	15 769	16 440	23 656	30 371	37 315	37 418	46 872
Parts de fonds d'investissement	21 419	16 492	16 371	21 763	37 027	60 941	65 496	88 434
Parts de fonds d'investissement monétaires	999	1 114	875	722	563	1 330	1 464	1 538
Parts de fonds d'investissement non monétaires	20 420	15 378	15 497	21 041	36 464	59 611	64 032	86 896
Systèmes d'assurance, de pensions et garanties standard	0	0	0	0	0	0	0	0
Produits financiers dérivés et options sur titres des salariés	1 596	1 102	1 159	1 440	1 327	1 123	1 340	1 381
Autres comptes à recevoir	1 360	1 193	1 469	1 965	2 153	2 579	2 213	2 869
Passifs financiers	172 677	157 095	150 070	186 826	233 365	259 300	274 107	301 697
Titres de dette	0	0	0	0	0	0	0	0
Titres de dette à court terme	0	0	0	0	0	0	0	0
Titres de dette à long terme	0	0	0	0	0	0	0	0
Crédits	10	28	46	14	14	13	9	7
Crédits à court terme	10	28	46	14	14	13	9	7
Crédits à long terme	0	0	0	0	0	0	0	0
Actions et parts de fonds d'investissement	171 071	155 748	148 810	185 492	231 645	257 723	271 974	299 280
Systèmes d'assurance, de pensions et garanties standard	..	..	..	..	..	..	..	..
Produits financiers dérivés et options sur titres des salariés	671	637	521	363	417	377	412	390
Autres comptes à payer	924	681	693	957	1 288	1 186	1 712	2 020
Actifs non financiers	0	0	0	0	0	0	0	1

Note : Voir les métadonnées détaillées sur : http://metalinks.oecd.org/instinv/20180905/584e

ESPAGNE

Tableau 3. Actifs et passifs financiers des sociétés d'assurance et fonds de pension

Millions EUR

	2010	2011	2012	2013	2014	2015	2016	2017
Sociétés d'assurance et fonds de pension								
Valeur nette financière	-2 016	-6 252	-3 533	-14 006	-15 175	6 110	8 367	-319
Actifs financiers	349 659	357 430	371 806	382 456	416 558	440 123	449 974	452 387
Numéraire et dépôts	65 374	63 969	63 176	63 157	59 695	59 088	42 699	40 563
Titres de dette	194 794	204 283	217 165	223 990	259 476	273 812	287 254	282 329
Crédits	7 493	7 724	7 742	7 356	4 520	5 242	5 567	4 326
Actions et parts de fonds d'investissement	49 481	48 641	46 093	53 555	58 788	65 982	77 231	86 118
Actions	27 746	27 501	26 866	27 628	30 076	28 667	32 802	33 584
Parts de fonds d'investissement	21 735	21 141	19 227	25 927	28 714	37 314	44 430	52 534
Parts de fonds d'investissement monétaires	..	..	..	..	..	..	..	..
Parts de fonds d'investissement non monétaires	..	..	..	..	..	..	..	..
Systèmes d'assurance, de pensions et garanties standard	17 099	16 949	17 629	15 365	14 966	18 403	19 372	20 649
Produits financiers dérivés et options sur titres des salariés	0	0	1 247	915	1 895	1 699	1 661	1 445
Autres comptes à recevoir	15 417	15 863	18 754	18 120	17 219	15 895	16 190	16 957
Passifs financiers	351 675	363 682	375 339	396 462	431 733	434 013	441 607	452 706
Titres de dette	296	296	146	146	0	0	169	169
Titres de dette à court terme	0	0	0	0	0	0	0	0
Titres de dette à long terme	296	296	146	146	0	0	169	169
Crédits	12 366	19 248	17 579	17 320	19 171	17 903	5 486	5 954
Crédits à court terme	11 264	17 841	16 547	16 139	17 497	16 501	4 365	4 633
Crédits à long terme	1 102	1 408	1 031	1 181	1 674	1 402	1 121	1 321
Actions et parts de fonds d'investissement	30 967	31 925	34 835	41 173	44 335	44 601	47 327	46 434
Systèmes d'assurance, de pensions et garanties standard	300 553	305 456	315 767	331 140	360 548	364 513	381 719	394 051
Produits financiers dérivés et options sur titres des salariés	0	0	0	0	980	1 037	1 166	1 067
Autres comptes à payer	7 492	6 756	7 013	6 683	6 699	5 959	5 740	5 032
Actifs non financiers	10 513	9 977	10 241	10 582	10 705	11 066	10 547	10 167
Sociétés d'assurance								
Valeur nette financière	-1 436	-5 597	-2 839	-8 617	-10 214	5 776	3 312	-442
Actifs financiers	244 235	253 512	263 514	271 946	296 929	311 058	312 871	312 457
Numéraire et dépôts	47 431	50 504	48 179	49 049	45 406	42 551	28 180	26 487
Titres de dette	137 215	141 880	155 979	158 374	188 949	205 893	218 405	217 503
Crédits	7 345	7 650	7 704	7 325	4 512	5 211	5 557	4 310
Actions et parts de fonds d'investissement	29 723	30 927	24 618	30 925	32 569	33 929	36 194	38 026
Actions	15 987	17 493	15 846	17 009	17 786	17 409	16 918	15 596
Parts de fonds d'investissement	13 736	13 435	8 772	13 916	14 784	16 520	19 276	22 430
Parts de fonds d'investissement monétaires	..	..	..	..	..	..	..	..
Parts de fonds d'investissement non monétaires	..	..	..	..	..	..	..	..
Systèmes d'assurance, de pensions et garanties standard	7 487	6 955	7 226	7 429	6 587	6 218	7 050	8 032
Produits financiers dérivés et options sur titres des salariés	0	0	1 247	915	1 878	1 667	1 604	1 368
Autres comptes à recevoir	15 033	15 595	18 561	17 930	17 029	15 587	15 880	16 731
Passifs financiers	245 671	259 108	266 353	280 563	307 143	305 282	309 559	312 899
Titres de dette	296	296	146	146	0	0	169	169
Titres de dette à court terme	0	0	0	0	0	0	0	0
Titres de dette à long terme	296	296	146	146	0	0	169	169
Crédits	12 366	19 248	17 579	17 320	19 171	17 903	5 486	5 954
Crédits à court terme	11 264	17 841	16 547	16 139	17 497	16 501	4 365	4 633
Crédits à long terme	1 102	1 408	1 031	1 181	1 674	1 402	1 121	1 321
Actions et parts de fonds d'investissement	30 967	31 925	34 835	41 173	44 335	44 601	47 327	46 434
Systèmes d'assurance, de pensions et garanties standard	195 005	201 149	206 997	215 488	236 371	236 181	250 276	254 750
Produits financiers dérivés et options sur titres des salariés	0	0	0	0	968	1 030	1 152	1 044
Autres comptes à payer	7 036	6 490	6 797	6 436	6 298	5 567	5 150	4 549
Actifs non financiers	10 273	9 747	10 012	10 382	10 527	10 906	10 383	10 000
Fonds de pension								
Valeur nette financière	-580	-656	-694	-5 389	-4 961	334	5 055	123
Actifs financiers	105 424	103 918	108 292	110 510	119 629	129 065	137 103	139 930
Numéraire et dépôts	17 943	13 465	14 997	14 108	14 289	16 537	14 519	14 076
Titres de dette	57 579	62 403	61 186	65 616	70 527	67 919	68 849	64 826
Crédits	148	74	38	31	8	31	10	16
Actions et parts de fonds d'investissement	19 758	17 714	21 475	22 630	26 219	32 053	41 037	48 092
Actions	11 759	10 008	11 020	10 619	12 290	11 258	15 884	17 988
Parts de fonds d'investissement	7 999	7 706	10 455	12 011	13 930	20 794	25 154	30 104
Parts de fonds d'investissement monétaires	..	..	..	..	..	..	..	..
Parts de fonds d'investissement non monétaires	..	..	..	..	..	..	..	..
Systèmes d'assurance, de pensions et garanties standard	9 612	9 994	10 403	7 936	8 379	12 185	12 322	12 617
Produits financiers dérivés et options sur titres des salariés	0	0	0	0	17	32	57	77
Autres comptes à recevoir	384	268	193	190	190	308	310	226
Passifs financiers	106 004	104 574	108 986	115 899	124 590	128 731	132 048	139 807
Titres de dette	0	0	0	0	0	0	0	0
Titres de dette à court terme	0	0	0	0	0	0	0	0
Titres de dette à long terme	0	0	0	0	0	0	0	0
Crédits	0	0	0	0	0	0	0	0
Crédits à court terme	0	0	0	0	0	0	0	0
Crédits à long terme	0	0	0	0	0	0	0	0
Actions et parts de fonds d'investissement	0	0	0	0	0	0	0	0
Systèmes d'assurance, de pensions et garanties standard	105 548	104 307	108 770	115 652	124 177	128 332	131 443	139 301
Produits financiers dérivés et options sur titres des salariés	0	0	0	0	12	7	14	23
Autres comptes à payer	456	266	216	247	401	392	590	483
Actifs non financiers	240	230	229	200	178	159	163	167

Note : Voir les métadonnées détaillées sur : http://metalinks.oecd.org/instinv/20180905/584e

Tableau 4. Composition du portefeuille par type d'investisseur

En pourcentage des actifs financiers et des passifs financiers

Pour cent

	2010	2011	2012	2013	2014	2015	2016	2017
Fonds d'investissement								
Actifs financiers	100.0	100.0	100.0	100.0	100.0	100.0	100.0	100.0
Numéraire et dépôts	21.5	18.0	18.2	21.1	18.6	16.8	15.2	11.8
Titres de dettes	53.3	59.9	58.1	52.7	50.9	43.3	45.5	41.7
Crédits	0.0	0.0	0.0	0.0	0.0	0.0	0.0	0.0
Actions et parts de fonds d'investissement	23.4	20.5	21.8	24.3	28.9	38.4	37.9	45.0
Systèmes d'assurance de pensions et garanties standard	0.0	0.0	0.0	0.0	0.0	0.0	0.0	0.0
Produits financiers dérivés et options sur titres des salariés	0.9	0.7	0.8	0.8	0.6	0.4	0.5	0.5
Autres comptes à recevoir	0.9	0.8	1.0	1.1	1.0	1.1	0.9	1.1
Passifs financiers	100.0	100.0	100.0	100.0	100.0	100.0	100.0	100.0
Numéraire et dépôts	0.0	0.0	0.0	0.0	0.0	0.0	0.0	0.0
Titres de dettes	0.0	0.0	0.0	0.0	0.0	0.0	0.0	0.0
Crédits	0.4	0.3	0.3	0.4	0.2	0.2	0.2	0.1
Actions et parts de fonds d'investissement	98.6	98.8	98.8	98.7	99.0	99.2	99.0	99.1
Systèmes d'assurance de pensions et garanties standard	0.0	0.0	0.0	0.0	0.0	0.0	0.0	0.0
Produits financiers dérivés et options sur titres des salariés	0.4	0.4	0.3	0.2	0.2	0.1	0.1	0.1
Autres comptes à recevoir	0.6	0.5	0.6	0.6	0.6	0.5	0.6	0.7
Sociétés d'assurance								
Actifs financiers	100.0	100.0	100.0	100.0	100.0	100.0	100.0	100.0
Numéraire et dépôts	19.4	19.9	18.3	18.0	15.3	13.7	9.0	8.5
Titres de dettes	56.2	56.0	59.2	58.2	63.6	66.2	69.8	69.6
Crédits	3.0	3.0	2.9	2.7	1.5	1.7	1.8	1.4
Actions et parts de fonds d'investissement	12.2	12.2	9.3	11.4	11.0	10.9	11.6	12.2
Systèmes d'assurance de pensions et garanties standard	3.1	2.7	2.7	2.7	2.2	2.0	2.3	2.6
Produits financiers dérivés et options sur titres des salariés	0.0	0.0	0.5	0.3	0.6	0.5	0.5	0.4
Autres comptes à recevoir	6.2	6.2	7.0	6.6	5.7	5.0	5.1	5.4
Passifs financiers	100.0	100.0	100.0	100.0	100.0	100.0	100.0	100.0
Numéraire et dépôts	0.0	0.0	0.0	0.0	0.0	0.0	0.0	0.0
Titres de dettes	0.1	0.1	0.1	0.1	0.0	0.0	0.1	0.1
Crédits	5.0	7.4	6.6	6.2	6.2	5.9	1.8	1.9
Actions et parts de fonds d'investissement	12.6	12.3	13.1	14.7	14.4	14.6	15.3	14.8
Systèmes d'assurance de pensions et garanties standard	79.4	77.6	77.7	76.8	77.0	77.4	80.8	81.4
Produits financiers dérivés et options sur titres des salariés	0.0	0.0	0.0	0.0	0.3	0.3	0.4	0.3
Autres comptes à recevoir	2.9	2.5	2.6	2.3	2.1	1.8	1.7	1.5
Fonds de pension								
Actifs financiers	100.0	100.0	100.0	100.0	100.0	100.0	100.0	100.0
Numéraire et dépôts	17.0	13.0	13.8	12.8	11.9	12.8	10.6	10.1
Titres de dettes	54.6	60.1	56.5	59.4	59.0	52.6	50.2	46.3
Crédits	0.1	0.1	0.0	0.0	0.0	0.0	0.0	0.0
Actions et parts de fonds d'investissement	18.7	17.0	19.8	20.5	21.9	24.8	29.9	34.4
Systèmes d'assurance de pensions et garanties standard	9.1	9.6	9.6	7.2	7.0	9.4	9.0	9.0
Produits financiers dérivés et options sur titres des salariés	0.0	0.0	0.0	0.0	0.0	0.0	0.0	0.1
Autres comptes à recevoir	0.4	0.3	0.2	0.2	0.2	0.2	0.2	0.2
Passifs financiers	100.0	100.0	100.0	100.0	100.0	100.0	100.0	100.0
Numéraire et dépôts	0.0	0.0	0.0	0.0	0.0	0.0	0.0	0.0
Titres de dettes	0.0	0.0	0.0	0.0	0.0	0.0	0.0	0.0
Crédits	0.0	0.0	0.0	0.0	0.0	0.0	0.0	0.0
Actions et parts de fonds d'investissement	0.0	0.0	0.0	0.0	0.0	0.0	0.0	0.0
Systèmes d'assurance de pensions et garanties standard	99.6	99.7	99.8	99.8	99.7	99.7	99.5	99.6
Produits financiers dérivés et options sur titres des salariés	0.0	0.0	0.0	0.0	0.0	0.0	0.0	0.0
Autres comptes à recevoir	0.4	0.3	0.2	0.2	0.3	0.3	0.4	0.3

Note : Voir les métadonnées détaillées sur : http://metalinks.oecd.org/instinv/20180905/af01

Tableau 1. Actifs et passifs financiers des investisseurs institutionnels, 2017

Millions SEK

	Fonds d'investissement				
	Total	Fonds d'investissement non-monétaire			Fonds d'investissement monétaires
		Total	Fonds d'investissement à capital variable, non monétaire	Fonds d'investissement à capital fixe, non monétaire	Total
Actifs financiers	4 014 774	3 997 645	..	..	17 129
Numéraire et dépôts	130 560	130 148	..	..	412
Titres de dette	802 860	786 229	..	..	16 631
Titres de dette à court terme	72 312	71 225	..	..	1 087
Titres de dette à long terme	730 548	715 004	..	..	15 544
Titres de dette émis par les résidents	642 270	626 467	..	..	15 803
Titres de dette émis par les non-résidents	160 590	159 762	..	..	828
Crédits	..	..	..	..	..
Crédits à court terme	..	..	..	..	..
Crédits à long terme	..	..	..	..	..
Crédits accordés aux résidents	..	..	..	..	..
Crédits accordés aux non-résidents	..	..	..	..	..
Actions et parts de fonds d'investissement	2 933 958	2 933 958	..	..	..
Actions et parts de fonds d'investissements émises par les résidents	1 182 091	1 182 091	..	..	..
Actions et part de fonds d'investissements émises par les non-résidents	1 751 867	1 751 867	..	..	..
Autres comptes à recevoir	127 802	127 724	..	..	78

	Fonds d'investissement				
	Total	Fonds d'investissement non-monétaire			Fonds d'investissement monétaires
		Total	Fonds d'investissement à capital variable, non monétaire	Fonds d'investissement à capital fixe, non monétaire	Total
Pasifs financiers	4 014 774	3 997 645	..	..	17 129
Numéraire et dépôts	..	..	..	..	..
Titres de dette	..	..	..	..	..
Titres de dette à court terme	..	..	..	..	..
Titres de dette à long terme	..	..	..	..	..
Crédits	23 333	23 333	..	..	..
Crédits à court terme	23 311	23 311	..	..	..
Crédits à long terme	22	22	..	..	..
Actions et parts de fonds d'investissement	3 762 545	3 745 494	..	..	17 051
Systèmes d'assurance, de pensions et garanties standard	..	..	..	..	..
Produits financiers dérivés et options sur titres des salariés	17 098	17 087	..	..	11
Autres comptes à payer	211 798	211 731	..	..	67

	Sociétés d'assurance et fonds de pension autonomes				
	Total	Sociétés d'assurance			Fonds de pension autonomes
		Total	Sociétés d'assurance vie	Sociétés d'assurance non-vie	Total
Actifs financiers	5 984 760	1 549 788	..	..	4 434 972
Numéraire et dépôts	168 680	58 678	..	..	110 002
Titres de dette	1 510 980	407 082	..	..	1 103 898
Titres de dette à court terme	22 594	10 017	..	..	12 577
Titres de dette à long terme	1 488 386	397 065	..	..	1 091 321
Titres de dette émis par les résidents	1 084 735	308 966	..	..	775 769
Titres de dette émis par les non-résidents	426 245	98 116	..	..	328 129
Crédits	96 153	37 011	..	..	59 142
Crédits à court terme	17 737	0	..	..	17 737
Crédits à long terme	78 416	37 011	..	..	41 405
Crédits accordés aux résidents	71 605	19 963	..	..	51 642
Crédits accordés aux non-résidents	24 548	17 048	..	..	7 500
Actions et parts de fonds d'investissement	4 102 447	1 007 955	..	..	3 094 492
Actions et parts de fonds d'investissement émises par les résidents	2 732 528	700 446	..	..	2 032 082
Actions et parts de fonds d'investissement émises par les non-résidents	1 369 919	307 509	..	..	1 062 410
Autrescomptes à recevoir	58 689	11 528	..	..	47 161

	Sociétés d'assurance et fonds de pension autonomes				
	Total	Sociétés d'assurance			Fonds de pension autonomes
		Total	Sociétés d'assurance vie	Sociétés d'assurance non-vie	Total
Pasifs financiers	5 292 965	1 207 625	..	..	4 085 340
Numéraire et dépôts	..	..	..	..	..
Titres de dette	2 607	2 507	..	..	100
Titres de dette à court terme	0	0	..	..	..
Titres de dette à long terme	2 607	2 507	..	..	100
Crédits	76 448	53 678	..	..	22 770
Crédits à court terme	42 383	22 900	..	..	19 483
Crédits à long terme	34 065	30 778	..	..	3 287
Actions et parts de fonds d'investissement	377 082	118 646	..	..	258 436
Systèmes d'assurance, de pensions et garanties standard	4 805 061	1 024 632	..	..	3 780 429
Produits financiers dérivés et options sur titres des salariés	19 790	1 168	..	..	18 622
Autres comptes à payer	11 977	6 994	..	..	4 983

Note : Voir les métadonnées détaillées sur : http://metalinks.oecd.org/instinv/20180905/21d9

SUÈDE

Tableau 2. Actifs et passifs financiers des fonds d'investissement

Millions SEK

	2010	2011	2012	2013	2014	2015	2016	2017
Fonds d'investissement								
Valeur nette financière	0	0	0	0	0	0	0	0
Actifs financiers	1 790 498	1 641 931	1 898 888	2 370 648	3 013 996	3 201 560	3 602 738	4 014 774
Numéraire et dépôts	47 935	56 495	64 412	68 292	83 751	94 600	100 631	130 560
Titres de dette	369 068	395 474	401 403	488 305	756 278	747 892	827 527	802 860
Crédits	..	..	..	..	..	..	..	..
Actions et parts de fonds d'investissement	1 285 368	1 119 224	1 327 329	1 698 569	2 062 603	2 256 773	2 539 086	2 933 958
Actions	1 095 259	919 966	1 053 080	1 315 861	1 588 209	1 729 009	1 982 252	2 307 481
Parts de fonds d'investissement	190 109	199 258	274 249	382 708	474 394	527 764	556 834	626 477
Parts de fonds d'investissement monétaires	658	8 814	5 591	5 478	17 058	13 130	10 987	8 903
Parts de fonds d'investissement non monétaires	189 451	190 444	268 658	377 230	457 336	514 634	545 847	617 574
Systèmes d'assurance, de pensions et garanties standard	..	..	..	..	..	..	..	..
Produits financiers dérivés et options sur titres des salariés	9 773	16 227	14 974	20 993	28 746	31 136	40 441	19 594
Autres comptes à recevoir	78 354	54 511	90 770	94 489	82 618	71 159	95 053	127 802
Passifs financiers	1 790 498	1 641 931	1 898 888	2 370 648	3 013 996	3 201 560	3 602 738	4 014 774
Titres de dette	..	..	..	..	..	..	..	..
Titres de dette à court terme	..	..	..	..	..	..	..	..
Titres de dette à long terme	..	..	..	..	..	..	..	..
Crédits	19 486	10 775	6 623	6 543	15 106	9 649	18 916	23 333
Crédits à court terme	19 440	10 728	6 600	6 528	15 087	9 639	18 899	23 311
Crédits à long terme	46	47	23	15	19	10	17	22
Actions et parts de fonds d'investissement	1 635 074	1 534 584	1 737 409	2 158 151	2 769 988	3 039 287	3 345 569	3 762 545
Systèmes d'assurance, de pensions et garanties standard	..	..	..	..	..	..	..	..
Produits financiers dérivés et options sur titres des salariés	5 717	13 540	13 204	14 892	29 678	27 826	28 459	17 098
Autres comptes à payer	130 221	83 032	141 652	191 062	199 224	124 798	209 794	211 798
Actifs non financiers	..	..	..	..	..	..	..	..
Fonds d'investissement monéaires								
Valeur nette financière	0	0	0	0	0	0	0	0
Actifs financiers	70 983	99 680	22 192	19 439	22 983	23 636	18 898	17 129
Numéraire et dépôts	1 105	2 236	167	237	563	793	658	412
Titres de dette	69 585	97 335	21 580	18 759	22 346	22 773	18 173	16 631
Crédits	..	..	..	..	..	..	..	..
Actions et parts de fonds d'investissement	..	..	..	..	..	..	..	..
Actions	..	..	..	..	..	..	..	..
Parts de fonds d'investissement	..	..	..	..	..	..	..	..
Parts de fonds d'investissement monétaires	..	..	..	..	..	..	..	..
Parts de fonds d'investissement non monétaires	..	..	..	..	..	..	..	..
Systèmes d'assurance, de pensions et garanties standard	..	..	..	..	..	..	..	..
Produits financiers dérivés et options sur titres des salariés	21	..	6	..	1	..	..	8
Autres comptes à recevoir	272	109	439	443	73	70	67	78
Passifs financiers	70 983	99 680	22 192	19 439	22 983	23 636	18 898	17 129
Titres de dette	..	..	..	..	..	..	..	..
Titres de dette à court terme	..	..	..	..	..	..	..	..
Titres de dette à long terme	..	..	..	..	..	..	..	..
Crédits	138	2	..	..	..	..	..	..
Crédits à court terme	138	2	..	..	..	..	..	..
Crédits à long terme	0	0	..	..	..	..	..	..
Actions et parts de fonds d'investissement	70 578	99 456	22 103	19 349	22 715	23 572	18 831	17 051
Systèmes d'assurance, de pensions et garanties standard	..	..	..	..	..	..	..	..
Produits financiers dérivés et options sur titres des salariés	..	1	5	..	1	..	..	11
Autres comptes à payer	267	221	84	90	267	64	67	67
Actifs non financiers	..	..	..	..	..	..	..	..
Fonds d'investissement non monéaires								
Valeur nette financière	0	0	0	0	0	0	0	0
Actifs financiers	1 719 515	1 542 251	1 876 696	2 351 209	2 991 013	3 177 924	3 583 840	3 997 645
Numéraire et dépôts	46 830	54 259	64 245	68 055	83 188	93 807	99 973	130 148
Titres de dette	299 483	298 139	379 823	469 546	733 932	725 119	809 354	786 229
Crédits	..	..	..	..	..	..	..	..
Actions et parts de fonds d'investissement	1 285 368	1 119 224	1 327 329	1 698 569	2 062 603	2 256 773	2 539 086	2 933 958
Actions	1 095 259	919 966	1 053 080	1 315 861	1 588 209	1 729 009	1 982 252	2 307 481
Parts de fonds d'investissement	190 109	199 258	274 249	382 708	474 394	527 764	556 834	626 477
Parts de fonds d'investissement monétaires	658	8 814	5 591	5 478	17 058	13 130	10 987	8 903
Parts de fonds d'investissement non monétaires	189 451	190 444	268 658	377 230	457 336	514 634	545 847	617 574
Systèmes d'assurance, de pensions et garanties standard	..	..	..	..	..	..	..	..
Produits financiers dérivés et options sur titres des salariés	9 752	16 227	14 968	20 993	28 745	31 136	40 441	19 586
Autres comptes à recevoir	78 082	54 402	90 331	94 046	82 545	71 089	94 986	127 724
Passifs financiers	1 719 515	1 542 251	1 876 696	2 351 209	2 991 013	3 177 924	3 583 840	3 997 645
Titres de dette	..	..	..	..	..	..	..	..
Titres de dette à court terme	..	..	..	..	..	..	..	..
Titres de dette à long terme	..	..	..	..	..	..	..	..
Crédits	19 348	10 773	6 623	6 543	15 106	9 649	18 916	23 333
Crédits à court terme	19 302	10 726	6 600	6 528	15 087	9 639	18 899	23 311
Crédits à long terme	46	47	23	15	19	10	17	22
Actions et parts de fonds d'investissement	1 564 496	1 435 128	1 715 306	2 138 802	2 747 273	3 015 715	3 326 738	3 745 494
Systèmes d'assurance, de pensions et garanties standard	..	..	..	..	..	..	..	..
Produits financiers dérivés et options sur titres des salariés	5 717	13 539	13 199	14 892	29 677	27 826	28 459	17 087
Autres comptes à payer	129 954	82 811	141 568	190 972	198 957	124 734	209 727	211 731
Actifs non financiers	..	..	..	..	..	..	..	..
Fonds d'investissement non monéaires à capital variable								
Valeur nette financière	..	..	..	..	..	..	..	..
Actifs financiers	..	..	..	..	..	..	..	..

Tableau 2. Actifs et passifs financiers des fonds d'investissement *(suite)*

Millions SEK

	2010	2011	2012	2013	2014	2015	2016	2017
Numéraire et dépôts	..	..	..	..	..	..	..	..
Titres de dette	..	..	..	..	..	..	..	..
Crédits	..	..	..	..	..	..	..	..
Actions et parts de fonds d'investissement	..	..	..	..	..	..	..	..
Actions	..	..	..	..	..	..	..	..
Parts de fonds d'investissement	..	..	..	..	..	..	..	..
Parts de fonds d'investissement monétaires	..	..	..	..	..	..	..	..
Parts de fonds d'investissement non monétaires	..	..	..	..	..	..	..	..
Systèmes d'assurance, de pensions et garanties standard	..	..	..	..	..	..	..	..
Produits financiers dérivés et options sur titres des salariés	..	..	..	..	..	..	..	..
Autres comptes à recevoir	..	..	..	..	..	..	..	..
Passifs financiers	..	..	..	..	..	..	..	..
Titres de dette	..	..	..	..	..	..	..	..
Titres de dette à court terme	..	..	..	..	..	..	..	..
Titres de dette à long terme	..	..	..	..	..	..	..	..
Crédits	..	..	..	..	..	..	..	..
Crédits à court terme	..	..	..	..	..	..	..	..
Crédits à long terme	..	..	..	..	..	..	..	..
Actions et parts de fonds d'investissement	..	..	..	..	..	..	..	..
Systèmes d'assurance, de pensions et garanties standard	..	..	..	..	..	..	..	..
Produits financiers dérivés et options sur titres des salariés	..	..	..	..	..	..	..	..
Autres comptes à payer	..	..	..	..	..	..	..	..
Actifs non financiers	..	..	..	..	..	..	..	..
Fonds d'investissement à capital variable								
Valeur nette financière	..	..	..	..	..	..	..	..
Actifs financiers	..	..	..	..	..	..	..	..
Numéraire et dépôts	..	..	..	..	..	..	..	..
Titres de dette	..	..	..	..	..	..	..	..
Crédits	..	..	..	..	..	..	..	..
Actions et parts de fonds d'investissement	..	..	..	..	..	..	..	..
Actions	..	..	..	..	..	..	..	..
Parts de fonds d'investissement	..	..	..	..	..	..	..	..
Parts de fonds d'investissement monétaires	..	..	..	..	..	..	..	..
Parts de fonds d'investissement non monétaires	..	..	..	..	..	..	..	..
Systèmes d'assurance, de pensions et garanties standard	..	..	..	..	..	..	..	..
Produits financiers dérivés et options sur titres des salariés	..	..	..	..	..	..	..	..
Autres comptes à recevoir	..	..	..	..	..	..	..	..
Passifs financiers	..	..	..	..	..	..	..	..
Titres de dette	..	..	..	..	..	..	..	..
Titres de dette à court terme	..	..	..	..	..	..	..	..
Titres de dette à long terme	..	..	..	..	..	..	..	..
Crédits	..	..	..	..	..	..	..	..
Crédits à court terme	..	..	..	..	..	..	..	..
Crédits à long terme	..	..	..	..	..	..	..	..
Actions et parts de fonds d'investissement	..	..	..	..	..	..	..	..
Systèmes d'assurance, de pensions et garanties standard	..	..	..	..	..	..	..	..
Produits financiers dérivés et options sur titres des salariés	..	..	..	..	..	..	..	..
Autres comptes à payer	..	..	..	..	..	..	..	..
Actifs non financiers	..	..	..	..	..	..	..	..

Note : Voir les métadonnées détaillées sur : http://metalinks.oecd.org/instinv/20180905/21d9

Tableau 3. Actifs et passifs financiers des sociétés d'assurance et fonds de pension

Millions SEK

	2010	2011	2012	2013	2014	2015	2016	2017
Sociétés d'assurance et fonds de pension								
Valeur nette financière	190 118	-24 731	248 976	430 046	465 237	614 727	631 931	691 795
Actifs financiers	3 575 131	3 517 045	3 826 421	4 217 239	4 887 687	5 128 562	5 495 027	5 984 760
Numéraire et dépôts	124 813	143 986	133 180	132 335	150 550	153 929	158 397	168 680
Titres de dette	1 211 861	1 340 473	1 381 949	1 349 994	1 452 043	1 470 003	1 459 505	1 510 980
Crédits	71 738	68 052	74 761	84 766	89 139	79 292	85 930	96 153
Actions et parts de fonds d'investissement	2 071 466	1 851 348	2 120 267	2 556 519	3 074 201	3 326 053	3 693 158	4 102 447
Actions	866 752	718 510	838 644	980 462	1 122 251	1 192 304	1 305 075	1 392 856
Parts de fonds d'investissement	1 204 714	1 132 838	1 281 623	1 576 057	1 951 950	2 133 749	2 388 083	2 709 591
Parts de fonds d'investissement monétaires	42 326	62 013	53 856	65 825	65 887	70 756	69 846	78 581
Parts de fonds d'investissement non monétaires	1 162 388	1 070 825	1 227 767	1 510 232	1 886 063	2 062 993	2 318 237	2 631 010
Systèmes d'assurance, de pensions et garanties standard	31 643	33 570	32 157	29 225	31 230	27 481	24 967	24 986
Produits financiers dérivés et options sur titres des salariés	24 268	29 166	36 975	16 279	28 363	28 873	27 909	22 825
Autres comptes à recevoir	39 342	50 450	47 132	48 121	62 161	42 931	45 161	58 689
Passifs financiers	3 385 013	3 541 776	3 577 445	3 787 193	4 422 450	4 513 835	4 863 096	5 292 965
Titres de dette	6 260	5 431	5 347	5 422	4 659	3 231	2 574	2 607
Titres de dette à court terme	0	0	0	0	0	0	0	0
Titres de dette à long terme	6 260	5 431	5 347	5 422	4 659	3 231	2 574	2 607
Crédits	81 376	52 355	43 438	21 788	48 832	38 544	44 881	76 448
Crédits à court terme	42 846	43 148	37 911	20 012	37 571	33 183	39 210	42 383
Crédits à long terme	38 530	9 207	5 527	1 776	11 261	5 361	5 671	34 065
Actions et parts de fonds d'investissement	373 410	363 708	368 208	377 082	377 082	377 082	377 082	377 082
Systèmes d'assurance, de pensions et garanties standard	2 906 518	3 095 012	3 136 425	3 361 576	3 947 230	4 067 286	4 405 560	4 805 061
Produits financiers dérivés et options sur titres des salariés	6 484	14 029	13 345	11 117	33 361	14 741	20 490	19 790
Autres comptes à payer	10 965	11 241	10 682	10 208	11 286	12 951	12 509	11 977
Actifs non financiers	..	..	..	..	..	..	..	..
Sociétés d'assurance								
Valeur nette financière	77 383	82 542	183 465	237 748	259 611	336 248	345 149	342 163
Actifs financiers	1 044 007	1 018 542	1 093 499	1 165 723	1 327 696	1 373 548	1 431 909	1 549 788
Numéraire et dépôts	37 509	41 521	52 663	48 929	66 135	63 359	61 114	58 678
Titres de dette	382 809	408 873	393 959	372 587	393 474	393 450	388 598	407 082
Crédits	18 151	16 921	23 984	28 351	32 581	25 678	26 766	37 011
Actions et parts de fonds d'investissement	554 322	497 233	569 447	666 614	780 646	845 738	917 063	1 007 955
Actions	225 990	193 561	214 100	249 457	281 100	296 229	314 385	321 758
Parts de fonds d'investissement	328 332	303 672	355 347	417 157	499 546	549 509	602 678	686 197
Parts de fonds d'investissement monétaires	16 179	24 749	21 277	26 011	25 286	26 263	27 158	32 405
Parts de fonds d'investissement non monétaires	312 153	278 923	334 070	391 146	474 260	523 246	575 520	653 792
Systèmes d'assurance, de pensions et garanties standard	31 643	33 570	32 157	29 225	31 230	27 481	24 967	24 986
Produits financiers dérivés et options sur titres des salariés	5 497	6 002	6 213	2 428	5 130	3 220	1 994	2 548
Autres comptes à recevoir	14 076	14 422	15 076	17 589	18 500	14 622	11 407	11 528
Passifs financiers	966 624	936 000	910 034	927 975	1 068 085	1 037 300	1 086 760	1 207 625
Titres de dette	4 560	3 731	3 647	3 722	3 862	2 433	2 474	2 507
Titres de dette à court terme	0	0	0	0	0	0	0	0
Titres de dette à long terme	4 560	3 731	3 647	3 722	3 862	2 433	2 474	2 507
Crédits	77 897	43 168	36 205	19 240	45 821	19 555	19 459	53 678
Crédits à court terme	41 740	41 712	34 726	18 216	36 409	18 664	18 736	22 900
Crédits à long terme	36 157	1 456	1 479	1 024	9 412	891	723	30 778
Actions et parts de fonds d'investissement	118 646	118 646	118 646	118 646	118 646	118 646	118 646	118 646
Systèmes d'assurance, de pensions et garanties standard	756 409	760 300	743 679	779 345	890 825	888 823	937 032	1 024 632
Produits financiers dérivés et options sur titres des salariés	2 151	3 521	1 340	969	2 806	1 298	2 108	1 168
Autres comptes à payer	6 961	6 634	6 517	6 053	6 125	6 545	7 041	6 994
Actifs non financiers	..	..	..	..	..	..	..	..
Fonds de pension								
Valeur nette financière	112 735	-107 273	65 511	192 298	205 626	278 479	286 782	349 632
Actifs financiers	2 531 124	2 498 503	2 732 922	3 051 516	3 559 991	3 755 014	4 063 118	4 434 972
Numéraire et dépôts	87 304	102 465	80 517	83 406	84 415	90 570	97 283	110 002
Titres de dette	829 052	931 600	987 990	977 407	1 058 569	1 076 553	1 070 907	1 103 898
Crédits	53 587	51 131	50 777	56 415	56 558	53 614	59 164	59 142
Actions et parts de fonds d'investissement	1 517 144	1 354 115	1 550 820	1 889 905	2 293 555	2 480 315	2 776 095	3 094 492
Actions	640 762	524 949	624 544	731 005	841 151	896 075	990 690	1 071 098
Parts de fonds d'investissement	876 382	829 166	926 276	1 158 900	1 452 404	1 584 240	1 785 405	2 023 394
Parts de fonds d'investissement monétaires	26 147	37 264	32 579	39 814	40 601	44 493	42 688	46 176
Parts de fonds d'investissement non monétaires	850 235	791 902	893 697	1 119 086	1 411 803	1 539 747	1 742 717	1 977 218
Systèmes d'assurance, de pensions et garanties standard	..	..	..	..	..	..	..	..
Produits financiers dérivés et options sur titres des salariés	18 771	23 164	30 762	13 851	23 233	25 653	25 915	20 277
Autres comptes à recevoir	25 266	36 028	32 056	30 532	43 661	28 309	33 754	47 161
Passifs financiers	2 418 389	2 605 776	2 667 411	2 859 218	3 354 365	3 476 535	3 776 336	4 085 340
Titres de dette	1 700	1 700	1 700	1 700	797	798	100	100
Titres de dette à court terme	..	..	..	..	..	..	..	..
Titres de dette à long terme	1 700	1 700	1 700	1 700	797	798	100	100
Crédits	3 479	9 187	7 233	2 548	3 011	18 989	25 422	22 770
Crédits à court terme	1 106	1 436	3 185	1 796	1 162	14 519	20 474	19 483
Crédits à long terme	2 373	7 751	4 048	752	1 849	4 470	4 948	3 287
Actions et parts de fonds d'investissement	254 764	245 062	249 562	258 436	258 436	258 436	258 436	258 436
Systèmes d'assurance, de pensions et garanties standard	2 150 109	2 334 712	2 392 746	2 582 231	3 056 405	3 178 463	3 468 528	3 780 429
Produits financiers dérivés et options sur titres des salariés	4 333	10 508	12 005	10 148	30 555	13 443	18 382	18 622
Autres comptes à payer	4 004	4 607	4 165	4 155	5 161	6 406	5 468	4 983
Actifs non financiers	..	..	..	..	..	..	..	..

Note : Voir les métadonnées détaillées sur : http://metalinks.oecd.org/instinv/20180905/21d9

Tableau 4. Composition du portefeuille par type d'investisseur

En pourcentage des actifs financiers et des passifs financiers

Pour cent

	2010	2011	2012	2013	2014	2015	2016	2017
Fonds d'investissement								
Actifs financiers	100.0	100.0	100.0	100.0	100.0	100.0	100.0	100.0
Numéraire et dépôts	2.7	3.4	3.4	2.9	2.8	3.0	2.8	3.3
Titres de dettes	20.6	24.1	21.1	20.6	25.1	23.4	23.0	20.0
Crédits	0.0	0.0	0.0	0.0	0.0	0.0	0.0	0.0
Actions et parts de fonds d'investissement	71.8	68.2	69.9	71.6	68.4	70.5	70.5	73.1
Systèmes d'assurance de pensions et garanties standard	0.0	0.0	0.0	0.0	0.0	0.0	0.0	0.0
Produits financiers dérivés et options sur titres des salariés	0.5	1.0	0.8	0.9	1.0	1.0	1.1	0.5
Autres comptes à recevoir	4.4	3.3	4.8	4.0	2.7	2.2	2.6	3.2
Passifs financiers	100.0	100.0	100.0	100.0	100.0	100.0	100.0	100.0
Numéraire et dépôts	0.0	0.0	0.0	0.0	0.0	0.0	0.0	0.0
Titres de dettes	0.0	0.0	0.0	0.0	0.0	0.0	0.0	0.0
Crédits	1.1	0.7	0.3	0.3	0.5	0.3	0.5	0.6
Actions et parts de fonds d'investissement	91.3	93.5	91.5	91.0	91.9	94.9	92.9	93.7
Systèmes d'assurance de pensions et garanties standard	0.0	0.0	0.0	0.0	0.0	0.0	0.0	0.0
Produits financiers dérivés et options sur titres des salariés	0.3	0.8	0.7	0.6	1.0	0.9	0.8	0.4
Autres comptes à recevoir	7.3	5.1	7.5	8.1	6.6	3.9	5.8	5.3
Sociétés d'assurance								
Actifs financiers	100.0	100.0	100.0	100.0	100.0	100.0	100.0	100.0
Numéraire et dépôts	3.6	4.1	4.8	4.2	5.0	4.6	4.3	3.8
Titres de dettes	36.7	40.1	36.0	32.0	29.6	28.6	27.1	26.3
Crédits	1.7	1.7	2.2	2.4	2.5	1.9	1.9	2.4
Actions et parts de fonds d'investissement	53.1	48.8	52.1	57.2	58.8	61.6	64.0	65.0
Systèmes d'assurance de pensions et garanties standard	3.0	3.3	2.9	2.5	2.4	2.0	1.7	1.6
Produits financiers dérivés et options sur titres des salariés	0.5	0.6	0.6	0.2	0.4	0.2	0.1	0.2
Autres comptes à recevoir	1.3	1.4	1.4	1.5	1.4	1.1	0.8	0.7
Passifs financiers	100.0	100.0	100.0	100.0	100.0	100.0	100.0	100.0
Numéraire et dépôts	0.0	0.0	0.0	0.0	0.0	0.0	0.0	0.0
Titres de dettes	0.5	0.4	0.4	0.4	0.4	0.2	0.2	0.2
Crédits	8.1	4.6	4.0	2.1	4.3	1.9	1.8	4.4
Actions et parts de fonds d'investissement	12.3	12.7	13.0	12.8	11.1	11.4	10.9	9.8
Systèmes d'assurance de pensions et garanties standard	78.3	81.2	81.7	84.0	83.4	85.7	86.2	84.8
Produits financiers dérivés et options sur titres des salariés	0.2	0.4	0.1	0.1	0.3	0.1	0.2	0.1
Autres comptes à recevoir	0.7	0.7	0.7	0.7	0.6	0.6	0.6	0.6
Fonds de pension								
Actifs financiers	100.0	100.0	100.0	100.0	100.0	100.0	100.0	100.0
Numéraire et dépôts	3.4	4.1	2.9	2.7	2.4	2.4	2.4	2.5
Titres de dettes	32.8	37.3	36.2	32.0	29.7	28.7	26.4	24.9
Crédits	2.1	2.0	1.9	1.8	1.6	1.4	1.5	1.3
Actions et parts de fonds d'investissement	59.9	54.2	56.7	61.9	64.4	66.1	68.3	69.8
Systèmes d'assurance de pensions et garanties standard	0.0	0.0	0.0	0.0	0.0	0.0	0.0	0.0
Produits financiers dérivés et options sur titres des salariés	0.7	0.9	1.1	0.5	0.7	0.7	0.6	0.5
Autres comptes à recevoir	1.0	1.4	1.2	1.0	1.2	0.8	0.8	1.1
Passifs financiers	100.0	100.0	100.0	100.0	100.0	100.0	100.0	100.0
Numéraire et dépôts	0.0	0.0	0.0	0.0	0.0	0.0	0.0	0.0
Titres de dettes	0.1	0.1	0.1	0.1	0.0	0.0	0.0	0.0
Crédits	0.1	0.4	0.3	0.1	0.1	0.5	0.7	0.6
Actions et parts de fonds d'investissement	10.5	9.4	9.4	9.0	7.7	7.4	6.8	6.3
Systèmes d'assurance de pensions et garanties standard	88.9	89.6	89.7	90.3	91.1	91.4	91.8	92.5
Produits financiers dérivés et options sur titres des salariés	0.2	0.4	0.5	0.4	0.9	0.4	0.5	0.5
Autres comptes à recevoir	0.2	0.2	0.2	0.1	0.2	0.2	0.1	0.1

Note : Voir les métadonnées détaillées sur : http://metalinks.oecd.org/instinv/20180905/af01

Tableau 1. Actifs et passifs financiers des investisseurs institutionnels, 2016

Millions CHF

	Fonds d'investissement				
	Total	Fonds d'investissement non-monétaire			Fonds d'investissement monétaires
		Total	Fonds d'investissement à capital variable, non monétaire	Fonds d'investissement à capital fixe, non monétaire	Total
Actifs financiers	..	..	704 807	..	31 298
Numéraire et dépôts	..	..	18 438	..	1 710
Titres de dette	..	..	336 641	..	29 469
Titres de dette à court terme	..	..	2 159	..	14 637
Titres de dette à long terme	..	..	334 482	..	14 832
Titres de dette émis par les résidents	..	..	110 314	..	6 015
Titres de dette émis par les non-résidents	..	..	226 327	..	23 454
Crédits	..	..	..	..	..
Crédits à court terme	..	..	..	..	..
Crédits à long terme	..	..	..	..	..
Crédits accordés aux résidents	..	..	..	..	..
Crédits accordés aux non-résidents	..	..	..	..	..
Actions et parts de fonds d'investissement	..	..	349 728	..	119
Actions et parts de fonds d'investissements émises par les résidents	..	..	167 571	..	102
Actions et part de fonds d'investissements émises par les non-résidents	..	..	182 157	..	17
Autres comptes à recevoir	..	..	..	..	..

	Fonds d'investissement				
	Total	Fonds d'investissement non-monétaire			Fonds d'investissement monétaires
		Total	Fonds d'investissement à capital variable, non monétaire	Fonds d'investissement à capital fixe, non monétaire	Total
Pasifs financiers	..	..	772 998	..	31 891
Numéraire et dépôts	..	..	..	..	..
Titres de dette	..	..	..	..	..
Titres de dette à court terme	..	..	..	..	..
Titres de dette à long terme	..	..	..	..	..
Crédits	..	..	12 691	..	64
Crédits à court terme	..	..	..	..	..
Crédits à long terme	..	..	..	..	..
Actions et parts de fonds d'investissement	..	..	760 307	..	31 827
Systèmes d'assurance, de pensions et garanties standard	..	..	..	..	..
Produits financiers dérivés et options sur titres des salariés	..	..	..	..	..
Autres comptes à payer	..	..	..	..	..

	Sociétés d'assurance et fonds de pension autonomes				
	Total	Sociétés d'assurance			Fonds de pension autonomes
		Total	Sociétés d'assurance vie	Sociétés d'assurance non-vie	Total
Actifs financiers	1 353 388	596 124	..	..	757 264
Numéraire et dépôts	91 807	51 960	..	..	39 847
Titres de dette	313 118	194 707	..	..	118 411
Titres de dette à court terme	10 594	9 016	..	..	1 578
Titres de dette à long terme	302 524	185 691	..	..	116 833
Titres de dette émis par les résidents	136 860	75 192	..	..	61 668
Titres de dette émis par les non-résidents	176 258	119 515	..	..	56 743
Crédits	99 121	86 325	..	..	12 796
Crédits à court terme	..	..	..	..	..
Crédits à long terme	..	..	..	..	..
Crédits accordés aux résidents	48 705	35 909	..	..	12 796
Crédits accordés aux non-résidents	50 416	50 416	..	..	..
Actions et parts de fonds d'investissement	846 165	263 132	..	..	583 033
Actions et parts de fonds d'investissement émises par les résidents	622 315	143 619	..	..	478 696
Actions et parts de fonds d'investissement émises par les non-résidents	223 850	119 513	..	..	104 337
Autrescomptes à recevoir	..	..	..	..	..

	Sociétés d'assurance et fonds de pension autonomes				
	Total	Sociétés d'assurance			Fonds de pension autonomes
		Total	Sociétés d'assurance vie	Sociétés d'assurance non-vie	Total
Pasifs financiers	..	..	..	..	778 771
Numéraire et dépôts	..	..	..	..	..
Titres de dette	13 191	13 191	..	..	..
Titres de dette à court terme	..	..	..	..	..
Titres de dette à long terme	13 191	13 191	..	..	..
Crédits	59 965	58 190	..	..	1 775
Crédits à court terme	..	..	..	..	..
Crédits à long terme	..	..	..	..	..
Actions et parts de fonds d'investissement	..	..	..	..	..
Systèmes d'assurance, de pensions et garanties standard	1 166 517	389 521	..	..	776 996
Produits financiers dérivés et options sur titres des salariés	..	..	..	..	..
Autres comptes à payer	..	..	..	..	..

SUISSE

Tableau 2. Actifs et passifs financiers des fonds d'investissement

Millions CHF

	2010	2011	2012	2013	2014	2015	2016	2017
Fonds d'investissement								
Valeur nette financière	..	..	..	..	..	..	..	..
Actifs financiers	..	..	..	..	..	..	..	..
Numéraire et dépôts	..	..	..	..	..	..	..	..
Titres de dette	..	..	..	..	..	..	..	..
Crédits	..	..	..	..	..	..	..	..
Actions et parts de fonds d'investissement	..	..	..	..	..	..	..	..
Actions	..	..	..	..	..	..	..	..
Parts de fonds d'investissement	..	..	..	..	..	..	..	..
Parts de fonds d'investissement monétaires	..	..	..	..	..	..	..	..
Parts de fonds d'investissement non monétaires	..	..	..	..	..	..	..	..
Systèmes d'assurance, de pensions et garanties standard	..	..	..	..	..	..	..	..
Produits financiers dérivés et options sur titres des salariés	..	..	..	..	..	..	..	..
Autres comptes à recevoir	..	..	..	..	..	..	..	..
Passifs financiers	..	..	..	..	..	..	..	..
Titres de dette	..	..	..	..	..	..	..	..
Titres de dette à court terme	..	..	..	..	..	..	..	..
Titres de dette à long terme	..	..	..	..	..	..	..	..
Crédits	..	..	..	..	..	..	..	..
Crédits à court terme	..	..	..	..	..	..	..	..
Crédits à long terme	..	..	..	..	..	..	..	..
Actions et parts de fonds d'investissement	..	..	..	..	..	..	..	..
Systèmes d'assurance, de pensions et garanties standard	..	..	..	..	..	..	..	..
Produits financiers dérivés et options sur titres des salariés	..	..	..	..	..	..	..	..
Autres comptes à payer	..	..	..	..	..	..	..	..
Actifs non financiers	..	..	..	..	..	..	..	..
Fonds d'investissement monéaires								
Valeur nette financière	-1 850	-823	-2 372	-236	-272	-1 765	-593	..
Actifs financiers	32 021	35 724	33 845	36 075	36 595	30 548	31 298	..
Numéraire et dépôts	1 436	2 583	2 514	2 562	2 630	2 234	1 710	..
Titres de dette	30 106	32 899	31 120	33 284	33 783	28 245	29 469	..
Crédits	..	..	..	..	..	..	..	..
Actions et parts de fonds d'investissement	479	242	211	229	182	69	119	..
Actions	34	18	22	29	34	34	35	..
Parts de fonds d'investissement	445	224	189	200	148	35	84	..
Parts de fonds d'investissement monétaires	..	..	..	..	..	..	..	..
Parts de fonds d'investissement non monétaires	..	..	..	..	..	..	..	..
Systèmes d'assurance, de pensions et garanties standard	..	..	..	..	..	..	..	..
Produits financiers dérivés et options sur titres des salariés	..	..	..	..	..	..	..	..
Autres comptes à recevoir	..	..	..	..	..	..	..	..
Passifs financiers	33 871	36 547	36 217	36 311	36 867	32 313	31 891	..
Titres de dette	..	..	..	..	..	..	..	..
Titres de dette à court terme	..	..	..	..	..	..	..	..
Titres de dette à long terme	..	..	..	..	..	..	..	..
Crédits	153	25	89	64	37	259	64	..
Crédits à court terme	..	..	..	..	..	..	..	..
Crédits à long terme	..	..	..	..	..	..	..	..
Actions et parts de fonds d'investissement	33 718	36 522	36 128	36 247	36 830	32 054	31 827	..
Systèmes d'assurance, de pensions et garanties standard	..	..	..	..	..	..	..	..
Produits financiers dérivés et options sur titres des salariés	..	..	..	..	..	..	..	..
Autres comptes à payer	..	..	..	..	..	..	..	..
Actifs non financiers	..	..	..	..	..	..	..	..
Fonds d'investissement non monéaires								
Valeur nette financière	..	..	..	..	..	..	..	..
Actifs financiers	..	..	..	..	..	..	..	..
Numéraire et dépôts	..	..	..	..	..	..	..	..
Titres de dette	..	..	..	..	..	..	..	..
Crédits	..	..	..	..	..	..	..	..
Actions et parts de fonds d'investissement	..	..	..	..	..	..	..	..
Actions	..	..	..	..	..	..	..	..
Parts de fonds d'investissement	..	..	..	..	..	..	..	..
Parts de fonds d'investissement monétaires	..	..	..	..	..	..	..	..
Parts de fonds d'investissement non monétaires	..	..	..	..	..	..	..	..
Systèmes d'assurance, de pensions et garanties standard	..	..	..	..	..	..	..	..
Produits financiers dérivés et options sur titres des salariés	..	..	..	..	..	..	..	..
Autres comptes à recevoir	..	..	..	..	..	..	..	..
Passifs financiers	..	..	..	..	..	..	..	..
Titres de dette	..	..	..	..	..	..	..	..
Titres de dette à court terme	..	..	..	..	..	..	..	..
Titres de dette à long terme	..	..	..	..	..	..	..	..
Crédits	..	..	..	..	..	..	..	..
Crédits à court terme	..	..	..	..	..	..	..	..
Crédits à long terme	..	..	..	..	..	..	..	..
Actions et parts de fonds d'investissement	..	..	..	..	..	..	..	..
Systèmes d'assurance, de pensions et garanties standard	..	..	..	..	..	..	..	..
Produits financiers dérivés et options sur titres des salariés	..	..	..	..	..	..	..	..
Autres comptes à payer	..	..	..	..	..	..	..	..
Actifs non financiers	..	..	..	..	..	..	..	..
Fonds d'investissement non monéaires à capital variable								
Valeur nette financière	-55 329	-59 111	-72 780	-57 435	-59 601	-69 103	-68 191	..
Actifs financiers	390 382	402 174	455 825	512 309	598 344	648 819	704 807	..

Tableau 2. Actifs et passifs financiers des fonds d'investissement *(suite)*

Millions CHF

	2010	2011	2012	2013	2014	2015	2016	2017
Numéraire et dépôts	10 505	13 916	14 426	13 337	14 041	16 215	18 438	..
Titres de dette	205 504	220 250	236 940	247 866	290 117	313 460	336 641	..
Crédits	..	..	..	..	..	..	..	..
Actions et parts de fonds d'investissement	174 373	168 008	204 459	251 106	294 186	319 144	349 728	..
Actions	132 979	126 558	149 956	180 666	207 476	219 330	246 329	..
Parts de fonds d'investissement	41 394	41 450	54 503	70 440	86 710	99 814	103 399	..
Parts de fonds d'investissement monétaires	..	..	..	..	..	..	..	..
Parts de fonds d'investissement non monétaires	..	..	..	..	..	..	..	..
Systèmes d'assurance, de pensions et garanties standard	..	..	..	..	..	..	..	..
Produits financiers dérivés et options sur titres des salariés	..	..	..	..	..	..	..	..
Autres comptes à recevoir	..	..	..	..	..	..	..	..
Passifs financiers	445 711	461 285	528 605	569 744	657 945	717 922	772 998	..
Titres de dette	..	..	..	..	..	..	..	..
Titres de dette à court terme	..	..	..	..	..	..	..	..
Titres de dette à long terme	..	..	..	..	..	..	..	..
Crédits	4 004	6 374	8 171	7 440	10 672	10 948	12 691	..
Crédits à court terme	..	..	..	..	..	..	..	..
Crédits à long terme	..	..	..	..	..	..	..	..
Actions et parts de fonds d'investissement	441 707	454 911	520 434	562 304	647 273	706 974	760 307	..
Systèmes d'assurance, de pensions et garanties standard	..	..	..	..	..	..	..	..
Produits financiers dérivés et options sur titres des salariés	..	..	..	..	..	..	..	..
Autres comptes à payer	..	..	..	..	..	..	..	..
Actifs non financiers	29 022	31 853	36 202	39 884	45 811	49 340	53 460	..
Fonds d'investissement à capital variable								
Valeur nette financière	-57 179	-59 934	-75 152	-57 671	-59 873	-70 868	-68 784	..
Actifs financiers	422 403	437 898	489 670	548 384	634 939	679 367	736 105	..
Numéraire et dépôts	11 941	16 499	16 940	15 899	16 671	18 449	20 148	..
Titres de dette	235 610	253 149	268 060	281 150	323 900	341 705	366 110	..
Crédits	..	..	..	..	..	..	..	..
Actions et parts de fonds d'investissement	174 852	168 250	204 670	251 335	294 368	319 213	349 847	..
Actions	133 013	126 576	149 978	180 695	207 510	219 364	246 364	..
Parts de fonds d'investissement	41 839	41 674	54 692	70 640	86 858	99 849	103 483	..
Parts de fonds d'investissement monétaires	..	..	..	..	..	..	..	..
Parts de fonds d'investissement non monétaires	..	..	..	..	..	..	..	..
Systèmes d'assurance, de pensions et garanties standard	..	..	..	..	..	..	..	..
Produits financiers dérivés et options sur titres des salariés	..	..	..	..	..	..	..	..
Autres comptes à recevoir	..	..	..	..	..	..	..	..
Passifs financiers	479 582	497 832	564 822	606 055	694 812	750 235	804 889	..
Titres de dette	..	..	..	..	..	..	..	..
Titres de dette à court terme	..	..	..	..	..	..	..	..
Titres de dette à long terme	..	..	..	..	..	..	..	..
Crédits	4 157	6 399	8 260	7 504	10 709	11 207	12 755	..
Crédits à court terme	..	..	..	..	..	..	..	..
Crédits à long terme	..	..	..	..	..	..	..	..
Actions et parts de fonds d'investissement	475 425	491 433	556 562	598 551	684 103	739 028	792 134	..
Systèmes d'assurance, de pensions et garanties standard	..	..	..	..	..	..	..	..
Produits financiers dérivés et options sur titres des salariés	..	..	..	..	..	..	..	..
Autres comptes à payer	..	..	..	..	..	..	..	..
Actifs non financiers	29 022	31 853	36 202	39 884	45 811	49 340	53 460	..

Tableau 3. Actifs et passifs financiers des sociétés d'assurance et fonds de pension

Millions CHF

	2010	2011	2012	2013	2014	2015	2016	2017
Sociétés d'assurance et fonds de pension								
Valeur nette financière	..	..	..	..	..	..	..	..
Actifs financiers	1 055 094	1 085 960	1 168 010	1 201 078	1 279 568 |	1 289 578	1 353 388	..
Numéraire et dépôts	85 016	92 566	100 222	103 725	102 026	94 765	91 807	..
Titres de dette	329 772	332 333	351 568	331 313	340 745 |	311 554	313 118	..
Crédits	42 303	43 310	42 882	44 284	84 160 |	84 891	99 121	..
Actions et parts de fonds d'investissement	590 811	608 081	665 912	712 491	749 375 |	796 202	846 165	..
Actions	220 355	224 408	245 948	240 732	186 647 |	192 692	187 873	..
Parts de fonds d'investissement	370 456	383 673	419 964	471 759	562 728	603 510	658 292	..
Parts de fonds d'investissement monétaires	..	..	..	..	..	..	..	..
Parts de fonds d'investissement non monétaires	..	..	..	..	..	..	..	..
Systèmes d'assurance, de pensions et garanties standard	7 192	9 670	7 426	9 265	3 262	2 166	3 177	..
Produits financiers dérivés et options sur titres des salariés	..	..	..	..	..	..	..	..
Autres comptes à recevoir	..	..	..	..	..	..	..	..
Passifs financiers	..	..	..	..	..	..	..	..
Titres de dette	6 052	7 455	9 255	9 258	13 447	13 482	13 191	..
Titres de dette à court terme	..	..	..	..	..	..	..	..
Titres de dette à long terme	6 052	7 455	9 255	9 258	13 447	13 482	13 191	..
Crédits	20 877	13 885	14 306	15 574	60 061	56 073	59 965	..
Crédits à court terme	..	..	..	..	..	..	..	..
Crédits à long terme	..	..	..	..	..	..	..	..
Actions et parts de fonds d'investissement	..	..	..	..	..	..	..	..
Systèmes d'assurance, de pensions et garanties standard	941 309	969 376	1 008 677	1 044 038	1 084 978	1 123 778	1 166 517	..
Produits financiers dérivés et options sur titres des salariés	..	..	..	..	..	..	..	..
Autres comptes à payer	..	..	..	..	..	..	..	..
Actifs non financiers	98 566	102 753	107 523	110 279	115 227	115 407	..	..
Sociétés d'assurance								
Valeur nette financière	..	..	..	..	..	..	..	..
Actifs financiers	494 213	518 602	559 596	546 872	574 500 |	571 361	596 124	..
Numéraire et dépôts	48 947	52 388	55 240	50 634	50 927	51 575	51 960	..
Titres de dette	187 548	191 009	212 350	200 018	206 604 |	189 549	194 707	..
Crédits	29 882	31 462	32 376	33 419	72 368 |	72 778	86 325	..
Actions et parts de fonds d'investissement	227 836	243 743	259 630	262 801	244 601 |	257 459	263 132	..
Actions	135 689	147 002	156 019	152 373	110 969 |	114 242	110 810	..
Parts de fonds d'investissement	92 147	96 741	103 611	110 428	133 632	143 217	152 322	..
Parts de fonds d'investissement monétaires	..	..	..	..	..	..	..	..
Parts de fonds d'investissement non monétaires	..	..	..	..	..	..	..	..
Systèmes d'assurance, de pensions et garanties standard	..	..	..	..	..	..	..	..
Produits financiers dérivés et options sur titres des salariés	..	..	..	..	..	..	..	..
Autres comptes à recevoir	..	..	..	..	..	..	..	..
Passifs financiers	..	..	..	..	..	..	..	..
Titres de dette	6 052	7 455	9 255	9 258	13 447	13 482	13 191	..
Titres de dette à court terme	..	..	..	..	..	..	..	..
Titres de dette à long terme	6 052	7 455	9 255	9 258	13 447	13 482	13 191	..
Crédits	17 786	11 508	12 444	12 661	58 161	54 572	58 190	..
Crédits à court terme	..	..	..	..	..	..	..	..
Crédits à long terme	..	..	..	..	..	..	..	..
Actions et parts de fonds d'investissement	..	..	..	..	..	..	..	..
Systèmes d'assurance, de pensions et garanties standard	332 113	340 506	353 635	360 938	370 974	380 867	389 521	..
Produits financiers dérivés et options sur titres des salariés	..	..	..	..	..	..	..	..
Autres comptes à payer	..	..	..	..	..	..	..	..
Actifs non financiers	37 988	38 610	40 792	41 703	43 111	44 933	47 703	..
Fonds de pension								
Valeur nette financière	-51 406	-63 889	-48 490	-31 807	-10 836	-26 195	-21 507	..
Actifs financiers	560 881	567 358	608 414	654 206	705 068	718 217	757 264	..
Numéraire et dépôts	36 069	40 178	44 982	53 091	51 099	43 190	39 847	..
Titres de dette	142 224	141 324	139 218	131 295	134 141	122 005	118 411	..
Crédits	12 421	11 848	10 506	10 865	11 792	12 113	12 796	..
Actions et parts de fonds d'investissement	362 975	364 338	406 282	449 690	504 774	538 743	583 033	..
Actions	84 666	77 406	89 929	88 359	75 678	78 450	77 063	..
Parts de fonds d'investissement	278 309	286 932	316 353	361 331	429 096	460 293	505 970	..
Parts de fonds d'investissement monétaires	..	..	..	..	..	..	..	..
Parts de fonds d'investissement non monétaires	..	..	..	..	..	..	..	..
Systèmes d'assurance, de pensions et garanties standard	7 192	9 670	7 426	9 265	3 262	2 166	3 177	..
Produits financiers dérivés et options sur titres des salariés	..	..	..	..	..	..	..	..
Autres comptes à recevoir	..	..	..	..	..	..	..	..
Passifs financiers	612 287	631 247	656 904	686 013	715 904	744 412	778 771	..
Titres de dette	..	..	..	..	..	..	..	..
Titres de dette à court terme	..	..	..	..	..	..	..	..
Titres de dette à long terme	..	..	..	..	..	..	..	..
Crédits	3 091	2 377	1 862	2 913	1 900	1 501	1 775	..
Crédits à court terme	..	..	..	..	..	..	..	..
Crédits à long terme	..	..	..	..	..	..	..	..
Actions et parts de fonds d'investissement	..	..	..	..	..	..	..	..
Systèmes d'assurance, de pensions et garanties standard	609 196	628 870	655 042	683 100	714 004	742 911	776 996	..
Produits financiers dérivés et options sur titres des salariés	..	..	..	..	..	..	..	..
Autres comptes à payer	..	..	..	..	..	..	..	..
Actifs non financiers	60 578	64 143	66 731	68 576	72 116	70 474	..	..

Tableau 4. Composition du portefeuille par type d'investisseur

En pourcentage des actifs financiers et des passifs financiers

Pour cent

	2010	2011	2012	2013	2014	2015	2016	2017
Fonds d'investissement								
Actifs financiers	..	..	..	..	..	..	..	..
Numéraire et dépôts	..	..	..	..	..	..	..	..
Titres de dettes	..	..	..	..	..	..	..	..
Crédits	..	..	..	..	..	..	..	..
Actions et parts de fonds d'investissement	..	..	..	..	..	..	..	..
Systèmes d'assurance de pensions et garanties standard	..	..	..	..	..	..	..	..
Produits financiers dérivés et options sur titres des salariés	..	..	..	..	..	..	..	..
Autres comptes à recevoir	..	..	..	..	..	..	..	..
Passifs financiers	..	..	..	..	..	..	..	..
Numéraire et dépôts	..	..	..	..	..	..	..	..
Titres de dettes	..	..	..	..	..	..	..	..
Crédits	..	..	..	..	..	..	..	..
Actions et parts de fonds d'investissement	..	..	..	..	..	..	..	..
Systèmes d'assurance de pensions et garanties standard	..	..	..	..	..	..	..	..
Produits financiers dérivés et options sur titres des salariés	..	..	..	..	..	..	..	..
Autres comptes à recevoir	..	..	..	..	..	..	..	..
Sociétés d'assurance								
Actifs financiers	100.0	100.0	100.0	100.0	100.0	100.0	100.0	..
Numéraire et dépôts	9.9	10.1	9.9	9.3	8.9	9.0	8.7	..
Titres de dettes	37.9	36.8	37.9	36.6	36.0	33.2	32.7	..
Crédits	6.0	6.1	5.8	6.1	12.6	12.7	14.5	..
Actions et parts de fonds d'investissement	46.1	47.0	46.4	48.1	42.6	45.1	44.1	..
Systèmes d'assurance de pensions et garanties standard	0.0	0.0	0.0	0.0	0.0	0.0	0.0	..
Produits financiers dérivés et options sur titres des salariés	0.0	0.0	0.0	0.0	0.0	0.0	0.0	..
Autres comptes à recevoir	0.0	0.0	0.0	0.0	0.0	0.0	0.0	..
Passifs financiers	..	..	..	..	..	..	..	..
Numéraire et dépôts	..	..	..	..	..	..	..	..
Titres de dettes	..	..	..	..	..	..	..	..
Crédits	..	..	..	..	..	..	..	..
Actions et parts de fonds d'investissement	..	..	..	..	..	..	..	..
Systèmes d'assurance de pensions et garanties standard	..	..	..	..	..	..	..	..
Produits financiers dérivés et options sur titres des salariés	..	..	..	..	..	..	..	..
Autres comptes à recevoir	..	..	..	..	..	..	..	..
Fonds de pension								
Actifs financiers	100.0	100.0	100.0	100.0	100.0	100.0	100.0	..
Numéraire et dépôts	6.4	7.1	7.4	8.1	7.2	6.0	5.3	..
Titres de dettes	25.4	24.9	22.9	20.1	19.0	17.0	15.6	..
Crédits	2.2	2.1	1.7	1.7	1.7	1.7	1.7	..
Actions et parts de fonds d'investissement	64.7	64.2	66.8	68.7	71.6	75.0	77.0	..
Systèmes d'assurance de pensions et garanties standard	1.3	1.7	1.2	1.4	0.5	0.3	0.4	..
Produits financiers dérivés et options sur titres des salariés	0.0	0.0	0.0	0.0	0.0	0.0	0.0	..
Autres comptes à recevoir	0.0	0.0	0.0	0.0	0.0	0.0	0.0	..
Passifs financiers	100.0	100.0	100.0	100.0	100.0	100.0	100.0	..
Numéraire et dépôts	0.0	0.0	0.0	0.0	0.0	0.0	0.0	..
Titres de dettes	0.0	0.0	0.0	0.0	0.0	0.0	0.0	..
Crédits	0.5	0.4	0.3	0.4	0.3	0.2	0.2	..
Actions et parts de fonds d'investissement	0.0	0.0	0.0	0.0	0.0	0.0	0.0	..
Systèmes d'assurance de pensions et garanties standard	99.5	99.6	99.7	99.6	99.7	99.8	99.8	..
Produits financiers dérivés et options sur titres des salariés	0.0	0.0	0.0	0.0	0.0	0.0	0.0	..
Autres comptes à recevoir	0.0	0.0	0.0	0.0	0.0	0.0	0.0	..

TURQUIE

Tableau 1. Actifs et passifs financiers des investisseurs institutionnels, 2017

Millions TRY

	Fonds d'investissement				
	Total	Fonds d'investissement non-monétaire			Fonds d'investissement monétaires
		Total	Fonds d'investissement à capital variable, non monétaire	Fonds d'investissement à capital fixe, non monétaire	Total
Actifs financiers	55 885	42 071	40 058	2 013	13 814
Numéraire et dépôts	17 066	7 312	6 835	477	9 754
Titres de dette	31 924	27 865	26 919	946	4 060
Titres de dette à court terme	19 238	15 327	15 169	158	3 912
Titres de dette à long terme	12 686	12 538	11 750	788	148
Titres de dette émis par les résidents	31 849	27 789	26 843	946	4 060
Titres de dette émis par les non-résidents	76	76	76	0	0
Crédits	..	..	..	..	..
Crédits à court terme	..	..	..	..	..
Crédits à long terme	..	..	..	..	..
Crédits accordés aux résidents	..	..	..	..	..
Crédits accordés aux non-résidents	..	..	..	..	..
Actions et parts de fonds d'investissement	6 894	6 894	6 304	590	0
Actions et parts de fonds d'investissements émises par les résidents	5 232	5 232	4 642	590	0
Actions et part de fonds d'investissements émises par les non-résidents	1 662	1 662	1 662	0	0
Autres comptes à recevoir	..	..	..	..	..

	Fonds d'investissement				
	Total	Fonds d'investissement non-monétaire			Fonds d'investissement monétaires
		Total	Fonds d'investissement à capital variable, non monétaire	Fonds d'investissement à capital fixe, non monétaire	Total
Pasifs financiers	..	..	..	..	..
Numéraire et dépôts	..	..	..	..	..
Titres de dette	..	..	..	..	..
Titres de dette à court terme	..	..	..	..	..
Titres de dette à long terme	..	..	..	..	..
Crédits	..	..	..	..	..
Crédits à court terme	..	..	..	..	..
Crédits à long terme	..	..	..	..	..
Actions et parts de fonds d'investissement	..	..	..	..	..
Systèmes d'assurance, de pensions et garanties standard	..	..	..	..	..
Produits financiers dérivés et options sur titres des salariés	..	..	..	..	..
Autres comptes à payer	..	..	..	..	..

	Sociétés d'assurance et fonds de pension autonomes				
	Total	Sociétés d'assurance			Fonds de pension autonomes
		Total	Sociétés d'assurance vie	Sociétés d'assurance non-vie	Total
Actifs financiers	167 448	71 595	17 471	54 124	95 853
Numéraire et dépôts	72 163	30 222	9 087	21 135	41 941
Titres de dette	56 643	15 886	5 332	10 554	40 757
Titres de dette à court terme	15 881	15 881	5 331	10 551	0
Titres de dette à long terme	40 762	4	2	3	40 757
Titres de dette émis par les résidents	..	..	..	..	..
Titres de dette émis par les non-résidents	..	..	..	..	..
Crédits	3 451	246	246	0	3 205
Crédits à court terme	110	110	110	..	0
Crédits à long terme	3 341	136	136	..	3 205
Crédits accordés aux résidents	..	..	..	..	..
Crédits accordés aux non-résidents	..	..	..	..	..
Actions et parts de fonds d'investissement	12 959	4 117	433	3 684	8 843
Actions et parts de fonds d'investissement émises par les résidents	..	..	..	..	..
Actions et parts de fonds d'investissement émises par les non-résidents	..	..	..	..	..
Autrescomptes à recevoir	22 232	21 125	2 373	18 751	1 107

	Sociétés d'assurance et fonds de pension autonomes				
	Total	Sociétés d'assurance			Fonds de pension autonomes
		Total	Sociétés d'assurance vie	Sociétés d'assurance non-vie	Total
Pasifs financiers	169 857	68 166	16 209	51 957	101 691
Numéraire et dépôts	..	..	..	..	0
Titres de dette	0	0	0	..	0
Titres de dette à court terme	..	..	..	..	..
Titres de dette à long terme	..	..	..	..	..
Crédits	285	285	0	285	0
Crédits à court terme	285	285	0	285	..
Crédits à long terme	0	0	0	0	..
Actions et parts de fonds d'investissement	45 741	20 033	6 733	13 300	25 709
Systèmes d'assurance, de pensions et garanties standard	114 446	41 912	9 092	32 821	72 534
Produits financiers dérivés et options sur titres des salariés	..	..	..	..	..
Autres comptes à payer	9 540	6 091	539	5 551	3 450

Note : Voir les métadonnées détaillées sur : http://metalinks.oecd.org/instinv/20180905/e532

Tableau 2. Actifs et passifs financiers des fonds d'investissement

Millions TRY

	2010	2011	2012	2013	2014	2015	2016	2017
Fonds d'investissement								
Valeur nette financière	..	..	..	..	..	..	..	..
Actifs financiers	..	..	..	..	45 383	40 267	46 865	55 885
Numéraire et dépôts	..	..	..	..	23 058	11 524	13 202	17 066
Titres de dette	..	..	..	..	19 979	25 353	29 823	31 924
Crédits	..	..	..	..	..	..	..	..
Actions et parts de fonds d'investissement	..	..	..	..	2 346	3 390	3 840	6 894
Actions	..	..	..	..	2 244	3 250	3 510	5 447
Parts de fonds d'investissement	..	..	..	..	102	140	330	1 447
Parts de fonds d'investissement monétaires	..	..	..	..	56	30	3	15
Parts de fonds d'investissement non monétaires	..	..	..	..	46	110	328	1 432
Systèmes d'assurance, de pensions et garanties standard	..	..	..	..	..	..	..	..
Produits financiers dérivés et options sur titres des salariés	..	..	..	..	..	..	..	..
Autres comptes à recevoir	..	..	..	..	..	..	..	..
Passifs financiers	..	..	..	..	..	..	..	..
Titres de dette	..	..	..	..	..	..	..	..
Titres de dette à court terme	..	..	..	..	..	..	..	..
Titres de dette à long terme	..	..	..	..	..	..	..	..
Crédits	..	..	..	..	..	..	..	..
Crédits à court terme	..	..	..	..	..	..	..	..
Crédits à long terme	..	..	..	..	..	..	..	..
Actions et parts de fonds d'investissement	..	..	..	..	..	..	..	..
Systèmes d'assurance, de pensions et garanties standard	..	..	..	..	..	..	..	..
Produits financiers dérivés et options sur titres des salariés	..	..	..	..	..	..	..	..
Autres comptes à payer	..	..	..	..	..	..	..	..
Actifs non financiers	..	..	..	..	32 264	41 236	50 709	59 143
Fonds d'investissement monéaires								
Valeur nette financière	..	..	..	..	..	..	..	..
Actifs financiers	..	..	..	..	12 622	11 933	12 625	13 814
Numéraire et dépôts	..	..	..	..	8 901	7 378	7 441	9 754
Titres de dette	..	..	..	..	3 721	4 555	5 184	4 060
Crédits	..	..	..	..	..	..	..	..
Actions et parts de fonds d'investissement	..	..	..	..	0	0	0	0
Actions	..	..	..	..	0	0	0	0
Parts de fonds d'investissement	..	..	..	..	0	0	0	0
Parts de fonds d'investissement monétaires	..	..	..	..	0	0	0	0
Parts de fonds d'investissement non monétaires	..	..	..	..	0	0	0	0
Systèmes d'assurance, de pensions et garanties standard	..	..	..	..	..	..	..	..
Produits financiers dérivés et options sur titres des salariés	..	..	..	..	..	..	..	..
Autres comptes à recevoir	..	..	..	..	..	..	..	..
Passifs financiers	..	..	..	..	..	..	..	..
Titres de dette	..	..	..	..	..	..	..	..
Titres de dette à court terme	..	..	..	..	..	..	..	..
Titres de dette à long terme	..	..	..	..	..	..	..	..
Crédits	..	..	..	..	..	..	..	..
Crédits à court terme	..	..	..	..	..	..	..	..
Crédits à long terme	..	..	..	..	..	..	..	..
Actions et parts de fonds d'investissement	..	..	..	..	..	..	..	..
Systèmes d'assurance, de pensions et garanties standard	..	..	..	..	..	..	..	..
Produits financiers dérivés et options sur titres des salariés	..	..	..	..	..	..	..	..
Autres comptes à payer	..	..	..	..	..	..	..	..
Actifs non financiers	..	..	..	..	0	0	0	0
Fonds d'investissement non monéaires								
Valeur nette financière	..	..	..	..	..	..	..	..
Actifs financiers	..	..	..	..	32 761	28 334	34 240	42 071
Numéraire et dépôts	..	..	..	..	14 157	4 145	5 761	7 312
Titres de dette	..	..	..	..	16 258	20 798	24 639	27 865
Crédits	..	..	..	..	..	..	..	..
Actions et parts de fonds d'investissement	..	..	..	..	2 346	3 390	3 840	6 894
Actions	..	..	..	..	2 244	3 250	3 510	5 447
Parts de fonds d'investissement	..	..	..	..	102	140	330	1 447
Parts de fonds d'investissement monétaires	..	..	..	..	56	30	3	15
Parts de fonds d'investissement non monétaires	..	..	..	..	46	110	328	1 432
Systèmes d'assurance, de pensions et garanties standard	..	..	..	..	..	..	..	..
Produits financiers dérivés et options sur titres des salariés	..	..	..	..	..	..	..	..
Autres comptes à recevoir	..	..	..	..	..	..	..	..
Passifs financiers	..	..	..	..	..	..	..	..
Titres de dette	..	..	..	..	..	..	..	..
Titres de dette à court terme	..	..	..	..	..	..	..	..
Titres de dette à long terme	..	..	..	..	..	..	..	..
Crédits	..	..	..	..	..	..	..	..
Crédits à court terme	..	..	..	..	..	..	..	..
Crédits à long terme	..	..	..	..	..	..	..	..
Actions et parts de fonds d'investissement	..	..	..	..	..	..	..	..
Systèmes d'assurance, de pensions et garanties standard	..	..	..	..	..	..	..	..
Produits financiers dérivés et options sur titres des salariés	..	..	..	..	..	..	..	..
Autres comptes à payer	..	..	..	..	..	..	..	..
Actifs non financiers	..	..	..	..	32 264	41 236	50 709	59 143
Fonds d'investissement non monéaires à capital variable								
Valeur nette financière	..	..	..	..	..	..	..	..
Actifs financiers	..	..	..	..	31 676	26 822	32 346	40 058

Tableau 2. Actifs et passifs financiers des fonds d'investissement *(suite)*

Millions TRY

	2010	2011	2012	2013	2014	2015	2016	2017
Numéraire et dépôts	..	..	..	..	13 983	3 920	5 259	6 835
Titres de dette	..	..	..	..	15 509	20 072	23 810	26 919
Crédits	..	..	..	..	..	..	..	..
Actions et parts de fonds d'investissement	..	..	..	..	2 184	2 829	3 277	6 304
Actions	..	..	..	..	2 138	2 719	2 949	4 872
Parts de fonds d'investissement	..	..	..	..	46	110	328	1 432
Parts de fonds d'investissement monétaires	..	..	..	..	0	0	0	0
Parts de fonds d'investissement non monétaires	..	..	..	..	46	110	328	1 432
Systèmes d'assurance, de pensions et garanties standard	..	..	..	..	..	..	..	..
Produits financiers dérivés et options sur titres des salariés	..	..	..	..	..	..	..	..
Autres comptes à recevoir	..	..	..	..	..	..	..	..
Passifs financiers	..	..	..	..	..	..	..	..
Titres de dette	..	..	..	..	..	..	..	..
Titres de dette à court terme	..	..	..	..	..	..	..	..
Titres de dette à long terme	..	..	..	..	..	..	..	..
Crédits	..	..	..	..	..	..	..	..
Crédits à court terme	..	..	..	..	..	..	..	..
Crédits à long terme	..	..	..	..	..	..	..	..
Actions et parts de fonds d'investissement	..	..	..	..	..	..	..	..
Systèmes d'assurance, de pensions et garanties standard	..	..	..	..	..	..	..	..
Produits financiers dérivés et options sur titres des salariés	..	..	..	..	..	..	..	..
Autres comptes à payer	..	..	..	..	..	..	..	..
Actifs non financiers	..	..	..	..	0	0	0	0
Fonds d'investissement à capital variable								
Valeur nette financière	..	..	..	..	..	..	..	..
Actifs financiers	..	..	..	..	44 298	38 755	44 970	53 872
Numéraire et dépôts	..	..	..	..	22 884	11 299	12 700	16 589
Titres de dette	..	..	..	..	19 230	24 627	28 994	30 979
Crédits	..	..	..	..	..	..	..	..
Actions et parts de fonds d'investissement	..	..	..	..	2 184	2 829	3 277	6 304
Actions	..	..	..	..	2 138	2 719	2 949	4 872
Parts de fonds d'investissement	..	..	..	..	46	110	328	1 432
Parts de fonds d'investissement monétaires	..	..	..	..	0	0	0	0
Parts de fonds d'investissement non monétaires	..	..	..	..	46	110	328	1 432
Systèmes d'assurance, de pensions et garanties standard	..	..	..	..	..	..	..	..
Produits financiers dérivés et options sur titres des salariés	..	..	..	..	..	..	..	..
Autres comptes à recevoir	..	..	..	..	..	..	..	..
Passifs financiers	..	..	..	..	..	..	..	..
Titres de dette	..	..	..	..	..	..	..	..
Titres de dette à court terme	..	..	..	..	..	..	..	..
Titres de dette à long terme	..	..	..	..	..	..	..	..
Crédits	..	..	..	..	..	..	..	..
Crédits à court terme	..	..	..	..	..	..	..	..
Crédits à long terme	..	..	..	..	..	..	..	..
Actions et parts de fonds d'investissement	..	..	..	..	..	..	..	..
Systèmes d'assurance, de pensions et garanties standard	..	..	..	..	..	..	..	..
Produits financiers dérivés et options sur titres des salariés	..	..	..	..	..	..	..	..
Autres comptes à payer	..	..	..	..	..	..	..	..
Actifs non financiers	..	..	..	..	0	0	0	0

Note : Voir les métadonnées détaillées sur : http://metalinks.oecd.org/instinv/20180905/e532

Tableau 3. Actifs et passifs financiers des sociétés d'assurance et fonds de pension

Millions TRY

	2010	2011	2012	2013	2014	2015	2016	2017
Sociétés d'assurance et fonds de pension								
Valeur nette financière	..	..	..	..	-4 420	-4 895	-3 774	-2 408
Actifs financiers	..	..	..	..	103 720	122 899	146 341	167 448
Numéraire et dépôts	..	..	..	..	37 675	48 486	59 158	72 163
Titres de dette	..	..	..	..	41 395	43 840	51 896	56 643
Crédits	..	..	..	..	2 635	3 142	4 313	3 451
Actions et parts de fonds d'investissement	..	..	..	..	7 474	9 816	10 574	12 959
Actions	..	..	..	..	6 890	9 170	9 637	11 393
Parts de fonds d'investissement	..	..	..	..	584	646	936	1 567
Parts de fonds d'investissement monétaires	..	..	..	..	..	..	..	..
Parts de fonds d'investissement non monétaires	..	..	..	..	..	..	..	..
Systèmes d'assurance, de pensions et garanties standard	..	..	..	..	..	..	..	..
Produits financiers dérivés et options sur titres des salariés	..	..	..	..	..	..	..	..
Autres comptes à recevoir	..	..	..	..	14 541	17 616	20 401	22 232
Passifs financiers	..	..	..	..	108 140	127 794	150 115	169 857
Titres de dette	..	..	..	..	0	0	0	0
Titres de dette à court terme	..	..	..	..	..	..	..	..
Titres de dette à long terme	..	..	..	..	..	..	..	..
Crédits	..	..	..	..	352	993	667	285
Crédits à court terme	..	..	..	..	351	993	666	285
Crédits à long terme	..	..	..	..	1	0	0	0
Actions et parts de fonds d'investissement	..	..	..	..	37 116	39 908	42 423	45 741
Systèmes d'assurance, de pensions et garanties standard	..	..	..	..	62 723	78 312	97 832	114 446
Produits financiers dérivés et options sur titres des salariés	..	..	..	..	..	..	..	..
Autres comptes à payer	..	..	..	..	7 950	8 581	9 193	9 540
Actifs non financiers	..	..	..	..	77 726	49 286	61 434	..
Sociétés d'assurance								
Valeur nette financière	..	..	..	..	663	415	1 536	3 430
Actifs financiers	..	..	..	..	46 061	53 756	64 303	71 595
Numéraire et dépôts	..	..	..	..	16 997	20 476	25 562	30 222
Titres de dette	..	..	..	..	13 112	13 497	15 826	15 886
Crédits	..	..	..	..	169	185	211	246
Actions et parts de fonds d'investissement	..	..	..	..	2 389	3 166	3 487	4 117
Actions	..	..	..	..	1 804	2 520	2 551	2 550
Parts de fonds d'investissement	..	..	..	..	584	646	936	1 567
Parts de fonds d'investissement monétaires	..	..	..	..	..	..	..	..
Parts de fonds d'investissement non monétaires	..	..	..	..	..	..	..	..
Systèmes d'assurance, de pensions et garanties standard	..	..	..	..	..	..	..	..
Produits financiers dérivés et options sur titres des salariés	..	..	..	..	..	..	..	..
Autres comptes à recevoir	..	..	..	..	13 394	16 431	19 217	21 125
Passifs financiers	..	..	..	..	45 398	53 341	62 767	68 166
Titres de dette	..	..	..	..	0	0	0	0
Titres de dette à court terme	..	..	..	..	..	..	..	..
Titres de dette à long terme	..	..	..	..	..	..	..	..
Crédits	..	..	..	..	352	993	667	285
Crédits à court terme	..	..	..	..	351	993	666	285
Crédits à long terme	..	..	..	..	1	0	0	0
Actions et parts de fonds d'investissement	..	..	..	..	16 002	16 823	19 338	20 033
Systèmes d'assurance, de pensions et garanties standard	..	..	..	..	25 000	30 394	37 018	41 912
Produits financiers dérivés et options sur titres des salariés	..	..	..	..	..	..	..	..
Autres comptes à payer	..	..	..	..	4 044	5 131	5 744	6 091
Actifs non financiers	..	..	..	..	38 780	49 286	61 434	..
Fonds de pension								
Valeur nette financière	..	..	..	..	-5 084	-5 310	-5 310	-5 838
Actifs financiers	..	..	..	..	57 659	69 142	82 038	95 853
Numéraire et dépôts	..	..	..	..	20 678	28 010	33 596	41 941
Titres de dette	..	..	..	..	28 282	30 342	36 070	40 757
Crédits	..	..	..	..	2 466	2 956	4 102	3 205
Actions et parts de fonds d'investissement	..	..	..	..	5 086	6 650	7 086	8 843
Actions	..	..	..	..	5 086	6 650	7 086	8 843
Parts de fonds d'investissement	..	..	..	..	0	0	0	0
Parts de fonds d'investissement monétaires	..	..	..	..	..	..	..	..
Parts de fonds d'investissement non monétaires	..	..	..	..	..	..	..	..
Systèmes d'assurance, de pensions et garanties standard	..	..	..	..	0	0	0	0
Produits financiers dérivés et options sur titres des salariés	..	..	..	..	0	0	0	0
Autres comptes à recevoir	..	..	..	..	1 147	1 184	1 184	1 107
Passifs financiers	..	..	..	..	62 742	74 453	87 349	101 691
Titres de dette	..	..	..	..	0	0	0	0
Titres de dette à court terme	..	..	..	..	..	..	..	..
Titres de dette à long terme	..	..	..	..	..	..	..	..
Crédits	..	..	..	..	0	0	0	0
Crédits à court terme	..	..	..	..	..	..	..	..
Crédits à long terme	..	..	..	..	..	..	..	..
Actions et parts de fonds d'investissement	..	..	..	..	21 114	23 085	23 085	25 709
Systèmes d'assurance, de pensions et garanties standard	..	..	..	..	37 723	47 918	60 814	72 534
Produits financiers dérivés et options sur titres des salariés	..	..	..	..	..	..	..	..
Autres comptes à payer	..	..	..	..	3 906	3 450	3 450	3 450
Actifs non financiers	..	..	..	..	38 946	..	..	..

Note : Voir les métadonnées détaillées sur : http://metalinks.oecd.org/instinv/20180905/e532

Tableau 4. Composition du portefeuille par type d'investisseur

En pourcentage des actifs financiers et des passifs financiers

Pour cent

	2010	2011	2012	2013	2014	2015	2016	2017
Fonds d'investissement								
Actifs financiers	..	..	..	..	100.0	100.0	100.0	100.0
Numéraire et dépôts	..	..	..	..	50.8	28.6	28.2	30.5
Titres de dettes	..	..	..	..	44.0	63.0	63.6	57.1
Crédits	..	..	..	..	0.0	0.0	0.0	0.0
Actions et parts de fonds d'investissement	..	..	..	..	5.2	8.4	8.2	12.3
Systèmes d'assurance de pensions et garanties standard	..	..	..	..	0.0	0.0	0.0	0.0
Produits financiers dérivés et options sur titres des salariés	..	..	..	..	0.0	0.0	0.0	0.0
Autres comptes à recevoir	..	..	..	..	0.0	0.0	0.0	0.0
Passifs financiers	..	..	..	..	..	..	..	..
Numéraire et dépôts	..	..	..	..	..	..	..	..
Titres de dettes	..	..	..	..	..	..	..	..
Crédits	..	..	..	..	..	..	..	..
Actions et parts de fonds d'investissement	..	..	..	..	..	..	..	..
Systèmes d'assurance de pensions et garanties standard	..	..	..	..	..	..	..	..
Produits financiers dérivés et options sur titres des salariés	..	..	..	..	..	..	..	..
Autres comptes à recevoir	..	..	..	..	..	..	..	..
Sociétés d'assurance								
Actifs financiers	..	..	..	..	100.0	100.0	100.0	100.0
Numéraire et dépôts	..	..	..	..	36.9	38.1	39.8	42.2
Titres de dettes	..	..	..	..	28.5	25.1	24.6	22.2
Crédits	..	..	..	..	0.4	0.3	0.3	0.3
Actions et parts de fonds d'investissement	..	..	..	..	5.2	5.9	5.4	5.8
Systèmes d'assurance de pensions et garanties standard	..	..	..	..	0.0	0.0	0.0	0.0
Produits financiers dérivés et options sur titres des salariés	..	..	..	..	0.0	0.0	0.0	0.0
Autres comptes à recevoir	..	..	..	..	29.1	30.6	29.9	29.5
Passifs financiers	..	..	..	..	100.0	100.0	100.0	100.0
Numéraire et dépôts	..	..	..	..	0.0	0.0	0.0	..
Titres de dettes	..	..	..	..	0.0	0.0	0.0	0.0
Crédits	..	..	..	..	0.8	1.9	1.1	0.4
Actions et parts de fonds d'investissement	..	..	..	..	35.2	31.5	30.8	29.4
Systèmes d'assurance de pensions et garanties standard	..	..	..	..	55.1	57.0	59.0	61.5
Produits financiers dérivés et options sur titres des salariés	..	..	..	..	0.0	0.0	0.0	..
Autres comptes à recevoir	..	..	..	..	8.9	9.6	9.2	8.9
Fonds de pension								
Actifs financiers	..	..	..	..	100.0	100.0	100.0	100.0
Numéraire et dépôts	..	..	..	..	35.9	40.5	41.0	43.8
Titres de dettes	..	..	..	..	49.1	43.9	44.0	42.5
Crédits	..	..	..	..	4.3	4.3	5.0	3.3
Actions et parts de fonds d'investissement	..	..	..	..	8.8	9.6	8.6	9.2
Systèmes d'assurance de pensions et garanties standard	..	..	..	..	0.0	0.0	0.0	0.0
Produits financiers dérivés et options sur titres des salariés	..	..	..	..	0.0	0.0	0.0	0.0
Autres comptes à recevoir	..	..	..	..	2.0	1.7	1.4	1.2
Passifs financiers	..	..	..	..	100.0	100.0	100.0	100.0
Numéraire et dépôts	..	..	..	..	0.0	0.0	0.0	0.0
Titres de dettes	..	..	..	..	0.0	0.0	0.0	0.0
Crédits	..	..	..	..	0.0	0.0	0.0	0.0
Actions et parts de fonds d'investissement	..	..	..	..	33.7	31.0	26.4	25.3
Systèmes d'assurance de pensions et garanties standard	..	..	..	..	60.1	64.4	69.6	71.3
Produits financiers dérivés et options sur titres des salariés	..	..	..	..	0.0	0.0	0.0	0.0
Autres comptes à recevoir	..	..	..	..	6.2	4.6	3.9	3.4

Note : Voir les métadonnées détaillées sur : http://metalinks.oecd.org/instinv/20180905/af01

Tableau 1. Actifs et passifs financiers des investisseurs institutionnels, 2017

Millions GBP

	Total	Fonds d'investissement			
		Fonds d'investissement non-monétaire			Fonds d'investissement monétaires
		Total	Fonds d'investissement à capital variable, non monétaire	Fonds d'investissement à capital fixe, non monétaire	Total
Actifs financiers	..	1 257 051	..	..	..
Numéraire et dépôts	..	44 264	..	..	..
Titres de dette	..	289 312	..	..	..
Titres de dette à court terme	..	..	..	..	..
Titres de dette à long terme	..	..	..	..	..
Titres de dette émis par les résidents	..	..	..	..	..
Titres de dette émis par les non-résidents	..	..	..	..	..
Crédits	..	..	..	..	..
Crédits à court terme	..	..	..	..	..
Crédits à long terme	..	..	..	..	..
Crédits accordés aux résidents	..	..	..	..	..
Crédits accordés aux non-résidents	..	..	..	..	..
Actions et parts de fonds d'investissement	..	905 718	..	..	..
Actions et parts de fonds d'investissements émises par les résidents	..	..	..	..	..
Actions et part de fonds d'investissements émises par les non-résidents	..	..	..	..	..
Autres comptes à recevoir	..	5 350	..	..	..

	Total	Fonds d'investissement			
		Fonds d'investissement non-monétaire			Fonds d'investissement monétaires
		Total	Fonds d'investissement à capital variable, non monétaire	Fonds d'investissement à capital fixe, non monétaire	Total
Pasifs financiers	..	1 212 350	..	..	..
Numéraire et dépôts	..	..	..	..	..
Titres de dette	..	1 256	..	..	..
Titres de dette à court terme	..	..	..	..	..
Titres de dette à long terme	..	..	..	..	..
Crédits	..	7 292	..	..	..
Crédits à court terme	..	..	..	..	..
Crédits à long terme	..	..	..	..	..
Actions et parts de fonds d'investissement	..	1 182 175	..	..	..
Systèmes d'assurance, de pensions et garanties standard	..	684	..	..	..
Produits financiers dérivés et options sur titres des salariés	..	20 259	..	..	..
Autres comptes à payer	..	684	..	..	..

	Total	Sociétés d'assurance et fonds de pension autonomes			
		Sociétés d'assurance			Fonds de pension autonomes
		Total	Sociétés d'assurance vie	Sociétés d'assurance non-vie	Total
Actifs financiers	4 501 025	..	..	..	..
Numéraire et dépôts	152 310	..	..	..	..
Titres de dette	1 239 557	..	..	..	..
Titres de dette à court terme	19 088	..	..	..	..
Titres de dette à long terme	1 220 469	..	..	..	..
Titres de dette émis par les résidents	888 318	..	..	..	..
Titres de dette émis par les non-résidents	351 239	..	..	..	..
Crédits	225 459	..	..	..	..
Crédits à court terme	..	..	..	..	..
Crédits à long terme	..	..	..	..	..
Crédits accordés aux résidents	..	..	..	..	..
Crédits accordés aux non-résidents	..	..	..	..	..
Actions et parts de fonds d'investissement	1 730 956	..	..	..	..
Actions et parts de fonds d'investissement émises par les résidents	882 285	..	..	..	..
Actions et parts de fonds d'investissement émises par les non-résidents	848 671	..	..	..	..
Autrescomptes à recevoir	22 884	..	..	..	..

	Total	Sociétés d'assurance et fonds de pension autonomes			
		Sociétés d'assurance			Fonds de pension autonomes
		Total	Sociétés d'assurance vie	Sociétés d'assurance non-vie	Total
Pasifs financiers	4 298 624	..	..	..	..
Numéraire et dépôts	..	..	..	..	..
Titres de dette	33 535	..	..	..	..
Titres de dette à court terme	..	..	..	..	..
Titres de dette à long terme	..	..	..	..	..
Crédits	88 950	..	..	..	..
Crédits à court terme	72 647	..	..	..	..
Crédits à long terme	16 303	..	..	..	..
Actions et parts de fonds d'investissement	137 557	..	..	..	..
Systèmes d'assurance, de pensions et garanties standard	3 812 264	..	..	..	..
Produits financiers dérivés et options sur titres des salariés	105 106	..	..	..	..
Autres comptes à payer	121 212	..	..	..	..

Note : Voir les métadonnées détaillées sur : http://metalinks.oecd.org/instinv/20180905/e532

Tableau 3. Actifs et passifs financiers des sociétés d'assurance et fonds de pension

Millions GBP

	2010	2011	2012	2013	2014	2015	2016	2017
Sociétés d'assurance et fonds de pension								
Valeur nette financière	202 839	126 636	129 978	146 777	175 407	118 242	82 826	202 401
Actifs financiers	3 029 519	3 391 228	3 487 492	3 480 566	4 008 103	3 913 803	4 325 051	4 501 025
Numéraire et dépôts	120 074	130 724	130 659	146 098	146 465	136 653	142 383	152 310
Titres de dette	853 625	946 531	1 002 101	1 002 513	1 096 507	1 098 289	1 230 826	1 239 557
Crédits	128 072	144 811	176 481	205 884	167 890	173 908	204 943	225 459
Actions et parts de fonds d'investissement	1 281 331	1 178 904	1 312 514	1 409 555	1 481 789	1 498 241	1 620 870	1 730 956
Actions	688 770	590 657	616 964	634 043	657 635	635 843	698 398	724 495
Parts de fonds d'investissement	592 561	588 247	695 550	775 512	824 154	862 398	922 472	1 006 461
Parts de fonds d'investissement monétaires	..	..	..	..	..	..	..	..
Parts de fonds d'investissement non monétaires	..	..	..	..	..	..	..	..
Systèmes d'assurance, de pensions et garanties standard	514 267	818 167	708 187	556 066	929 862	871 527	965 979	1 023 752
Produits financiers dérivés et options sur titres des salariés	95 112	141 106	126 284	126 134	151 147	104 091	132 502	106 107
Autres comptes à recevoir	37 038	30 985	31 266	34 316	34 443	31 094	27 548	22 884
Passifs financiers	2 826 680	3 264 592	3 357 514	3 333 789	3 832 696	3 795 561	4 242 225	4 298 624
Titres de dette	24 120	24 065	26 222	23 878	28 652	24 759	30 767	33 535
Titres de dette à court terme	..	..	..	..	..	..	..	..
Titres de dette à long terme	..	..	..	..	..	..	..	..
Crédits	33 430	40 415	62 078	68 328	53 325	62 000	76 327	88 950
Crédits à court terme	25 336	34 338	37 140	42 750	35 142	42 306	57 579	72 647
Crédits à long terme	8 094	6 077	24 938	25 578	18 183	19 694	18 748	16 303
Actions et parts de fonds d'investissement	64 639	55 474	74 313	95 947	114 366	123 925	124 451	137 557
Systèmes d'assurance, de pensions et garanties standard	2 535 415	2 928 447	2 982 139	2 930 029	3 380 788	3 392 547	3 762 238	3 812 264
Produits financiers dérivés et options sur titres des salariés	92 064	135 896	125 219	125 410	149 266	102 718	130 523	105 106
Autres comptes à payer	77 012	80 295	87 543	90 197	106 299	89 612	117 919	121 212
Actifs non financiers	..	..	..	..	..	..	..	..
Sociétés d'assurance								
Valeur nette financière	..	..	..	..	..	..	..	..
Actifs financiers	..	..	..	..	..	..	..	..
Numéraire et dépôts	..	..	..	..	..	..	..	..
Titres de dette	..	..	..	..	..	..	..	..
Crédits	..	..	..	..	..	..	..	..
Actions et parts de fonds d'investissement	..	..	..	..	..	..	..	..
Actions	..	..	..	..	..	..	..	..
Parts de fonds d'investissement	..	..	..	..	..	..	..	..
Parts de fonds d'investissement monétaires	..	..	..	..	..	..	..	..
Parts de fonds d'investissement non monétaires	..	..	..	..	..	..	..	..
Systèmes d'assurance, de pensions et garanties standard	..	..	..	..	..	..	..	..
Produits financiers dérivés et options sur titres des salariés	..	..	..	..	..	..	..	..
Autres comptes à recevoir	..	..	..	..	..	..	..	..
Passifs financiers	..	..	..	..	..	..	..	..
Titres de dette	..	..	..	..	..	..	..	..
Titres de dette à court terme	..	..	..	..	..	..	..	..
Titres de dette à long terme	..	..	..	..	..	..	..	..
Crédits	..	..	..	..	..	..	..	..
Crédits à court terme	..	..	..	..	..	..	..	..
Crédits à long terme	..	..	..	..	..	..	..	..
Actions et parts de fonds d'investissement	..	..	..	..	..	..	..	..
Systèmes d'assurance, de pensions et garanties standard	..	..	..	..	..	..	..	..
Produits financiers dérivés et options sur titres des salariés	..	..	..	..	..	..	..	..
Autres comptes à payer	..	..	..	..	..	..	..	..
Actifs non financiers	..	..	..	..	..	..	..	..
Fonds de pension								
Valeur nette financière	..	..	..	..	..	..	..	..
Actifs financiers	..	..	..	..	..	..	..	..
Numéraire et dépôts	..	..	..	..	..	..	..	..
Titres de dette	..	..	..	..	..	..	..	..
Crédits	..	..	..	..	..	..	..	..
Actions et parts de fonds d'investissement	..	..	..	..	..	..	..	..
Actions	..	..	..	..	..	..	..	..
Parts de fonds d'investissement	..	..	..	..	..	..	..	..
Parts de fonds d'investissement monétaires	..	..	..	..	..	..	..	..
Parts de fonds d'investissement non monétaires	..	..	..	..	..	..	..	..
Systèmes d'assurance, de pensions et garanties standard	..	..	..	..	..	..	..	..
Produits financiers dérivés et options sur titres des salariés	..	..	..	..	..	..	..	..
Autres comptes à recevoir	..	..	..	..	..	..	..	..
Passifs financiers	..	..	..	..	..	..	..	..
Titres de dette	..	..	..	..	..	..	..	..
Titres de dette à court terme	..	..	..	..	..	..	..	..
Titres de dette à long terme	..	..	..	..	..	..	..	..
Crédits	..	..	..	..	..	..	..	..
Crédits à court terme	..	..	..	..	..	..	..	..
Crédits à long terme	..	..	..	..	..	..	..	..
Actions et parts de fonds d'investissement	..	..	..	..	..	..	..	..
Systèmes d'assurance, de pensions et garanties standard	..	..	..	..	..	..	..	..
Produits financiers dérivés et options sur titres des salariés	..	..	..	..	..	..	..	..
Autres comptes à payer	..	..	..	..	..	..	..	..
Actifs non financiers	..	..	..	..	..	..	..	..

Note : Voir les métadonnées détaillées sur : http://metalinks.oecd.org/instinv/20180905/e532

ÉTATS-UNIS

Tableau 1. Actifs et passifs financiers des investisseurs institutionnels, 2017

Milliards USD

	Total	Fonds d'investissement			
		Fonds d'investissement non-monétaire			Fonds d'investissement monétaires
		Total	Fonds d'investissement à capital variable, non monétaire	Fonds d'investissement à capital fixe, non monétaire	Total
Actifs financiers	23 169	20 322	19 300	1 022	2 847
Numéraire et dépôts	246	40	..	40	205
Titres de dette	7 203	5 520	5 061	459	1 683
Titres de dette à court terme	787	178	178	..	610
Titres de dette à long terme	6 416	5 343	4 884	459	1 073
Titres de dette émis par les résidents	..	..	..	..	..
Titres de dette émis par les non-résidents	..	..	..	..	..
Crédits	1 471	515	281	234	956
Crédits à court terme	1 238	281	281	..	956
Crédits à long terme	234	234	..	234	..
Crédits accordés aux résidents	..	..	..	..	..
Crédits accordés aux non-résidents	..	..	..	..	..
Actions et parts de fonds d'investissement	13 705	13 705	13 595	110	..
Actions et parts de fonds d'investissements émises par les résidents	..	..	..	..	..
Actions et part de fonds d'investissements émises par les non-résidents	..	..	..	..	..
Autres comptes à recevoir	544	541	362	179	3

	Total	Fonds d'investissement			
		Fonds d'investissement non-monétaire			Fonds d'investissement monétaires
		Total	Fonds d'investissement à capital variable, non monétaire	Fonds d'investissement à capital fixe, non monétaire	Total
Pasifs financiers	23 508	20 660	19 300	1 361	2 847
Numéraire et dépôts	..	..	..	..	..
Titres de dette	439	439	..	439	..
Titres de dette à court terme	0	0	..	0	..
Titres de dette à long terme	439	439	..	439	..
Crédits	546	546	..	546	..
Crédits à court terme	306	306	..	306	..
Crédits à long terme	240	240	..	240	..
Actions et parts de fonds d'investissement	22 422	19 575	19 300	275	2 847
Systèmes d'assurance, de pensions et garanties standard	..	..	..	..	..
Produits financiers dérivés et options sur titres des salariés	..	..	..	..	..
Autres comptes à payer	101	101	..	101	..

	Total	Sociétés d'assurance et fonds de pension autonomes			
		Sociétés d'assurance			Fonds de pension autonomes
		Total	Sociétés d'assurance vie	Sociétés d'assurance non-vie	Total
Actifs financiers	29 129	9 248	7 217	2 032	19 881
Numéraire et dépôts	217	117	86	31	100
Titres de dette	8 691	4 644	3 586	1 059	4 047
Titres de dette à court terme	205	117	49	68	88
Titres de dette à long terme	8 486	4 527	3 536	991	3 959
Titres de dette émis par les résidents	..	..	..	..	..
Titres de dette émis par les non-résidents	..	..	..	..	..
Crédits	729	692	674	19	36
Crédits à court terme	180	173	172	1	7
Crédits à long terme	549	519	502	17	29
Crédits accordés aux résidents	..	..	..	..	..
Crédits accordés aux non-résidents	..	..	..	..	..
Actions et parts de fonds d'investissement	12 974	2 863	2 308	555	10 111
Actions et parts de fonds d'investissement émises par les résidents	..	..	..	..	..
Actions et parts de fonds d'investissement émises par les non-résidents	..	..	..	..	..
Autrescomptes à recevoir	1 827	899	530	369	928

	Total	Sociétés d'assurance et fonds de pension autonomes			
		Sociétés d'assurance			Fonds de pension autonomes
		Total	Sociétés d'assurance vie	Sociétés d'assurance non-vie	Total
Pasifs financiers	28 419	8 346	6 791	1 556	20 072
Numéraire et dépôts	83	83	83	..	..
Titres de dette	..	..	..	..	..
Titres de dette à court terme	..	..	..	..	..
Titres de dette à long terme	..	..	..	..	..
Crédits	99	99	96	3	..
Crédits à court terme	99	99	96	3	..
Crédits à long terme	..	..	..	..	..
Actions et parts de fonds d'investissement	821	821	365	455	..
Systèmes d'assurance, de pensions et garanties standard	26 798	6 726	5 832	894	20 072
Produits financiers dérivés et options sur titres des salariés	..	..	..	..	..
Autres comptes à payer	618	618	414	204	..

Note : Voir les métadonnées détaillées sur : http://metalinks.oecd.org/instinv/20180905/e532

Tableau 2. Actifs et passifs financiers des fonds d'investissement

Milliards USD

	2010	2011	2012	2013	2014	2015	2016	2017
Fonds d'investissement								
Valeur nette financière	-222	-221	-224	-264	-297	-337	-332	-338
Actifs financiers	13 366	13 356	15 252	17 667	18 864	18 672	19 806	23 169
Numéraire et dépôts	616	503	540	585	582	499	216	246
Titres de dette	5 062	5 456	6 147	5 980	6 124	6 186	6 654	7 203
Crédits	649	706	787	946	1 150	1 138	1 269	1 471
Actions et parts de fonds d'investissement	6 722	6 360	7 372	9 706	10 539	10 436	11 205	13 705
Actions	6 722	6 360	7 372	9 706	10 539	10 436	11 205	13 705
Parts de fonds d'investissement	..	..	..	..	..	..	..	..
Parts de fonds d'investissement monétaires	..	..	..	..	..	..	..	..
Parts de fonds d'investissement non monétaires	..	..	..	..	..	..	..	..
Systèmes d'assurance, de pensions et garanties standard	..	..	..	..	..	..	..	..
Produits financiers dérivés et options sur titres des salariés	..	..	..	..	..	..	..	..
Autres comptes à recevoir	316	331	407	451	469	413	462	544
Passifs financiers	13 587	13 577	15 475	17 931	19 161	19 009	20 138	23 508
Titres de dette	145	153	179	355	403	396	417	439
Titres de dette à court terme	0	0	0	0	0	0	0	0
Titres de dette à long terme	145	153	179	355	403	396	417	439
Crédits	315	431	542	497	536	520	494	546
Crédits à court terme	139	241	348	282	304	284	257	306
Crédits à long terme	176	190	194	214	231	235	236	240
Actions et parts de fonds d'investissement	13 063	12 923	14 657	17 005	18 139	18 014	19 131	22 422
Systèmes d'assurance, de pensions et garanties standard	..	..	..	..	..	..	..	..
Produits financiers dérivés et options sur titres des salariés	..	..	..	..	..	..	..	..
Autres comptes à payer	64	71	96	74	82	80	97	101
Actifs non financiers	222	221	224	264	297	337	332	338
Fonds d'investissement monéaires								
Valeur nette financière	..	..	..	..	..	..	..	..
Actifs financiers	2 804	2 691	2 693	2 718	2 725	2 755	2 728	2 847
Numéraire et dépôts	591	475	504	551	544	464	178	205
Titres de dette	1 700	1 692	1 605	1 634	1 510	1 582	1 746	1 683
Crédits	489	501	555	502	654	699	800	956
Actions et parts de fonds d'investissement	..	..	..	..	..	..	..	..
Actions	..	..	..	..	..	..	..	..
Parts de fonds d'investissement	..	..	..	..	..	..	..	..
Parts de fonds d'investissement monétaires	..	..	..	..	..	..	..	..
Parts de fonds d'investissement non monétaires	..	..	..	..	..	..	..	..
Systèmes d'assurance, de pensions et garanties standard	..	..	..	..	..	..	..	..
Produits financiers dérivés et options sur titres des salariés	..	..	..	..	..	..	..	..
Autres comptes à recevoir	24	23	29	32	17	10	4	3
Passifs financiers	2 804	2 691	2 693	2 718	2 725	2 755	2 728	2 847
Titres de dette	..	..	..	..	..	..	..	..
Titres de dette à court terme	..	..	..	..	..	..	..	..
Titres de dette à long terme	..	..	..	..	..	..	..	..
Crédits	..	..	..	..	..	..	..	..
Crédits à court terme	..	..	..	..	..	..	..	..
Crédits à long terme	..	..	..	..	..	..	..	..
Actions et parts de fonds d'investissement	2 804	2 691	2 693	2 718	2 725	2 755	2 728	2 847
Systèmes d'assurance, de pensions et garanties standard	..	..	..	..	..	..	..	..
Produits financiers dérivés et options sur titres des salariés	..	..	..	..	..	..	..	..
Autres comptes à payer	..	..	..	..	..	..	..	..
Actifs non financiers	..	..	..	..	..	..	..	..
Fonds d'investissement non monéaires								
Valeur nette financière	-222	-221	-224	-264	-297	-337	-332	-338
Actifs financiers	10 562	10 665	12 558	14 950	16 139	15 918	17 078	20 322
Numéraire et dépôts	25	28	35	34	39	36	38	40
Titres de dette	3 362	3 764	4 542	4 346	4 614	4 604	4 908	5 520
Crédits	160	205	232	444	496	438	469	515
Actions et parts de fonds d'investissement	6 722	6 360	7 372	9 706	10 539	10 436	11 205	13 705
Actions	6 722	6 360	7 372	9 706	10 539	10 436	11 205	13 705
Parts de fonds d'investissement	..	..	..	..	..	..	..	..
Parts de fonds d'investissement monétaires	..	..	..	..	..	..	..	..
Parts de fonds d'investissement non monétaires	..	..	..	..	..	..	..	..
Systèmes d'assurance, de pensions et garanties standard	..	..	..	..	..	..	..	..
Produits financiers dérivés et options sur titres des salariés	..	..	..	..	..	..	..	..
Autres comptes à recevoir	293	308	378	419	452	403	458	541
Passifs financiers	10 784	10 886	12 782	15 213	16 436	16 254	17 410	20 660
Titres de dette	145	153	179	355	403	396	417	439
Titres de dette à court terme	0	0	0	0	0	0	0	0
Titres de dette à long terme	145	153	179	355	403	396	417	439
Crédits	315	431	542	497	536	520	494	546
Crédits à court terme	139	241	348	282	304	284	257	306
Crédits à long terme	176	190	194	214	231	235	236	240
Actions et parts de fonds d'investissement	10 260	10 232	11 964	14 287	15 414	15 259	16 403	19 575
Systèmes d'assurance, de pensions et garanties standard	..	..	..	..	..	..	..	..
Produits financiers dérivés et options sur titres des salariés	..	..	..	..	..	..	..	..
Autres comptes à payer	64	71	96	74	82	80	97	101
Actifs non financiers	222	221	224	264	297	337	332	338
Fonds d'investissement non monéaires à capital variable								
Valeur nette financière	..	..	..	..	..	..	..	..
Actifs financiers	10 022	9 990	11 701	14 008	15 125	14 998	16 140	19 300

Tableau 2. Actifs et passifs financiers des fonds d'investissement *(suite)*

Milliards USD

	2010	2011	2012	2013	2014	2015	2016	2017
Numéraire et dépôts	..	..	..	..	..	..	..	..
Titres de dette	3 054	3 342	3 985	3 877	4 132	4 176	4 506	5 061
Crédits	115	149	168	229	249	221	242	281
Actions et parts de fonds d'investissement	6 626	6 265	7 271	9 592	10 419	10 335	11 103	13 595
Actions	6 626	6 265	7 271	9 592	10 419	10 335	11 103	13 595
Parts de fonds d'investissement	..	..	..	..	..	..	..	..
Parts de fonds d'investissement monétaires	..	..	..	..	..	..	..	..
Parts de fonds d'investissement non monétaires	..	..	..	..	..	..	..	..
Systèmes d'assurance, de pensions et garanties standard	..	..	..	..	..	..	..	..
Produits financiers dérivés et options sur titres des salariés	..	..	..	..	..	..	..	..
Autres comptes à recevoir	227	234	277	310	325	266	290	362
Passifs financiers	10 022	9 990	11 701	14 008	15 125	14 998	16 140	19 300
Titres de dette	..	..	..	..	..	..	..	..
Titres de dette à court terme	..	..	..	..	..	..	..	..
Titres de dette à long terme	..	..	..	..	..	..	..	..
Crédits	..	..	..	..	..	..	..	..
Crédits à court terme	..	..	..	..	..	..	..	..
Crédits à long terme	..	..	..	..	..	..	..	..
Actions et parts de fonds d'investissement	10 022	9 990	11 701	14 008	15 125	14 998	16 140	19 300
Systèmes d'assurance, de pensions et garanties standard	..	..	..	..	..	..	..	..
Produits financiers dérivés et options sur titres des salariés	..	..	..	..	..	..	..	..
Autres comptes à payer	..	..	..	..	..	..	..	..
Actifs non financiers	..	..	..	..	..	..	..	..
Fonds d'investissement à capital variable								
Valeur nette financière	..	..	..	..	..	..	..	..
Actifs financiers	12 825	12 680	14 394	16 726	17 850	17 753	18 868	22 147
Numéraire et dépôts	591	475	504	551	544	464	178	205
Titres de dette	4 755	5 034	5 590	5 510	5 642	5 758	6 252	6 744
Crédits	604	650	722	731	903	920	1 042	1 238
Actions et parts de fonds d'investissement	6 626	6 265	7 271	9 592	10 419	10 335	11 103	13 595
Actions	6 626	6 265	7 271	9 592	10 419	10 335	11 103	13 595
Parts de fonds d'investissement	..	..	..	..	..	..	..	..
Parts de fonds d'investissement monétaires	..	..	..	..	..	..	..	..
Parts de fonds d'investissement non monétaires	..	..	..	..	..	..	..	..
Systèmes d'assurance, de pensions et garanties standard	..	..	..	..	..	..	..	..
Produits financiers dérivés et options sur titres des salariés	..	..	..	..	..	..	..	..
Autres comptes à recevoir	250	256	306	342	342	276	293	365
Passifs financiers	12 825	12 680	14 394	16 726	17 850	17 753	18 868	22 147
Titres de dette	..	..	..	..	..	..	..	..
Titres de dette à court terme	..	..	..	..	..	..	..	..
Titres de dette à long terme	..	..	..	..	..	..	..	..
Crédits	..	..	..	..	..	..	..	..
Crédits à court terme	..	..	..	..	..	..	..	..
Crédits à long terme	..	..	..	..	..	..	..	..
Actions et parts de fonds d'investissement	12 825	12 680	14 394	16 726	17 850	17 753	18 868	22 147
Systèmes d'assurance, de pensions et garanties standard	..	..	..	..	..	..	..	..
Produits financiers dérivés et options sur titres des salariés	..	..	..	..	..	..	..	..
Autres comptes à payer	..	..	..	..	..	..	..	..
Actifs non financiers	..	..	..	..	..	..	..	..

Note : Voir les métadonnées détaillées sur : http://metalinks.oecd.org/instinv/20180905/e532

Tableau 3. Actifs et passifs financiers des sociétés d'assurance et fonds de pension

Milliards USD

	2010	2011	2012	2013	2014	2015	2016	2017
Sociétés d'assurance et fonds de pension								
Valeur nette financière	556	778	821	590	725	637	664	711
Actifs financiers	21 495	22 211	23 433	24 910	25 964	26 150	27 318	29 129
Numéraire et dépôts	153	161	175	170	188	193	202	217
Titres de dette	6 657	7 077	7 475	7 518	8 042	8 005	8 398	8 691
Crédits	522	536	550	566	601	642	682	729
Actions et parts de fonds d'investissement	8 486	8 266	9 209	10 876	11 264	10 959	11 472	12 974
Actions	4 235	4 157	4 687	5 505	5 657	5 514	5 895	6 687
Parts de fonds d'investissement	4 250	4 108	4 522	5 371	5 607	5 445	5 577	6 287
Parts de fonds d'investissement monétaires	279	296	277	282	283	285	278	276
Parts de fonds d'investissement non monétaires	3 971	3 812	4 244	5 089	5 324	5 160	5 299	6 010
Systèmes d'assurance, de pensions et garanties standard	4 375	4 750	4 555	4 267	4 258	4 740	4 818	4 693
Produits financiers dérivés et options sur titres des salariés	..	..	..	..	..	..	..	..
Autres comptes à recevoir	1 303	1 421	1 468	1 513	1 612	1 611	1 747	1 827
Passifs financiers	20 939	21 433	22 612	24 321	25 239	25 513	26 654	28 419
Titres de dette	..	..	..	..	..	..	..	..
Titres de dette à court terme	..	..	..	..	..	..	..	..
Titres de dette à long terme	..	..	..	..	..	..	..	..
Crédits	56	61	66	75	77	83	93	99
Crédits à court terme	56	61	66	75	77	83	93	99
Crédits à long terme	..	..	..	..	..	..	..	..
Actions et parts de fonds d'investissement	639	587	584	646	691	663	759	821
Systèmes d'assurance, de pensions et garanties standard	19 810	20 367	21 435	23 026	23 854	24 171	25 191	26 798
Produits financiers dérivés et options sur titres des salariés	..	..	..	..	..	..	..	..
Autres comptes à payer	364	356	465	522	554	532	541	618
Actifs non financiers	243	247	249	257	262	272	282	298
Sociétés d'assurance								
Valeur nette financière	699	925	982	772	917	814	839	902
Actifs financiers	6 941	7 284	7 667	7 935	8 365	8 294	8 672	9 248
Numéraire et dépôts	84	85	98	83	94	100	96	117
Titres de dette	3 730	4 007	4 128	4 040	4 278	4 219	4 435	4 644
Crédits	478	495	511	530	562	605	644	692
Actions et parts de fonds d'investissement	1 986	1 976	2 198	2 534	2 619	2 541	2 600	2 863
Actions	589	607	685	795	847	835	983	1 089
Parts de fonds d'investissement	1 397	1 369	1 513	1 739	1 772	1 706	1 617	1 774
Parts de fonds d'investissement monétaires	85	88	84	70	72	78	59	66
Parts de fonds d'investissement non monétaires	1 313	1 281	1 430	1 669	1 700	1 628	1 558	1 707
Systèmes d'assurance, de pensions et garanties standard	25	25	26	29	30	32	31	33
Produits financiers dérivés et options sur titres des salariés	..	..	..	..	..	..	..	..
Autres comptes à recevoir	637	696	708	719	784	797	866	899
Passifs financiers	6 242	6 359	6 685	7 163	7 449	7 479	7 833	8 346
Titres de dette	..	..	..	..	..	..	..	..
Titres de dette à court terme	..	..	..	..	..	..	..	..
Titres de dette à long terme	..	..	..	..	..	..	..	..
Crédits	56	61	66	75	77	83	93	99
Crédits à court terme	56	61	66	75	77	83	93	99
Crédits à long terme	..	..	..	..	..	..	..	..
Actions et parts de fonds d'investissement	639	587	584	646	691	663	759	821
Systèmes d'assurance, de pensions et garanties standard	5 114	5 293	5 508	5 868	6 064	6 138	6 370	6 726
Produits financiers dérivés et options sur titres des salariés	..	..	..	..	..	..	..	..
Autres comptes à payer	364	356	465	522	554	532	541	618
Actifs non financiers	237	240	243	251	256	265	275	291
Fonds de pension								
Valeur nette financière	-143	-147	-161	-182	-192	-178	-175	-191
Actifs financiers	14 554	14 927	15 765	16 976	17 598	17 856	18 646	19 881
Numéraire et dépôts	68	76	77	87	94	93	105	100
Titres de dette	2 927	3 070	3 348	3 478	3 764	3 786	3 963	4 047
Crédits	44	41	40	36	39	37	38	36
Actions et parts de fonds d'investissement	6 500	6 290	7 011	8 342	8 645	8 418	8 872	10 111
Actions	3 646	3 550	4 002	4 710	4 810	4 679	4 912	5 598
Parts de fonds d'investissement	2 853	2 740	3 008	3 633	3 834	3 739	3 960	4 513
Parts de fonds d'investissement monétaires	195	208	194	212	211	207	220	210
Parts de fonds d'investissement non monétaires	2 659	2 532	2 815	3 420	3 624	3 532	3 740	4 303
Systèmes d'assurance, de pensions et garanties standard	4 349	4 725	4 529	4 238	4 228	4 709	4 787	4 660
Produits financiers dérivés et options sur titres des salariés	..	..	..	..	..	..	..	..
Autres comptes à recevoir	665	725	760	794	828	814	880	928
Passifs financiers	14 697	15 074	15 926	17 158	17 791	18 033	18 821	20 072
Titres de dette	..	..	..	..	..	..	..	..
Titres de dette à court terme	..	..	..	..	..	..	..	..
Titres de dette à long terme	..	..	..	..	..	..	..	..
Crédits	..	..	..	..	..	..	..	..
Crédits à court terme	..	..	..	..	..	..	..	..
Crédits à long terme	..	..	..	..	..	..	..	..
Actions et parts de fonds d'investissement	..	..	..	..	..	..	..	..
Systèmes d'assurance, de pensions et garanties standard	14 697	15 074	15 926	17 158	17 791	18 033	18 821	20 072
Produits financiers dérivés et options sur titres des salariés	..	..	..	..	..	..	..	..
Autres comptes à payer	..	..	..	..	..	..	..	..
Actifs non financiers	6	6	7	7	7	7	7	7

Note : Voir les métadonnées détaillées sur : http://metalinks.oecd.org/instinv/20180905/e532

Tableau 4. Composition du portefeuille par type d'investisseur

En pourcentage des actifs financiers et des passifs financiers

Pour cent

	2010	2011	2012	2013	2014	2015	2016	2017
Fonds d'investissement								
Actifs financiers	100.0	100.0	100.0	100.0	100.0	100.0	100.0	100.0
Numéraire et dépôts	4.6	3.8	3.5	3.3	3.1	2.7	1.1	1.1
Titres de dettes	37.9	40.9	40.3	33.8	32.5	33.1	33.6	31.1
Crédits	4.9	5.3	5.2	5.4	6.1	6.1	6.4	6.3
Actions et parts de fonds d'investissement	50.3	47.6	48.3	54.9	55.9	55.9	56.6	59.2
Systèmes d'assurance de pensions et garanties standard	0.0	0.0	0.0	0.0	0.0	0.0	0.0	0.0
Produits financiers dérivés et options sur titres des salariés	0.0	0.0	0.0	0.0	0.0	0.0	0.0	0.0
Autres comptes à recevoir	2.4	2.5	2.7	2.6	2.5	2.2	2.3	2.3
Passifs financiers	100.0	100.0	100.0	100.0	100.0	100.0	100.0	100.0
Numéraire et dépôts	0.0	0.0	0.0	0.0	0.0	0.0	0.0	0.0
Titres de dettes	1.1	1.1	1.2	2.0	2.1	2.1	2.1	1.9
Crédits	2.3	3.2	3.5	2.8	2.8	2.7	2.5	2.3
Actions et parts de fonds d'investissement	96.1	95.2	94.7	94.8	94.7	94.8	95.0	95.4
Systèmes d'assurance de pensions et garanties standard	0.0	0.0	0.0	0.0	0.0	0.0	0.0	0.0
Produits financiers dérivés et options sur titres des salariés	0.0	0.0	0.0	0.0	0.0	0.0	0.0	0.0
Autres comptes à recevoir	0.5	0.5	0.6	0.4	0.4	0.4	0.5	0.4
Sociétés d'assurance								
Actifs financiers	100.0	100.0	100.0	100.0	100.0	100.0	100.0	100.0
Numéraire et dépôts	1.2	1.2	1.3	1.0	1.1	1.2	1.1	1.3
Titres de dettes	53.7	55.0	53.8	50.9	51.1	50.9	51.1	50.2
Crédits	6.9	6.8	6.7	6.7	6.7	7.3	7.4	7.5
Actions et parts de fonds d'investissement	28.6	27.1	28.7	31.9	31.3	30.6	30.0	31.0
Systèmes d'assurance de pensions et garanties standard	0.4	0.3	0.3	0.4	0.4	0.4	0.4	0.4
Produits financiers dérivés et options sur titres des salariés	0.0	0.0	0.0	0.0	0.0	0.0	0.0	0.0
Autres comptes à recevoir	9.2	9.6	9.2	9.1	9.4	9.6	10.0	9.7
Passifs financiers	100.0	100.0	100.0	100.0	100.0	100.0	100.0	100.0
Numéraire et dépôts	1.1	1.0	0.9	0.7	0.8	0.9	0.9	1.0
Titres de dettes	0.0	0.0	0.0	0.0	0.0	0.0	0.0	0.0
Crédits	0.9	1.0	1.0	1.0	1.0	1.1	1.2	1.2
Actions et parts de fonds d'investissement	10.2	9.2	8.7	9.0	9.3	8.9	9.7	9.8
Systèmes d'assurance de pensions et garanties standard	81.9	83.2	82.4	81.9	81.4	82.1	81.3	80.6
Produits financiers dérivés et options sur titres des salariés	0.0	0.0	0.0	0.0	0.0	0.0	0.0	0.0
Autres comptes à recevoir	5.8	5.6	7.0	7.3	7.4	7.1	6.9	7.4
Fonds de pension								
Actifs financiers	100.0	100.0	100.0	100.0	100.0	100.0	100.0	100.0
Numéraire et dépôts	0.5	0.5	0.5	0.5	0.5	0.5	0.6	0.5
Titres de dettes	20.1	20.6	21.2	20.5	21.4	21.2	21.3	20.4
Crédits	0.3	0.3	0.3	0.2	0.2	0.2	0.2	0.2
Actions et parts de fonds d'investissement	44.7	42.1	44.5	49.1	49.1	47.1	47.6	50.9
Systèmes d'assurance de pensions et garanties standard	29.9	31.7	28.7	25.0	24.0	26.4	25.7	23.4
Produits financiers dérivés et options sur titres des salariés	0.0	0.0	0.0	0.0	0.0	0.0	0.0	0.0
Autres comptes à recevoir	4.6	4.9	4.8	4.7	4.7	4.6	4.7	4.7
Passifs financiers	100.0	100.0	100.0	100.0	100.0	100.0	100.0	100.0
Numéraire et dépôts	0.0	0.0	0.0	0.0	0.0	0.0	0.0	0.0
Titres de dettes	0.0	0.0	0.0	0.0	0.0	0.0	0.0	0.0
Crédits	0.0	0.0	0.0	0.0	0.0	0.0	0.0	0.0
Actions et parts de fonds d'investissement	0.0	0.0	0.0	0.0	0.0	0.0	0.0	0.0
Systèmes d'assurance de pensions et garanties standard	100.0	100.0	100.0	100.0	100.0	100.0	100.0	100.0
Produits financiers dérivés et options sur titres des salariés	0.0	0.0	0.0	0.0	0.0	0.0	0.0	0.0
Autres comptes à recevoir	0.0	0.0	0.0	0.0	0.0	0.0	0.0	0.0

Note : Voir les métadonnées détaillées sur : http://metalinks.oecd.org/instinv/20180905/af01

FÉDÉRATION DE RUSSIE

Tableau 1. Actifs et passifs financiers des investisseurs institutionnels, 2017

Millions RUB

	Fonds d'investissement				
	Total	Fonds d'investissement non-monétaire			Fonds d'investissement monétaires
		Total	Fonds d'investissement à capital variable, non monétaire	Fonds d'investissement à capital fixe, non monétaire	Total
Actifs financiers	2 370 888	2 370 888	242 565	2 128 323	..
Numéraire et dépôts	259 725	259 725	4 890	254 835	..
Titres de dette	291 900	291 900	166 549	125 351	..
Titres de dette à court terme	..	..	..	..	..
Titres de dette à long terme	..	..	..	..	..
Titres de dette émis par les résidents	245 065	245 065	140 714	104 352	..
Titres de dette émis par les non-résidents	46 834	46 834	25 835	20 999	..
Crédits	277 758	277 758	7	277 751	..
Crédits à court terme	..	..	..	..	..
Crédits à long terme	..	..	..	..	..
Crédits accordés aux résidents	..	..	..	..	..
Crédits accordés aux non-résidents	..	..	..	..	..
Actions et parts de fonds d'investissement	1 339 063	1 339 063	64 783	1 274 280	..
Actions et parts de fonds d'investissements émises par les résidents	1 257 076	1 257 076	44 994	1 212 082	..
Actions et part de fonds d'investissements émises par les non-résidents	81 987	81 987	19 789	62 198	..
Autres comptes à recevoir	202 442	202 442	6 336	196 106	..

	Fonds d'investissement				
	Total	Fonds d'investissement non-monétaire			Fonds d'investissement monétaires
		Total	Fonds d'investissement à capital variable, non monétaire	Fonds d'investissement à capital fixe, non monétaire	Total
Pasifs financiers	3 314 843	3 314 843	242 565	3 072 278	..
Numéraire et dépôts	..	..	..	..	..
Titres de dette	..	..	..	..	..
Titres de dette à court terme	..	..	..	..	..
Titres de dette à long terme	..	..	..	..	..
Crédits	..	..	..	..	..
Crédits à court terme	..	..	..	..	..
Crédits à long terme	..	..	..	..	..
Actions et parts de fonds d'investissement	2 942 186	2 942 186	239 569	2 702 617	..
Systèmes d'assurance, de pensions et garanties standard	..	..	..	..	..
Produits financiers dérivés et options sur titres des salariés	..	..	..	..	..
Autres comptes à payer	372 658	372 658	2 996	369 661	..

	Sociétés d'assurance et fonds de pension autonomes				
	Total	Sociétés d'assurance			Fonds de pension autonomes
		Total	Sociétés d'assurance vie	Sociétés d'assurance non-vie	Total
Actifs financiers	6 065 655	2 203 039	..	..	3 862 617
Numéraire et dépôts	1 212 617	717 992	..	..	494 625
Titres de dette	3 151 890	840 804	..	..	2 311 086
Titres de dette à court terme	..	..	..	..	..
Titres de dette à long terme	..	..	..	..	..
Titres de dette émis par les résidents	2 919 606	662 806	..	..	2 256 799
Titres de dette émis par les non-résidents	232 284	177 998	..	..	54 286
Crédits	14 624	14 610	..	..	14
Crédits à court terme	..	..	..	..	..
Crédits à long terme	..	..	..	..	..
Crédits accordés aux résidents	12 227	12 213	..	..	14
Crédits accordés aux non-résidents	2 397	2 397	..	..	0
Actions et parts de fonds d'investissement	1 006 944	138 240	..	..	868 704
Actions et parts de fonds d'investissement émises par les résidents	998 392	130 917	..	..	867 475
Actions et parts de fonds d'investissement émises par les non-résidents	8 552	7 323	..	..	1 229
Autrescomptes à recevoir	534 482	346 294	..	..	188 188

	Sociétés d'assurance et fonds de pension autonomes				
	Total	Sociétés d'assurance			Fonds de pension autonomes
		Total	Sociétés d'assurance vie	Sociétés d'assurance non-vie	Total
Pasifs financiers	6 393 087	2 522 226	..	..	3 870 861
Numéraire et dépôts	..	..	..	..	..
Titres de dette	7 067	7 067	..	..	0
Titres de dette à court terme	..	..	..	..	..
Titres de dette à long terme	..	..	..	..	..
Crédits	12 575	12 575	..	..	1
Crédits à court terme	..	..	..	..	..
Crédits à long terme	..	..	..	..	..
Actions et parts de fonds d'investissement	1 105 203	867 493	..	..	237 709
Systèmes d'assurance, de pensions et garanties standard	5 070 142	1 458 916	..	..	3 611 226
Produits financiers dérivés et options sur titres des salariés	5	5	..	..	0
Autres comptes à payer	198 100	176 175	..	..	21 925

Note : Voir les métadonnées détaillées sur : http://metalinks.oecd.org/instinv/20180905/e532

Tableau 2. Actifs et passifs financiers des fonds d'investissement

Millions RUB

	2010	2011	2012	2013	2014	2015	2016	2017
Fonds d'investissement								
Valeur nette financière	-453 212	-555 940	-599 116	-927 518	-1 067 975	-1 133 161	-1 072 824	-943 955
Actifs financiers	764 464	845 167	1 011 243	1 187 664	1 359 209	1 547 779	1 766 933	2 370 888
Numéraire et dépôts	96 173	105 313	153 160	233 794	194 966	234 968	194 437	259 725
Titres de dette	44 118	61 175	84 965	106 406	144 442	163 010	200 520	291 900
Crédits	6 297	6 518	4 485	5 573	5 048	6 302	215 754	277 758
Actions et parts de fonds d'investissement	488 490	507 649	582 323	568 263	676 092	743 265	999 279	1 339 063
Actions	482 268	499 573	571 058	553 341	651 281	709 459	981 172	1 307 736
Parts de fonds d'investissement	6 223	8 076	11 264	14 922	24 810	33 806	18 107	31 327
Parts de fonds d'investissement monétaires	..	..	..	..	..	..	..	..
Parts de fonds d'investissement non monétaires	6 223	8 076	11 264	14 922	24 810	33 806	18 107	31 327
Systèmes d'assurance, de pensions et garanties standard	..	..	..	..	..	..	..	..
Produits financiers dérivés et options sur titres des salariés	..	..	..	..	..	..	..	..
Autres comptes à recevoir	129 386	164 511	186 310	273 629	338 662	400 234	156 943	202 442
Passifs financiers	1 217 676	1 401 107	1 610 359	2 115 182	2 427 184	2 680 939	2 839 758	3 314 843
Titres de dette	..	..	..	..	..	..	..	..
Titres de dette à court terme	..	..	..	..	..	..	..	..
Titres de dette à long terme	..	..	..	..	..	..	..	..
Crédits	..	..	..	..	..	..	..	..
Crédits à court terme	..	..	..	..	..	..	..	..
Crédits à long terme	..	..	..	..	..	..	..	..
Actions et parts de fonds d'investissement	1 130 038	1 294 249	1 456 131	1 870 555	2 141 000	2 387 732	2 584 387	2 942 186
Systèmes d'assurance, de pensions et garanties standard	..	..	..	..	..	..	..	..
Produits financiers dérivés et options sur titres des salariés	..	..	..	..	..	..	..	..
Autres comptes à payer	87 638	106 857	154 229	244 627	286 184	293 207	255 371	372 658
Actifs non financiers	453 212	562 096	747 099	928 734	1 057 455	1 133 161	1 072 824	943 955
Fonds d'investissement monéaires								
Valeur nette financière	..	..	..	..	..	..	..	..
Actifs financiers	..	..	..	..	..	..	..	..
Numéraire et dépôts	..	..	..	..	..	..	..	..
Titres de dette	..	..	..	..	..	..	..	..
Crédits	..	..	..	..	..	..	..	..
Actions et parts de fonds d'investissement	..	..	..	..	..	..	..	..
Actions	..	..	..	..	..	..	..	..
Parts de fonds d'investissement	..	..	..	..	..	..	..	..
Parts de fonds d'investissement monétaires	..	..	..	..	..	..	..	..
Parts de fonds d'investissement non monétaires	..	..	..	..	..	..	..	..
Systèmes d'assurance, de pensions et garanties standard	..	..	..	..	..	..	..	..
Produits financiers dérivés et options sur titres des salariés	..	..	..	..	..	..	..	..
Autres comptes à recevoir	..	..	..	..	..	..	..	..
Passifs financiers	..	..	..	..	..	..	..	..
Titres de dette	..	..	..	..	..	..	..	..
Titres de dette à court terme	..	..	..	..	..	..	..	..
Titres de dette à long terme	..	..	..	..	..	..	..	..
Crédits	..	..	..	..	..	..	..	..
Crédits à court terme	..	..	..	..	..	..	..	..
Crédits à long terme	..	..	..	..	..	..	..	..
Actions et parts de fonds d'investissement	..	..	..	..	..	..	..	..
Systèmes d'assurance, de pensions et garanties standard	..	..	..	..	..	..	..	..
Produits financiers dérivés et options sur titres des salariés	..	..	..	..	..	..	..	..
Autres comptes à payer	..	..	..	..	..	..	..	..
Actifs non financiers	..	..	..	..	..	..	..	..
Fonds d'investissement non monéaires								
Valeur nette financière	-453 212	-555 940	-599 116	-927 518	-1 067 975	-1 133 161	-1 072 824	-943 955
Actifs financiers	764 464	845 167	1 011 243	1 187 664	1 359 209	1 547 779	1 766 933	2 370 888
Numéraire et dépôts	96 173	105 313	153 160	233 794	194 966	234 968	194 437	259 725
Titres de dette	44 118	61 175	84 965	106 406	144 442	163 010	200 520	291 900
Crédits	6 297	6 518	4 485	5 573	5 048	6 302	215 754	277 758
Actions et parts de fonds d'investissement	488 490	507 649	582 323	568 263	676 092	743 265	999 279	1 339 063
Actions	482 268	499 573	571 058	553 341	651 281	709 459	981 172	1 307 736
Parts de fonds d'investissement	6 223	8 076	11 264	14 922	24 810	33 806	18 107	31 327
Parts de fonds d'investissement monétaires	..	..	..	..	..	..	..	..
Parts de fonds d'investissement non monétaires	6 223	8 076	11 264	14 922	24 810	33 806	18 107	31 327
Systèmes d'assurance, de pensions et garanties standard	..	..	..	..	..	..	..	..
Produits financiers dérivés et options sur titres des salariés	..	..	..	..	..	..	..	..
Autres comptes à recevoir	129 386	164 511	186 310	273 629	338 662	400 234	156 943	202 442
Passifs financiers	1 217 676	1 401 107	1 610 359	2 115 182	2 427 184	2 680 939	2 839 758	3 314 843
Titres de dette	..	..	..	..	..	..	..	..
Titres de dette à court terme	..	..	..	..	..	..	..	..
Titres de dette à long terme	..	..	..	..	..	..	..	..
Crédits	..	..	..	..	..	..	..	..
Crédits à court terme	..	..	..	..	..	..	..	..
Crédits à long terme	..	..	..	..	..	..	..	..
Actions et parts de fonds d'investissement	1 130 038	1 294 249	1 456 131	1 870 555	2 141 000	2 387 732	2 584 387	2 942 186
Systèmes d'assurance, de pensions et garanties standard	..	..	..	..	..	..	..	..
Produits financiers dérivés et options sur titres des salariés	..	..	..	..	..	..	..	..
Autres comptes à payer	87 638	106 857	154 229	244 627	286 184	293 207	255 371	372 658
Actifs non financiers	453 212	562 096	747 099	928 734	1 057 455	1 133 161	1 072 824	943 955
Fonds d'investissement non monéaires à capital variable								
Valeur nette financière	-2 238	-2 388	-2 528	-2 526	-2 400	-2 920	0	0
Actifs financiers	128 527	107 837	112 154	137 703	111 968	137 979	155 323	242 565

Tableau 2. Actifs et passifs financiers des fonds d'investissement *(suite)*

Millions RUB

	2010	2011	2012	2013	2014	2015	2016	2017
Numéraire et dépôts	4 599	3 991	7 149	15 862	10 863	9 497	5 969	4 890
Titres de dette	23 081	28 488	40 247	64 521	38 613	57 923	83 508	166 549
Crédits	0	0	0	0	0	0	14	7
Actions et parts de fonds d'investissement	92 371	66 530	57 055	47 940	55 217	65 307	60 331	64 783
Actions	89 715	62 069	49 831	38 593	36 877	39 934	47 567	50 586
Parts de fonds d'investissement	2 656	4 461	7 224	9 347	18 340	25 373	12 764	14 197
Parts de fonds d'investissement monétaires	..	..	..	..	..	..	..	..
Parts de fonds d'investissement non monétaires	2 656	4 461	7 224	9 347	18 340	25 373	12 764	14 197
Systèmes d'assurance, de pensions et garanties standard	..	..	..	..	..	..	..	..
Produits financiers dérivés et options sur titres des salariés	..	..	..	..	..	..	..	..
Autres comptes à recevoir	8 477	8 828	7 703	9 381	7 275	5 252	5 501	6 336
Passifs financiers	130 766	110 224	114 682	140 229	114 368	140 898	155 323	242 565
Titres de dette	..	..	..	..	..	..	..	..
Titres de dette à court terme	..	..	..	..	..	..	..	..
Titres de dette à long terme	..	..	..	..	..	..	..	..
Crédits	..	..	..	..	..	..	..	..
Crédits à court terme	..	..	..	..	..	..	..	..
Crédits à long terme	..	..	..	..	..	..	..	..
Actions et parts de fonds d'investissement	128 626	108 600	113 360	138 551	111 901	139 000	153 431	239 569
Systèmes d'assurance, de pensions et garanties standard	..	..	..	..	..	..	..	..
Produits financiers dérivés et options sur titres des salariés	..	..	..	..	..	..	..	..
Autres comptes à payer	2 140	1 625	1 323	1 678	2 466	1 899	1 892	2 996
Actifs non financiers	2 238	2 388	2 528	2 526	2 400	2 920	0	0
Fonds d'investissement à capital variable								
Valeur nette financière	-2 238	-2 388	-2 528	-2 526	-2 400	-2 920	0	0
Actifs financiers	128 527	107 837	112 154	137 703	111 968	137 979	155 323	242 565
Numéraire et dépôts	4 599	3 991	7 149	15 862	10 863	9 497	5 969	4 890
Titres de dette	23 081	28 488	40 247	64 521	38 613	57 923	83 508	166 549
Crédits	0	0	0	0	0	0	14	7
Actions et parts de fonds d'investissement	92 371	66 530	57 055	47 940	55 217	65 307	60 331	64 783
Actions	89 715	62 069	49 831	38 593	36 877	39 934	47 567	50 586
Parts de fonds d'investissement	2 656	4 461	7 224	9 347	18 340	25 373	12 764	14 197
Parts de fonds d'investissement monétaires	..	..	..	..	..	..	..	..
Parts de fonds d'investissement non monétaires	2 656	4 461	7 224	9 347	18 340	25 373	12 764	14 197
Systèmes d'assurance, de pensions et garanties standard	..	..	..	..	..	..	..	..
Produits financiers dérivés et options sur titres des salariés	..	..	..	..	..	..	..	..
Autres comptes à recevoir	8 477	8 828	7 703	9 381	7 275	5 252	5 501	6 336
Passifs financiers	130 766	110 224	114 682	140 229	114 368	140 898	155 323	242 565
Titres de dette	..	..	..	..	..	..	..	..
Titres de dette à court terme	..	..	..	..	..	..	..	..
Titres de dette à long terme	..	..	..	..	..	..	..	..
Crédits	..	..	..	..	..	..	..	..
Crédits à court terme	..	..	..	..	..	..	..	..
Crédits à long terme	..	..	..	..	..	..	..	..
Actions et parts de fonds d'investissement	128 626	108 600	113 360	138 551	111 901	139 000	153 431	239 569
Systèmes d'assurance, de pensions et garanties standard	..	..	..	..	..	..	..	..
Produits financiers dérivés et options sur titres des salariés	..	..	..	..	..	..	..	..
Autres comptes à payer	2 140	1 625	1 323	1 678	2 466	1 899	1 892	2 996
Actifs non financiers	2 238	2 388	2 528	2 526	2 400	2 920	0	0

Note : Voir les métadonnées détaillées sur : http://metalinks.oecd.org/instinv/20180905/e532

Tableau 3. Actifs et passifs financiers des sociétés d'assurance et fonds de pension

Millions RUB

	2010	2011	2012	2013	2014	2015	2016	2017
Sociétés d'assurance et fonds de pension								
Valeur nette financière	-77 451	-59 743	-36 437	-174 679	-195 800	-189 916	-167 805	-327 432
Actifs financiers	1 754 805	2 138 367	2 623 687	3 285 681	3 621 747	4 383 131	5 186 580	6 065 655
Numéraire et dépôts	459 955	575 393	782 878	884 194	1 009 962	1 124 722	1 177 055	1 212 617
Titres de dette	456 295	634 828	766 267	1 118 204	1 246 384	1 815 796	2 396 130	3 151 890
Crédits	9 145	15 342	10 643	14 830	21 854	12 441	15 166	14 624
Actions et parts de fonds d'investissement	541 295	571 913	637 540	707 154	740 973	909 213	1 077 174	1 006 944
Actions	379 740	408 386	409 928	471 794	512 665	638 755	850 250	738 275
Parts de fonds d'investissement	161 555	163 527	227 612	235 360	228 308	270 458	226 924	268 669
Parts de fonds d'investissement monétaires	..	..	..	..	..	..	..	..
Parts de fonds d'investissement non monétaires	161 555	163 527	227 612	235 360	228 308	270 458	226 924	268 669
Systèmes d'assurance, de pensions et garanties standard	70 267	71 588	90 002	108 240	158 480	130 128	150 781	136 745
Produits financiers dérivés et options sur titres des salariés	..	..	..	..	..	31	65	8 353
Autres comptes à recevoir	217 847	269 302	336 293	453 059	444 094	390 799	370 208	534 482
Passifs financiers	1 832 256	2 198 110	2 660 124	3 460 360	3 817 547	4 573 047	5 354 385	6 393 087
Titres de dette	18 331	9 823	13 764	16 456	11 227	10 662	12 999	7 067
Titres de dette à court terme	..	..	..	..	..	..	..	..
Titres de dette à long terme	..	..	..	..	..	..	..	..
Crédits	26 388	27 716	22 965	22 629	18 545	11 657	10 622	12 575
Crédits à court terme	..	..	..	..	..	..	..	..
Crédits à long terme	..	..	..	..	..	..	..	..
Actions et parts de fonds d'investissement	360 561	391 464	470 831	642 559	710 356	765 520	872 819	1 105 203
Systèmes d'assurance, de pensions et garanties standard	1 257 975	1 640 176	2 006 075	2 602 244	2 874 440	3 622 879	4 289 594	5 070 142
Produits financiers dérivés et options sur titres des salariés	..	..	..	..	..	0	0	5
Autres comptes à payer	169 001	128 931	146 489	176 472	202 979	162 329	168 352	198 100
Actifs non financiers	77 451	90 315	95 194	91 047	97 464	95 451	95 341	266 361
Sociétés d'assurance								
Valeur nette financière	-69 469	-54 416	-34 113	-164 872	-188 535	-182 588	-163 839	-319 188
Actifs financiers	857 179	944 406	1 076 411	1 233 629	1 443 045	1 507 129	1 772 300	2 203 039
Numéraire et dépôts	258 372	325 448	353 259	375 724	439 713	521 204	603 586	717 992
Titres de dette	200 130	231 397	255 781	307 279	330 003	368 514	497 670	840 804
Crédits	8 162	13 191	9 163	14 648	21 710	12 334	15 154	14 610
Actions et parts de fonds d'investissement	116 887	100 438	126 166	138 441	157 677	147 278	149 964	138 240
Actions	106 278	91 407	117 211	129 721	149 017	133 406	141 959	125 269
Parts de fonds d'investissement	10 609	9 032	8 955	8 720	8 660	13 872	8 005	12 971
Parts de fonds d'investissement monétaires	..	..	..	..	..	..	..	..
Parts de fonds d'investissement non monétaires	10 609	9 032	8 955	8 720	8 660	13 872	8 005	12 971
Systèmes d'assurance, de pensions et garanties standard	70 267	71 588	90 002	108 240	158 480	130 128	150 781	136 745
Produits financiers dérivés et options sur titres des salariés	..	..	..	..	..	31	65	8 353
Autres comptes à recevoir	203 361	202 343	241 975	289 297	335 462	327 638	355 080	346 294
Passifs financiers	926 648	998 822	1 110 524	1 398 501	1 631 580	1 689 717	1 936 139	2 522 226
Titres de dette	18 331	9 823	13 764	16 456	11 227	10 662	12 999	7 067
Titres de dette à court terme	..	..	..	..	..	..	..	..
Titres de dette à long terme	..	..	..	..	..	..	..	..
Crédits	26 232	26 319	20 669	21 452	17 086	11 488	10 587	12 575
Crédits à court terme	..	..	..	..	..	..	..	..
Crédits à long terme	..	..	..	..	..	..	..	..
Actions et parts de fonds d'investissement	259 219	293 839	362 679	517 612	567 245	600 911	688 635	867 493
Systèmes d'assurance, de pensions et garanties standard	462 226	545 931	579 072	684 034	845 958	928 531	1 082 139	1 458 916
Produits financiers dérivés et options sur titres des salariés	..	..	..	..	..	0	0	5
Autres comptes à payer	160 640	122 910	134 340	158 947	190 064	138 125	141 780	176 175
Actifs non financiers	69 469	82 419	89 494	85 687	92 936	91 487	91 044	261 703
Fonds de pension								
Valeur nette financière	-7 982	-5 327	-2 324	-9 806	-7 265	-7 328	-3 966	-8 244
Actifs financiers	897 626	1 193 961	1 547 276	2 052 053	2 178 702	2 876 002	3 414 280	3 862 617
Numéraire et dépôts	201 583	249 945	429 619	508 470	570 249	603 518	573 469	494 625
Titres de dette	256 165	403 431	510 486	810 925	916 381	1 447 282	1 898 460	2 311 086
Crédits	983	2 151	1 480	182	144	107	12	14
Actions et parts de fonds d'investissement	424 409	471 475	511 374	568 714	583 296	761 935	927 210	868 704
Actions	273 463	316 979	292 717	342 074	363 648	505 349	708 290	613 006
Parts de fonds d'investissement	150 946	154 496	218 657	226 640	219 648	256 586	218 920	255 698
Parts de fonds d'investissement monétaires	..	..	..	..	..	..	..	..
Parts de fonds d'investissement non monétaires	150 946	154 496	218 657	226 640	219 648	256 586	218 920	255 698
Systèmes d'assurance, de pensions et garanties standard	..	..	..	..	..	..	..	..
Produits financiers dérivés et options sur titres des salariés	..	..	..	..	..	0	0	0
Autres comptes à recevoir	14 486	66 959	94 318	163 762	108 632	63 161	15 128	188 188
Passifs financiers	905 608	1 199 288	1 549 600	2 061 859	2 185 967	2 883 330	3 418 246	3 870 861
Titres de dette	0	0	0	0	0	0	0	0
Titres de dette à court terme	..	..	..	..	..	..	..	..
Titres de dette à long terme	..	..	..	..	..	..	..	..
Crédits	155	1 397	2 296	1 177	1 459	169	35	1
Crédits à court terme	..	..	..	..	..	..	..	..
Crédits à long terme	..	..	..	..	..	..	..	..
Actions et parts de fonds d'investissement	101 342	97 625	108 152	124 947	143 111	164 609	184 184	237 709
Systèmes d'assurance, de pensions et garanties standard	795 749	1 094 245	1 427 003	1 918 210	2 028 482	2 694 348	3 207 455	3 611 226
Produits financiers dérivés et options sur titres des salariés	..	..	..	..	..	0	0	0
Autres comptes à payer	8 361	6 021	12 149	17 525	12 915	24 204	26 572	21 925
Actifs non financiers	7 982	7 896	5 700	5 360	4 528	3 963	4 298	4 658

Note : Voir les métadonnées détaillées sur : http://metalinks.oecd.org/instinv/20180905/e532

Tableau 4. Composition du portefeuille par type d'investisseur

En pourcentage des actifs financiers et des passifs financiers

Pour cent

	2010	2011	2012	2013	2014	2015	2016	2017
Fonds d'investissement								
Actifs financiers	100.0	100.0	100.0	100.0	100.0	100.0	100.0	100.0
Numéraire et dépôts	12.6	12.5	15.1	19.7	14.3	15.2	11.0	11.0
Titres de dettes	5.8	7.2	8.4	9.0	10.6	10.5	11.3	12.3
Crédits	0.8	0.8	0.4	0.5	0.4	0.4	12.2	11.7
Actions et parts de fonds d'investissement	63.9	60.1	57.6	47.8	49.7	48.0	56.6	56.5
Systèmes d'assurance de pensions et garanties standard	0.0	0.0	0.0	0.0	0.0	0.0	0.0	0.0
Produits financiers dérivés et options sur titres des salariés	0.0	0.0	0.0	0.0	0.0	0.0	0.0	0.0
Autres comptes à recevoir	16.9	19.5	18.4	23.0	24.9	25.9	8.9	8.5
Passifs financiers	100.0	100.0	100.0	100.0	100.0	100.0	100.0	100.0
Numéraire et dépôts	0.0	0.0	0.0	0.0	0.0	0.0	0.0	0.0
Titres de dettes	0.0	0.0	0.0	0.0	0.0	0.0	0.0	0.0
Crédits	0.0	0.0	0.0	0.0	0.0	0.0	0.0	0.0
Actions et parts de fonds d'investissement	92.8	92.4	90.4	88.4	88.2	89.1	91.0	88.8
Systèmes d'assurance de pensions et garanties standard	0.0	0.0	0.0	0.0	0.0	0.0	0.0	0.0
Produits financiers dérivés et options sur titres des salariés	0.0	0.0	0.0	0.0	0.0	0.0	0.0	0.0
Autres comptes à recevoir	7.2	7.6	9.6	11.6	11.8	10.9	9.0	11.2
Sociétés d'assurance								
Actifs financiers	100.0	100.0	100.0	100.0	100.0	100.0	100.0	100.0
Numéraire et dépôts	30.1	34.5	32.8	30.5	30.5	34.6	34.1	32.6
Titres de dettes	23.3	24.5	23.8	24.9	22.9	24.5	28.1	38.2
Crédits	1.0	1.4	0.9	1.2	1.5	0.8	0.9	0.7
Actions et parts de fonds d'investissement	13.6	10.6	11.7	11.2	10.9	9.8	8.5	6.3
Systèmes d'assurance de pensions et garanties standard	8.2	7.6	8.4	8.8	11.0	8.6	8.5	6.2
Produits financiers dérivés et options sur titres des salariés	0.0	0.0	0.0	0.0	0.0	0.0	0.0	0.4
Autres comptes à recevoir	23.7	21.4	22.5	23.5	23.2	21.7	20.0	15.7
Passifs financiers	100.0	100.0	100.0	100.0	100.0	100.0	100.0	100.0
Numéraire et dépôts	0.0	0.0	0.0	0.0	0.0	0.0	0.0	0.0
Titres de dettes	2.0	1.0	1.2	1.2	0.7	0.6	0.7	0.3
Crédits	2.8	2.6	1.9	1.5	1.0	0.7	0.5	0.5
Actions et parts de fonds d'investissement	28.0	29.4	32.7	37.0	34.8	35.6	35.6	34.4
Systèmes d'assurance de pensions et garanties standard	49.9	54.7	52.1	48.9	51.8	55.0	55.9	57.8
Produits financiers dérivés et options sur titres des salariés	0.0	0.0	0.0	0.0	0.0	0.0	0.0	0.0
Autres comptes à recevoir	17.3	12.3	12.1	11.4	11.6	8.2	7.3	7.0
Fonds de pension								
Actifs financiers	100.0	100.0	100.0	100.0	100.0	100.0	100.0	100.0
Numéraire et dépôts	22.5	20.9	27.8	24.8	26.2	21.0	16.8	12.8
Titres de dettes	28.5	33.8	33.0	39.5	42.1	50.3	55.6	59.8
Crédits	0.1	0.2	0.1	0.0	0.0	0.0	0.0	0.0
Actions et parts de fonds d'investissement	47.3	39.5	33.0	27.7	26.8	26.5	27.2	22.5
Systèmes d'assurance de pensions et garanties standard	0.0	0.0	0.0	0.0	0.0	0.0	0.0	0.0
Produits financiers dérivés et options sur titres des salariés	0.0	0.0	0.0	0.0	0.0	0.0	0.0	0.0
Autres comptes à recevoir	1.6	5.6	6.1	8.0	5.0	2.2	0.4	4.9
Passifs financiers	100.0	100.0	100.0	100.0	100.0	100.0	100.0	100.0
Numéraire et dépôts	0.0	0.0	0.0	0.0	0.0	0.0	0.0	0.0
Titres de dettes	0.0	0.0	0.0	0.0	0.0	0.0	0.0	0.0
Crédits	0.0	0.1	0.1	0.1	0.1	0.0	0.0	0.0
Actions et parts de fonds d'investissement	11.2	8.1	7.0	6.1	6.5	5.7	5.4	6.1
Systèmes d'assurance de pensions et garanties standard	87.9	91.2	92.1	93.0	92.8	93.4	93.8	93.3
Produits financiers dérivés et options sur titres des salariés	0.0	0.0	0.0	0.0	0.0	0.0	0.0	0.0
Autres comptes à recevoir	0.9	0.5	0.8	0.8	0.6	0.8	0.8	0.6

Note : Voir les métadonnées détaillées sur : http://metalinks.oecd.org/instinv/20180905/af01

ORGANISATION DE COOPÉRATION ET DE DÉVELOPPEMENT ÉCONOMIQUES

L'OCDE est un forum unique en son genre où les gouvernements œuvrent ensemble pour relever les défis économiques, sociaux et environnementaux liés à la mondialisation. À l'avant-garde des efforts engagés pour comprendre les évolutions du monde actuel et les préoccupations qu'elles suscitent, l'OCDE aide les gouvernements à y faire face en menant une réflexion sur des thèmes tels que le gouvernement d'entreprise, l'économie de l'information et la problématique du vieillissement démographique. L'Organisation offre aux gouvernements un cadre leur permettant de confronter leurs expériences en matière d'action publique, de chercher des réponses à des problèmes communs, de recenser les bonnes pratiques et de travailler à la coordination des politiques nationales et internationales.

Les pays membres de l'OCDE sont : l'Allemagne, l'Australie, l'Autriche, la Belgique, le Canada, le Chili, la Corée, le Danemark, l'Espagne, l'Estonie, les États-Unis, la Finlande, la France, la Grèce, la Hongrie, l'Irlande, l'Islande, Israël, l'Italie, le Japon, la Lettonie, la Lituanie, le Luxembourg, le Mexique, la Norvège, la Nouvelle-Zélande, les Pays-Bas, la Pologne, le Portugal, la République slovaque, la République tchèque, le Royaume-Uni, la Slovénie, la Suède, la Suisse et la Turquie. La Commission européenne participe aux travaux de l'OCDE.

Les Éditions OCDE assurent une large diffusion aux travaux de l'Organisation. Ces derniers comprennent les résultats de l'activité de collecte de statistiques, les travaux de recherche menés sur des questions économiques, sociales et environnementales, ainsi que les conventions, les principes directeurs et les modèles développés par les pays membres.

ÉDITIONS OCDE, 2, rue André-Pascal, 75775 PARIS CEDEX 16
(01 2018 07 2 P) ISBN 978-92-64-30556-4 – 2018

www.ingramcontent.com/pod-product-compliance
Lightning Source LLC
LaVergne TN
LVHW080654011026
849160LV00014B/1421